華人の
インドネシア
現代史

はるかな国民統合への道

Sadayoshi Yasushi
貞好康志

木犀社

Buku ini kupersembahkan kepada SIMBOK di Jogja

ジョグジャの義母（はは）へ捧ぐ

はじめに

インドネシアの人々が「祖国」を表す慣用句がいくつかある。筆頭はタナ・アイル。大地（タナ tanah）と水（アイル air）の二語を組み合わせた成句である。一万七〇〇〇余ともいわれる島々が広大な熱帯の海に広がる国土と水域、それへの愛着を込めた表現といえるだろう。これに次いでよく使われるのがイブ・プルティウィ（Ibu Pertiwi）。イブはインドネシア語で母のこと、プルティウィはサンスクリット語から入った女神の名である。プルティウィと対になるプルサダという男神の名もあり、大学や財団などの組織名に使われている例が見受けられるが、祖国を指す言葉としてはもっぱらプルティウィが用いられる。つまり、インドネシアの人々の祖国に対するイメージは、「父」であるより圧倒的に「母」なのである。ただし、タナ・アイルやイブ・プルティウィという言葉がこの国の人々にゆきわたったのは、それほど古いことではない。

東南アジアの大国インドネシアは、ジャワ族やスンダ族、バリ族、ミナンカバウ族、アチェ族、ブギス族など、二〇〇とも五〇〇とも数えられる民族集団が、たまたまオランダの植民地支配下に組み込まれたという共通の運命と、二〇世紀に生まれたインドネシア・ナショナリズムの思想を基盤に、第二次世界大戦後四年にわたる独立戦争を経て一つの国作り、それも国民を主権者とする「国民国家」の建設を目指してきた国である。つまり、インドネシアという元から存在する国が植民地支配を受け、再び独立を目指したわけではない。独立と国作りを目指すと同時に、国の主役たる「国民」そのものの形成と一体化を図らねばならなかった。これが「国民統合」の課題である。

言葉や生活習慣などの文化を異にし、植民地化以前の歴史も集団的な帰属意識も別物であった人々が短期間のうちに「一つの国民」にまとまって国作りをしてゆく苦労は、つい最近まで「単一民族神話」が相当通用していた日本などと比べ、想像以上のものであろう。

　インドネシアを含む東南アジアの国民統合に多かれ少なかれ共通する難題の一つに、主として欧米の植民地期に出稼ぎ労働力として来住してきた外国系移民、とりわけアジア系の移民と子孫たちをどう扱うかという問題もある。そのような外国系住民の代表格が、本書で焦点を当てる中国系の人々、すなわち華人である。インドネシアの華人人口は国民総人口の約二〜三パーセントと推測される。比率上はシンガポール（八割前後）やマレーシア（約三割）、タイ（約一割）に比べかなり低い。これはひとえにインドネシアが二億五〇〇〇万人を超える世界第四位の人口大国だからである。だが、同国の華人は絶対数ではおそらく五〇〇〜七〇〇万人にのぼり、マレーシア、タイと並び世界最大級の規模とみられる。[*1] 本書はインドネシア現代史における最大の課題であった国民国家建設、とりわけその重要な側面をなす国民統合と華人の関係を歴史的に考察しようとするものである。

　二〇世紀前半には中国系移民は華僑と総称され、その人々の政治的志向といえば自らを中国人とみなし中国を祖国と仰ぐナショナリズム（本書では国民国家建設や国民統合の思想としてこの言葉を用いる）だという見方が一般的であった。実際、インドネシアがまだオランダ領東インドと呼ばれた第二次大戦前の時代、隣国英領マラヤで活躍した華僑社会の指導者・陳嘉庚は当時の心境を「久しく南洋に客して心祖国を憶う」と福建省の厦門《アモイ》大学創立発起文に記した。[*2] 陳は厦門近くの集美村で生まれ育ち、青年期にシンガポールへ渡った移民一世である。つまり、彼のいう祖国とは中国以外のなにものでもあるまい。遠く故郷を離れた華僑の境遇ゆえいっそう中国に思いを馳せ祖国と仰ぐ心情や、それに根ざした政治思想を「華僑ナショナリズム」と呼ぶならば、それは東インドの中国系社会にも二〇世紀初頭から相当に拡がった。

だが東インドでは別の動きもみられた。前年の満州事変で日本の中国侵略の動きがあらわになり、華僑ナショナリズムが盛り上がりをみせていた一九三二年、東ジャワのスラバヤで小さな華人政党が旗揚げされた。インドネシア華人党（Partai Tionghoa Indonesia、以下ＰＴＩ）である。その初代党首リム・クン・ヒェンは次のように唱えた。「われわれはここで生まれ育ち、肉親をここにもち、やがてこの地で死んでゆく。われわれは客人でなく、この国とこの地で生まれた人々への責務を果たそうとする『インドネシア人』となるべきだ。人が生まれたときから親しみ育った国を愛するほど自然なことがあろうか」[*3]。

当時インドネシアという国はまだ存在しなかったが、後に初代大統領となるスカルノらの指導するインドネシア・ナショナリズム運動は、植民地政庁の弾圧にあって苦闘しつつも徐々に拡がりをみせていた。そうした中リムらは、オランダ領東インドで生まれ育った華人が、「原住民」と呼ばれた人々と連帯して祖国インドネシアを共にする「インドネシア人」になるべきだ、また華人を含めた「インドネシア」を実現するため、東インド生まれの華人もインドネシア・ナショナリズム運動に進んで参入すべきだ、と説いたのである。

ＰＴＩの主張は独立後の課題を先取りしていた。インドネシアに限らず東南アジアのほとんどの国は、第二次大戦期の日本の侵攻・占領・敗北を経て、旧宗主国との独立闘争や外交交渉を通じ次々に植民地支配を脱し、主権を獲得してゆく。同時に、新生国民国家の建設という課題にすぐさま直面する。国民国家建設には、国家機構や諸制度の立ち上げという側面もあるが、多様な住民集団を一つの国民にまとめる国民統合の側面も重要である。その際、華人に代表される外国系移民や子孫をどう扱うかが難題の一つとなったことは先に触れた。同じ問題を華人の側からみれば、世界中が国民国家で覆われてゆく――中国でも最後の王朝国家・清は滅び、中華民国、次いで中華人民共和国が建国される――時代にあって、自分たちをいったいどこの国民と認識し行動すべきか、というナショナル・アイデンティティ（国民としての自らの帰属意識と他者からの認定）の問題が突き付けられてゆくのである。

そのとき、東南アジアを中心とする「華人問題」が本格的に発生した。華人問題のあり方は国や時期によって異なり多面的だが、大きくふたつの局面に分けられよう。

ひとつは中国や台湾との関係の中で華人をどう位置づけるか、という国際的局面である。これは一九五〇年ごろから国籍帰属の問題として顕在化し、アジア内外の国際関係の移り変わり、たとえば冷戦下の共産主義大国としての中国の動向や、改革開放後の中国の経済発展などにつれ、その重点は変化してきた。

もうひとつは、各国内の華人以外の住民との関係である。東南アジアの中で唯一華人が多数を占めるシンガポールを除き、華人はマイノリティである。その中でもタイやカンボジアなど、華人と非華人との関係が比較的良好で融和が進んでいる、とされる国もある。インドネシアはおそらくマレーシアと並び、華人と非華人が全体として反目する関係に置かれてきた国の双璧に挙げられるだろう。

植民地時代「原住民」や「土人」に相当する外国語で侮蔑的に総称された人々は独立後、インドネシアではプリブミ（pribumi）、マレーシアではブミプトラ（bumiputera）と自称しはじめた。いずれも「土地（ブミ）の子」の意味である。自分たちこそ新国家の「本来」の住民であり、主人公であるべきだという自尊心の込められた集団呼称といえる。その「土地の子」たちの眼からみて、華人に代表される移民出自の人々は、まず「外来者」で人種・民族や文化が違うと認識された。加うるに華人は流通業や金融業をほぼ独占して国の経済を牛耳り、社会・経済的に自分たちより優位な地位を占めているとみなされた。国民統合の規範は「平等・一体の国民共同体を作ろう」ということだが、プリブミやブミプトラの側からみると、華人は「自分たちと平等でも一体でもない」、むしろ「経済的支配者・搾取者で、人種的・文化的にも異人だ」とみられがちだったのである。

「土地の子」たちの反華人感情は植民地時代から醸成され、ときに反華人暴動として顕在化した。マレーシアでは一九六九年の総選挙直後に起きた一部のマレー系住民と華人の衝突が首都クアラ・ルンプルで一九六名の死亡者を出し、ブミプトラ優遇政策の本格的導入のきっかけとなった（五・一三事件）。インドネシアでは、一九一〇年代に華人とプリブミの最初の衝突が起きてから、二〇世紀を通じ、反華人暴動が頻繁に発生した。しかも暴動はしばしば各地へ連鎖的に拡がった。一九四五年からの独立革命期、一九六五年クーデターを機にスカルノからスハルトへ権力が移行するまでの混乱期、三〇年以上にわたって開発独裁を行なったスハルト体制の瓦解期などが代表的な例である。犠牲者の数は死者だけでもおそらくマレーシアより（少なくとも）桁ふたつ多く、今日まで誰にも数えきれていない。実にインドネシアは、熾烈な反華人暴動を世界で最も頻繁に経験してきた国なのだ。

本書が描こうとするのは、直接的には、インドネシアの国民統合への歩みの中で周辺者や部外者、ときに国民の敵とさえ扱われがちだった華人の苦闘の歴史である。その際、誰より当事者である華人が、国家や民族への帰属をどのように構想・表現してきたか、その声に耳を傾けたい。特にPTI以来、「インドネシアこそ、われわれの祖国だ」と唱えた華人たちはなぜそのような主張を行なったのか、彼らの言動は現実の情勢をどう反映しいかなる影響を及ぼしたか、その過程にどのような摩擦や葛藤がみられたか、という視点を軸に考えたい。「インドネシア志向」の華人たちの言動を軸に据えるのは、何よりそれが芽生えた植民地期にはきわめて微々たる動きだったにもかかわらず、独立後から現在にかけて数多の試練を経つつも着実に成長し、いまや華人社会の主流の位置を占めるに至っている、と思われるからである。

「華人問題」は華人だけに起因する問題ではない。むしろ華人を含めた社会や国家全体、また国際環境の複合的所産である。したがって本書は、華人の表明した国民統合をめぐる言説や華人社会の動向をたどることを主眼としつつ、華人を取り巻くインドネシア社会、また華人が向き合った諸国家（オランダ領東インド、中国、インドネシア）の歴代政権による華人政策との相互作用を、植民地期までさかのぼり、長期の歴史的視座から捉えたい。

二〇世紀ほぼ一〇〇年にわたる試行錯誤と苦難の果てに、インドネシアの華人をめぐる状況は、ここ一〇年余りで劇的に変化しつつある。華人を潜在敵や周辺者と扱い続けてきた政府がついに彼らを「正統な国民であり、インドネシア民族の一員」だと認めはじめた。華人問題への取り組みを契機に、国民統合思想としてのインドネシア・ナショナリズムがその成員決定原理の重心を「血統主義」から「属地主義」に移しはじめたのである。属地主義とは「インドネシアに生まれ育ち、生活し、インドネシアを祖国と仰ぐ者は血統にかかわらず皆インドネシア人だ」という、かつてPTIが唱えた主張と基本的に同じ考え方である。ながらく継子（ままこ）扱いを嘆いてきた華人たちが「自分もここで生まれ育った、女神プルティウィの子だ」とインドネシアへの帰属意識をごく自然に表明し、政府や非華人もそれを受け入れる趨勢となってきた。

この新動向がもし定着すれば、その意義は単にインドネシアや同国の華人にとどまるものではない。華人と同様、国境を越えて移動をする人々がますます増え、既成の国家や社会の統合を揺るがしているのは、いまや日本を含むアジア諸国や欧州、アフリカ、米州、大洋州など、世界中の現象といってよい。インドネシア華人の事例は、ひょっとすると、世界中の国民国家やその社会統合の行方に示唆するところがあるかもしれないのだ。

本書は、おおよそ以上のような問題意識から書かれるものである。つづく序章で筆者の視座と考察の手順をもう少し詳しく示してから、華人を焦点におくことで従来とは別の角度からみえてくるだろう、インドネシア近現代史一〇〇年の森へ読者とともに分け入ってゆこう。

【目次】

◉地図制作——飯田あかね

P 4（Pedoman Penghayatan dan Pengamalan Pancasila）建国五原則パンチャシラの教化普及の指針（に基づいた普及運動）

PBI（Persatuan Bangsa Indonesia）インドネシア民族党

PDI（Partai Demokrasi Indonesia）インドネシア民主党

PDTI（Partai Demokrat Tionghoa Indonesia）インドネシア華人民主党

PIT（Persatuan Islam Tionghoa）華人イスラーム同盟

PITI（Persatuan Islam Tionghoa Indonesia）インドネシア華人イスラーム同盟

PKI（Partai Komunis Indonesia）インドネシア共産党

PMA（Penanaman Modal Asing）外国資本投資

PMDN（Penanaman Modal Dalam Negeri）国内資本投資

PNI（Partai Nasional Indonesia）インドネシア国民党

PPI（Permusyawaratan Pemuda Indonesia）インドネシア青年協議会

PPP（Partai Persatuan Pembangunan）開発統一党

PSMTI（Paguyuban Sosial Marga Tionghoa Indonesia）インドネシア華人百家姓協会

PT（Persatuan Tionghoa）華人同盟

PTI（Partai Tionghoa Indonesia）インドネシア華人党

RT（Rukun Tetangga）隣組

RW（Rukun Warga）隣組連合

SBKRI（Surat Bukti Kewarganegaraan Republik Indonesia）インドネシア共和国国籍証明書

SCUT（Staf Chusus Urusan Tjina）チナ問題特別参謀本部

SNB（Solidaritas Nusa Bangsa）祖国と民族の連帯

TGPF（Tim Gabungan Pencarian Fakta）（1998年暴動の）真相究明合同委員会

THHK（Tiong Hoa Hwee Koan）中華会館

TRuK（Tim Relawan untuk Kemanusiaan）人道のための有志委員会

UPKB（Urusan Pembinaan Kesatuan Bangsa）民族一体性育成事務所

WNA（Warga Negara Asing）外国籍民（の華人）

WNI（Warga Negara Indonesia）インドネシア国籍民（の華人）

略語一覧

BAKIN（Badan Koordinasi Intelijen Negara）国家情報調整庁

BAKOM‐PKB（Badan Komunikasi Penghayatan Kesatuan Bangsa）民族一体性に関する理解普及のための連絡協議会

BAPERKI（Badan Permusyawaratan Kewarganegaraan Indonesia）インドネシア国籍協議体

BKMC（Badan Koordinasi Masalah Cina）チナ（中国・中国人）問題調整局

BPKB（Badan Pembina Kesatuan Bangsa）民族一体性促進機構

BPPK（Badan Pembina Potensi Karya）職務領域育成機関

CHH（Chung Hwa Hui in Nederlandsch-Indié）オランダ領東インド中華会

CSIS（Center for Strategic and International Studies）戦略国際問題研究所

DPR（Dewan Perwakilan Rakyat）国民代表議会

ELS（Europeesche Lagere School）ヨーロッパ人向け小学校

GANDI（Lembaga Anti Diskriminasi di Indonesia）インドネシア反差別協会

GBHN（Garis Besar Haluan Negara）国策大綱

HBS（Hoogere Burger School）オランダ式高等学校

HCS（Hollandsch Chineesche School）華人向けのオランダ式小学校

HIS（Hollandsch Inlandsche School）原住民向けのオランダ式小学校

IMF（International Monetary Fund）国際通貨基金

INTI（Perhimpunan Indonesia Tionghoa）華人系インドネシア人協会

ISDV（Indische Sociaal-Democratische Vereniging）東インド社会民主主義協会

KAMI（Kesatuan Aksi Mahasiswa Indonesia）インドネシア学生行動戦線

KKN（Korupsi, Kolusi dan Nepotisme）汚職、癒着、縁故主義

KNIP（Komite Nasional Indonesia Pusat）インドネシア中央国民委員会

Komnas HAM（Komite Nasional Hak Asasi Manusia）国家人権委員会

KTP（Kartu Tanda Penduduk）住民登録証

LBH（Lembaga Bantuan Hukum）法律援護協会

LPKB①（Lembaga Pembina Kesatuan Bangsa）民族一体性育成協会（民間団体）

LPKB②（Lembaga Pembinaan Kesatuan Bangsa）民族一体性育成機関（政府機関）

MANIPOL（Manifesto Politik）（スカルノの）政治宣言

MR.（Meester in de Rechten）法学修士（弁護士資格を伴うオランダの学位）

NU（Nahdlatul Ulama）ナフダトゥル・ウラマー（インドネシア最大のイスラーム団体）

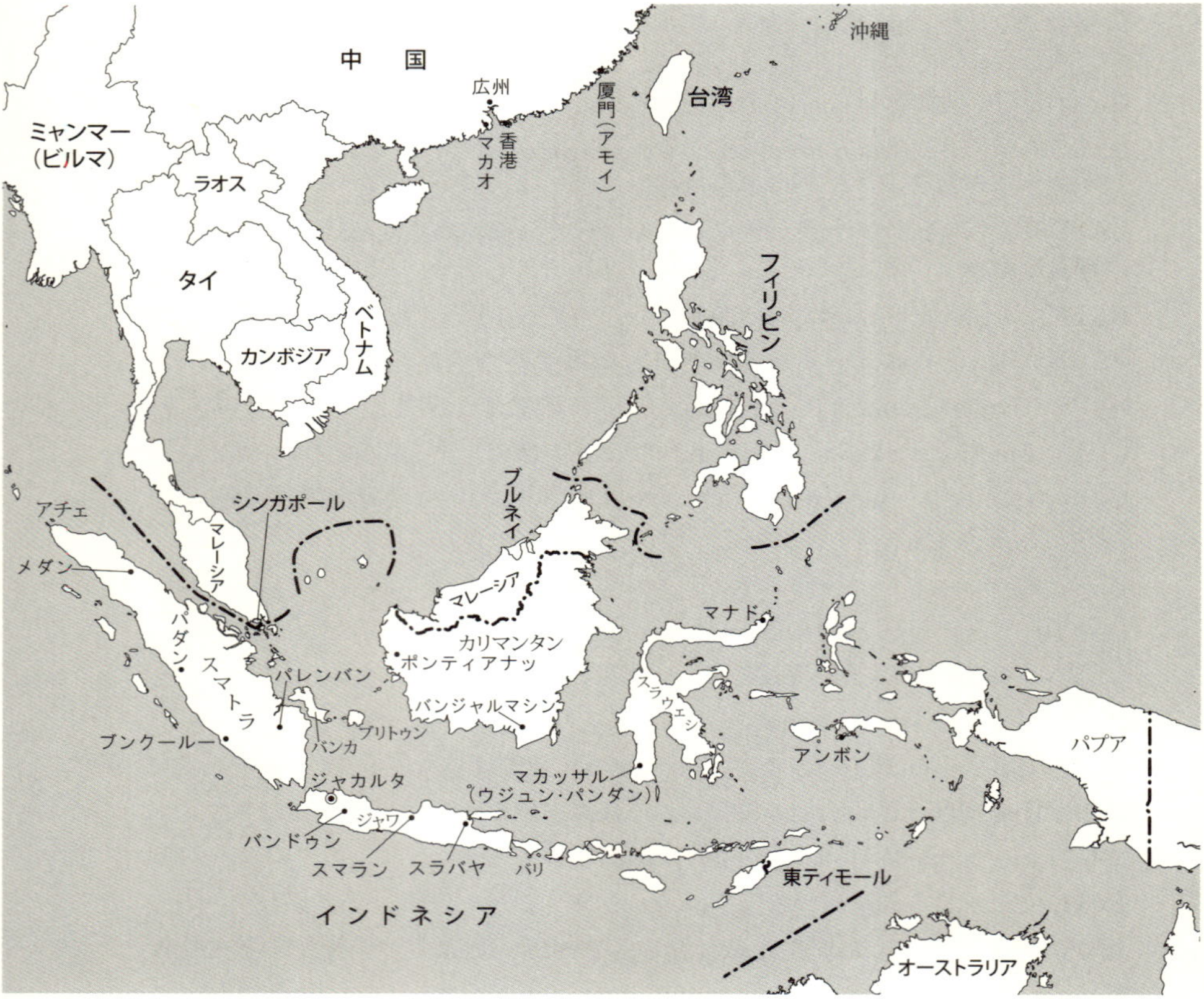
中　国
沖縄
広州
香港
マカオ
厦門（アモイ）
台湾
ミャンマー（ビルマ）
ラオス
タイ
ベトナム
カンボジア
フィリピン
ブルネイ
シンガポール
アチェ
メダン
マレーシア
パダン
スマトラ
パレンバン
ブンクールー
バンカ
ブリトゥン
マレーシア
カリマンタン
ポンティアナッ
バンジャルマシン
マナド
スラウェシ
アンボン
パプア
マカッサル（ウジュン・パンダン）
ジャカルタ
ジャワ
バンドゥン
スマラン
スラバヤ
バリ
東ティモール
インドネシア
オーストラリア

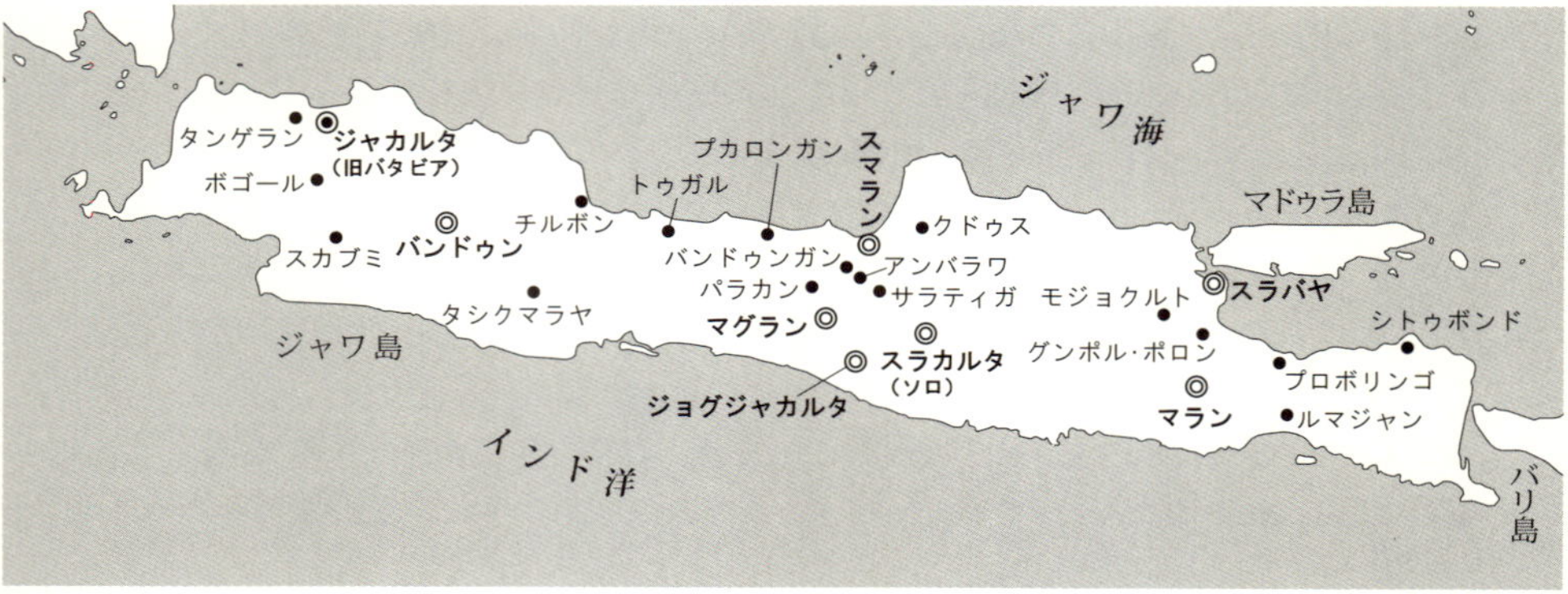
ジャワ海
タンゲラン
ジャカルタ（旧バタビア）
ボゴール
スカブミ
バンドゥン
チルボン
トゥガル
プカロンガン
スマラン
クドゥス
マドゥラ島
バンドゥンガン
アンバラワ
パラカン
サラティガ
モジョクルト
スラバヤ
タシクマラヤ
マグラン
スラカルタ（ソロ）
グンポル・ポロン
シトゥボンド
プロボリンゴ
ジョグジャカルタ
マラン
ルマジャン
ジャワ島
インド洋
バリ島

序

インドネシアの国民統合と華人

本書の問いを改めて列挙すれば、次のとおりである。植民地支配下にあったインドネシアが戦争・革命を経て独立し国家建設と国民統合を目指してゆく中、華人たちはどのように位置づけられ、いかなる運命をたどったか。華人自身の言動はどうだったか。特にインドネシアを祖国と仰ぐ思想の系譜はどのように生まれ、展開したか。華人たちの言動は、その時々の国家の政策やインドネシア社会一般の動向とどう関係していたか。これらの問いを、短・中期的には時代ごとの内外情勢に照らしながら追究し、長期的には二〇世紀初めから約一〇〇年の過程を経て、華人の帰属意識のありかたや国民統合思想としてのインドネシア・ナショナリズム自体の基本的性格にいかなる変化がみられたかを明らかにすること、それが全体を通した課題である。

このような主題に沿って筆を進める前段として、本章ではまず1節で華僑や華人という呼称の用法について改めて方針を示した上で、中国系住民のうちプラナカン（peranakan）と呼ばれる集団のインドネシアにおける歴史と特性を略述する。プラナカンとはおおむね「インドネシア生まれで、インドネシア系の言語を母語とする中国系住民」

を指す。そのような人々がオランダ植民地期から今日まで、総人口の過半が住み政治の中枢をなすジャワ地域で華人の多数を占めてきた点が特に重要である。「はじめに」で触れたインドネシア華人党ＰＴＩの指導者や支持者たちもほかならぬプラナカンであった。

２節では、プラナカンを多く含む華人社会、特にその指導的立場を占める知識人たちが、国民国家建設を目指す思想や運動としてのナショナリズムが現れた時代にいかなる葛藤を抱えるに至ったか、とりわけインドネシア・ナショナリズムとの関係においてどのような立場に置かれることになったかを考える。次いで、「華僑から華人へ」と表現されるテーゼに関する本書の姿勢を示す。ここでは、グローバル化に伴い国民統合自体をもはや古い枠組みとみなす一部の論調に対する筆者の考えも提示する。国民統合と華人という主題を改めて考える意義を確認した上で、中国志向のナショナリズムとＰＴＩが先駆的に唱えたインドネシア志向の間にひそむ原理的対立について考察する。それはナショナリズムの基盤、特に国民共同体の成員の基準を「血統主義」と「属地主義」のどちらに置くのかという思想的な対立である。さらに、この対立が華人のナショナルな帰属の問題にとどまらず、インドネシア・ナショナリズム全体の性格と変容をみる上でも重要だ、と考える本書の視座について説明する。

３節では、本書の全体構成と研究手法・資料について述べる。以上の準備作業を通じ、既存研究との関係における本書の特徴もおのずと明らかになるだろう。

1　華僑、華人、プラナカン

華僑と華人——本書の語法

華僑、華人という二つの語にはいずれも広義の用法と狭義の用法がある。広義の用法というのは、中国（通常、大陸中国と香港・マカオに台湾も加える）の外に移住した中国系移民とその父系の子孫を華僑あるいは華人という一語をもって総称する方法である。他方、狭義の用法というのは、中国系移民や子孫を国籍によって華僑と華人に区別するやりかたである。後者のような呼び分けが提唱されたのには相応の歴史的事情がある。

海外に僑居（仮住まい）する中華民族、という意味で華僑の語が広まったのは一九世紀末以降であり、二〇世紀前半に日本を含む漢字圏で定着した。だが第二次大戦後、世界の華僑人口の八割以上が住む東南アジアで新興独立国家が次々に誕生した。それらの国々の中国系住民を華僑と呼び続けることは、「中華民族」としての自意識や中国こそを祖国と仰ぐナショナリズムを後押ししかねず、ひいては居住国の政府や非中国系の住民にそうしたイメージをもたれやすい、という憂慮が中国系指導者の間に生じた。冷戦下の東南アジア、とりわけ反共主義の国々では、いまや共産主義大国でもある中国につながるとみられることは政治的な猜疑心を呼びかねなかったからである。他方、文革期を中心に中国へ帰ることが困難になった（共産中国に帰ることを望まない人々も多かった）ことや、移民一世の比率が減り東南アジアで生まれ育った二世以降の比率が着実に増えたことなどから、東南アジアへの定住化が進んだ。その結果、各国に根を張った人々の生活実態に「僑」の字はもはやそぐわないという認識が強まった。

こうして、ほぼ一九七〇年代を境に、華僑という呼び名をいまだ中国籍（もしくは台湾籍）を保持する者に限り、居住国の国籍を得た者は華人と呼んで区別しよう、という機運が当の中国系社会でも研究者の間でもしだいに高まった。このように国籍を基準として、中国籍者を華僑、海外の居住国籍者を華人と呼び分ける用法は、中華人民共和国政府の公式見解に一致していることもあり、一定の普及をみている。

しかし、中国系移民や子孫の歴史を叙述しようとするとき、国籍を基準にそう截然と分けられるものではない。二〇世紀初頭までは、そもそも国籍という観念自体が国にも民にも希薄であった。二〇世紀前半は中国も近代国家の形が定まっていなかった。[*1] 東南アジアの国々はタイを除いていまだ「国民」の存在しない植民地であった。二〇世紀後半に至っても、中国と東南アジア諸国の外交関係のもつれや国籍決定に関する原則の違いなどから、二重国籍や無国籍など中国系住民の国籍帰属が明確でない事態がしばしば生じた。

そこで本書では、国籍や文化、政治的志向、また次に述べるプラナカンとトトッの別にかかわらず、すべての中国系住民の総称として華人という言葉を広義の意味で用いることにする。これは、インドネシア語で中国系住民を指す言葉のうち近年では最も一般的で、彼ら自身も好んで用いるオラン・ティオンホア[*2]という呼称にも即していると思われる。

インドネシアのプラナカン

プラナカン（peranakan）という言葉は元来マレー語圏で、中国系に限らず外来者と現地人の混血の子孫を指す言葉であった。[*3] 二〇世紀に入るころからヨーロッパ人とアジア人の混血者についてはオランダ語のインドー（Indo-Europeanen の略称。印欧人）や学術英語のユーラシアン（Eurasian、欧亜混血人）が取って代わり、現在では華人についてのみ用いるのが通例である。本書でもプラナカンという語を中国系に限って使用する。

中国から東南アジアへの人の流れは有史以前から絶え間なく続いたとみられるが、交易を目的とする中国人の海上活動が本格化し、東南アジア各地の港市を拠点に活躍する者が増えるのは一〇世紀ごろからである。さらに、オランダ東インド会社がアジア交易の覇権を握った一七世紀以降、交易拠点都市の建設や維持のため、中国からの労働力移入が始まる。古くから島嶼部東南アジア随一の豊かな生産力を誇り強力な王国の興亡を繰り返したジャワ島を中心に、プラナカン社会が本格的に成立したのも、オランダによる植民地支配と経済開発の拡大につれ移民の規模が増大した一七〜一八世紀以降であったとみられる。[*4]

一九世紀以前、海外からの来航者はほぼ例外なく男性ばかりだったから、彼らが定着して家庭生活を営もうとすれば、当初は現地の女性（ジャワ族、スンダ族などかつての「原住民」。「はじめに」で触れたとおり、現在ではプリブミと総称するのが一般的）と通婚するのが自然ななりゆきだった。通婚の結果生まれた子孫たちは、父方から受け継いだ中国系の文化と母方から受け継いだジャワ文化などを融合した独特の混淆文化を育んだ。プラナカンの文化の混淆性は衣食住などの物質面から、親族制度、宗教・信仰、言語・芸術・文学にまで及ぶ。このうち、まずプラナカンの集団的存立にもかかわる親族制度について補足説明しておこう。

インドネシアへの中国系移民はほぼ漢族であり、その親族制度は父系制である。この影響はプラナカンの親族制度にも及び、原則的には母がジャワ族などのプリブミであろうとも、父方の「華人の血統」を引く者は（父親が認知する限り）ジャワ族の社会でなく華人社会に編入された。[*5] その際、王・陳・林など父方の中国姓が「華人の血統」の象徴として子孫に継承された。他方、ジャワ族やスンダ族などジャワ島の主要なプリブミ諸族の親族制度は双系制である。[*6] プラナカンの親族制度はこの影響も受けた。祖先祭祀においては父方のみならず母方の祖先も祀られた。結婚に際しては夫方居住と妻方居住の両方がみられた。遺産相続においては息子たちに加え娘たちも分配にあずかった。土地家屋の継承に関しては、結婚後に夫方・妻方のどちらに住んだかが決定因となることが多かった。[*7]

プラナカン社会の規模が大きくなるにつれ、プラナカンの男性が必ずしもプリブミ女性とでなくプラナカン華人の女性と結婚するケースが増える。つまり、プラナカンの直接の母がプリブミであるとは限らなくなった。だが、自分たちは遠く母系をたどればプリブミ社会ともつながっているのだという出自意識は、二〇世紀を通じプラナカンの集団的記憶の奥底に残る。自分たちは「ここで生まれ育ったのだ」という「場」に関する事実認識とあいまって、「ここ」に根ざした国、インドネシアを「われらの母（ibu kita）」と呼ぶプラナカンたちの語りを本書のはしばしでみることになるだろう。

プラナカンの文化のうち、インドネシア国家や社会との関係においてもナショナリズムとの関係においても、いっそう重要になるのは言語である。プラナカンは、インドネシア語の前身であるマレー語の一種、「華人マレー語」を母語とした。[*8] 華人マレー語は、島嶼部東南アジアで交易用の共通語として古くから用いられたマレー語を基礎に、福建系の語彙などを取り込んで発展した混淆言語だが、華人以外のマレー語話者とのコミュニケーションに支障はなかった。華人マレー語だけでなく、ジャワにおいてはジャワ語などの地方語、もしくはそれをベースにした混淆言語を併せて用いるプラナカンも少なくなかった。

一九世紀後半から一九三〇年代にかけて、海禁政策の解かれた中国から新たな移民の波がオランダ領東インドを含む東南アジアに大量に流れ込む。それ以前に渡来してきた比較的少数の新来移民がプラナカン社会に吸収されていたのと異なり、一九世紀末以降の移民たちは数の規模からいっても、しだいに女性を含むようになったことからも、プラナカンと別個の社会を形成することが可能になった。これ以後、一世の移民を中心とする中国系コミュニティが福建、広東、客家、潮州など出身地やそれと結びついた言語集団ごとに成立した。インドネシアでは彼らを総称してトトッ（totok）と呼ぶ。[*9]

オランダ植民地期までプラナカンには「混血」、トトッには「純血」という含みが強く残っていたが、現在ではそのニュアンスは薄れ、「出生地」と「母語（家庭での使用言語）」が両者を分かつ二大基準となる。すなわち、プラナカンは「インドネシア生まれ、かつインドネシア語（マレー語）またはインドネシアの地方語を母語とする者」、トトッは「中国などインドネシア国外で生まれた者、もしくは仮にインドネシア生まれであっても依然として中国語（北京官話、華語）や中国の地方語を母語とする者」を指す。プラナカンが単なる現地生まれの二世以降のことではなく、トトッが単なる移民一世を指すのではない（いずれも母語を筆頭とする文化的特性が要件に加わる）点に注意を要する。

インドネシアの華人の状況を理解する上で重要な点の一つは、新移民の大量流入をみた一九世紀末以降にあってもジャワ島においてはプラナカンがトトッの人口を常に上回り、二〇世紀を通じ華人人口のおそらく三分の二以上を占め続けたということである。ジャワ島は面積ではインドネシア全土の六パーセント強にすぎないが、オランダ植民地期から現在まで総人口の過半数が居住する過密な島である。特に中・東部はプリブミ諸族中、最も多数の約四割を占め政治的・文化的な影響力も強いジャワ族の本拠地を兼ねる。島の西北岸に首都ジャカルタ（植民地期の名称はバタビア）を擁することからも、この国の政治・経済・文化の中枢であり続けた。結果、ジャワ島での動き、特に政治的な動向がしばしばインドネシア全土に強い影響を及ぼしてきた。このことは華人についても例外ではない。[*10]

一九三〇年の国勢調査によれば、すでに現在のインドネシアと同じ領域に達していた当時のオランダ領東インドに居住する華人約一二三万人のうち、ジャワ地域には約五八万人が分布、そのうち東インド領内の生まれ（二世以降）が約八〇パーセント、さらに父親も東インド生まれ（つまり本人は三世以降）の者が六四パーセントを占めていた。[*11] 東南アジア全体の概況を素描して先に「第二次大戦後、一世の比率が減り現地生まれの二世以降が増えた」という旨の記述をしたが、インドネシアではこれはトトッにのみ当てはまる事がらであり、プラナカンの場合、二〇世紀初めの時点ですでに現地生まれの層が厚く形成されていたことになる。[*12]

プラナカンの第二の要件である言語については、一九二〇年の国勢調査に基づいたコペルの研究がある。それによれば、トトッが大量に流入し、中国志向のナショナリズムに基づく華語教育がプラナカンの間で急速に普及しつつあったこの時期でさえ、ジャワ地域では日常語として中国系諸語（華語や福建語、広東語、潮州語など）を話す者は約三割にすぎず、約七割の華人がマレー語（五一・一パーセント）か、ジャワ語（一四・五パーセント）やスンダ語（三・五パーセント）などの地方語（インドネシアの種族語）で話していたとみられる。[*13]

2　さまざまなナショナリズムと華人

インドネシア・ナショナリズムと華人

このような華人社会が「ナショナリズムの世紀」とも呼べる二〇世紀に直面したわけである。ナショナリズムの世紀とは一面、世界中の人々がいずれかのネイション（国民共同体）とそれが主宰する国家に帰属することを迫られてゆく時代であった。華人にあっても、「自分（たち）は、いったいどの国民や国家に属するのか」という認識とそれに基づく行動を史上初めて求められた時代だといえる。

その最初期、一九世紀末以降のトトッの大量流入と同時に、中国から亡命した康有為らのいわゆる変法派、孫文を筆頭とする革命派双方の東南アジアにおける政治活動と思想の影響、またそれらに対抗する清朝政府の梃子入れ、さらに植民地政庁による「人種」分断政策などがあいまって、オランダ領東インドにおいても「中国志向」の華僑ナショナリズムや中華民族としての自意識が相当普及した。それは移住まもないトトッ社会に限らず、長らく中国から物理的・心理的に遠ざかっていたプラナカン社会にも広く及んだ。

とはいえ、すべての華人が華僑ナショナリズムに向かったわけではない。プラナカンを多く抱えるオランダ領東インド、とりわけジャワにおいては、事態はもっと複雑だった。一～二章で詳述するとおり、プラナカンに関しては「中国志向」のピークは辛亥革命と中華民国の成立をみた一九一〇年代までだった。一九二〇年代には、むしろオランダ植民地支配の枠組みを前提とする「オランダ志向」ないし「オランダ領東インド志向」が、オランダ語教育を受けた中上層のプラナカンを中心に伸長した。さらに一九三〇年代には「インドネシア志向」が最も顕在的にはインドネシア華人党ＰＴＩの形を取って現れる。植民地期プラナカンのナショナル・アイデンティティは、ごく大ざっぱにみても三つの方向に分裂していたのである。

他方、二〇世紀初頭からの数十年間は、インドネシア・ナショナリズムに連なる思想や運動が生成・発展した時期でもあった。ジャワ族やスンダ族など各種族の単位で団結を模索する方向、イスラームなど宗教を基盤にしようとする方向、共産主義によろうとする方向など、さまざまな模索がみられたが、一九二〇年代後半に至って、「インドネシア」そのものを団結のシンボルとする字義どおりのインドネシア・ナショナリズムが主流の座に着く。一九二七年、スカルノを党首とするインドネシア国民党ＰＮＩが結成される。翌二八年、植民地期ナショナリズムの一つの到達点として独立後に聖化される「青年の誓い」が、バタビアにおける第二回インドネシア青年会議で採択された。[*14]

「青年の誓い」は、「われわれインドネシア青年男女」が「ただひとつの祖国＝インドネシア（Satu Tanah Air, Indonesia）、ただひとつの民族＝インドネシア民族（Satu Bangsa, Bangsa Indonesia）、および統一言語＝インドネシア語（Bahasa Persatuan, Bahasa Indonesia）」を共有することによって団結すべきことを謳った。

その三つの要素を、華人の立場から考えてみよう。まず「祖国」である。中国で生まれ育った移民一世にとって、素朴な愛郷心を昇華し中国を祖国と考えることは、二〇世紀に普及したナショナリズムの考えになじみさえすれば、まず順当なことであった。[*15] 他方、二世以降の人々とりわけプラナカンにとっては、遠い父祖の地中国と、自分が生まれ育ったオランダ領東インドもしくはインドネシアのいずれを祖国と考えるかは、後述する「血統」と「属地」両原理の相克とあいまって、個人的にも社会的にも葛藤を伴う選択的な事がらとなってゆく。

「統一言語（国語）」についてはどうだろうか。マレー語、厳密にはその一種である華人マレー語を母語とするプラナカンにとって、「青年の誓い」のころからインドネシア語と呼ばれはじめるこの言語を基盤に展開しつつあったインドネシア・ナショナリズムに参入しようと思えば、言葉の面では何ら障壁はなかった。話し言葉についてもそうだが、書き言葉に関してはいっそう興味深い現象がある。一九世紀末から二〇世紀初頭のオランダ領東インドで、マレー語による出版産業が興ったとき、新聞・雑誌や文学作品の出版を執筆者・出版者ならびに読者として先駆的に担ったのは、ある程度の資本と技術へのアクセスをもち、何より多くのプリブミ以上にマレー語を自分たちの母語とする欧亜混血人ならびにプラナカンだったのである。[*16]

「青年の誓い」の三要素のうち、プラナカンを含む華人とインドネシア・ナショナリズムの関係を後々までこじれたものとしてゆくのは、何といっても「民族」という厄介な概念であった。「青年の誓い」に謳われたバンサ・インドネシアのバンサ（bangsa）とは、辞書的には英語のネイション（nation）に相当するとされるが、両者のニュアンスは微妙に異なる。英語のnationは「国民」とも「民族」とも（あるいは「国家」とも）訳せるが、インドネシア語のバンサは、日本語の「国民」より「民族」の語感にずっと近い。この場合の「国民」とは市民としての権利や義務にかかわる法的地位であり、ゆえにその帰属も原則上は法的手続きに基づき変更（帰化）することが可能である。それに対し「民族」とは一般に、血と文化と歴史的経験を共有するという集団意識に基づき形成されたものだから、法的手続きであれ何であれ、一朝一夕の変更はきわめて困難である。

インドネシアには何百もの種族がいるが、それらが一緒になって「一つの民族（バンサ）」を創り上げるのだという意志は、「青年の誓い」の時代から、独立後のスカルノ大統領期、スハルト体制期を経て現在に至るまで、インドネシア・ナショナリズム思想の中で一貫している。つまりインドネシアは、実態はともかく理念上は「多民族国家」というより、ある種の「単一民族国家」（より正確には単一民族多種族国家）を目指してきたのである。現代英語ではエスニック・グループ（ethnic group）と表現されるだろうジャワ族以下の集団は、バンサ・インドネシアを構成する不可欠の一部分という意味合いでスク・バンサ（suku Bangsa）ないし単にスクと呼ばれ、本書ではこれに種族という訳を充てている。[*17]

バンサが「民族」に近い意味で用いられることは、一九四五年八月の独立宣言に続けて発布された最初の憲法（一九四五年憲法）第二六条の国民規定にも表れている。この規定では、「国民」を指す言葉としてワルガ・ヌガラ（国negara の構成員 warga）という造語がわざわざバンサとは別に用いられている。その上で、「国民となる者は、アスリのインドネシア民族である人々（orang-orang bangsa Indonesia asli）と、法律によって国民となることが認められた他の民族の人々（orang-orang bangsa lain）である」とされた。[*18]

この国民規定で使われている「アスリ（asli）」という語は、「本来の、生粋の、純正の」などの意味をもつ言葉だから、「アスリのインドネシア民族」といえば植民地期に「原住民」と呼ばれた諸種族の総称、すなわちプリブミと同義であることがインドネシア語使用者には自明である。華人は、法律によって国民となる（つまり帰化する）可能性が一応開かれてはいるが、「他の民族」の代表格として規定されることになったわけである。

一九四五年憲法から一七年ほどさかのぼる「青年の誓い」の段階では、「一つの民族」の中身について具体的に明言しているわけではない。だが、バンサという言葉を使っていること自体から、「インドネシア民族」とはプリブミ諸種族の大同団結によって形成してゆくべきものであり、華人はプラナカンを含めインドネシア民族の「外」にいる別民族の人々として認識されていたことが見て取れる。

「華僑から華人へ」

先に触れたとおり、華人がどの国を祖国と考えるかという点に関していえば、インドネシアではすでにオランダ植民地期の一九三〇年代までに「中国志向」「オランダ領東インド志向」「インドネシア志向」の大きく三つの方向が出揃っていた。植民地支配の終焉した二〇世紀半ばには「オランダ領東インド志向」は退場し、「父祖の地・中国か、居住地・インドネシアか」というほぼ二者択一を迫られる時代となる。[*19] 華僑・華人の呼称問題の箇所で述べたように、東南アジア全体の大きな趨勢としては、中国を祖国とみなす「(狭義の)華僑」優位の状況から、新興独立国たる居住国への少なくとも国籍上の帰属を積極的にせよ消極的にせよ受け入れる、「(狭義の)華人」が優勢な状況へ推移してゆく。二〇世紀半ば以降のこの変化を「華僑から華人へ」テーゼと呼ぶことにしよう。同じ命題を、彼らの国レベルでの帰属意識に重点を置いて、「中国志向から居住国志向へ」と言い換えてもほぼ同じことである。

このテーゼは学界でも現実の動向にやや遅れてしだいに認知、オーソライズされていった。英語圏・華語圏にまたがる華人研究の第一人者であるワン・ガン・ウ(王賡武)が一九八八年の学会論集の序章として寄稿した論考は、ナショナル・アイデンティティに限らず華人のアイデンティティの複合的な様態を歴史的かつ構造的に論じたものだが、少なくとも政治的な帰属意識に関して「華僑から華人へ」の変化は第二次大戦後の情勢を反映した歴史的必然だったとみている。[*20] 他方、タン・チー・ベンの一九九七年の論考は変化の必然性についてはワンと同様の見方に立ちつつ、現地生まれの華人たちの「この地に根ざしているという意識の内なる成長」の重要性を政治環境の変化以上に強調している。[*21]

わが国では、一九七〇年代初頭に「華僑から華人へ」という変容の流れを指摘した研究者が少なくとも二人いた。岡部達味は東南アジアの現地調査を踏まえ、国際関係論の立場からこの変化にいち早く注意を喚起した。[*22] 他方、戴國煇は一九七〇年代を通じ日本の学界・マスコミ・経済界の旧態依然たる「華僑」観を批判し続けた。その集成である書[*23]には、『落葉帰根』から『落地生根』への苦悶と矛盾」という副題が添えられた。「落葉帰根」とは海外に出稼ぎしても最期は中国の故郷に帰るべき(帰りたい)という華僑の伝統的な行動原理や願望を表す慣用句である。「落地生根」は移住先の国や社会に根を下ろして生きてゆくべき(ゆきたい)という、「居住国志向」に通じる規範や心情を表現した成句である。戴の著作はナショナル・アイデンティティの転換に伴う社会的・心理的な葛藤、彼のいう華僑・華人の「魂の問題」に正面から取り組もうとする姿勢においても先駆的であった。

近年、「華僑から華人へ」テーゼに対する批判も現れている。よく整理されたものの一つは山本博之による考察である。[*24] 英領北ボルネオ（現在のマレーシア、サバ州）の実証研究を下地に、彼は「華僑から華人へ」テーゼの欠点として次の諸点を挙げている。①華人の生態やアイデンティティは多様であるにもかかわらず、すべての中国系住民が単一のアイデンティティの中で生きているかのような捉え方である。②華人を全体でなく個別に捉えたとしても「中国か居留国か」の二者択一の論理が潜んでいる。③アイデンティティの対象が中国から居留国に一方的に移り、逆戻りがないことを前提としている。④「華僑から華人へ」の変化を強調することは、華僑と華人の間の選択は本人の意思しだいであると捉え、この選択を本人の努力や自覚の問題に帰する考え方につながりかねない。

いずれも傾聴に値する指摘である。本書もテーゼに当てはまらないかもしれぬ事例や次元に留意するよう心がけたい。山本の指摘に付け加えるとすれば、二〇世紀末以降に顕著な現実の新動向であろう。中国の改革開放以後、また一九九〇年代以降加速したグローバル化の波に乗り、新たに中国本土から世界中へ流出する人々が増え、「新華僑」と呼ばれるようになっている。同時に、東南アジア各地からもアメリカ・カナダ・オーストラリアをはじめ、さまざまな国や地域へ二次・三次的に再移住する現象や、移動者が必ずしも移住先に定住せず出発地と往還を繰り返すような、複雑な状況が進行しつつある。こうした新動向を反映して、世界の華僑・華人研究界ではここ二〇年ほど、ディアスポラ（民族離散的な移住現象）論やネットワーク論、多元的・重層的なアイデンティティ論などが流行している。[*25] これらはより広くみれば、国民国家やナショナリズムの負性・限界を乗り越えようとするポスト・モダンの思潮を反映したものであろう。

国民国家という政治単位が手放しで賛美されうるものではなく、それどころか、内にあっては特にマイノリティに対し抑圧的、外に対しては排他的、さらに攻撃的でさえあり、「戦争の世紀」でもあった二〇世紀の主要な暴力装置だったことはいまや常識である。また、人やモノ・カネ・情報の越境がとめどなく加速する中、それらの引き起こす政治・経済・社会問題や、同じく国境を越える災害や疾病、環境問題などに個々の国ごとでは対応しきれないことも明らかである。つまり、世界は国民国家に替わる、あるいはそれと併用すべき新たな人類社会のしくみが模索される時代に入っている。では「華僑から華人へ」テーゼやその基底にある国民統合過程の研究自体、もはや時代遅れなのだろうか。

筆者はそうは思わない。ひとつには、二一世紀特有の現象と意義を適切に把握し将来を展望する上でも、その前段に位置する二〇世紀の人間の営みについての理解が必須だと考えるからである。[*26] その際、時代の特性とともに地域の特性を踏まえた理解が求められる。華僑・華人研究についていえば、先に言及したワン、タン、戴、岡部の視野は東南アジア全般に及んでいるが、具体的な事例としてはいずれもマレーシア、特にマレー半島部とシンガポールを含む旧英領マラヤが念頭に置かれている。同地域は、東南アジアの中で総人口に対する華人人口比が最も高いだけでなく、第二次大戦前の時点で移民一世が絶対数・比率ともに多く、華僑ナショナリズムの隆盛がどこより顕著な場所であった。そのマラヤでさえ（あるいはそのような場所であるがゆえに）「華僑から華人へ」の変化が劇的であり、研究者の注目を引いたといえるかもしれない。[*27] マラヤ研究を土台にしたマレーシアやシンガポールの事例に比べると、インドネシアの華人についての歴史学的研究は質・量ともにまだまだ立ち遅れており、堅実な二〇世紀研究の積み上げがなお必要である。

もうひとつ一般論をいえば、世界のどの国でもどの地域でも、歴史というものは前近代から近代へ、その次にポスト近代へと截然と区切られつつ段階発展的に進んでゆくものではないだろう。二一世紀にも二〇世紀以来の、あるいはそれ以前からの課題が折り重なって同時に存在しているのが常態ではないだろうか。特にインドネシアをはじめとする東南アジアの国々や社会ではその傾向が顕著である。政治面でいえば、「国民国家の限界」が声高に唱えられるさなか、グローバル化のもたらす新課題にも対応しつつ、なお国民統合をはじめとする国民国家建設の基礎作りを推進しなければならない。また、環境や資源の問題などから「成長の限界」が誰の目にも明らかになってきた趨勢の中で、それらに配慮しつつなお国民所得の向上や、その基礎となる経済成長を目指さざるをえない。このように、欧米や日本などが一〇〇年以上かけて経験し取り組んできた、いまや相互に矛盾をはらむかもしれない諸課題を、ずっと短い期間に同時に負わされている困難さの共感的な理解に努めなければ、東南アジアの実情や人々の真情に近づくことはできないだろう。国民統合はいまも、あるいはグローバル化によってその枠組みが揺るがされているがゆえにいっそう、インドネシア国家や社会にとって良くも悪しくも（つまりその中身のあり方を含め）最重要の課題なのである。

本書は「華僑から華人へ」を歴史的な必然、少なくとも予定調和的な変化とは捉えず、その過程で各国社会、特に華人たちが直面してきた葛藤や苦難ともども、二〇世紀を中心とするインドネシアで具体的に何がどのように展開したのか検証しつつ描くことを主眼とする。

華人の祖国意識における「血統」と「属地」の相克

従来の研究は総じて、二〇世紀の中国系移民や子孫たちのナショナル・アイデンティティの問題を、「二つの祖国」のはざまに置かれた人々の忠誠の向け先の選択問題として論じてきた。研究者が対象とする華僑・華人自身の多くに同じ傾向がみられたことの反映であろう。当事者だけでなく研究者までも、長らく「中国か居住国か（あるいは第三の国か）」という、二つないし三つの「場所」の選択論に陥ってきたのである。

だが、分析的に考察すると、移民二世以降の人々にとっては、中国という場所や国と自己の結びつきに「血統」観念が介在している点に気づく。[*28] むしろ「血統」が「場所」に先立ち、より重い意味をもつ。二世以降の人々にとって、中国志向のナショナリズムとは、居住国に生まれ育った本人がたとえ中国の地を一度も踏んだことがなくとも、父系の「血統」を通じ自分（たち）はどこまでも中華民族ひいては中国国民であり、中国国民である限り政治的にも文化的にも中国と一体化すべきだ、とする考え方だからである。それは漢民族の伝統的・民俗的な血統観念とも親和的だが、近現代にあっては一九〇九年の清朝国籍法以来の父系血統主義（父が中国人ならその子も出生地にかかわらず中国人だとする原則）や、それに基づいた歴代中国政府の政策によっても促進されてゆくことになった。[*29]

これに対し、居住国志向ないしそれに根ざしたナショナリズムは、血統を介在させず、個人と場所の直接的な結びつきを重視する。場所への帰属を眼目とする考え方だから、「属地主義」と呼ぶことができるだろう。これは思想的な構図としては、国籍決定における血統主義の対概念たる出生地主義（父母の国籍にかかわらず生まれた地の国籍を子に与える原則）と似た位置にある。ただし、国籍法における出生地とここでいう属地主義の「地」とでは、かなり意味合いが異なる。

国籍法における出生地は、当人が誕生した（瞬間の）場所の法的帰属——どの国の政治的管轄地か——だけを問題とする。これに対し、属地主義における地とは、出生後のある程度長い期間における育ちの場、人間の成長過程における言語や文化の習得や社会関係の構築に及ぶ社会文化空間という意味合いのほうに重点がある。その点を勘案すれば、出生地より「生育地」と表現するほうがよいかもしれない。

いずれにせよ、「中国か居住国か」の選択とは、二つの場所というより、実は「血統」と「場所」という、まったく次元の異なる二つの事がらの選択の問題であった。少なくとも第二次大戦後、時の経過とともにどの国の華人社会でも比重を増してゆく二世以降の人々にとってはそうである。血統（両親）を自分で選べないことは論をまたない。同様に、生まれ育つ地、最初に身につける文化や社会関係を規定する生育地も通常「運命的」に決まり、かつ事後に変更が効かない。運命的に決まるがゆえに、その人にとって原初的な愛着（あるいは愛憎）の対象になりやすいという点で、生育地は血統と同列である。無意識的にせよ、「二者択一」の思考にとらわれた場合、根源的な葛藤が生じるゆえんであろう。

インドネシアでは、華人の国民的帰属や民族的アイデンティティに関しては、現実の世界でも学界でも「中国かインドネシアか」「中国人のままでいるか、インドネシア人となるか」という二者択一論が二〇世紀のかなり遅くまでまかり通っていた。問題が実は「血統」の如何と「場所」の帰属という別次元の事がらだと捉えることで、たとえば「生まれ育った場所であるインドネシアを祖国として承認するが、血統に由来する華人性（華人であること）は残る」という事態を、当の華人も国家・社会も、また研究者も統一的に把握することが初めて可能となる。そのような把握は実際、（インドネシア華人に関しては）一九九〇年代末以降ようやくなされるようになってきたのだが、事態の根底に「血統主義」と「属地主義」の対立と止揚があったということはほとんど認識されていないように見受けられる。[*30]

華人の国民的帰属意識のあり方を「血統」と「属地」の両原理の相克だと捉える視点はさらに、華人のナショナル・アイデンティティの中国以外の「受け止め手」たる東南アジア居住国（本書ではインドネシア）のナショナリズム自体の考察へとわれわれを導く。

インドネシア・ナショナリズムにおける「血統」と「属地」の相克

政治思想としてのナショナリズムの類型論は従来さまざまになされてきたが、国民共同体の成員規定という観点から東南アジア諸国のナショナリズムを概観したものに、アンソニー・リードの論考がある。[*31]この中でリードは、グリーンフェルド（Liah Greenfeld）のいう「血統的ナショナリズム(blood nationalism)」などを「排他的」ナショナリズムの例として紹介し、それと対になる「包摂的」ナショナリズムの代表として「市民的ナショナリズム（civic nationalism)」との対立的構図を示す。その上で、インドネシアはフィリピンと同じく圧倒的に優勢な単独のエスニック集団がいないことを背景に、公的イデオロギーとしては多様な住民集団を包摂する市民的ナショナリズムの変種に納まる、ただし華人に関しては排他的なエスニック・ナショナリズムが「ぎこちなく」同居してきた、と論じている。

インドネシア華人について最も旺盛に著作を発表してきたスルャディナタは、同じ一九九七年の論考で、まず東南アジアの国々のうち、唯一の移民国家であるシンガポールを除き、すべての国々は土着的国民国家（indigenous nation-state）である、とする。その上で、文化的要件（cultural terms）のみで正統な国民たる資格（nationhood）が定まるタイやフィリピンと比べ、インドネシアはマレーシアとともに、文化的要件だけでなく、人種的要件（racial terms）を加味して国民資格が決まる国だと分類している。[*32] 人種的要件をもって正統な国民たる資格からはじき出される人々とは華人にほかならないことが、前後の文脈から明らかである。

スハルト体制最末期に出されたものとしては、リードの論もスルャディナタの論も（おのおのの類型論の枠組みの中では）的はずれではない。ただし、いずれも膨大な研究歴を踏まえたものとはいえ、両者の総括的断言には、歴史的な変遷の視点や、どの時代にも複数の対立的原則による「せめぎ合い」のダイナミズムがあったという視点が欠けている。

本節冒頭で述べたとおり、インドネシア・ナショナリズムに連なる諸思想や運動は二〇世紀初頭から二〇〜三〇年ほどの間に急速に生成・発展した。その過程を丹念に跡付けた永積昭は、運動の団結の基盤ひいては将来の「インドネシア民族」の成員の範囲について、ある段階から「人種志向」と「領域志向」の綱引きの構図がみられた様を活写した。前者はインドネシア民族の範囲を「原住民」（という擬似的な「人種」集団。のちのプリブミ）に限定する考え方であり、後者は、東インド（インドネシア）に在住し、そこを祖国とみなすすべての人々を含む考え方である。[*33] 他方、深見純生は東インドにおける印欧人（欧亜混血人）の社会・政治史をたどる中で、「血統主義」と「属地主義」のせめぎ合いがみられたことを指摘した。[*34] 深見の「血統主義」対「属地主義」は、構図的には永積のいう「人種志向」対「領域志向」にかなりの程度対応するものである。

　ただし、どちらも簡潔を旨としたキーワードである分、インドネシア・ナショナリズムの内実に即し若干の補足的考察を要する。特に永積のいう「人種志向」は字面だけでは誤解を招きかねない。それは「領域志向」と対立的に立てられているが、「領域」とまったく無縁というわけでない。そもそも「原住民（原語はオランダ語のinlander）」にせよプリブミ（「土地の子」！）にせよ、その土地に「もともと」居住していた土着の人々という意味である。「本来の」居住者だからこそ、その場に根ざした一種の巨大な地縁共同体である国民国家においても主人公の地位を占める権利がある、という論理なのである。つまり、ここには「属地」の要素も色濃く内包されている。ただ、「この地の本来の居住者」を集団レベルで決定するとき、全体として昔からいた（と目される）プリブミと、全体として新参者である（とされる）華人などの移民と子孫が「人種的」に振り分けられる、またおのおのの集団に新しく生まれた子が編入されるときにも原則として「血統」の原理が用いられる、というわけである。

　以上のことを勘案すれば、「人種志向」は「プリブミ中心の血統的土着主義」とでもいうほうが正確かもしれない。また「領域志向」においても、実際に中心になるのは（インドネシアの場合、圧倒的多数の）プリブミなのだから、そこに華人など外国系の住民を加えるというニュアンスで「拡大属地主義」とするほうが適切かもしれない。これらの点を指摘した上で、本書では前項で述べた華人の祖国選択の相克と連関的に考えるためにも、「血統主義」と「属地主義」という簡潔な両語を引き続き用いることにする。ただし、植民地期については、血統という語より人種（オランダ語でras）という言葉のほうが実際に多く使われたことを考慮し、血統主義に準じて「人種原理」という表現を併用する。

永積・深見の著作の貢献は大であるが、残念ながら両者とも、インドネシア民族の成員問題がまるで植民地期に「決着」したかのように一九二〇年代までで筆をおいている。だが「物語は続く」のだ。むしろ、インドネシアの独立後にこそ、国民統合の第一歩として「誰が国民（となるべき者）か」という問題が、植民地期以上に切迫した現実的な課題として（再）浮上する。そのとき、最大の焦点となった人々こそ、ほかならぬ華人であった。本書は、インドネシア・ナショナリズム研究の面では永積・深見らの仕事を引き継ぎ、この問題の核となる華人を正面に据え考察しようとするものである。

3　本書の特徴・構成と資料

インドネシア華人に関する従来の研究書と比した本書の全体的特徴は、国民統合の歩みの中で紆余曲折を経つつも華人がインドネシア国民さらに民族（バンサ）共同体に組み込まれてゆく過程を、①ほぼ一世紀の時間的スパンでたどること、その際、②国民統合思想としてのナショナリズムにおける「血統主義」と「属地主義」の現れ方に留意すること、また、③オランダ領東インド・中国・インドネシアの歴代政府の政策やインドネシア情勢との相互作用に目を配りつつ、誰より当事者である華人自身の声に耳を傾けること、特に祖国選択において「インドネシア志向」に立脚した華人指導者の言説を追うこと、である。

①、②によって初めて、インドネシアの華人ひいては同国全体の近現代史を国民統合の側面からみた場合の大筋や、改革期（一九九八年以後）の変化の意義も適切に把握できるだろう。従来、インドネシア華人について書かれた政治（思想）史の研究書には優れたものも少なくない。が、ほとんどは比較的短い特定の時代に限って、華人の動向と政治・社会的環境の相互作用を跡付けたものである。[*35] 二〇世紀から二一世紀初頭までを通観した数少ない研

究書、スルャディナタの『インドネシア華人の政治思想』（増補インドネシア語版）は、各時代の主だった華人指導者の政治的言説を集めた有用な書ではあるが、英語版の副題に自ら"Source Book"と題しているとおり、さまざまな政治思想のカタログの域を出ておらず、統一的な視点に欠ける。[*36]

③に関して、華人の言説の中でも特に「インドネシア志向」の流れに注目する理由の一つは、「はじめに」で触れたとおり、植民地期には「中国志向」や「オランダ領東インド志向」に比べ小さな動きだったこの志向がいまや同国華人社会の主流（基底における最も太い流れ）になっている、とみるからである。加うるに、独立後のインドネシアでは、「中国かインドネシアか」の選択以上に、インドネシアを祖国と選んだ華人たちの内なる分岐、特に「同化」をめぐる対立と全体政治との結合こそが、華人社会の運命やインドネシア国家・社会との相互作用のあり方を左右する上で大きな意味をもったと考えるからである。

次に、本篇を構成する四部一〇章、それぞれの課題と視角について概略を示しておこう。

I部はオランダ植民地期のうち、現代に直接つながる一九世紀末以降を扱う。

一章では、まず一九世紀後半から住民管理における「人種」の弁別を伴いつつ「近代的」植民地支配の諸制度が整備されていった様をみる。次いで、住民諸集団の間から植民地社会での地位向上を目指す、あるいは植民地支配自体に抵抗する運動が生成・発展したようすを概観する。その際、二〇世紀初頭に現れた華人の組織的運動はどのような背景のもとに生まれ、いかに展開したか、またインドネシア・ナショナリズムに連なる主な運動組織は華人とどのような関係を取り結んだか、に着目する。中国とオランダ領東インド政府の華人の帰属をめぐる応酬や、「原住民」と華人の運動の平行的ないし対立的発展、一九一〇年代以降発生しはじめた反華人暴動などの結果、全体として独立後につながる「華人問題」の構造的な原型が政治的にも社会・経済的にも形成されたようすをみることになるだろう。

二章では、「インドネシア志向」の華人組織の嚆矢《こうし》とされるインドネシア華人党PTIについて、コー・クワット・ティオンという人物の足跡や思想展開と絡めて検討する。従来PTIの研究は、初代党首リム・クン・ヒェンの言動を中心としたスルャディナタの著作にほぼ限られる。[*37] 二代目党首となった「もう一人の男」コーの履歴や言説とリムのそれには、PTI指導者として共通する部分もあるが、対照的さらには対立的な面も多い。両者を対比しながらみることで、PTIという一つの組織の中にも、「華人問題」に向き合う上で複数のアプローチがあったことがわかる。多少予告的に書くと、プラナカンとしての「属地主義」に徹し、かつ植民地支配者(白人)を敵視することでインドネシア・ナショナリズム運動に参入を試みたリムに対し、コーには属地主義に同調しつつも、植民地のさまざまな住民集団の対立を乗り越える何らかの「普遍価値」に向かう傾向がみられた。両者の思想傾向を、独立後の華人社会における「インドネシア志向」の後継者たちの思潮分岐の祖型とみなすことができそうなのである。

II部は一九四〇年代から一九六〇年代前半までの四半世紀を扱う。ナショナリズム運動、あるいはインドネシア国家の最高指導者としてスカルノが君臨した時代とほぼ重なる。

三章は、第二次世界大戦中の日本軍政期、日本の敗北後インドネシアが独立を宣言し、オランダとの間で独立闘争を繰り広げた時期、さらにオランダから正式に主権を獲得し、国民国家建設へ踏み出した一九五〇年代、つまり広くみてインドネシアの独立が現実化していった時代の華人政策や華人の動向に焦点を当てて試論を行なう。ポイントの一つは、オランダ植民地政府にもみられた、華人を属地主義的観点から包摂しようとする意志が、日本軍政期や独立闘争期にも政府の側に垣間見られることである。だが同時に、いまや誇りをこめてプリブミと自称することになった元「原住民」の人々と華人との区別や分断の方向に働く政策や事件も相次ぎ、全体として両者の対立的関係はオランダ植民地期に増して深まる。他方、新中国との間で華人の国籍問題が浮上し、これへの対応を目指す華人の組織としてインドネシア国籍協議体（通称バプルキ）が誕生・発展したことも重要である。

四章は、インドネシアと中国との華人をめぐる二重国籍防止条約が発効し、本人の意思に基づく国籍選択が始まった一九六〇年、プラナカンの青年層を中心に起きた「同化論争」の分析を行なう。数年後に成立するスハルト体制が導入した華人政策のうち、最も目につきやすい特徴は「同化政策」の導入である。同化政策の基盤となるのは「華人がインドネシア社会に同化すべき」だとする同化主義である。それは国民統合思想の一変種だとも考えられるが、従来の研究は同化政策や同化主義をもっぱら「スハルト体制の抑圧性」に帰してきた。同化論争を追うことで、まず同化主義が華人自身の間から現れたことがわかる。また、同化主義の対抗思想としてバプルキ指導者シャウ・ギョク・チャンが用いた「統合」という言葉が独り歩きして独特の意味を帯びる経緯も明らかとなろう。さらに本書は、同化派、シャウ派いずれとも異なる「第三派」が論争で重要な役割を果たしたことに着目する。第三派が植民地期の誰の系譜を引き、スハルト体制期を経て現在のどの論客、どの思潮につながってゆくのか、読者にも注目していただきたい。

五章は、一九六〇年代前半、スカルノの革命路線に追随しインドネシア共産党と接近したシャウ指導下のバプルキと、陸軍の支援を得た同化派の政治闘争の経過と内実をたどる。同化論争の段階での主体や対立軸、議論の争点などが、全国規模の政治闘争に巻き込まれる過程で、いかに変容やねじれを伴ったか、またあるものは消し去られ、忘れられていったかに着目する。前章とあわせ重要なことは、政治闘争の主役だった同化派もバプルキも、また政争から距離を置いた第三派も、中国ではなくインドネシアを祖国と仰ぐことがすべての発言や行動の前提となっていたことである。つまり、「中国志向」や「オランダ領東インド志向」の陰で「インドネシア志向」が微々たる存在感しか示せていなかった植民地期と異なり、いまやインドネシア志向の内部における分裂や競合こそが、インドネシア政局の一部をなし、華人社会をめぐる事態の展開にとっても決定的な意味をもつに至っていた点を見逃せない。

Ⅲ部は、一九六〇年代後半から三〇年以上にわたって続き、華人の国民統合の上でも正・負両面から大きな影響を及ぼしたスハルト体制期について考察する。

まず六章では、一九六五年のクーデター未遂（九・三〇事件）を機にスカルノに替わって権力を握ったスハルト将軍が、新秩序体制（オルデ・バル orde baru）と称する開発独裁体制を構築する初期にどのような華人政策を策定したかをみる。特に、従来スハルト体制の華人政策と同義に語られがちだった「同化政策」を、国防治安や経済復興という、より高次の国家的課題との関係で位置づけ直す。同時に、「同化」という語に込められたいくつもの狙いが、同化論争における華人同化派の真意とも違う、また一般に連想される社会文化的な現象ともかけ離れたものであったことを論証する。

七章ではスハルト体制が安定に向かう一九七〇年代から八〇年代にかけての、華人にかかわる現象と言説を追う。特に反日運動が反華人暴動や反政府運動に転化した一九七四年のマラリ事件を契機に、経済政策における一定の「プリブミ優先策」が導入されるとともに、同化派華人を登用した「新同化運動」が発動された経緯をみる。さらに、スハルト体制が完成をみて、政府や政策への反対意見が厳しく統制されていた一九八〇年代、なお公論の場に漏れ聞こえていた華人をめぐる言説のうち、プリブミからは「経済問題こそ本質だ」として文化面中心の「同化政策」を批判する声が、他方、華人からは「同化」を強いる反面で自分たちをどこまでも区別し差別する政策や社会の風潮に対する不満の声が高まっていたことに着目する。

八章は、スハルト体制のほころびが目だちはじめ、瓦解に向かう一九九〇年代を扱う。中国とインドネシアが四半世紀ぶりに復交し国際関係が新たな局面に入った冷戦終結期、国内では一部の華人大企業がスハルトを頂点とする権力と癒着しながら肥大化し、華人一般への反感をいっそう募らせた状況をみる。権威主義的な独裁体制への不満が増す中、アジア経済危機に見舞われたインドネシアで、社会・政治面との複合危機が急速に進行し、一九九八年五月、首都ジャカルタでの大暴動を契機にスハルトは退陣に追い込まれる。スハルト体制の崩壊は一面で、華人政策における当初からの矛盾が露呈したものでもあったこと、その終焉に際しては「反華人暴動」の名のもと女性を多く含む多数の華人が全国で犠牲になった様を描く。

Ⅳ部は、前時代までの旧弊の刷新を目指し急速な民主化が進んだ、いわゆる改革（レフォルマシ reformasi）期を扱う。一方で知識人を中心とする華人自身の動向を追うと同時に、他方では国家を代表する政府の対応をみる。

九章では、華人系インドネシア人協会（略称ＩＮＴＩ）が二〇〇二年に主催した公開討論会の内容を分析する。同化論争以来約四〇年ぶりに国民統合における華人の位置づけが自由に論じられたこの討論会で、世上に「華人性の復権」派と位置づけられる論客も、基本的人権など「普遍的価値の擁護」派とみられがちな論客もともに「生まれ育った地インドネシア」に根ざす国民国家の正統な成員として華人が自覚をもち、かつ承認されること、つまり「属地主義」に基づくナショナリズムを二一世紀の文脈で継承し主張していることを確認する。

一〇章では、同時期の政府側の華人政策の変化のようすを検証する。ハビビ政権からワヒド、メガワティ政権までの主な華人政策をみた上で、ユドヨノ政権期の二〇〇六年に制定された新国籍法に注目し、その内容をつぶさに検討する。一世紀をたどってきた視座からみると、インドネシア・ナショナリズムが、少なくとも政府公定の法規レベルでは、植民地期以来の「血統」に基づく土着主義から、華人をも正統なインドネシア国民かつインドネシア民族（つまり十全たるバンサ・インドネシア）の一員として承認する「属地主義」の方向へ向かう兆候がこの国籍法にみられることを示す。

依拠した主な資料について述べておこう。詳細は巻末のリストに譲るが、どの部でも当時の政府（オランダ植民地政庁や本国政府、清朝、中華民国、日本軍政府、インドネシア共和国の歴代政権、中華人民共和国政府）の法律や公開・非公開文書、華人を中心とする各種団体の公刊物やパンフレット、およびマレー語・インドネシア語を中心とする新聞・雑誌（一九九〇年代の後半以降はオンラインのものを含む）を入手できた限りにおいて活用した。

一次資料としてはこれら文献資料のほか、主にインドネシアにおいて華人・非華人双方から聞き取った情報を用いた。正式なインタビューだけでなく雑談も含めた聞き取りの対面相手は無数にのぼるので、巻末リストでは二章のコー・クワット・ティオン関係者に限った。

華人に関する聞き取り情報だけでなく、特にスハルト体制期以降に関しては、筆者が直接現地でみたり体験したりしたことが考察の基盤になっている。一九八七年に初訪問して以来、筆者の生活の半分は物理的にも心理的にもインドネシアにある。特に一九八九年から九一年までの三年弱と、一九九六年から九八年までの二年弱は継続してインドネシア（主にジャカルタと中部ジャワ）に住み、生活しながら調査を行なった。一九九三年にジョグジャカルタ出身のムスリムでもあるジャワ族女性が配偶者となったことから、以降のインドネシア生活では、華人集住区で住み込み調査を行なった時期を含め、華人社会に全面的に没入するというより、身体と視点の半分は常にジャワ族や姻戚のミナンカバウ族の社会に置いていたことを付言しておく。いずれにせよ、通算約五年間、ほぼ毎年の短期訪問を合わせれば四半世紀にわたる筆者のインドネシアでの臨地体験は、本書全体の記述のうちに陰に陽に反映されることだろう。

I 部

華人問題の原型

植民地期

コー・クワット・ティオン

（提供　インドネシア共和国国立図書館）

一　近代植民地支配への対抗運動と華人

1　オランダ植民地支配の「人種原理」

華人人口の増加

インドネシアの国民統合における華人問題の淵源は、多くの点でオランダ植民地期に求められる。大規模な中国系人口の流入と定着が植民地開発を契機に起きたということ自体、問題の根底的な出発点として指摘できよう。現在のインドネシア諸島へ中国から仏僧や商人が渡来・寄寓した記録は七世紀ごろにさかのぼるし、一五世紀明朝に派遣された鄭和艦隊の書記官たちもジャワやスマトラの港町に小規模な中国系コミュニティが形成されはじめていたようすを書き留めた。[*1] だが、中国系人口の本格的な増加は、一七世紀初頭にオランダ東インド会社がアジア貿易の拠点としてバタビア（現在のジャカルタ）の地を選び、その都市建設と運営のため中国から労働力を移入・利用しはじめた（たまたま中国での明清王朝交替期にもあたり多くの亡命者が出た）ときに始まる。

やがて一八世紀末に解散した東インド会社に替わり、オランダ本国が直接植民地経営に乗り出した一九世紀以降、ジャワにおいてはコーヒー・砂糖・藍・タバコなどのプランテーションの拡大、またスマトラをはじめ新たにオランダの支配下に収められた地域でも錫鉱山の開発などの経済ブームが、折しもアヘン戦争以降の中国から流出する大量の移民を引き付けた。一九世紀初頭に今日のインドネシアの領域全体で約一八万五〇〇〇人（そのうちジャワが約一〇万人）いたと推定される中国系人口は、一九〇〇年に五三万七〇〇〇人（ジャワが二七万七〇〇〇人）、一九三〇年には一二三万人（同じく五八万人）を数えるに至る。*2

「人種原理」と華人カテゴリーの制度化

オランダ植民地政庁がオランダ領東インドの多様な住民を「人種（オランダ語のras、これは後に同じ綴りでインドネシア語に取り入れられる）」を基準に分け、その人種集団ごとに把握した上で差別的に管理しようとしはじめた画期は一八五四年である。この年成立し翌年発効した統治法は東インド支配の原則を初めて包括的に定め、実質的に植民地の憲法として機能してゆく。この統治法は、住民を「ヨーロッパ人（Europeanen）」および「それと同等視される者」と、「原住民（Inlanders）」および「それと同等視される者」とに二分（ないし四分）した。一九世紀前半までは「キリスト教徒およびユダヤ教徒」と「それ以外の者」が区別され異なる法律下に置かれたり（一八二六年以降）、「原住民キリスト教徒」のカテゴリーが設けられヨーロッパ人と同等にみなされたりする（一八四七年）など「宗教」が住民区分の主要な基準であったのに、いまや「人種」こそが住民区分の第一の基準となったのである。*3

近代東インドにおける住民区分として従来最も頻繁に言及されてきたのは、「ヨーロッパ人」「原住民」および「外来東洋人」[*4]という三つの人種カテゴリーから成る、いわば三分法である。ファーニバルの「複合社会」論[*5]もこの三区分を基本的な枠組みとし、学界におけるこれに沿った見方の普及に貢献した。その中で華人は、アラブ系、インド系住民などとともに、「外来東洋人」の一範疇として分類される。だが右にみたとおり、一八五四年の統治法自体は二分法で、華人は他の「外来東洋人」とともに「原住民と同等視される者」という第二カテゴリーに位置づけられたのが実相であった。[*6]

とはいえ、一九世紀後半の段階から華人がさまざまな点で「原住民」とはすでに別扱いされ、事実上「ヨーロッパ人」「原住民」と鼎立する第三の人種カテゴリーをなしていた面も否めない。たとえば、華人を含む「外来東洋人」は刑法の面ではヨーロッパ人用の法廷（Raden van Justitie）と別に置かれた原住民用裁判所（Landraden）で、また軽犯罪については警察裁判所（Politie rol）で裁かれたが、一八五六年以降、民法と商法ではヨーロッパ人と商取引の関係にある一部の外来東洋人（華人がその大部分）にはオランダの法律が適用されることになった。また、民法の中でも家族法と相続法に関しては華人独自の法律が使われた。[*7]華人は都市の特定地区に隔離して住まわされ（居住制限 Wijkenstelsel）、そこを離れ旅行するにはいちいち通行許可証を入手・携帯しなければならなかった（旅行制限 Passenstelsel）。ヨーロッパ人と商取引のある華人が「原住民」社会に混入し、場合によっては負債を抱えて逃亡するのを防ぐため、華人はひと目で華人と判るよう「中国風」の衣服や辮髪の維持まで強要された。[*8]

オランダ植民地政庁は華人社会の管理統括者として富裕層から頭目を任命し、上位から順にマヨール（Majoor）、カピテン（Kapitein）、ルーテナント（Luitenant）など軍隊式の称号を与えた。華人コミュニティのある程度の自治、実質的には上意下達による「間接支配」の道具として設けられたこれらの役職は、「原住民」社会の支配に利用された貴族官僚（ジャワ族の社会でいうプリヤイ priyayi）と異なり、俸給を伴うものではなかったが、単なる名誉職でなく、次に述べる植民地経済の運営上、植民地政庁を補佐し、さまざまな便宜も得ていた。本書では、オランダ語でオフィシーレン（officieren、英語の officers）と総称される、これらの役職に就いた華人を官職者、しばしば代々続いたその社会層を官職層と呼ぶことにする。オランダ支配下の行政制度上、華人はプラナカンとトトッの区別なく（序章20ページを参照）、「シネーゼン（Chineezen）」[*9]と一括され、官職者の監督のもとに置かれたのである。

植民地経済における分業と「原住民」の華人観

植民地の経済構造も「人種」の線に沿って形作られた。特に一八三〇年ごろから一八七〇年ごろまでのいわゆる強制栽培制度を中心とする時期以降、華人に与えられたのは主に（ジャワでは）、米などの基幹食料に加え砂糖きび・藍・コーヒーなど輸出用作物の一次生産労働に縛られた「原住民」農民と、世界市場への窓口を独占する「ヨーロッパ人」の間に立つ仲介商の役割だった。加えて官職者とその配下の華人は、オランダ政庁の委託で一定地域の各種の税（市場税、通行税、屠殺税、アヘン吸引税など）の取り立てを代行する、徴税請負制度の主な担い手となった。政庁の財政収入を支える徴税請負を名目に、彼らは先述の旅行制限を免れることができたから、村落部のすみずみにまで入り込んで一次産品の集荷（買い叩き）や、アヘン小売りを含む商品の販売（月賦による売り掛け）、また、それらに伴う金融（高利貸し）などを行ない、独自の流通網を確立していった。[*10]

これらを客観的にみれば、支配者オランダ人が自らは決して直接手を染めない「汚れ仕事」をことごとく華人に引き受けさせた構図が浮かび上がる。だが、ジャワ族をはじめとする庶民、とりわけその大多数を占めた農民の眼からみれば、華人とは、村の「外」から収穫期にやってきて農産物を買い叩く、あるいは公権力を笠に着て各種の税を取り立てる憎き連中と映っても無理はなかったろう。アヘンや高利貸しなどのダーティ・イメージともあいまって、狡猾な商人、不当な経済的搾取者、権力の手先などの近年まで根強い華人のステレオタイプとそれに基づく反華人感情のもとは、歴史的にはおそらく強制栽培・徴税請負両制度の全盛期だった一八三〇年代から半世紀ほどの時代に確立されたものと推測される。[*11] ジャワ語で華人を指すチノ（Cina）にまつわる慣用句として、「掛け売り商人チノ（Cina mindring や Cina klonthong）」などは今日では華人に対する囃《はや》し言葉ないし差別語となっているが、もともとは植民地経済の中で華人が占めた役割をジャワ農民の眼から捉えたものであったろう。[*12]

単なる文化の違いにとどまらず、政治・経済的な搾取の結果、本来土地の主人公であるべき「原住民」が最も貧しく、外来の者たち、なかんずく華人が富裕である、という言説はかなり粗いステレオタイプではある（双方に多くの例外を見いだすことができる）が、まったく根拠のないことでもない。一九三九年の所得税額の「人種」別分布を示した統計によると、人口六〇〇〇万人近い「原住民」の一人当たり納税額はわずか七・六ギルダーだったのに比し、人口約二四万人の「ヨーロッパ人」の平均額は一四六一ギルダーと気の遠くなるような差であった。他方、人口約一二〇万人だった華人の一人当たり平均額は一四四ギルダーと、「ヨーロッパ人」に比べれば十分の一程度ではあるが、「原住民」からみれば二〇倍近い額であった。[*13] 植民地期の社会・経済的格差がほぼ「人種」の線に沿っていたことが明らかだろう。

「属地による統合」への植民地的模索

少なくとも一九世紀半ば以降オランダ植民地支配の主原則となった「人種原理」は、序章でナショナリズムについて立てた「血統主義」と「属地主義」という対立項のうち、前者と密接にかかわる。両者の関係は、「人種」というあたかも静的なカテゴリーに基づく統治原理が、より動的には「血統」による人間の振り分けに支えられていた、と約言できるだろう。前述のファーニバルは、「ヨーロッパ人」「原住民」「外来東洋人」に代表される複数のコミュニティが「融合することなく併存」する社会モデルとして彼の「複合社会」を描いたが、プラナカンや欧亜混血人の存在に象徴されるように、人種コミュニティ間の融合は通婚によっても生じていたのである。ただし通婚の子は、父系の「血統主義」によってプラナカンの場合「中国人／外来東洋人」へ、欧亜混血人は「ヨーロッパ人」へと（いずれも父の認知を条件に）法律上編入され、「人種」という不動のごとき範疇《はんちゅう》とその弁別に基づき、支配者たる「ヨーロッパ人」を優位とする統治原理を支えていた。

ただし、オランダの支配が「人種原理」一辺倒に終始したわけではなく、のち「属地主義」的ナショナリズムの方向に（為政者の意図とは別に）つながってゆく、ある種の「一元的統合」の思想的な潮流や政策的な試みも垣間見られたことに注意を払っておきたい。[*14]

ファスュールによれば、法的一元化の流れは、ナポレオン戦争など欧州情勢のあおりを受け一九世紀初めジャワに派遣された改革派の総督ダーンデルスや、一時期ジャワを占領したイギリス東インド会社のラッフルズの時代（一八一一～一八一六年）にさかのぼる。[*15] オランダの復帰後、一九世紀半ばからは先にみたとおり、「人種原理」による峻別の流れが優勢になるのだが、法制面を中心とした一元化の議論は、一九〇一年から一九二〇年代半ばまで続く「倫理政策（Ethische Politiek）」の時代に再び活発化する。倫理政策そのものは、オランダが東インド住民に倫理的な責務を負うとしたもので、「オランダから東インドへ、中央から地方へ、オランダ人から原住民へ」の権力移譲、「原住民」の福祉向上、キリスト教の布教など多面的な性格をもつ。その中には、「人種」に基づく分割支配と被支配住民の（原住民でいえば貴族官僚、華人では官職者を通じた）間接支配に終止符を打ち、単一の近代的法体系や行政制度を目指すという方向性もみられた。[*16]

倫理政策の精神を支える思想として「提携（オランダ語で associatie）」理論と呼ばれる考え方があった。これは、オランダ人に代表される「ヨーロッパ人」と「原住民」、さらに華人やアラブ人などの「外来東洋人」、つまり植民地に住むすべての住民が「人種」の違いを超え協力することを目指すべきだという主張である。近代啓蒙思想を背景とするこの考えは、右にみた倫理政策の第二の柱（権限移譲策）の理想主義的な面を支えるものだった。[*17] このような理論は、植民地での定住（属地）を基盤にした全住民の「一元的統合」のベクトルをもつ。

「一つの東インド」、オランダ臣民法、「人種原理」の優越

倫理政策にせよ、それを支えた提携理論にせよ、それらが二〇世紀初頭に現れた大きな背景の一つは、一九世紀の各地での征服戦争や反乱鎮圧、オランダの政治的策謀による併合などを経て、この時代に現在のインドネシアにつながる東インド植民地が初めて領域的な完成をみた（四〇年がかりのアチェ征服戦争が終結した一九一二年が一つの区切りとなる）という事実である。とにもかくにも単一の植民地国家が成立したということ、それに先立って一九世紀から進行していた交通（道路・鉄道・航路）網や通信（郵便・電信・電話）網の整備拡大、発展する都市空間と近代的都市文化、一九世紀末から開花したオランダ語やマレー語の新聞・雑誌に代表されるマスメディアの発展などが、広大かつ内実の多様な諸地域と諸住民を、東インドという領域を基盤に「一つの国、一つの民」として統合する方向へ作用したといえるだろう。

「属地」の論理による植民地住民の一元的統合という流れの中で法制面の画期となるのは、一九一〇年に公布された「オランダ臣民法」である。この法律は後述するとおり、短・中期的には、清朝が前年に発布した国籍法への対抗措置として華人の取り込みを図った、という面もある。だが、オランダ領東インド自体の文脈に即していえば、近代植民地国家の完成へ向けた法律的要請に根ざしたものとみることができる。その最大のポイントはオランダ本国または植民地（東インドのほか、南米のスリナム、キュラソーなど）で生まれた者をオランダ王国の臣民とする出生地主義にある。これによって、華人に関しては血統主義の清国国籍法との間で、いわゆる「二重国籍問題」の萌芽をなすのだが、華人に限らず東インド生まれの「原住民」や欧亜混血人もオランダ人と並んでオランダ臣民と規

定されたのである。[*18] このオランダ臣民法は、一九一〇年代に東インドの州や市レベルで設立される地方議会やその頂点に立つ植民地参議会（フォルクスラート Volksraad、一九一八年開設）の被選挙権や官吏被任命権、永代借地取得権、鉱業取得権などを伴う臣民身分（onderdaanschap）を保障するものだった。

だが、オランダ領東インドの政治・社会は全体的な結果としていえば、「一元化」の方向に進まず、むしろ「人種原理」の近代的再編・強化の方向に進んでいった。そもそも倫理政策自体、近代文明を体現する「ヨーロッパ人」の優位が前提であった。政策の目玉の一つとされた学校教育制度の拡充にしても、「ヨーロッパ人」子弟用の学校と「原住民」用の学校、ずっと遅れて開設された華人用の学校は、カリキュラムは同じオランダ式だったにもかかわらず、生徒の受け入れは原則として「人種」ごとに別々に行なわれた。フォルクスラートや地方議会でも「ヨーロッパ人」「原住民」「外来東洋人」ごとに代表議席が割り当てられた。オランダ臣民法の正式名称は「オランダ人ではないオランダ臣民のための規則に関する法律（Wet houdende regeling van het Nederlands onderdaanschap van niet-Nederlanders）」というまどろっこしい表現で、「原住民」や華人を周到に「オランダ人」から排除していた。

誰が市民的権利をもつオランダ人かということは、一八九二年の改訂国籍法で「オランダ人の地位をもつ者から生まれた者」だ、と典型的な血統主義で定められていた。[*19] 出生地主義の臣民法の中に血統主義による国籍法が「入れ子構造」で隠されていたということもできよう。

倫理政策の時代に出現し、その発展とともに植民地社会の「人種」別分断の構造や、人々の集団意識レベルでの相互の「他者性」を全体としてさらに強めた要因がほかにもある。それは、やがてナショナリズムにつながってゆく住民諸集団の政治的運動にほかならなかった。それらのうち、華人の運動が「原住民」を中心とする諸運動にやや先立って顕在化したことは、両者がその後も総じて別々に発展してゆく展開にも影響を及ぼしたと考えられる。次節では、華人運動の二〇世紀初めから一九一八年（フォルクスラート開設の年）ごろまでの生成・展開の状況を、オランダや中国からの働きかけにも留意しながらみてゆこう。

2　華人運動の勃興と展開

中華会館の設立と内実

一九〇〇年バタビアで最初に設立された中華会館（その福建音 Tiong Hoa Hwee Koan を略し、インドネシアでは通常THHKと呼ばれる）からオランダ領東インドにおける華人運動を語りはじめることは、ほぼ学界のコンセンサスとなっている。第二次大戦後英語圏で初めて本格的に二〇世紀初頭のインドネシアにおける華人運動の生成・展開を研究したウィリアムスの古典[*20]は『華僑ナショナリズム』と題し、やはり中華会館から話を起こしている。その題の語感から中華会館が政治運動であったかのような誤解を生みがちだが、運動を担った指導者の意図と運動の実態は中国志向の「文化運動」というべきものであった。[*21]その活動の二本柱は儒教復興運動と華語教育を含む近代的学校教育の振興である。ただし、それらを通じ、華人社会の近代化ひいては植民地社会における地位向上を目指す中華会館の運動の広がりが、結果としてオランダ植民地当局にそれなりの政治的圧力を加えた面も軽視できまい。

バタビア中華会館創設の中心人物の一人で、一九二三年まで理事長を務めたフォア・ケン・ヘック（Phoa Keng Hek）は、一八五七年西ジャワのボゴールで富裕な官職者カピテンの子として生まれた。伝統的な福建式の学校で学んだ後、カトリックのミッション・スクールで西欧式教育を受け、さらにボゴールのヨーロッパ人向け初等学校（ELS）で学ぶ機会を得る。バタビアの官職者ルーテナントの娘と結婚してこの地に落ち着き、農産物のビジネスで財をなす。さらに、オランダ語能力を駆使して首都のオランダ人サークルにも知遇を得ると同時に、それによって華人社会の指導者として台頭した人物である。[*22]

フォアを筆頭とする二〇名の署名になるバタビア中華会館の設立趣意書で注目に値するのは、次の諸点である。[*23]まず、「この文を読む、すべての中華民族の人々へ（Kepada Sekalian orang Bangsa Tjina）」という呼びかけ表現から、当時すでに「中華民族（Bangsa Tjina）」という概念と自意識があったことがうかがえる。その「民族」に相当する語としてバンサ（Bangsa）が用いられている点にも留意しておきたい。[*24]この趣意書全文がマレー語で書かれていることも重要である。つまり、呼びかけの対象として主に念頭に置かれていたのが、中国語でなくマレー語を母語とするプラナカン（序章18～20ページを参照）だったことがわかる。[*25]

内容の面では、冒頭から「われらの預言者・孔子の教え」[*26]つまり儒教がいかにすばらしいものかを説く。その際、「これは自画自賛でなく、ヨーロッパ人も認めるところだ」と述べ、オランダ東洋学者らの訳業を引き、中国人のみならず「文明の誉れ高いヨーロッパ人」も儒教を人類共通の文化遺産と認めていることを強調している。趣意書は、中華会館の目指す具体的活動として、華人社会における葬儀や婚礼の簡素化を訴えた。これらの儀礼改革にあたっても準拠とすべきは「孔子の教え」だとされた。

儒教復興と並んで当初から叫ばれ、やがて中華会館の活動の柱となってゆくのは自前の学校教育である。「中国と日本［の華僑社会］で始まった近代的な教育法」をモデルに、華語の読み書きに加え、数学や地理など実用性を重んじる学校をまず男子向けに建てる。[*27]次いで女子のための学校を建てる。女子にはマレー語を用いオランダ語を教えるとともに、若干の中国文字や中国の慣習も教えるとされた。また、それらと別にオランダ語と英語を教える男子校も設立する予定だと宣言された。

翌一九〇一年、バタビア中華会館が経営する最初の学校、中華学堂（Tiong Hoa Hak Tong）が開学した。これは六年制の初等教育校であり、華語教育が重視された。女子校は当初別に設立される予定だったが、資金難から一九〇四年以降、中華学堂が女子も受け入れた。一九〇一年以降、ジャワの主だった都市で次々にバタビアをモデルとした中華会館が設立され、最も主たる活動として近代的な学校を付設、経営した。一九〇六年には各地の中華会館二〇の代表が中部ジャワ・スマランに集まり、学校教育の質向上と標準化を話し合っている。[*28]

中華会館運動の諸側面

ウィリアムスの著作をはじめ多くの研究が明らかにしているとおり、中華会館の運動が起きたのには内因と外因があった。内因とはオランダ領東インドの政治・社会的変動とそれに対する華人指導者たちの危機感である。倫理政策は「原住民の福祉」向上を主要な柱に据えたが、華人にとってこの政策は自分たちの犠牲の上に行なわれる、と感じられても無理のない面があった。

一九〇〇年に至る一〇年間で各種の徴税請負制度は廃止された。とりわけアヘンが政府専売となったことに伴い、華人の居住・旅行制限が厳格に適用されはじめた。[*29]一九〇〇年には庶民金融制度が、一九〇三年には公営の質屋が創設され、華人の金融業や質屋請負にも打撃を与えることになる。[*30]これらの政策は、華人こそ「原住民の福祉」を妨げる元凶だとみる、倫理政策派のオランダ人の意図を反映するものでもあった。[*31]他方、新時代の社会上昇の鍵を握る近代的な学校教育に関してみると、「原住民」に対しては一九世紀後半から少しずつ整備が進み、倫理政策でいっそう拍車がかかるが、[*32]華人に対してはまったく放任されていた。官職層を中心にいまや経済活動の基盤を切り崩されつつあった華人が、危機への対応の自助策として「中華」の旗印のもとに団結し、自ら学校教育に乗り出した、という面が認められるのである。

他方、外因とは中国から直接、あるいはシンガポールを経由してもたらされた動因である。その背景にはまず、一八九四年清朝による海禁令の廃止以降本格化した新たな移民の流入がある。これ以前、新来移民は比較的少数だったため容易にプラナカン社会に吸収されたが、このときの移民は数の大きさに加え、広東や客家など従来の福建系以外の出身者を多く含んでいたこと、女性の渡航を伴っていたことなどから、各言語集団に沿ったトトッ（20ページを参照）の社会が新たに成立する契機となった。第二に、彼らとともに伝えられた中国政治の新動向、すなわち康有為に代表される変法派や孫文率いる革命派の影響である。特に革命派は、自らを中華民族の一員とみて、中国を祖国と考える中国ナショナリズムの思想を在外華人の間にも広めた。在外華人に対する伝統的な棄民政策を改め管理・保護策に転じた清朝政府も、オランダ領東インドなど東南アジア各地に役人を派遣し、変法派や革命派に対抗して華人社会へのてこ入れに努めるようになった。

シンガポールの華人社会の近代的改革の指導者だったリン・ブン・ケン（Lin Boen Keng、林文慶）の存在も無視できない。イギリスで医学教育を受けたキリスト教徒のリンが、一八九八年に、シンガポールで孔教会（Khong Kauw Hwe）を設立したことはよく知られている。一八九九年に彼を訪問した二人のジャワ華人、ユー・チャイ・シアンとタン・ギン・ティオンが儒教振興を勧められ、帰国後、『大学中庸』のマレー語訳を出版するなどしていることから、バタビア中華会館の設立にも少なからぬ影響のあった可能性が推察される。[*33] いずれにせよ、儒教による華人社会の改革・団結を目指して始まった中華会館を、孔教会の東インド版とみることができる。[*34] 理事長フォアをはじめ、バタビア中華会館の運動を進めた指導者の多くは、リン・ブン・ケン同様、ミッション・スクールなどで西欧式教育を受け、儒教の知識を西洋語の書物を通じて得たプラナカンであった。[*35] したがって、彼らはちょうどヨーロッパ人のキリスト教布教に対応・対抗する形で儒教の純化と普及を考えた、というコペルの指摘はおそらく的を得ていよう。[*36] 儒教は華人社会の「近代化」の規範として持ち出されたのである。

このように、華人運動はその発端から一見異なる二つの因子、「西洋志向」と「中国志向」を併せ持っていた。だが、いずれの志向も、東インド社会での地位向上という目的においては一つであった。そして、植民地における地位向上とは、具体的には「ヨーロッパ人」との法的地位の同等化にほかならなかった。その同等化を指すオランダ語の gelijkstelling は、二〇世紀オランダ領東インドの華人運動を（PTIをおそらく唯一の例外として）貫く合い言葉となる。中華会館の設立前年、一八九九年に政庁が東インドに在住する日本人（それまでは華人同様、外来東洋人の範疇に分類されていた）にヨーロッパ人並みの法的待遇を認めたことが、華人運動のこうした基調をいっそう明確にした。[*37]「人種原理」に初めて例外を設けたこの措置は、清を下しロシアと対峙せんとしていた近代日本の国際的地位の向上（具体的には不平等条約の改正成功）あればこそだった。華人が地位向上の後ろ盾として強力な中国の出現を期待したのはこうした文脈からすると自然なことで、それ自体は「西洋志向」と相反するものではなかったのである。

「西洋志向」であれ「中国志向」であれ、華人運動が植民地社会における地位上昇を目指したものであれば、その裏返しとしてもうひとつの基調が現れるのも必然であった。バタビア中華会館の設立に際し掲げられた儒教復興運動にそれを認めることができる。問題は、「儒教本来の教え」への回帰もしくは純化に際し「除去」すべきとされた「迷信的」要素の多くが、葬儀・婚礼や服飾・音楽などプラナカンの生活に混入した土着要素、すなわち「原住民的なるもの」にほかならなかった、という点である。そこには、プラナカンの窮状（彼らはトトッの経済活動によっても圧迫されつつあった）の原因を「劣った原住民」の血と文化に交わって「中国人らしさ」（たとえば勤勉性）を失ったためである、とする認識があった。[*38]こうした「血の優劣」の思想は中国の伝統的思考にも見いだされるらしいが、[*39]ここでは、運動指導者の思想系譜と当時の時代思潮からして、西洋的な社会ダーウィニズムの反映とみるほうがよかろう。一九世紀後半のヨーロッパに始まり一世を風靡《ふうび》したこの思想こそ、世界中の植民地における「白人の優位」を正当化する「科学的」根拠とされたのである。[*40]いずれにせよ、華人運動が発端において、「人種原理」の社会秩序で自分たちより「下」とみなした「原住民」とのつながりを断ち切ろう、とする志向を有していたことは銘記しておくべきだろう。

「オランダの楔」と辛亥革命の衝撃

中華会館の各地への広がりと時を同じくして、華人運動は新たな諸組織の登場によって、しだいに「中国志向」の方向で政治化し、運動内部の指導権の移行も起こる。在外華人からの支援を期待する末期清朝は一九〇六年、中華学堂への査察官派遣や中国への留学生受け入れを始めるなど、東インドの華人運動と具体的な関係を結びはじめた。翌一九〇七年にかけては、在オランダ清国公使館の肝いりでジャワの主要都市に設立された商会（Shang Hui）は、中国と華人社会の仲介機能を果たすだけでなく、オランダ政庁に対しても従来の官職者に替わる華人の代表としてふるまいはじめた。他方では、一九〇七年バタビアに設立された中国革命同盟会支部の影響下、書報社（Soe Po Sia）と呼ばれる団体が組織され、孫文の革命思想を広めた。こうした中、プラナカンより中国との絆が強いトットのほうへ、華人運動の主導権が移りはじめたのである。[*41]

「中国志向」かつ政治的な運動の高まりに憂慮をおぼえたオランダ政庁は、プラナカンに的を絞った体制への取り込みを図る。早くも一九〇〇年には内務省内に中国人事務局（Dienst der Chineesche Zaken）を設立し、華人社会の監視と対応の方策を練りはじめている。[*42]手始めに一九〇四年から居住・旅行制限の緩和に着手したのは、華人運動の要求に沿った譲歩だが、彼らの経済活動を完全に封じるのは植民地経営の利益に適うことでもなかったといえる。一九〇八年から華人専用のオランダ式の七年制小学校（Hollandsch Chineesche School、以下ＨＣＳ）が設立されはじめたのは、「中国志向」の温床とみられた中華学堂の発展への対抗措置だった。さらに一九一〇年、東インド生まれの全住民に対し「オランダ臣民」の身分を与える、との法令を発布したことは前述のとおりである。

このオランダ臣民法は、華人に関していえば、前年、清朝が制定した国籍法に対抗したものである。清の国籍法が血統主義にのっとり全華人への宗主権を主張したのに対し、オランダ臣民法は出生地主義によっていたので、これ以降、東インド生まれの華人に関しては二重国籍の事態が生じた。[*43] 翌一九一一年の領事条約で清朝側が「東インド生まれの者はオランダ領内にいる限りその臣民法に従う」との妥協案を受け入れたため、プラナカンは法的にもオランダ側に取り込まれ、中国生まれのトトッと一線を画されることになった。[*44]

これらの過程で政庁が「人種原理」を貫いたことには注意すべきである。HCSの設立は、初等公教育の場で華人を「原住民」から隔離する効果をもった。[*45] またヨーロッパ人向け小学校ELSと同カリキュラムのHCSをわざわざ華人専用に作ったことは、彼らがあくまで「ヨーロッパ人」とは違うことを明言するに等しかった。オランダ臣民の身分が「オランダ市民」とは別物だったことはすでに述べた。ともあれ、以上を原則としつつ政庁は官職者をはじめ富裕な指導層へは集中的な懐柔を行なった。一九〇七年、彼らに個人ベースで「ヨーロッパ人」身分を取得する道を開いたこと、一九〇三年から「権限移譲策」の一環として設置しはじめていた市や郡の参議会にこうした個人を任命議員として登用したことなどがそれである。[*46]

プラナカンとトトッの離間を狙った「オランダの楔《くさび》」は、後述するとおり、やがて時とともに効果を発揮してゆく。だが、当面その意図を吹き飛ばすような事件が起きた。一九一一年一〇月の武昌蜂起に始まる辛亥革命と、翌一九一二年初の中華民国成立である。

東インドの華人社会をも興奮させたこのでき事は、官職者の権威が失墜する契機となった。バタビアやスラバヤでは、祝賀に加わろうとした官職者がトトッ民衆に排斥されたり、襲われたりした。[*47] 一般に徒手空拳で渡来し貧しいトトッの間には、オランダ政庁の権力を後ろ盾に彼らを見下す官職者への反感が募っていたのである。「中国」が権威の源泉となったいまや、プラナカンである官職者のほうが「混血」としてトトッの軽蔑を受けることになった。

プラナカンの間にも、トトッと歩調を合わせ、官職者のリーダーシップを拒否しようとする勢力が現れた。その代表は、一九一〇年バタビアで創刊された『シンポー』（*Sin Po*、題字のみ漢字で『新報』と併記するが中身はマレー語）をはじめ、このころ相次いで発刊された新メディア、華人マレー語新聞のジャーナリストたちである。[*48] 彼らは多くの場合、何らかの西洋教育の素養をもっていたが、官職層とは縁のない出自だった。また、彼らが鼓吹する「中国志向」は、「反オランダ」と同義である点において、政治的には中立ないし保守的だった中華会館のそれとは区別されねばならない。[*49] その背景に、辛亥革命と中華民国の建国が、反植民地・反封建主義の旗印を掲げていたことを思い起こす必要があろう。

民国成ったとはいえ中国の政情はなお混乱をきわめ、オランダ政庁に対し即刻（日本人同様）華人の地位向上を迫るほどの力がないことは、ほどなく明らかになる。また、一般のプラナカンが中国と何か現実上の関係を新たに得たわけでもなかった。むしろ、一時の政治的熱気は冷めても、中国の時事や文化・歴史に関する情報がプラナカンの関心を呼ぶ傾向がこの時期から定着した、というほうが重要な点だと思われる。それを担ったメディアが、活字と写真という新技術を組み合わせた新聞・雑誌であった。これら定期刊行物の発展を支えた識字層が、新式の教育によって生み出された人々だったことはいうまでもないだろう。

スマラン会議と新報派の台頭

「オランダから東インドへ」の権限移譲策の頂点をなし、属地主義の要素をもつ「一つの東インド」の完成の象徴ともいえるのが、一九一八年五月のフォルクスラート（植民地参議会）開設である。オランダ人の中でも倫理政策派は、「ヨーロッパ人」だけでなく「原住民」「外来東洋人」それぞれの代表が一堂に会し、植民地の諸問題を共に討議する議場に、「提携」理論の顕現を期待したことだろう。だが、フォルクスラートが「議会」に程遠いことは隠しようもなかった。何よりそれは、総督の政策決定を覆す権限のない諮問機関にとどめられた。議員の選出も半数が総督の任命により、残り半数の選挙権を有するのはこれまた政庁の任命などで登用された地方参議会の議員であった。「ヨーロッパ人」二〇名（被選九、任命一一）および議長一名、「外来東洋人」三名（全員任命）、「原住民」一五名（被選一〇、任命五）という議席配分も住民の人口比率とかけ離れており、「ヨーロッパ人」の絶対的優位を保障するものだった。すでに始まっていた「原住民」の政治運動は以後、このようなフォルクスラートや地方参議会にあえて参加する「協調」路線と、これを無視する「非協調」路線に分かれる。[*50]

いっぽう、華人（ここではオランダ臣民として議席を用意されたプラナカン）にとって、フォルクスラートへの参加の是非をめぐる問題は、そのまま政治的な「オランダ志向」と「中国志向」の争いとなって表れた。開設に先立つ一九一七年一一月四日、この問題を討議するため中部ジャワ州都スマランで開かれた会議は、一九一〇年代後半の時点で後者が優位を占めていたことを示すでき事となった。[*51] 後者すなわち政治的「中国志向」の牽引者として、『シンポー』紙に拠るジャーナリストたち（彼らを新報派と呼ぶことにする）が舞台の前面に登場したのもこの時期のことであった。スマラン会議の直前、一九一七年一一月一日付『シンポー』紙に発表された「華人とフォルクスラート」と題する論説は、おおむね次のような主張をした。

華人は東インドにおいては外国人である。したがって、われわれはこの地の政治に関与すべきではない。華人の利害を保護する者がいない、という言い分は当たっていない。中華民国はオランダのハーグに大使館を設置しているではないか。中国の外交官は「オランダ臣民」にすぎないフォルクスラートの代表議員などよりはるかに有能だろう。……フォルクスラートに参加することは、われわれがオランダ臣民だと認めることになる。そうなると、われわれは植民地軍でも奉仕しなければならない。オランダはすでにわれわれプラナカンを臣民だと宣言した、という人がいるかもしれない。だが、中国は「血統主義」の原則にのっとっている。つまり、プラナカンは中国の国民なのである。フォルクスラートに参加すれば、プラナカンはトトッと中国から切り離され、……身の安全を保障されないことになってしまう。

三日後、スマランで開かれた会議には、各地の中華会館や商会の代表など七〇〇余名が集まったという。マレー語で進行したこの会議において、フォルクスラートへの参加を主張したのは、バタビア市参議員のカン・ホク・フイ（Kan Hok Hui 一八八一―一九五一）をはじめ、すでに地方参議会に登用されていた人々で、ほとんどが官職者だった。新報派を筆頭とする反対派は上述の論説と同じく、華人は中国国民である、フォルクスラートへの参加は少数派の華人に何ら益がないばかりか、期待される中国の保護から自らを遠ざけてしまう、と主張した。これに対し賛成派は、中国は弱体で何の援助も期待できぬ、われわれは自力で地位改善を図るしかないなどと反論し、両者の間に接点は見いだせなかった。

結局、フォルクスラート参加は植民地軍への徴兵につながる、と眼前の危機感に訴えた声が大勢を占め、票決の結果は四枚の白票と「圧倒的多数」の反対票であった。[*52] この結果、華人代表の選挙による選出は（一九二七年まで）不可能となったが、翌一九一八年、政庁に議員として任命されたカン・ホク・フイは、バンカ島のカピテンだったリム・ア・パット（Lim A Pat）とともにこれを受け入れ、フォルクスラートへ登壇した。新報派はカンらを攻撃しつつ、翌一九一九年初めからパリ講和会議の開催に合わせ、オランダ臣民法の拒否権を求めるキャンペーンを展開してゆくのである。

ここで、新報派のみならず後にはインドネシア華人党ＰＴＩの仇敵ともなるカンの人物をみておこう。バタビアの地主出身の彼は、官職の称号はもたなかったが、逆に植民地と華人社会の新状況に適応する感覚や能力において、旧来の官職者をはるかにしのいでいた。オランダ式高等学校（Hoogere Burger School、ＨＢＳ）で教育を受け、若くして中華会館や商会でも指導力を発揮したカンは、フォルクスラート開設以来、七期二四年にわたるその全歴史を通じて議員を務め、一九三五年にはオランダ獅子勲章を受ける。他方では、一九三四年に中華民国の肝いりで成立した総商会の初代会頭に就任するなど中国との関係確保にも努め、植民地体制と華人社会の間に立つ、象徴的な一大指導者となるのである。*53

クドゥス暴動

フォルクスラートの開設から半年後の一九一八年一〇月末、スマランに程近いクドゥス（Kudus）で発生した「原住民」と華人の暴力的衝突は、完成したはずの「オランダの平和」に暗雲を投げかけた。同時に、これ以降繰り返し起きる「反華人暴動」の先例となってゆく。*54

事件のきっかけ自体はささいなことだった。疫病と干ばつを祓うための神輿行列をしていた華人の馬車の一つが、町のモスクを改修していたジャワ族の手押し車と接触したことからけんかが始まった。華人の行列はさまざまに仮装をしていたが、接触した馬車に乗った男はイスラームのメッカ巡礼者（ハジ）の仮装をし、面白おかしく踊っていた。これをジャワ族側はイスラームを侮辱するものと怒り、やがて群衆が華人の居住区で家々を襲う事態に発展した。一一月一日までの二晩三日に及ぶ暴動で、華人側に一一人の死者が出るに至った。ジャワ族側にも負傷者が出て、六〇名以上が官憲に逮捕された。

テー・シャウ・ギャップはこの事件の経済的背景を分析している。まず、第一次大戦後の米価高騰と食料不足の中、流通や小売業を握る華人への不満が高まっていた。また、クドゥスは一九世紀後半から発展した丁子煙草の製造業で有名だが、第一次大戦期までは、この産業は（次節に述べるバティック製造業などと並び）ジャワ族の企業が優越する数少ない分野の一つだった。そこへ、従来からタバコの葉など原料の供給でかかわっていた華人が製造部門にも参入してきたために、両者の競合関係が高まりつつあったというのである。[*55]

いずれにせよ、事件はオランダ領東インド、とりわけジャワの華人社会に大きな衝撃を与えた。一一月二〇日、スマラン商会の招集で約千人の諸団体代表が集まり、被害者の救済とあわせ「人種間の調和」の方策が協議された。クドゥス暴動は、華人たちの間に「包囲されたマイノリティ」としての自覚と、どこに安全を求めるべきかの危機意識を高める契機となった。事件後、『シンポー』の記事は次のように書いている。

今日はクドゥスがやられた。明日か、あさってには、われわれにも危害が及ぶぞ、と華人たちは考えるだろう。「華人は原住民の血を吸うヒルだ」などの非難が投げつけられているが、それは身の安全のよりどころのない華人をいっそう団結させることになるだろう。[*56]

中華会館の始まりからクドゥス暴動に至るこの時代には、「原住民」や欧亜混血人を中心とする諸運動も同時に生成・発展していた。華人と非華人とりわけ原住民の社会経済分野での利害対立と、ナショナリズムに連なってゆく政治的な覚醒や宗教・文化も絡む自他の弁別の意識が相乗的に高まっていったと考えられるのである。次節では、非華人の運動のうち一九一〇年代までに現れた主要な組織の概要を華人との関係に留意しながらみてゆこう。

3 「インドネシア」への胎動と華人

種族・地域主義の団体――ブディ・ウトモほか

まず、一九〇八年に誕生したブディ・ウトモ(Budi Utomo)を嚆矢《こうし》とする、特定の種族(スク)や地域に基盤を置いた組織である。ブディ・ウトモがインドネシア・ナショナリズム運動史に重みをもつ(その設立日五月二〇日が独立後、今日まで「民族覚醒の日」として祝賀されている)のは、それが「原住民」の動きの中で他に先駆けた事実とともに、ジャワ族の団体だったから、という点を無視できまい。彼らは、インドネシア総人口の半数近くを擁する最大種族というだけでなく、強力な王朝国家を古代からいくつも育み、その文化伝統の厚みを誰より自負しうる人々でもあったからである。[*57]

倫理政策派のオランダ人政治家や知識人がもろ手を挙げて歓迎した団体とは、まさにブディ・ウトモのことだった。それは何より、結成のイニシアティブを取ったのが、ストモ(Sutomo 一八八八―一九三八)をはじめ、下級プリヤイ(貴族官僚)の出身ながらバタビア医学校でオランダ式の近代教育の機会を得た青年たちだったからである。ただし、組織化の過程でブディ・ウトモの主導権はより年長のプリヤイたちへ移る。それにつれて、青年の一部が当初唱えた「民族、性、信仰などにかかわりなく、国民的な友愛組織を作り上げる」という理想や社会変革の意欲は薄れ、ジャワ族、それも大衆より特権階層であるプリヤイ自身を対象に、近代教育のいっそうの普及など穏健な目標を掲げるにとどまった。[*58]「ジャワ族たること」に連帯の重点を移したブディ・ウトモに華人が加わる余地はなかった。とはいえ、ブディ・ウトモは、同年アンボンおよびマナド住民のためのヴィルヘルミナ(Wilhelmina)の設立、一九一四年スンダ族によるパスンダン（Pasundan）の設立など他の種族・地域団体の結成を刺激したのみならず、これらに飽き足らない青年たちが、新たな組織原理の団体を模索する呼び水となった。

東インド党――属地主義ナショナリズムの先駆

一九一二年九月に西ジャワのバンドゥンで結成された東インド党（Indische Partij）はそのような新団体の一つである。この党は第一に、オランダ植民地支配に初めてまっこうから異を唱え将来の東インドの独立を主張した点で、インドネシア・ナショナリズム運動史に重要な位置を占める。第二に、人種的な出自を問わず東インドを祖国と考えるすべての住民を「東インド人（Indiërs）」として団結の対象に想定した点が、本書においてはとりわけ重要である。

東インド党設立の中心となり、総裁となったダウエス・デッケル（E.F.E. Douwes Dekker 一八七九―一九五〇）は、オランダ人の父、ドイツ人とジャワ人の混血人を母に、東ジャワのパスルアン（Pasuruan）で生まれた欧亜混血人である。東インド党も組織の系譜上は欧亜混血人を中心とする二つの団体、すなわち一八九九年に設立された東インド同盟（Indische Bond）と一九〇七年に結成されたインスュリンデ（Insulinde）を母体としていた。[*59] 前者の入会資格は「ヨーロッパ人およびそれと同等とみなされる者」とされ、後者の規約には「特にオランダ領東インド生まれのヨーロッパ人、そしてヨーロッパ人の中のいわゆる永住者の利害」を最大の関心事とすることが明記されていた。ここでの「ヨーロッパ人」とは法律上、父親に認知された欧亜混血人を含むことに留意する必要がある。そのうち永住者（blijver）とは、ヨーロッパ人における一時的滞在者（trekker）の対語で、東インドに生涯居住するという志向に重きが置かれた呼称である。このインスュリンデの方向性は東インド党に至っていっそう明らかになる。

東インド党の規約第二条は次のように謳った。[*60]「東インド党の目的は、祖国東インドの繁栄と独立した民族存在の準備を目指して、全東インド人が政治的平等の基礎の上に協力するよう、自らを育んだ祖国への愛国心を呼び覚ますことである」。また、第三条に「一八歳以上の、自分を東インド人と思う者は階級、性、民族籍（landaard）を問わず、……入党することができる」と党員資格を定めているので、これをほぼ同党の「東インド人」規定だと考えてよい。民族籍は本書で「人種」と呼んできた概念に相当するが、その出自にかかわらず、「自らを育んだ祖国・東インド」[*61]に愛国心をもつ人々の政治的平等と協力を、将来の独立国家の基礎に構想する点、同党の思想を筆者のいう属地主義ナショナリズムのインドネシアにおける先駆けと位置づけてよいであろう。[*62]

東インド党に加入した者の多くは欧亜混血人であった。たとえば、一九一三年三月の時点で三〇の支部に計七三〇〇人ほどの党員を擁していたが、そのうち、欧亜混血人が約五八〇〇人だったとされる。[*63]彼らが中心になった理由として、東インド党がもともと欧亜混血人の二団体、東インド同盟とインスュリンデを母体としてできた経緯は先述した。また、法律上は（父親に認知される限り）「ヨーロッパ人」とされる彼らは、社会実態としては「混血」などの理由でさまざまな差別を受けてもともと不満を抱いていたこと、特に倫理政策の初期には彼らは住民カテゴリー上「ヨーロッパ人」であるがゆえに、「原住民の福祉向上」策の対象外となり、相対的な窮乏感に陥っていたことなどが挙げられる。[*64]

東インド党に、少数派とはいえ欧亜混血人以外のメンバーもいたことは注目される。まず「原住民」すなわちプリブミである。上述一九一三年の統計では、七三〇〇人の党員中、約一五〇〇人をプリブミが占めていたとされる。一般党員だけではない。三〇支部の正副代表・書記・会計など役員計一六一人中、プリブミは（名前から判断する限り）一六名いた。[*65]さらに、最高指導者として、当時も研究史上も、ダウエス・デッケルとともに「三人組」と称された、二人の著名な人物がいた。

そのうちチプト・マングンクスモ（Cipto Mangunkusumo　一八八五―一九四三）は、中部ジャワのアンバラワ（Ambarawa）生まれのジャワ族で当初ブディ・ウトモにも参加していたがほどなく脱退、プリブミ指導者の中で「東インド人」という考えに最も傾斜を示した人物といってよい。[*66] 二〇年後にインドネシア華人党PTIが結成されたとき、これを東インド党の衣鉢を継ぐものとみる向きがあったが、[*67] 実際に東インド党の考えがPTI指導者一般に影響を与えたことは、初代書記チョア・チエ・リアンの証言するところである。[*68] なかんずく設立者リム・クン・ヒェンの思想形成にはチプトの感化があったらしい。[*69] またチプトは、PTIが結成されたときは政治犯として獄中にあったが、わざわざ祝電を打っている。チプトのこうした傾向は、彼が、植民地支配の内に宿るジャワ族自身の伝統的な「封建的」支配・被支配の社会関係やそれを支える精神構造に敵意を抱き、徹底した民主主義ないし西欧化に基づく、新しい社会と人間の創造を志向した、[*70] ということと深い関係があるだろう。

もうひとり、ジョグジャカルタ（Jogjakarta）に生まれた同じジャワ族のスワルディ・スルャニングラット（Suwardi Suryaningrat　一八八九—一九五九）は、チプトとは対照的に、ジャワの伝統文化の再生に独自の「近代化」を模索する代表格となってゆく。[*71] 彼のこうした方向は、一九一三年、本国のナポレオン支配からの解放一〇〇周年を植民地住民の眼前で祝おうとするオランダ人の矛盾を、オランダ語を用い辛辣に批判した論文「もしわれオランダ人なりせば」の中に、ジャワ文化特有の「やつし」のスタイルとしてすでに表れていた。[*72]

東インド党のメンバーには華人も含まれていた。前述一九一三年三月時点の党勢資料によれば、三〇支部一六一人の役員中、名前から華人と判断される人物は七名いた。ジャワではスマラン支部のタン・コン・ハン（Tan Kong Han）、ソロ支部のウイ・ブン・スイ（Oey Boen Soey）、スラン支部のリー・スン・フン（Lie Soen Foeng）、チラチャップ支部のフォア・イク・チャイ（Phoa Ik Tjay）およびジュワ・ギン・フウイ（Tjwa Ging Hwie）、外島ではパダン支部のリム・エク・ティ（Lim Ek Tie）とブリトン支部のリウ・ウォン・ファ（Lioe Wong Fa）である。[*73] 彼らがいかなる出自や階層の人物か、どのような経緯で東インド党に呼応したのか、他の資料がなく、つまびらかでない。だが、ここでほぼ確実にいえることは、第一に、役員に七名選ばれたということは一般党員にはもっと多くの華人が含まれていた可能性が高いこと、第二に、主にオランダ語で運営された東インド党に加わった彼らは、役員であれ一般党員であれ中国語を母語とするトトッでなく、プラナカンだったろうことである。

いずれにせよ、植民地政策下「ヨーロッパ人」「原住民」「外来東洋人」に分断されていた人々を、東インド党が単なるスローガンにとどまらず、「属地」の論理によって「人種」の垣根を越え実際に動員しえていたことがわかった。ただ、東インド党そのものは、「独立」という、当時としてはあまりにラディカルな主張などから植民地当局の承認を得られず、非合法組織となってしまったため、結党からわずか七カ月であえなく解散を余儀なくされた。さらに一九一三年七月末に当局は前述のスワルディ論文「もしわれオランダ人なりせば」のマレー語訳発表の動きに先手を打って、彼とデッケル、チプトの「三人組」を逮捕、裁判を経ない総督の「大権条項」により、国外追放の刑に処した。三名はオランダへ向かった。[*74] このように東インド党そのものが短命に終わったことに加え、そこに結集した中心集団である欧亜混血人の多くは、一九世紀末からの相対的困窮状況を脱し、一九二〇年ごろまでに都市中間層へ社会上昇していった。政治的には、一九一九年に結成された印欧人同盟（Indo-Europeesche Bond）に流れ、次節で述べるフォルクスラートを舞台に、「ヨーロッパ人」の一翼として（つまり血統主義に転じて）オランダ植民地支配を支持する方向へ保守化したとされる。[*75]

イスラーム同盟――華人との対立の構図

種族や地域を超える新しい団結の原理を示したもうひとつの重要な政治組織は、「原住民」の八～九割が奉じる宗教を共通基盤に据えたイスラーム同盟(Sarekat Islam)である。東インド党と同じ一九一二年に発足したイスラーム同盟は、しかし、華人との対立の渦中に誕生した。前身のイスラーム商業同盟（Sarekat Dagang Islam）は、バティック（ジャワ更紗）の製造・販売など、「原住民」の主導する数少ない商工業分野へも参入してきた華人業者への対抗を主目的に、前年ジャワの数カ所の都市で結成されたものだった。辛亥革命以来「中国は、いまにジャワを支配する」などと尊大にふるまう一部華人へ反感が増す中、一九一二年半ばから中・東部ジャワを中心に、各地でアラブ人商工業者およびジャワ商人と、華人との間で衝突が拡がった。[*76]特に中部ジャワのソロ（スラカルタ）では、イスラーム同盟の指導下、華人商人へのボイコット運動が組織された。[*77]中華会館の指導者の一人は政庁に対し、紛争の原因をトトッが主導する書報社の活動に帰す釈明をしたが、ボイコットや暴力沙汰は、トトッとプラナカンを区別するものではなかった。

これ以降、イスラーム同盟は急速にジャワ全土へ拡大して一九一四年には党員数三七万人を数え、さらに西スマトラをはじめとする外島へも広がった。重要なのは、これらの地域でイスラーム教徒とは「非ヨーロッパ人」「非華人」、すなわち「原住民」とほぼ同義であったことである。[*78]一九世紀にジャワやスマトラ各地で発生した反オランダ戦争や農民反乱でもイスラームが団結のイデオロギーとされていたが、さらに二〇世紀初めまでには、中東のイスラーム改革や汎イスラーム主義の運動がメッカ巡礼者を通じて東インドまで及び、同盟指導者にも影響を与えていた。貴族層プリヤイを締め出し大衆路線を採ったイスラーム同盟は、一九一〇年代後半、地方の農民闘争や、急速に興りつつあった労働運動のエネルギーを吸い上げ、全盛期を迎える。[*79]

東インド社会民主主義協会・インドネシア共産党――華人との「階級的」な溝

最後に検討しておきたいのは、インドネシア共産党（Partai Komunis Indonesia　以下ＰＫＩ）の前身となる、東インド社会民主主義協会（Indische Sociaal-Democratische Vereniging、以下ＩＳＤＶ）である。一九一四年にスマランでこの組織を結成したのは、スネーフリート（H.J.F.M. Sneevliet　一八八三―一九四二）らオランダ人の社会主義者であり、彼らは、スマウン（Semaun　一八九九―一九七一）ら「原住民」の青年メンバーをイスラーム同盟にも加入させて勢力の伸張を図った。永積は、東インドの社会主義や労働運動の初期に、「進んだ」白人指導者が「遅れた」原住民を教え導く、というちょうど「倫理政策」と同じ構図がみられたことを指摘している。[*80] ただし、一九二〇年にISDVがPKIへ改組されるころには、議長スマウン以下、成長を遂げた「原住民」青年たちが組織の中心に座るとともに、主張内容も植民地の解放闘争を重視するなど「民族化」するのである。

ISDVやPKIが人種的または宗教的な理由で華人に門戸を閉ざすことはなかったろうが、少なくとも植民地期に限っては、華人が応ずる例はほとんどなかったとみられる。[*81] それは、スマウン自身が指摘したように、東インドの「階級」構造が相当程度「人種」の別に沿っていた、ということで説明できよう。彼は一九一八年のクドゥス暴動が起きた際、その原因を分析する論考で次のように書いている。

原住民の貧困ぶりとその他の住民の裕福ぶりがあまりに対照的なため、富裕な者に対する原住民の悪感情が引き起こされている。富裕な者の相当部分はオランダ人と並んで華人である。原住民中の富者に対する嫉妬は、同じ民族（bangsa）と宗教に属するということで、かき消されている。[*82]

一九三〇年代ごろになると「華人の労働運動」が現れ、インドネシア華人党PTIとも少なからぬ関係を結ぶのだが、この点については次章の叙述に譲りたい。

ともあれ、一九一〇年代までに登場した「原住民」や欧亜混血人を中心とする政治運動は、東インド党における個人レベルの参加をわずかな例外とし、少なくとも集団レベルでは華人と衝突こそすれ交わることがなかった。一九二〇年代以降の新たな展開については、このころ成人に達するPTIの二代目党首、コー・クワット・ティオンの足跡と絡めながら次章で追ってゆくことにしよう。

二　インドネシア華人党PTIとコー・クワット・ティオン

1　コーの履歴と諸運動――一九二〇年代まで

父の時代、兄の時代

コー・クワット・ティオンは、一八九七年八月四日、中部ジャワの高原の要衝マグラン（Magelang）に近いパラカン（Parakan）の町に、福建系移民コー・タイ・テク（Ko Tai Tek）の子コー・ジ・スン（Ko Djie Soen）の次男として生まれた。つまり、彼自身は移民三世ということになる。母はチョア・イン・ニオ（Tjoa Ing Nio）という名の華人であったこと以外、詳しいことはわからない。コー・クワット・ティオンの漢字表記は「高厥忠」だが、彼自身は生涯漢字を読めず、中国系諸語を解することもなかった。母語はマレー語で、のちにオランダ語をはじめとする西欧諸語を身につけたから、生まれと育ちの点ではむろん、言語・文化の面でも典型的なプラナカンのエリートだったといえるだろう。[*1]

父ジ・スンはパラカンの官職者ルーテナントだった。オランダ植民地政庁が華人社会の管理統括者として富裕層から任命した、例の役職の一つである（一章の44～45ページを参照）。ジ・スンはアヘンを売買したと伝えられる。[*2]父の代（一九世紀後半）は、アヘンを含む徴税請負制そのものが植民地政策の中でしだいに衰退に向かい、この制度に経済基盤ひいては権力基盤の多くを負う官職層の地位が低下してゆく方向にあったが、華人（プラナカン）社会全体の中では地域華人社会のエリートとしてなお威信をもつ時代であり、クワット・ティオンも植民地内の社会経済的階層という面ではまず恵まれた生い立ちであったといえよう。[*3]

クワット・ティオンの幼時に父は亡くなり、代わりに彼を育てたのは、一五歳も年の離れた兄クワット・イ（Ko Kwat Ie 一八八二?―一九三七）である。クワット・ティオンの幼時に当たる二〇世紀への変わり目は、植民地の近代的再編が本格化し、華人の生活が経済の面でも政治の面でも従来と同じやり方では立ちゆかなくなる変化の時代であった。兄クワット・イは、父のころとは異なる新時代の到来に進取的な対応をした官職層華人の好例であった。一九〇〇年、彼は地場のタバコ産業に乗り出し、やがてマグランに大規模な葉巻工場を興す。同年、バタビアで始まった中華会館の運動が新式の教育運動として拡がりはじめると、クワット・イはマグラン中華会館の設立に加わり、自ら教壇に立った。その一方で、弟クワット・ティオンをヨーロッパ人向け小学校ＥＬＳへ入れ、以後一貫してオランダ式の教育を受けさせたのである。[*4]

前章でみたとおり、華人運動はその発端から「西洋志向」と「中国志向」という二つの因子を併せ持っており、いずれも植民地社会での地位向上（ヨーロッパ人との同等化）という目的においては一つであった。したがって、クワット・イが中華会館の指導者でありながら実弟をＥＬＳへ入学させたのも何ら不思議ではない。自分が華人とされる限り、華人全体の地位改善を図る運動には何であれ参入する意味があったが、個人レベルで「ヨーロッパ人」に近づけるのなら、そのほうが手っ取り早かったからである。[*5] バタビア中華会館設立者フォア・ケン・ヘックの例にもみたとおり、官職層華人が子弟をミッション・スクールに通わせたり、オランダ人家庭教師をつけたり、私的に西洋式教育へアクセスする例がすでに一九世紀末から増えていた。[*6] それは、役目柄オランダ人とつながりを有し、十分な富をもつ彼らのみに可能な手段だった。クワット・ティオンのＥＬＳ入学もルーテナントの息子ゆえの例外的措置だったとみてよい。[*7]

スマランとジョグジャカルタで

コー・クワット・ティオンは一九一〇年ごろ、スマランにあったオランダ式の五年制高等学校（ＨＢＳ）へ進んだ。バタビアに次ぐ植民地支配のサブ・センターの一つであり、ジャワ有数の華人社会の存在でも知られるこの都市で、思春期の彼は前章にみた次の諸事態をつぶさに体験したことと思われる。まず、華人社会に対する中国情勢の影響が強まり、華人運動のリーダーシップにも変化が起きたことである。植民地内にあっては商会や書報社などトップが中心となる組織の発展があり、国外にあっては辛亥革命と中華民国の成立があった。それらを踏まえてオランダ政庁が行なったプラナカンの取り込み策、とりわけオランダ臣民法発布でクワット・ティオンもオランダ臣民（同時に中国国籍法との間で二重国籍）となった。

プラナカンを主対象とする華人マレー語新聞が急速に発展したのも彼のＨＢＳ時代と重なる。一九〇九年にはのちに縁を結ぶ『中部ジャワ（*Djawa Tengah*）』紙もスマランで産声をあげている。インドネシア・ナショナリズムへつながる諸運動が生成・発展したのも同じ時代である。中でも、東インド党の総裁ダウエス・デッケルは、結党した一九一二年九月から数カ月間ジャワ各地で講演旅行し、一〇月一九日にはスマランでも演説会を催している。[*8] 同時期ＨＢＳの学生としてスマランに住み、すでにオランダ語にも堪能な若きコーが、ひょっとすると聴衆に加わっていたかもしれない。同年八月以降、中華民国の成立に興奮した華人とイスラーム商業同盟に関係するアラブ人やジャワ商人の衝突がジャワ各地に広がり、スマランにも及んでいる。[*9] これを一五歳のコーがどう体験したか物語る記録は残念ながらない。

ＨＢＳ時代のコーの活動として唯一確実に伝えられるのは、ジンギレーティシン（Djien Gie Lee Tie Sien）なる団体を同志とともに作ったということである。[*10] スマランの華人社会に少なくとも一九三〇年代まで存続したこの組織の中身は、ボーイスカウト活動などを含む西洋的な社会団体だったらしいが、[*11] その名称は儒教のいわゆる五常道徳「仁・義・礼・智・信」の福建音を写したものとみられる。[*12] 中華会館以来のプラナカン指導者たち同様、「西洋志向」と儒教に託した文化的な「中国志向」が、ＨＢＳに学んだ彼にも同居して芽生えていた様をみてとることができるだろう。

第一次世界大戦期、あるいはフォルクスラートへの参加をめぐって一九一七年スマラン会議が開かれていたころ、コーはどうしていただろうか。一九一四年にＨＢＳ卒業後、彼はジョグジャカルタに移り、華人マレー語紙『パリタ（*Palita*）』の編集に携わるほか、オランダ系銀行や郵便局に勤務した後、兄の事業を手伝うなどしていたらしい。そのかたわら、「中央華人協会（Centrale Vereniging Tionghoa）」なる組織の結成を試みている。[*13] 不成功裡に終わった、と伝えられるこの組織の目的や実態は明らかでないが、華人を対象としたらしいことや、オランダ語の名称が注意を引く。彼はまた同じころ、ジョグジャカルタの華人リー・コク・ヒン（Lie Kok Hien）の娘リー・ギョク・イン（Lie Giok Ing）と結婚している。[*14] 彼女はカトリック教徒だったというから、[*15] やはり西洋教育を受けたプラナカンの出身だった可能性が高い。

これらの経歴からみる限り、また一九二〇年「大戦によって延期を余儀なくされていた」[*16] というオランダ留学へ旅立つ事実からしても、青年クワット・ティオンは着々と「オランダへの道」を歩んでいた、と総括できよう。とはいえ、後にみる彼の言動から振り返って、植民地における華人の運命に深く思いを致しはじめたのもおそらくこのころであり、「中央華人協会」もその表れの一つだったと思われる。一九一八年のクドゥス暴動は、すでに二〇歳を超えたコーに多くのことを考えさせたであろう。

オランダで――インドネシア・ナショナリストとの交叉

一九二六年まで六年間にわたるオランダ滞在で、コーは少なくとも二つの大きな財産を得た。まず、ライデン（Leiden）大学からの法学修士（Meester in de Rechten、略称ＭＲ．）の学位である。なにしろ、一九二〇年度にＨＢＳ並の五年制高等学校を終了した「外来東洋人」（ほとんど華人とみられる）は東インド全土でわずか一七名という状況であったから[*17]、さらにオランダの大学へ留学し、弁護士資格を伴う法学修士の資格を取得した彼が、当時どれほど抜きんでたエリートだったかがわかる。それは以後、コーに華人社会における指導者の一人としての地位を保証するものとなった[*18]。

もうひとつは、同じライデン法科で、やがて高名なインドネシア・ナショナリストとなる一群のプリブミ（「原住民」）留学生、サルトノ（Sartono）、サストロムリョノ（Sastromulyono）、スユディ（Suyudi）、ブサール（Besar）およびスナルヨ（Sunaryo）らと出会い、親交を結んだことである[*19]。コー・クワット・ティオンを知る人々が例外なく指摘するとおり、この体験が、後に彼をインドネシア華人党ＰＴＩ（Partai Tionghoa Indonesia）に駆り立てる、最も直截的で自然な動因になったとみてよかろう。

この留学生たちは、単に西洋式教育を受けたエリートというだけでなく、倫理政策が生んだ植民地学校制度の位階を上り詰めた人々であった。首都を頂点とする官僚機構と相似形に作られた教育機構こそ、分割支配に隔てられてきた諸地域の青年たちを初めて一堂に集め、やがて共通の運命を自覚した彼らが植民地の拡がりをそのまま未来の国民国家共同体の輪郭として「想像」しはじめるのに寄与した――というアンダーソンの図式[*20]は、東インドに典型的だった。

そして、この共同体の名称として元来は学術用語だった「インドネシア」を最初に使いはじめたのが在オランダの留学生たちだった経緯は、永積［1980］が詳細に明らかにした。留学生の親睦団体として一九〇八年に結成されていた東インド協会（Indische Vereniging）が独立を謳う新綱領とともにインドネシア協会（Indonesische Vereniging）へ改組されたのは一九二三年一月、さらにオランダ語の名称をインドネシア語（Perhimpunan Indonesia）に改めたのは一九二五年二月、いずれもコーの留学中の出来事であった。そして、彼が親交を結んだライデン法科生たちこそ、こうした動きの中でも特に重要な役割を果たした面々だったのである。

それは彼らが法学という分野を選んだことと無関係ではあるまい。そもそも弁護士という職業は、医師やジャーナリストと並び、「原住民」つまりプリブミのエリートの中で比較的出自（家柄）が低いゆえに高級官僚コースからはずれた、したがって植民地体制を正面から批判しうる者が見いだした自由業の一つだった[*21]。また、植民地期のナショナリズム運動を対オランダの戦術面という観点からみれば、「法治国家」の衣をまといつつ「法の正義」を全住民に貫徹していない植民地国家の矛盾を、「自由」「平等」「基本的人権」など、欧米自身の市民革命が生んだ普遍価値によって突く言論戦、という性格が強かった。したがって、ヨーロッパの法学を直接身につけた彼らの職能がそのまま運動指導者の最上の資質になったと考えられよう。

特に、第一次大戦終了期からバタビアに初めて法学校が置かれる一九二四年ごろまでは、オランダにおける「革命と自由主義の伝統」で名高いライデンの法科が東インドの優秀な青年たちを一身に集めたため、ここからナショナリストが輩出した[*22]。一九二七年七月のインドネシア国民党（Partai Nasional Indonesia、略称ＰＮＩ）結成に際しても、帰国したライデン出身の「ＭＲ.」たちが多く加わり、幹部を構成したのである。

クワット・ティオンは、当時の華人としては例外的にＥＬＳ、ＨＢＳなどを経た末、ライデン法科にまで進んだがゆえに、彼らと「交叉」したことになる。ライデン法科に学び後にＰＴＩ指導者となった華人は実は彼一人でなく、スマラン支部でクワット・ティオンの右腕を務める同郷・縁戚のコー・チャイ・シン（Ko Tjay Sing　一九〇一―一九八五）、東ジャワの出身でスラバヤ支部の幹部となるオン・リアン・コク（Ong Liang Kok）らもいたのである。[*23]

注目すべきは、彼らとプリブミの法学修士たちの間柄が、帰国後、法律事務所の共有という形で継続していた事実である。一九二六年八月に帰国したコー・クワット・ティオンは、一〇月、スマランに華人のヤウ・クン・ホン（Yauw Keng Hong）と事務所を開いたが、ほどなくサストロムリョノ、ブサールらと合流した。[*24] コー・チャイ・シンも、サルトノとの共同を経て、このスマラン事務所に加わった。[*25] このような彼らの協力には、従来、オランダ人が独占してきた業界に乗り出す上で情報交換や資金面での利点もあったろうが、留学時代に培った相互信頼や気安さが前提であろう。[*26] いずれにせよ、コーらは、同僚が中心的役割を演じているナショナリズム運動の最新の動向とその意味を、手に取るように把握できたに違いない。

「人種原理」の優越

だが、その間柄があくまで私的・個人的な領域に限られ、運動の組織レベルでは華人とプリブミの「平行」が続いていたということは、いっそう重要である。オランダにおいてさえ、華人の留学生は一九一一年以来オランダ中華会（Chung Hwa Hui Nederland）という独自の団体に拠り、東インド協会や後身のインドネシア協会とは分立していた。オランダ中華会へは「高校生・大学生を問わず、在オランダのプラナカン華人の大半が加入していた」[*27] とされるが、コー・クワット・ティオンも、プリブミ出身者だけでなく華人の留学生たちとも親しく交わり、オランダ中華会に妻とともに加入していた事実を、ライデン大学に残る同団体の名簿で確認することができた。[*28]

永積によれば、一九一〇年代前半に、華人・欧亜混血人やオランダ人まで含めた（本書でいう属地主義の）団体結成の試みが留学生の間でいくつかみられたが長続きしなかったという。たとえば、一九一三年アムステルダムで結成されたスティア・タナ・ヒンディア（Setia Tanah Hindia 「東インドの地への忠誠」の意）という団体は、当初「東インドのすべての人種の団結」を目指しており、これに「友情を込めて近づこうとする中国人」もいたが、結局「原住民」や欧亜混血人のメンバーが彼らを排除する決定をした。やがてユトレヒトにできた支部ではオランダ人医師ドーフェの努力によって当初の方針を取り戻したが、初代本部議長のラトゥランギ（北スラウェシのマナド族出身）は、「アムステルダムの決定は後に至るまで禍根を残した」と回顧している。[*29]一九一七年には諸団体の連合組織として「インドネシア学徒連合」が成立し、東インド協会とオランダ中華会も参加したが、一九一九年の大会で両者の齟齬が目だち、双方が連合から脱退する要因になったという。[*30]後述するとおり、一九三〇年代初め両者の一部に協力の機運が起こるが、インドネシア・ナショナリズム形成の決定的な時期だった一九二〇年代初めには、植民地における「人種」の利害対立がそのまま留学生組織の関係へも持ち込まれていた、とみてよかろう。

一九二〇年代後半、彼らが帰国した東インドにおいては、なおさらであった。そこでは温情を交えた「倫理政策」の時代は去り、政庁と運動側が全面的に対決する時代が始まっていた。その最終的な契機となったのは、一九二六年末から翌年にかけてのインドネシア共産党の蜂起である。政庁の武力の前に、共産党は党員以外の者を含めて数千人の受刑者を出し、壊滅した。これに先立ち内部の共産党員を追放したイスラーム同盟も、イスラーム同盟党（Partai Sarikat Islam）と組織名を改めたものの低迷していた。そうした状況下に現れたインドネシア国民党（ＰＮＩ）は方向を失っていた大衆の再動員を図ると同時に、「インドネシア」というシンボルそのものを団結軸として既存勢力の結集を目指した。

その任務に最も指導力を発揮したのが、バンドゥン工科大卒の非留学組ながら、党首に選ばれたスカルノ（Sukarno 一九〇一―一九七〇）である。彼は、団結推進の大前提として、敵と味方――「あちら側の人々（kaum sana）」と「こちら側の人々（kaum sini）」の峻別を重視した。「あちら側の人々」とは支配者のオランダ人であり、「こちら側の人々」とは被支配者のプリブミにほかならないとする点において、スカルノはまことに明快だった。[*31]

彼のＰＮＩは、党員資格を「インドネシア民族の人々（orang-orang bangsa Indonesia）」に限った。それが華人その他を含まないことは、投票権のない党友として「その他のアジア民族の人々（orang-orang bangsa Asia jang lain）」をわざわざ別に規定したことからも、明らかである。このとき、党設立準備委員会に加わっていた元東インド党のチプト・マングンクスモは、インドネシア生まれの者（特に欧亜混血人）の入党を認めるよう主張して容れられず、彼がＰＮＩを離れる原因になったという。[*32]

つまり、植民地支配の枠組みとされた「ヨーロッパ人／外来東洋人／原住民」という「人種」の区別は、一九一〇年代までの華人・プリブミそれぞれの運動の平行的展開を経て、一九二〇年代のインドネシア・ナショナリズムに裏返しの形で継承されたといってよいだろう。ＰＮＩの党員規定は、そのまま「インドネシア民族」の規定であり、序章の25ページでみたとおり一九四五年憲法の条文にほぼ同じ形で盛り込まれる点からも、重要な分水嶺となった。

ＣＨＨへの参加と脱退

そうした中、東インド帰国後のコー・クワット・ティオンもまず華人社会を基盤に動いた。ＰＮＩ結成の翌一九二八年四月、プラナカン華人が中心となった初の政党ＣＨＨ（Chung Hwa Hui、あえて漢字で書けば中華会[*33]）が発足したとき、コーは、ジャーナリストのリム・クン・ヒェンおよびライデン同窓の弁護士オン・リアン・コクとともに、いったんこれに加わろうとしたのである。

ＣＨＨは、「植民地における華人の地位向上」という一点では、中華会館に始まった華人運動の多くと目標を同じくしていた。が、政治的な志向のベクトルが大きく異なっていた。ＣＨＨに集った人々は、自分たちプラナカンにとって現実の舞台は中国でなく東インドである、と考えていた。[*34] やがてＰＴＩを結成するコーら三名も、この東インドへの属地意識という出発点においてはＣＨＨと共通の基盤に立っていたのである。

一九一七年のスマラン会議にみられたように、かつては一部官職層の立場としてしりぞけられたこの方向、プラナカンならではの「東インド志向」が再び打ち出された背景には、まず「中国志向」による運動の行き詰まりがある。一九一〇年代末のオランダ臣民法反対運動は、大戦が終わり徴兵の危機感が薄れるに従い沈滞した。[*35] 何より頼みの中国政府がベルサイユ会議で列強に対する弱体ぶりを露呈し、一九一一年の対オランダ領事条約をあっさりと更新したのは痛手だった。[*36] 中国の圧力による華人の「ヨーロッパ人」身分への昇格は、なお覚束なかった。これに対し、一九一〇～二〇年代を通じて、公・私立の華人向けオランダ式小学校ＨＣＳの数が中華学堂を上回る勢いで増え続けたこと[*37]にうかがえるように、いまやオランダ語教育を受けた新しい世代が毎年制度的に生み出され、「東インド志向」の裾野を形成していたのである。

一九二七年四月、元オランダ中華会のメンバーのイニシアティブで再びスマランに会議が招集された。約三〇〇人を集めたこの第二回スマラン会議は、一〇年前の会議と違い、オランダ語で進行したと伝えられる。主要議題として、プラナカン華人の東インド政治への参加の是非が再び討議されたが、採決で反対に回ったのは、『シンポー』主筆のクェー・ケク・ベン（Kwee Kek Beng 一九〇〇―一九七五?）など四名にすぎなかった。[*38] この結果を受けて、フォルクスラートをはじめ諸参議会で華人を代表すべき政党の結成が準備され、翌年実現したのがＣＨＨである。ほぼ同時期に生まれた二つの組織のうち、プリブミ中心のインドネシア国民党ＰＮＩが当然のごとく諸参議会への参加を拒絶する「非協調」路線を追求したのに対し、華人のＣＨＨは最初から逆を向いていたことになる。

そのようなＣＨＨの方向は、留学生たちに呼応してその実体を構成したのが主に企業家層であったことをみれば、当然ではあった。[*39] そもそも華人の場合、コー・クワット・ティオンが葉巻製造の先駆的企業家を兄にもっていたように、知識人の多くも新興の企業家層と重なっていた。一九一〇年代までに居住・旅行制限や徴税請負制度が生んだ、官職層による狭い地域ごとの「シマ」支配は姿を消し、初めて「東インド大」の活動舞台を得た華人の中から、西洋式の経営・技術を取り入れた企業が本格的に発展しつつあった。その代表格は、製糖業を中核とするプランテーション経営や貿易・金融業などで、東南アジア華人最初の近代資本をなしたと目されるウィ・ティオン・ハム財閥（Oei Tiong Ham Concern、漢字で書けば黄仲涵財閥）である。[*40]

第二回スマラン会議の主催委員会には、オランダ・イギリス両国に留学した二代目当主ウィ・ティオン・ハウ（Oei Tiong Hauw　一九〇四―一九五〇）や、オランダ式高等学校ＨＢＳ卒でスマランに本拠を置く財閥の統括商事会社・建源公司の支配人タン・テク・ペン（Tan Tek Peng　一八九六―一九六九）も名を連ねていた。彼らの企業戦略からすれば、植民地や本国にすら政治力を有するオランダ資本や、第一次大戦期以来東インドへの進出著しい日本資本などと伍してゆくために、植民地の政治機構に発言権を確保する何らかの回路が求められたといえよう。[*41]

ここにもうひとつの勢力、すなわちカン・ホク・フイ（一章の59ページを参照）を筆頭とする既成の「議会政治家」たちが、企業家の代弁者としてＣＨＨに加わる余地があった。これまで個人の資格で発言してきた彼らにとって、ＣＨＨは格好の活動基盤とみなされた。折しも、一九二六年からジャワに州制が敷かれはじめるとともに州参議会が新設され、一九二七年にはフォルクスラートが、植民地の問題に関しては、予算を含め本国議会と同種の権限を与えられるなどの行政改革が行なわれた。フォルクスラートの議員定数も増やされ「外来東洋人」は五名、しかもうち三名は初めて、任命ではなく地方参議会員の投票で選ばれることになったのである。[*42]

ＣＨＨ組織化の過程で、結局主導権を握ったのはカン・ホク・フイであった。彼が起草した規約案は、若干の修正で承認された。規約は、組織の目的を「適切かつ法にのっとった手段により、オランダ領東インドにおける華人(orang Tionghoa)の広義における改善に努める」ことと定めた上、その具体的手段として「華人子弟に教育を施すこと、および「華人企業の発展に努める」ことを謳った。[*43]

注意しておきたいのは、ＣＨＨの規約が「祖国中国との紐帯を保持・強化すべき」ことを、同時に盛り込んだ点である。[*44] われわれはこれを、いくつかの側面から理解できよう。まず、企業家の立場からの中国への期待である。一九二三年、孫文の広東軍政府は僑務局を設置して在外華人の保護に関心があることを示し、中国への投資を奨励した。この姿勢は一九二六年、北伐を目指す蒋介石が新設した僑務委員会に引き継がれた。[*45] 中国側の意図は主に経済面にあったが、ＣＨＨからすれば、中国とつながりを確保することは、オランダ植民地当局や、華人社会で「中国志向」の担い手を自任する新報派などへの牽制にもなったであろう。

さらに、高揚するインドネシア・ナショナリズム運動や支配者たるオランダ人に対し、華人として団結を図る以上、やはり「中国」が最も手近で有効なシンボルだった、と考えられる。第二回スマラン会議で子弟教育が議題となった際、中国語による教育は東インドでは非実用的だと、オランダ語によるＨＣＳの増設を望みつつ、教科としての中国語教育をＨＣＳへ導入するにはやぶさかでない、との声が大勢を占めたのもその一つの表れだったろう。[*46]

発足したＣＨＨの会長にはカン・ホク・フイが選ばれ、企業家を中心とする一六名の委員とともに執行部を構成した。この執行委員選出に、コー・クワット・ティオンとリム・クン・ヒェン、およびオン・リアン・コクの三名も候補にあがったが落選し、早々にＣＨＨを離れる。[*47] したがって、数年後彼らが中心になって作るインドネシア華人党ＰＴＩを、ＣＨＨの主導権争いに敗れた知識人の分派とみることも可能である。

だが結局のところ、共通項だったはずの「東インド」をめぐる両者の意味づけが、内容において食い違っていたということのほうが重要である。その違いは、インドネシア・ナショナリズムにどう対するか、という両者の姿勢に最も鮮明に表れた。

ＣＨＨにとって東インドとはあくまで「オランダ領東インド」のことだった。企業家層や「議会政治家」には、オランダが達成した植民地の「秩序と安寧」は活動の前提であり、その中でいかに自分たちの地位向上を図るかが関心事だった。ＣＨＨの正式名称が、カンの提案による「オランダ領東インド中華会（Chung Hw Hui in Nederlandsch-Indië、またはオランダ語で Chineezen Bond in Nederlandsch-Indië）」に決まったこと[*48]は、この組織の基本的性格をよく反映していた。

ただし、ＣＨＨ全体が積極的にインドネシア・ナショナリズムへ敵対したわけではない。むしろ、オランダ当局とプリブミとの抗争に巻き込まれるべきではない、とする中立派が少なからず存在した。上記の名称を決める際、インドネシア・ナショナリストの感情に配慮して「オランダ領東インド」の語を削るべきだ、と主張した医師シム・キー・アイ（Siem Kie Ay）の案は二〇票を集め、カン案の二四票に迫っていたのである[*49]。

にもかかわらず、カンが企業家の利益を代表する「顔」としてヘゲモニーを握ったことが、ＣＨＨ全体の評判に大きく影響を及ぼした。一九二七年、フォルクスラートで「原住民」議席の過半数化が発議されたとき、彼は他の華人議員とともに反対票を投じていた[*50]。同じ年、プランテーションから逃亡した労働者に対する雇用者の私刑を認めた刑罰法や、先にみた「総督大権」条項に対して出された廃止案にも、やはり反対に回ったのである[*51]。こうしたカンの「実績」は、やがてＣＨＨが各級参議会の華人代表議席を占めてゆくにつれ、インドネシア・ナショナリストたちから反感が向けられる際の格好の材料となる。

「インドネシア路線」

これに対し、脱退組の「東インド」は、インドネシア・ナショナリズムの発展に歩調を合わせ、いずれ「インドネシア」へ変わるべきものだった。ここでの「インドネシア」が、オランダ領の植民地東インドに取って替わるべき未来の国家、かつ国民共同体の名称であることは論を待たない。そのことは、ほどなく彼らが自分たちの立場を「インドネシア路線（Haluan Indonesisch）」と自称したことに明らかである。[*52] ＰＴＩの先触れとなったこの思潮を、旗頭とみなされたリム・クン・ヒェンの例に即してみておこう。

一八九六年、南ボルネオ（カリマンタン）のバンジャルマシン（Banjarmasin）に商人の子として生まれたリムは、若干のオランダ語教育を受けた後、一九一五年ごろジャーナリズムの世界に入り、ジャワ、スマトラ各地の華人マレー語紙を渡り歩いた。最初は新報派と同じ中国ナショナリズムに拠って反植民地主義を鼓吹していたが、一九二五年にスラバヤの『スアラ・プブリク（*Soeara Poebliek*）』紙へ移籍したころから『シンティッポー（*Sin Tit Po*、題字のみ新直報という漢字併記、中身はマレー語）』紙主幹となった一九二九年ごろにかけて、方向転換したとみられる。

元来ジャーナリストは、医師や弁護士のようにオランダ留学に至るほどの高等教育を経ずとも、プリブミの同業者たち（それは、ほぼ「インドネシア・ナショナリストたち」を意味した）と出会える職業分野だった。事実リムは論壇を通じ、あるいは私生活で、ブディ・ウトモ以来の古参運動家、ストモ医師に加え、後にはムハマド・ヤミン（Muhammad Yamin　一九〇三―一九六二）やサヌシ・パネ（Sanusi Pane　一九〇五―一九六八）らナショナリストとしても著名になるジャーナリストや文筆家と交流した。[*53]

スルャディナタは、リムが一九二八年初めに「東インド市民たる地位（Indische Burgerschap）」を提唱し、東インド生まれのプラナカンは、「原住民」と同じ権利・義務を分かち合うべきだと主張した、さらに一九二九年ないし三〇年代の初めにかけて、この概念を「インドネシア人たる地位（Indonesiérschap）」へ発展させた、としている。[*54]だが、リムには一九二八年初めすでに「インドネシア市民（burger Indonesia）」という言葉を用いた例があり、「問題は……プラナカン華人が外国人のままで居続けるのか、インドネシア人になる（djadi Indonesiér）かだ」とも書いている。[*55]つまりリムは、「インドネシア」が一般の耳目には「原住民」を指示する言葉だと心得るがゆえに、あえて往年の東インド党の用語を持ち出したにすぎず、その後「インドネシア」のほうが普及するにつれ「東インド人」はいよいよ時代遅れの死語と化したため、やむをえず切り替えたと取るほうが妥当と思われる。その場合、「市民 burger」というオランダ語の表現を併用したのは、「民族」の語感が強いインドネシア語の bangsa をあえて避け、「国民」につながる法的な側面を強調する意図の表れ、と考えてよいだろう。

しかし他方でリムは、同じ一九二九〜三〇年ごろ、「［目指すところは］一つのインドネシア民族（bangsa Indonesia）と一つのインドネシア文化（kesopanan Indonesia）を擁する一つの主権国家インドネシアであり、その中で混血オランダ人やプラナカン華人は、分かつことのできぬ、統合された一部分（integreerende deelen）を構成する」とも書いている。[*56]これなどは、前年の「青年の誓い」を敷衍《ふえん》しながら、bangsa があくまで「民族」ならば、華人も「インドネシア民族」の一員になることを辞さない、と表明したものと受け取れる。リムは同じころ、プラナカンは生活様式・思考法ともトトッより「原住民」のほうに近い、という自説を繰り返し主張してもいたからである。[*57]

このようなリムの言葉の揺れもあり、聞き手（読み手）の多くは、「インドネシア路線」をプラナカン華人が「原住民」社会へ「同化」すべしとの主張だと取ったらしい。中でも新報派は、華人が「インドネシア人」になれるものではない、この考えはプラナカンとトトッの分裂をさらに拡げるものである、などと批判した。[*58]これに対しリムは「中国はわれわれにとって未知の国（negri mystisch）である」のに「空疎な中国ナショナリズムを叫んでプラナカンを惑わしているのは新報派のほうだ」、と反論した。[*59]

だが、「インドネシア路線」を法的地位の面でみるにせよ、「同化論」と受け取るにせよ、これに対するプラナカンからの最も一般的な反応は、「インドネシア人と一緒になっては華人の等級が下がる（toeroen deradjat）」[*60]という批判、むしろ冷笑であった。

確かに、中華会館以来、手段の違いはあれ「ヨーロッパ人」と同等の地位獲得を求めてきた華人運動の基調からすれば、CHHがオーソドックスを極めた一形態であるのに対し、「インドネシア人になるべき」という主張は、「インドネシア人」が「原住民」を意味する限り（ほぼ、そのような理解が一般的であった）、「コペルニクス的転回」ですらあった。植民地的な文脈では、「ヨーロッパ人」ではなく「原住民」と一つになろうとすることは、社会上昇ではなく、わざわざ社会下降を目指すことになるからである。そのような発想は、ナショナリストと同じ視線で、植民地支配の彼方に独立インドネシアを見る者にのみ初めて可能となる。われわれは第二次大戦後にオランダの植民地支配が終焉することを後世の者の特権として知っているが、当時を生きた人々の大半には、オランダ支配がいつまで続くのか誰にもわからなかった。インドネシアなどという「原住民」を主人公とする国が果たして本当に実現するのか、なかば夢物語のような話にすぎなかったのである。つまり、「インドネシア人になる」という発想は、当時においては華人にとってまったくインセンティブ（誘因）に欠けた。

一九二八年リムが最初に「インドネシア路線」を打ち出したころ、「原住民」と同じ地位を求める「特典」として農地購入権に言及したのは、[*61]この弱点に対する自覚と配慮の表れだったと思われる。一八七〇年の農地法および七五年の条例により、「原住民」以外の者には農地の新規取得が禁じられており、華人の間で不満の種の一つとなっていたからである。ところが、彼の思惑は裏目に出て、インドネシア・ナショナリストの論壇、たとえば『ビンタン・

ボルネオ』紙からは「[そうなれば]プラナカン華人の億万長者たちが、まだ空いているボルネオやセレベスの土地すべてを買い占めるだろう。……彼らはただ利益を得んがため、偽のインドネシア人（Indonesiër Palsoe）になる」[*62]と反発を招く結果になった。農地購入権の要求は一九三〇年代にＣＨＨの党政策の中心に位置づけられるが、対照的にリムらは自分たちの主張が「物質欲に基づく（materialistisch）」のではなく、「理念に基づく（ideeël）」、という姿勢に傾斜を深めることになる。

皮肉なことに、この時期インドネシア・ナショナリズムとの間に共鳴関係を見いだしていたのは、むしろ新報派のほうだった。『シンポー（*Sin Po*）』主筆のクウェー・ケク・ベンと有力支持者のクワ・チョアン・シウ（Kwa Tjoan Sioe 一八九三―一九四八）は、インドネシア国民党ＰＮＩの機関紙『スル・インドネシア・ムダ（*Soeloeh Indonesia Moeda*）』の寄稿スタッフを務めていた。[*63]

両者を取り持ったのは、主に孫文が唱えた汎アジア主義の思想である。これは、インドネシア・ナショナリズムを、アジアの「有色諸民族（bangsa-bangsa kulit-berwarna）」による、「白人民族（bangsa kulit putih）」の帝国主義への抵抗運動の一環と位置づける、スカルノの見解にも合致するものだった。[*64]ＰＮＩの党友制度も同じ思想の上に立ち、おそらくクウェーらを想定したものだったと思われる。ともあれ、このような提携の形は、華人があくまで「中華民族」であって「インドネシア民族」ではない、という前提を確認・強化する方向に働いたといえるだろう。

このように、ＣＨＨを飛び出した「インドネシア路線」の勢力は、華人運動とインドネシア・ナショナリズム双方の内なる「人種原理」という壁に突き当たった。そのことは、一九三〇年代になって結成されるインドネシア華人党ＰＴＩの言辞に当初から影響を与えずにおかなかった。この間、コー・クワット・ティオンは、スラバヤ（東ジャワ）に本拠を置くリムと交流を深めつつ、スマラン（中部ジャワ）における「インドネシア路線」の代表的な唱道者として知られるようになっていたが、[*65]彼の思想がリムと共通の部分を有すると同時に、かなり異なる面も含んでいたことはしだいに明らかになる。次節では、その点を含め、いよいよＰＴＩの時代（一九三〇年代）の展開について詳しくみてゆこう。

2　ＰＴＩの結成――リム、コーの言動と思想

ＰＴＩの結成とリム・クン・ヒェン

ＰＴＩが結成される一九三二年までの数年間に、東インドではさまざまな対決の様相がエスカレートした。一九二九年末、政庁はスカルノ以下四名のインドネシア国民党指導者を逮捕・投獄し、ナショナリズム運動に打撃を与えた。残された副党首サルトノらは、一九三一年四月、同党を解散し、新たにインドネシア党（Partai Indonesia）を作って運動を継続、同年末に釈放されたスカルノも三二年再び党首として合流するが、これ以降、ハッタ（M. Hatta　一九〇二―一九八〇）やシャフリル（S. Sjahrir　一九〇九―一九六六）ら、インドネシア国民教育協会（Pendidikan Nasional Indonesia）に分かれたグループとの間に、運動方針をめぐる対立が表面化することになる。[*66]

ナショナリストのオランダに対する敵意は、ＣＨＨへの反感にも直結した。ＰＴＩ結成直後のコー・クワット・ティオンの言葉に従えば、復帰早々のスカルノはＣＨＨの「敵性」を批判、ＣＨＨはプリブミ・ナショナリストの間で「黄色い肌のファデルランス・クラブ」とあだ名されるようになったという。[*67]ファデルランス・クラブ（Vaderlands Club「父祖の国クラブ」）は一九二九年に結成され、フォルクスラートをはじめとする各級参議会でインドネシア・ナショナリズムに最も強硬な姿勢を示したオランダ人の政党である。「黄色い……」とはその「華人版」というわけである。

この時期にはまた、プリブミの民衆と華人の衝突が、みたび発生した。一九三一年二月から翌月にかけてスマラン西方のプカロンガン（Pekalongan）を覆った暴動事件と社会的緊張である。発端は物売り同士の些細な傷害事件だったが、長引く世界恐慌の影響による経済不安が衝突の発火温度を下げていたといえるだろう。地元『中部ジャワ』紙は、元来ジャワ族の領域だったバティック製造業に華人が参入してきたことによる相互対立が背景にあったことを示唆している。このときも華人側に少なからぬ死傷者（人数は不明）が出たというが、事件の推移を追う同紙が「プカロンガンでの華人（Tionghoa）とインドネシア人（Indonesiër）の対立」という表題を掲げている点を見逃せない。翌年以降、中部ジャワにおけるＰＴＩの事実上の機関紙となる同紙でさえ、ジャワ族などプリブミを「インドネシア人」と呼び、華人はそこに含まれないどころか、両者が暴力的にまで対立する構図となっていることを示しているのである。*68

他方、このような敵意の高まりに憂慮して華人とプリブミの連帯を目指す動きが、まずオランダで現れた。一九三二年初頭、オランダ中華会の機関紙『中華会雑誌（*Chung Hwa Hui Tsa Chih*、中身はほぼ全編オランダ語）』の新年号は、一二月一四日付けのインドネシア協会からの公開書簡を掲載した。*69「『プカロンガン事件にみられた』反華人感情の元凶は、帝国主義の搾取と扇動にほかならない」と断じ、「市民同胞（mede-burgers）である大多数の華人との協力」を訴えるこの書簡には、当時のインドネシア協会が深く関わりをもっていた国際共産主義運動ないし社会主義思想の影響が随所に認められる。オランダ中華会におけるそのカウンター・パートは、同年インドネシア・プラナカン華人連盟（Sarekat Peranakan Tionghoa Indonesia）という組織をオランダで分立した、チョア・シク・イン（Tjoa Sik Ien）やタン・リン・ジ（Tan Ling Djie）らであったとみられる。彼らは一九三〇年代後半に帰国し、ＰＴＩに合流するが、同時に共産主義運動にかかわってゆくグループである。*70

上述のオランダでの動きを伝えた『中部ジャワレビュー』誌が、「東インドにプラナカンの新党結成の機は熟した」[71]と書いた直後の一九三二年五月、スラバヤでサッカー試合の運営をめぐって、オランダ人主催団体と華人の間で対立が起きた。あるオランダ人の官吏が「有色人の協力は必要としない」と発言したことをとらえ、『シンティッポー』紙を率いるリム・クン・ヒェンは、反オランダのキャンペーンを張った。このとき、ストモを党首とするインドネシア民族党（Persatuan Bangsa Indonesia、以下ＰＢＩ）やアラブ人の団体が抗議集会に加わり、オランダ人主催の試合をボイコットするための「有色民族委員会」（Comite bangsa berwarna）の結成を決議した。当局は委員長のリムを逮捕・拘留したが、ＰＢＩを中心とする抗議行動の後、釈放した。[72]

リム自身が述懐するように、この事件が彼に新党結成の手応えを与える直接の契機となったらしい。[73]同時に、「白人」に対する「有色民族」としての敵意を華人とプリブミが団結するための共通基盤にするという方向は、インドネシア国民党ＰＮＩと新報派の協力の場合と同じく、ＰＴＩにおけるリムのスタイルを特徴づけることになる。同じ一九三二年九月二五日、ＰＴＩはスラバヤにおいて正式に旗揚げされ、党首リムのほか、『シンティッポー』の同僚クエー・チャム・チン（Kwee Thiam Tjing）が書記に、弁護士オン・リアン・コクが会計に、それぞれ選出された。[74]結党時の綱領は次のように謳った。

本党は、インドネシアがそのすべての人民（sekalian orang rajatnja）に対して同一の権利と義務を備えた一つの国家（satoe negri ; staat）となるまで、その経済的・社会的ならびに政治的発展を助けることを目的とする。本党はかかる目的を達成するため、将来のその国家における一構成部分（satoe bagian dari itoe negri）としての華人（orang Tionghoa）の経済・社会面での地位に関心を払いそれを強化するとともに、インドネシアにおける政治的任務にも参画し、同様の目的を目指すあらゆる団体・政党とその目的に資する範囲において協力しようとするものである。[75]

正党員の資格が「インドネシア生まれの華人」に限られ、事実上プラナカンのみを対象とすることになった[*76]のは、リムの属地主義ひいては「プラナカン主義」を反映していた。

スマラン支部の結成とＰＴＩの拡勢

同年一〇月九日、コー・クワット・ティオンはスマランにリム・クン・ヒェンを招いて講演会を主催、このときＰＴＩが革命や武力闘争によらず、改革と「議会路線（djalan parlementair）」によるとの方針が両人から初めて明らかにされている。[*77]同じ日、コー・クワット・ティオンはスマランにおけるＰＴＩの設立を宣言、翌日、彼を議長、コー・チャイ・シンを書記とする執行部が発足した。[*78]二人の弁護士を看板に立て、スポークスマンとなったのは『中部ジャワ』紙および『中部ジャワレビュー』誌の主筆チャン・コク・チェン（Chan Kok Cheng 一八九三―一九七一）であった。[*79]

以後半年ほどの間、東部ジャワ州都のスラバヤ、中部ジャワ州都のスマランを二大中心に各地でＰＴＩの支部が作られた。一九三三年二月にはスラバヤの組織を他と同じ一支部とし、新設された中央執行部の議長（党首）に改めてリムが就任している。[*80]同年六月にスラバヤで行なわれた総会では、支部数一四、党員六〇〇人余、との党勢が報告された。[*81]この時点でＰＴＩ支部の分布は、東部ジャワがスラバヤのほか、マラン（Malang）、モジョクルト（Mojokerto）、ルマジャン（Lumajang）、クラクサアン（Keraksaan）、プロボリンゴ（Probolinggo）およびグンポル・ポロン（Gempol-Porong）、中部ジャワがスマランのほか、マグラン、サラティガ（Salatiga）およびアンバラワ（Ambarawa）と、東・中部ジャワで合計一二支部までを占めていた。両地域以外には、西部ジャワのタシクマラヤ（Tasykmalaya）と北スマトラのメダン（Medan）のみであり、結果的にプラナカンの多い地域、すなわち東・中部ジャワとほぼ一致したことになる。[*82] このほか、西部ジャワ州都のバンドゥンではオン・リアン・コク、中部ジャワのソロでコー・クワット・ティオンが宣伝集会を開き、またジョグジャカルタでも組織化の動きが伝えられたが、[*83] いずれも支部設立には至らなかったらしい。これ以後もバタビアでようやく一九三八年になって、またセレベス（スラウェシ）島のマカッサル（Makassar）では一九三九年初めになって支部が作られるにとどまった。[*84]

各地で幹部となった人々の横顔をみる限り、CHHに比べて商人や企業家が少ない反面、弁護士やジャーナリスト・医師・教師・企業職員などが多く、PTIがすぐれて「知識人の党」であったことを示している。[*85]

「インドネシア人」概念をめぐって

このようなPTIの知識人性ないしエリート性が聴衆との関係において必ずしも利点とはならなかったようすを、スマランでの支部設立に先立って行なわれたリムの講演会にみることができる。[*86]『インドネシア人という理念（Pikiran Indonesia）とプラナカン華人』と題されたこの講演会で、冒頭司会に立ったコー・クワット・ティオンは、「これからリム氏が述べることは、ちまたでしばしば誤解を引き起こしている」と懸念を示した上で、その主題は「インドネシア人（Indonesiér）」という言葉の問題である、と前置きした。

こうしてリムは、このオランダ語が民族性（kabangsaan）にかかわる文化的な意味合いとは別に、国家（negri）にかかわる政治的な意味合いを有する、という講釈から始めた。その上で彼は、「インドネシアという理念や運動は、独立インドネシアを求める理想にして、資本主義・帝国主義に対する抵抗運動、すなわち政治にかかわる問題」なのだから「この国に生まれ、生活し、……この国を祖国（tanah aer）とみなし、その独立運動へ身を捧げようとする者」を「インドネシア人（orang Indonesiér）と呼んでもかまわない」と述べ、「そのために自分を完全にプリブミ集団（golongan priboemi）へ同化（leboer）しなければならないと考えるのは誤りだ」と強調した。

ここでリムが唱えている「インドネシア人」は、「祖国インドネシア」への愛着（アタッチメント）とそれに根ざした独立運動への参加（コミットメント）を要件としている点、単なる「法的地位」以上のものではある。だが、ことさらに「同化」を否定し、政治的側面に話を限ろうとしている点で、華人が「インドネシア民族（bangsa Indonesia）」となる構えすらみせた一九二〇代末の「インドネシア路線」からは明らかに後退している。

一方、後を受けたコー・クワット・ティオンは、再び「誤解」への懸念を表明し、「たとえば私が自分をインドネシア人（orang Indonesiér）だといっても、それは民族性（kabangsaan）をこの地のプリブミ（anak priboemi）に同化（leboer）させるとか、名をコー・クロモ（Ko Kromo）に変えるとか、割礼を受けねばならぬという意味ではないのだ」と付け加えた。[*87] そして「われわれのいうインドネシア人とは、この地で生まれ、生活し、この国を自分の祖国（negri tumpah darahnja）と考える人のことを指すのである」と繰り返した。[*88]

これに対し聴衆の一人が「コー氏は別の集会では、『いま生成しつつあるインドネシア人（Indonesiér in wording）の中に中華民族（bangsa Tionghoa）を融合（leboer）させたい』といったではないか」と質問を返したことからして、コーの言葉にも、これ以前と比べ微妙な変化のあったことがうかがえる。[*89] 実際、このスマランでの集会に約一年先立つ一九三一年九月三〇日の『シンポー』紙に、コー・クワット・ティオンが「私はインドネシア人になろうとする過程にある（in the process of "becoming"）」と語った、との報道もある。[*90]

『中部ジャワ』紙によれば、この日の講演は八〇〇人余の聴衆を集めたという。その中には「プリブミの参加者も幾人かみられた」というから、逆にほとんどが華人だったことになる。興味深いのは、同紙の記者が「多くの人はなお、リム氏のいわんとするインドネシア人という言葉の意味を呑み込めていないように見受けられた」とのコメントを残していることである。[*91] つまり、いくらオランダ語の概念まで交え「政治的側面」を強調したところで、その言辞も内容も大半の聴衆の琴線に触れなかったとみてよいだろう。主に紙上で一方的に論じた「インドネシア路線」のときに比べ、じかに人々と相対して行なわれた集会での反応が芳しくなかったことは、まもなくＰＴＩの論調がさらに変化する原因になったと思われる。

トトッへの「開門」、新報派との「合作」、ＰＴＩの「縦軸」

それとは別に、スマラン支部の設立に伴っていくつかの変更が党方針に加えられた。すなわち、党員資格を「東インド生まれ」以外の者へも開いたこと、および綱領から政治面の言及を削除したことである。[*92] このうち後者は、東インドの政治に外国人は参加できない、という法律上の建前に考慮した、前者の結果措置にすぎず、別途プラナカンのみから成る「選挙部」設置を決めたことからしても、眼目は、トトッとプラナカンを生まれによって区別しない、という原則を打ち出すことにあったとみてよい。

この変更は、コー・クワット・ティオン個人の強い意向に発したものである（この点は後で詳述する）が、スマラン支部の誕生とともに成立した、新報派とＰＴＩの「合作」にも関係があった。リム講演の前夜、一〇月八日のスマランで、コー・クワット・ティオン、コー・チャイ・シンの両弁護士に『中部ジャワ』のジャーナリストの面々を加えたスマラン・グループと、バタビアの『シンポー』紙を代表して招かれたクウェー・ケク・ベンとクワ・チョアン・シウ、およびスラバヤの『シンティッポー』代表としてのリム・クン・ヒェンを加え会合がもたれた。結果、三紙が「インドネシアの中華民族一般（bangsa Tionghoa rata-rata）の安寧という同じ目的をもつ」との相互理解に達し、「華人とインドネシア人（Tionghoa dan Indonesiérs）の関係の密接化を図ることで一致した」との声明が発表されたのである。[*93]

『中部ジャワ』の報道やリム自身の述懐に従えば、この「合作」は、コー・クワット・ティオンとクワ・チョアン・シウ両名の斡旋による、スマラン・グループと新報派の提携を軸に、後からリム・クン・ヒェンを引き込んだものだった。[94] つまり、スマラン支部がＰＴＩの党員資格におけるプラナカンとトトッの区別を廃したのは、「華人の一体性」を唱える新報派と折り合うための基盤作りでもあった、といえるだろう。

「合作」の目的は、「華人とインドネシア人の良好な関係に逆行する某党」[95] すなわちＣＨＨに対する共同戦線を張ることにほかならなかった。新報派には、ＣＨＨを批判しつつも諸参議会における活動に自らは手を出せないディレンマがあったし、「議会路線」を採るＰＴＩは、なおのことＣＨＨに対抗して華人の間に支持を拡げる必要があった。その場合「中国かインドネシアか」といういわば「横軸」の選択でなく、「縦軸」すなわち階級・階層意識に訴える限りは、両者の間に接点が見いだしえたのである。

　コー・クワット・ティオンはスマラン支部の結成に際し、「ＰＴＩは中層の人々（Kaum middenstand）と貧しい人々(kaum miskin)、パッカード車をもたぬ人々のための党である」と述べている。[96] これも人々の階層意識に沿った自派の位置づけであったろう。ＰＴＩの人々は、ＣＨＨを指してしばしば「パッカードの連中」(kaum Packard)と呼んだ。これは、どこへ行くにも高級車に乗っている、と富裕な企業家たちを揶揄《やゆ》して用いられた慣用句である（対照的に自分たちを「大八車の一党」kaum gerobak と称した）が、ウィ・ティオン・ハム財閥をはじめ多くの華人大企業が本拠を構え、ＣＨＨにとって最大の地盤となっていたスマランではことにリアリティがあった。[97]

　しかも世界恐慌以来、東インド華人の経済活動も深刻な打撃を被り、それまでの移民の大量流入とあいまって生活の窮乏化がしきりに論じられている状況だったから、[98]「縦軸」を強調することは時宜に適っていた。一九三二年一二月にジョグジャカルタで華人失業者同盟（Persarikatan Kaoem Penganggoeran Tionghoa）の集会が開かれたり、翌三三年六月にはスマランで華人労働者協会（Perkoempoelan Kaoem Boeroeh Tionghoa）が設立されるなど、ＰＴＩは華人の「労働運動」がにわかに盛り上がる最中に誕生した、ともいえるのである。[99] 一九三五年の時点で、スマラン、バタビアおよびバンドゥンの労働団体連合である華人労働者連盟（Persatoean Kaoem Boeroeh Tionghoa）の委員長は、

ＰＴＩスマラン支部員のタン・ピン・リム（Tan Ping Liem）が務めるなど、両者は密接なつながりを保っていたと推測される。[*100]

コー・クワット・ティオン自身、スマラン出納係組合（Semarangsche Kassiers Vereeniging）をはじめ、いくつかの華人労働団体の法律顧問を務めていた。[*101] ただし、それらは外資系企業の事務職員などの相互扶助団体といった性格が強く、激しい労働争議を組織するようなことはなかったらしい。[*102]「たとえ富裕者であっても、小さき民（orang ketjil）を同じ人間と考え、その権利を守る気のある民主的な人物には、ＰＴＩの門戸は開かれている」[*103]というコーの言葉からしても、彼に関する限り、その「縦軸」は鋭い階級意識とは程遠かったことがうかがえる。第一、コー本人が「小さき民」どころか、ルーテナントの息子にして大企業家の実弟であった。

階級意識という点では、コーよりもリム・クン・ヒェンのほうが先鋭だった。スラバヤでの結党にあたって、リムも、ＰＴＩが「持たざる者（have-not）の党である」[*104]と強調しているが、彼の言辞は「反帝国主義」「反資本主義」などの理念とより直結していた。一般的に考えて、華人とプリブミの「横軸」の対立を克服するため「縦軸」の共通性へ目を転じようとするのは、当然出てくる方向ではあった。

だが、トトッへの開門や新報派との合作がリムにとって本意でなかったことは、一九三二年一二月二五日スラバヤで正式に綱領の変更を発表した際、「三紙の合意に合わせるため、自分の運動方針を変えざるをえなかった」[*105]と弁明に努めたようすにも表れている。彼の論理においては、プラナカンは何より「インドネシア生まれ」という運命を共有するがゆえにプリブミと団結しうるのであって、そこではトトッとの絶縁が前提条件だった。また、「中国志向」を否定することによって「インドネシア路線」へ転じた経歴をもつリムは、ＰＴＩ設立に際しても新報派を手厳しく批判したばかりだった。[*106] 属地主義に基づく「現地志向」によって、インドネシア・ナショナリズムへ参入もしくは連帯するという観点からは、リムのほうがコーより直裁で明快だったといえるだろう。

いずれにせよ、リムは誕生まもない党の分裂を避けるため、スマラン支部に妥協したと思われる。が、一九三五年ごろにはプラナカンとトトッの差異をめぐり再び新報派のクウェー・ケク・ベンと応酬するなど、[*107]結局彼独自の「横軸」にこだわり続ける。逆にコーはそのようなこだわりがなかったゆえに、トトッへの開門や新報派との合作を行ないえたといえる。

「華人」論への回帰

ＰＴＩにおけるコー・クワット・ティオンの主張の中で、先にみたスマラン支部の設立集会での発言は、リム・クン・ヒェンの講演の司会者という立場でなされたものゆえであろう、極力リムの主張に沿い、それを補うことに努めた跡がみてとれる。特に「この地で生まれ、生活し、ここを祖国と考える者を出自にかかわらずインドネシア人と呼んでよい」という属地主義に立った「インドネシア人」論についてはリムと歩調を合わせている。これに対し、半月後の一九三二年一〇月二三日、故郷マグランで彼自身を主役に行なわれた集会では、スマランでの聴衆の反応を考慮した面もあろうが、もはや「インドネシア人」論について語られることはなく、また、リムとはかなり異なるコーの言説の特徴がよりよく表れている。

この日、約三〇〇名の華人聴衆を前にして、彼はＰＴＩの目的を次のように説いた。[*108]

……インドネシア人（orang Indonesiérs）と力を合わせようということ、共通の利害に眼を向けようということ、インドネシア人を見下すことのないよう、われわれ中華民族（bangsa kita, Tionghoa）を教育しよう、ということである。

つまり、「インドネシア人」とはすなわちプリブミであり、華人は「中華民族」であるという前提から出発したわけである。

……もしわれわれが他の人に友好的に対すれば(baik sama laen orang)、他もまた必ずわれわれに良くしてくれるであろう。ともに力を合わせることは常に双方に利益をもたらすものである。

このような「性善」観と「提携」をひたすら説くのが、「敵」を想定し「対決」を叫ぶリムと比べたときの、コー・クワット・ティオンの特徴である。

この後「同化」の必要がないことに再び念を押しつつ、「インドネシア人」に対する協力として彼らの独立運動へも手を貸さねばならぬ、と述べた彼に対し、マグラン中華学堂の一教師が「仮にわれわれがインドネシア人を助けたとしても、インドネシア人の側はいったいどのようにわれわれの祖国(negri leloehoer)を助けてくれるのか」と問うた。するとコーは、次のように答えた。

仮にインドネシア人が中国を助けられなくても責めることはできぬ。彼らには中国は外国だからである。しかるに、この地にいるわれわれはインドネシア人を助ける崇高な義務を負う。なぜなら、彼らはわれわれの母方の兄弟(soedara dari fihak iboe)なのだから。

ここでは、プラナカンの歴史的出自に訴え、インドネシアとの「血の運命性」の論理があえて用いられている。さらに彼はこう続けた。

……われわれは中国とインドネシアのいずれにも援助を与える義務がある。たとえば資金の五〇パーセントを父・中国に与えるならば、五〇パーセントを母・インドネシアへも与えるというふうに！（ここで大喝采、原註）

この言葉の背景として、前年の満州事変以来、日本の中国侵略がいよいよあらわになっていたこと、東インドの華人の間でも日貨排斥や義援金の募集が組織されはじめていたことを念頭に置く必要がある。[*109] つまり、「中国へも援助を」というのは、「ＰＴＩは中国を見捨てようとしている」といった批判[*110]に対する予防線の意味合いが強いのである。

だが、コーの次の言葉をどう聞くべきだろうか。

……父・中国は、われわれが母・インドネシアを助けることを許すばかりか、息子がそうすることを誇りに思うであろう。……なぜなら、中国は孔子の国であり、孔子はわれわれに義（Gie）を知るべし、と説いているからである。われわれがインドネシアを助けることは、かの偉大な聖人（nabi agoeng）の教えを胸に抱き実行することにほかならないのである。

……そして［われわれは］孔子の教えをただ口先で唱えるだけでなく心から実行して初めて、自分を華人（orang Tionghoa）と呼ぶことができるのである。

ここでの最大のポイントは、インドネシア・ナショナリズムに連帯する根拠として、ついに自らが「華人であること」そのものが前面に出された点であろう。それにしても、コーが「華人」の要件として「聖人の教え」を持ち出したのは、いったいなぜだろうか。

まず、聴衆の動員を図る上で、プラナカンと中国の関係の根拠を何か「形而上」の結びつきに転化する必要があったから、といえそうである。彼らは「血統」の論理に従う限り、中国とインドネシアの間で引き裂かれざるをえないからである。

もうひとつ、コーの思想表現の素材として「孔子」や「義」などの語彙が身についていた、ということも考えられる。つまり、HBS時代の「仁義礼智信」にみられた文化的な「中国志向」が、一見「西洋の道」を歩んだ彼の中に育ち続けていたのではないか。

以上の点を確認し、さらにこれらが聴衆動員のためのレトリックというより、コーがPTIに託そうとした理想にかかわるポイントだったことを明らかにするため、彼が二年後の一九三四年に行なった講演『私は何をもって真の華人性(Ka-Tionghoa'an jang sedjati)とみなすか』[*111]を先取りしてみてみよう。

真の「華人性」とは何か

プラナカン華人の青年組織・兄弟会(Siong Tih Hui)のトゥガル支部に招かれ行なったこの講演で、コーは「われわれは華人(orang Tionghoa)である、と安易に口にされるが、この言葉は何を意味するのか。それは永久不変のものなのか」と問いかける。そして、容貌や肌の色、華人としての血統、さらに生活慣習(adat istiadat)についてそれぞれ例を挙げ、いずれも「華人」を特定する指標として適切でないとする。なぜなら、これらはみな時間とともに、あるいは生活環境によって変化を被るものだし、またそれが失われたところで「何ら世界が惜しむこともない」たぐいのものだから、というのである。

代わりに「プラナカンが大切に保持し続ける価値ある華人性」の証としてコーが示したのは、「孔子、孟子、老子など中国史の偉大な時代の文人・思想家たち（poedjonggo dan filosoof-filosoof）の教えに宿る諸理念」にほかならなかった。

しかも彼は、「その理念を信じ生活の指針とする人すべてを、容貌がどうとか、肌の色が白、黄、赤あるいは黒だとか、話す言葉が何であるかにかかわらず、私は真の華人と考える」というのである。「それはちょうど、キリストの教えを奉じる人が人間のどのグループに属するかに関係なく皆クリスチャンと呼ばれるようなもの」だ、と述べたコーは、さらに『易経』をドイツ語に訳したリチャード・ヴィルヘルムを評し、作家キーセリングが、最も徹底した華人（orang Tionghoa jang paling pengabisan）と呼んだようなもの」でもある、と具体例を挙げてみせた。[*112]

以上からすでに明らかなのは、彼がいっさいの「人種原理」を否定し、それを超える「普遍原理」として中国古典思想を位置づけていることである。それは、古来の中華思想が、一見同じように礼教の有無を「中華」の基準にしながら、あくまで天子という「中心」を備え、「華夷の別」を置いたのとは対極の思想といってよい。

この講演でコーが述べた、「細い眼と黄色い肌［華人を指す］も魅力的だが、丸い眼と褐色の肌［プリブミを指す］もひけをとりはしない。中国でみられる生活習慣も良いものだが、他の人々や人類の他の集団（laen laen golongan manoesia）のやり方も、それに劣ることはないのだ」という言葉は、額面どおりには、華人の内に残る「中華思想」――とりわけプリブミに対する華人のショーヴィニズムへの戒めと取れよう。

だがそれはとりもなおさず、トトッに対する「血と文化の劣等感」からプラナカン自身を救い出す言葉でもあった。コー自ら説いている――「華人性をこのように定義づけるなら、同化（assimilatie）の問題も問題でなくなる」と。ここでいう「同化」とは、プラナカンが血統的・文化的にプリブミと混淆してきたことを指すのであろう。[*113] そして、中国古典の素養と実践に基づいて「華人であること」が決まるというとき、重要なポイントは、彼のいう中国古典思想が「後天的」に修得できる精神態度だという点である。

さらにコーは、「華人性」をこのように定義すれば、「中国語を知っているかどうか、という問題もおのずから解消するし、「数十年来論議されてきた、HCSと中華学堂のどちらが良いかという問題に決着をつける必要もなくなる」という。[*114] なぜなら、聖書を読むのに古代ヘブライ語やギリシャ語を知らずともすむように、中国語・西洋語いずれにせよ、中国古典を読めるまで深く学びさえすれば、双方の生徒は「やがて華人性の深淵（kedoeng ka-Tionghoa'an）で出会う」から、というのであった。

最後に、中国古典を学ぶ意義を、「法を無法と（recht dari oprecht）、公正を不正と（kepantesan dari katjoerangan）区別できるようになる」こと、および「人種妄想（rassenwaan）」、つまりある民族が他より高等であるという感情を捨て去ることにより、人種間の闘争（rassenstrijd）が起こらぬようにする」ことだ、とコーは総括する。そして、「中国思想における筆頭の、最もすばらしい言葉を組織の名［兄弟会］とする諸君」が、進んで「この私の理想の達成に手を貸してくれるよう」希望を述べ、講演を終えている。

「人は皆兄弟なのだ」というのが平素からコー・クワット・ティオンの口癖で、彼がPTIのトトッ締め出しに反対したのも、この哲学に基づくものであった、と元PTI中央執行部の初代書記サチャワルダヤ（チョア・チエ・リアン）氏は回顧する。[*115] そのコーが渋るリムを押し切ったのだと。[*116]

マグラン集会でのコーにみられたごとく、「華人であること」をインドネシア・ナショナリズム支援の根拠としたり、「華人性」を中国古典に求めたりの論法は、実はリム・クン・ヒェンもちょうど同じころに用いはじめている。[*117] おそらくコーと互いに影響し合ったものだろうし、「インドネシア人」論による聴衆動員の限界を悟った、必然的な変化でもあったろう。

だがリムの場合、それは彼を批判する中国ナショナリストに対し、「華人の証とは何だ」と逆襲するために使われるか、プラナカンと中国の「血の絆」を切断することに重きがあるか、いずれにせよ持論を補強する戦術の域を出ない。少なくとも、プラナカンをトトッから峻別したり、「白人」と「有色人」の対立項を立てたりする、リム自身の内なる「人種原理」を撤回せしめるものではなかった。

ひるがえってコーの場合は、およそ「生まれ」による人間の区別を否定することにかけて徹底しており、彼にとって運動における実効性（たとえば、はたしてＰＴＩに入党を希望するトトッがいるのか）[118]よりも、この哲学を貫くこと自体がたいせつだったのではないかと思えるほどである。コーが中国古典の「普遍性」を世界宗教のキリスト教にたとえたことに注意を払いたいが、それを修得する意義について彼が「法」（わざわざオランダ語で recht）という言葉に言及したごとく、ここでの普遍性はむしろ「法学」のそれとも近い、といえる。

東洋古典による「近代の超克」

コー・クワット・ティオンが講演の中で古典学習に中国語力は必須でないと力説したことや、中国学者ウィルヘルムの名を挙げたことは、彼もまた中国古典の素養を西洋語経由で得たはず、というサチャワルダヤ氏の指摘[119]を裏付けるものである。その意味でコーは、かつて中華会館で儒教復興を試みた人々と同じく、西洋教育を受けたプラナカン知識人の系譜上にあった。

しかも彼は先輩たちと違って直接ライデン大学で学んだのである。そこは、一九世紀後半以来ヨーロッパに興隆した、シノロジーの一大中心でもあった。すでに東インドで文化的な「中国志向」の洗礼を受けていたであろう華人留学生たちが競って本場ライデンの「知の伝統」に接触を求めたようすは、オランダ中華会の刊行物にもうかがえる。たとえば一九二六年に刊行された同会の設立一五周年記念冊子は、ド・フロート（J.J.M. de Groot 一八五四—一九二一）やヘンリ・ボーレル（Henri Borel 一八六九—一九三三）をはじめ、ライデン中国学科が生んだ碩学たちの研究を典拠に、中国の歴史・思想・慣習などを論じた寄稿を満載している。[120]

してみると、実はコー・クワット・ティオンもライデンでこそ彼の「中国古典」を真に発見した、それが彼のオランダから持ち帰ったもうひとつの財産であった、と推測できるのではなかろうか。

だとすれば皮肉なことに、コーは運動の組織面だけでなく思想面においても、彼が西洋エリート教育を受けたがゆえに「交叉」したかにみえたプリブミのインドネシア・ナショナリストたちと、実は「平行」線をたどっていたことになる。特に対比しうるのは、ジャワのプリヤイ（貴族層）出身者たちである。彼らは運動を進めるにあたって、いにしえのジャワ王朝文化の内に伝えられてきた観念体系やキーワードを、近代ナショナリズム運動の論脈に沿うよう、さまざまに読み替えながら駆使した。[*121] 植民地体制に取って代わるインドネシア・ナショナリズムの正統性の根拠を示す際、ジャワの王権交代時に予言者として立ち現れたというパンディト（pandita 賢人）や、既存秩序の破壊者サトリオ（satria 武人）に自分たちをなぞらえたのは、その一例である。そして、このようなジャワ古典の「遺産目録」を最も整序された形でナショナリストに提供する媒介機能を果たしたのは、やはりライデン大学を一大拠点とする、ジャワノロジーの成果だったのである。[*122]

彼らがジャワ古典のエッセンスをナショナリズム運動へ持ち込もうとしたのは、単なる動員のレトリックのためではなかった。そもそも東洋学の隆盛自体、「唯物的近代」へ疑念を抱き、その克服の鍵を東洋思想に求める西欧自身の思潮を反映するものであったが、第一次大戦の惨禍はこの傾向を「西洋の没落」の危機感にまで高めた。このころオランダを経由して東インドへも伝えられたそのような思潮の一つで、諸宗教・哲学の統合と人類の友愛を目指した神智学[*123]は一面では非常に普遍主義的な思想であるが、具体的な要素としては「インドの神秘」や「インドの智恵」が重要な位置を占めるという側面ももっていた。ヒンドゥー文化との接触を契機に形成されたジャワ文化の担い手を自負しうるプリヤイ出身のナショナリストたちに、自らの文化伝統を再生させることが実は「西欧近代」を克服する近道である、という認識が生まれたとしても不思議はない。[*124] その典型が、元東インド党の「三人組」の一人で、一九一三年の国外追放後、一九年までオランダに滞在したスワルディ・スルャニングラット（一九二八年、キ・ハジャル・デワントロ Ki Hajar Dewantoro と改名）であり、こうした認識を最も自覚的・組織的に実践した例が、帰国後彼の主宰したタマン・シスワ教育運動であったことは、土屋［1982］が詳細に明らかにしたところである。

コー・クワット・ティオンの胸中にやはり「物質的近代」への懐疑が育っていた証左として、「華人性」講演と同じ一九三四年初めに『中部ジャワレビュー』へ寄せた年頭言がある。[*125] 冒頭「近代がもたらした、あらゆる不要な欲望を捨てよ」と呼びかけた彼は、車やラジオを月賦を組んでまで求める風潮や、週末の避暑・社交クラブでの賭博などの習慣を「ただ安逸な暮らしを追う病気に感染し」たものと批判し、「ヨーロッパ人の生活をもって華人の暮らしを測るな」と戒めている。この中でコーは直接中国古典に触れていないが、この一文をずばり「昔へ還れ」(Kombali ka Doeloe Kala) と題していたことからも、彼にとって中国古典の世界は、ＰＴＩへの華人の動員という目的と別の次元で、「西洋近代」を超克すべき人間類型を求める場であったといえそうである。

おそらくコーの眼には、「西洋近代」の行き着く果てに弱肉強食の世界大戦があったのと同じように、東インドの華人運動が「近代化」の名のもと「パッカード車」に象徴される物質的な成果を求める限り、「人種原理」の植民地社会における他の住民とのあつれきも高じるのみ、と映っていたのではないか。そのように考えれば、彼が「華人性」講演で、人種間の闘争をなくすために中国古典を学ぶのだ、と述べたことにもいっそうの納得がゆく。

このようなコーや、彼とは異なるスタンスだったリムらのＰＴＩが、現実のインドネシア・ナショナリズム運動のどの潮流といかなる関係を実際にもちえたかを次にみてゆこう。

3　PTIとインドネシア・ナショナリズムの接点

「非協調」路線とPTI

PTIが登場したとき、インドネシア・ナショナリストは、運動方針をめぐる主導権争いのさなかにあった。その一方の主役は、インドネシア党に復帰したばかりのスカルノである。一九二〇年代末、プリブミを主体とした彼の「民族主義」が華人の「インドネシア路線」を受け入れるものでなかったようすはすでにみたが、「民族」の文化的内容という点において、PTIとスカルノの距離はさらに遠くなりつつあったといえる。PTIが「華人」へ還ってゆくのと対称的に、この時期のスカルノは、ジャワ文化の中に「インドネシア的」な原理を求め再生するという、前節で触れたスワルディ改めデワントロと同じ方向へ傾斜を強めるからである。[*126] それは、一九二〇年代は主に都市知識人へ向かって叫んでいたスカルノが、語りかけ動員すべき相手として住民の大半を占める無告の民、とりわけ農民――彼の用語でいうマルハエン(Marhaen)――を「発見」する過程と軌を一にしていた。[*127] インドネシア党の党是にも謳われ、やがて「インドネシア民族」の代称とされてゆくマルハエンとは、見方を変えれば、華人への違和感や不信感を直接の生活感情として抱き、二〇世紀にあっては華人とさまざまな衝突を繰り返してきた人々のことでもあった。

PTIと対話が成立するとしたら、インドネシア国民教育協会に拠ったハッタやシャフリルのほうだった。というのはまず、オランダ対インドネシアの「民族矛盾」を第一義に、ひたすら「民族の団結」(ここでいうインドネシア民族にプラナカン華人は含まれていない)を追求したスカルノに比べ、彼らは、オランダにもインドネシアにも存在する「階級矛盾」を統一的に把握しようとしていた分、中下層の華人代表を任じるＰＴＩの「縦軸」と共鳴する余地があったと考えられるからである。[*128] 87ページで触れたインドネシア協会の書簡は、プリブミ・華人の双方を帝国主義の被抑圧者と捉えている点に加え、「インドネシア人指導者の政治的後進性と生産関係への知識不足」を批判している点から推して、[*129] 当時まだオランダで協会の指導的立場にあった、ハッタ自身の筆でなかったかとすら思える。また、スマトラ出身の彼らは、ジャワ的な論理を運動に持ち込もうとするスカルノらの傾向を批判し、西洋的な民主主義の徹底を目標に、大衆動員より啓蒙教育を優先すべきだと主張していた。[*130] この面でハッタとシャフリルは、東インド党の「三人組」の中でもチプト・マングンクスモの系譜を継ぐ者たちだった。一九三二年四月の『中部ジャワレビュー』はハッタがある華人留学生に対し、「インドネシア独立の暁には、プラナカン華人も参政権を得るだろう」と語った、と報じている。[*131]

もっとも、ハッタやシャフリルが将来の「国民」の問題を見通すことにおいて、「独立」そのものに至上の価値を置いたスカルノより幾分先んじていたとしても、それはなお机上の論議にとどまっていた。とりわけ彼らが東インドへ帰国してからは、華人との「連帯」や、まして華人の「動員」のいかんがスカルノらとの間で争点となることはなく、ＰＴＩの登場後も同様であった。

その理由の第一に「われわれナショナリストにとって闘争とは権力の問題である」（スカルノ）[*132] という認識において は、ハッタらもスカルノと変わりなかったことを考えねばならない。彼らにとっては、厳然と続くオランダの植民地支配をいかに取り除くかこそが当面の最大テーマであり、それに比べれば華人との関係は二の次以下の問題にすぎなかった。[*133]

第二に、そのようなオランダ植民地権力との対抗関係において「非協調」路線に立つ彼らと、「議会主義」を標榜したＰＴＩとの間には、現実的に共有しうる場がなかった。西欧の議会主義を称揚するハッタやシャフリルの場合、オランダの手になるあらゆる制度の拒否を絶対原則とするスカルノとの間に少なからぬニュアンスの違いがあったが、[*134]フォルクスラートなど植民地の諸参議会への「非協調」に関しては、彼らのインドネシア国民教育協会も、スカルノのインドネシア党と同じく、インドネシア国民党の綱領を受け継いだのである。[*135]

PTIが「非協調」派と隊伍を組めた唯一の機会は、結党直後の東インド政界を揺るがした「私学校条例」闘争であった。[*136]これは、一九三二年九月二四日政庁の補助金を受けずに運営されていた各種私学校への規制を強化する条例が公布されたのに対し、住民側の教育・宗教・社会団体や政治組織が、デワントロのタマン・シスワを中心に「超党派」で反対運動を繰り広げたものである。この中でPTIは、同年一二月一一日スマランとスラバヤを含む各地でいっせいに催された抗議集会に参加した。[*137]同月二五日スラバヤ支部の集会でも、リム・クン・ヒェンが「当支部の最初の政治行動は、かの『野放し』学校条例に対する……非暴力的抵抗を支援することである」と宣言している。[*138]翌三三年初めついに政庁側に条例を撤回せしめたこの闘争は、インドネシア・ナショナリズム運動史上にかつてない勝利を印すことになった。

だがそれは、一九二〇年代以来運動をリードしてきた「非協調」路線の最後の輝きでもあった。やがて当局が「非協調」路線への監視強化、集会禁止、さらに主要な指導者の逮捕・隔離（一九三三年八月に再逮捕されたスカルノ、翌三四年二月に捕えられたハッタやシャフリルらは、一九四二年の日本軍侵攻まで各地で流刑生活を余儀なくされる）という一連の措置を実行したのに対し、運動の側はほとんどなす術がなかった。一九三四年一二月インドネシア党は「非協調」路線放棄の声明を発表（三六年解散）、インドネシア国民教育協会も組織の実体を失い、一九三五年までに「非協調」政党はほぼ表舞台から姿を消してしまったのである。[*139]

「協調」路線とＰＴＩ

すでにみたとおり、ＰＴＩは結党早々から「議会主義」すなわち「協調」路線に従うことを明らかにした。その理由として考えられることは少なくとも二つある。第一に、ＰＴＩは、「小さき民」の利益を守るため参議会でＣＨＨに対抗せねばならぬ、との「縦軸」の旗印によってのみ華人運動における存在意義を主張することができた。リムやコーが「協調路線をとらざるをえない」根拠として繰り返し述べたのはこの点であった。[*140] 第二に、ＰＴＩの結成された一九三〇年代初頭の政治情勢全体として、「非協調」路線はオランダの武断政策の前に退場寸前であり、これに替わる「協調」路線の新しい勢力がすでに台頭しはじめていたことである。

その有力な例の一つが、先述のスラバヤのサッカー試合をめぐる「有色民族委員会」事件でリム・クン・ヒェンを支援したインドネシア民族党ＰＢＩだった。この党は、一章3節で触れたブディ・ウトモ以来の古参ナショナリストのストモが、一九二六年から主宰していた研究クラブを一九三一年初めに改組したものである。ＰＴＩの結成後も各地の集会に代表を送り、リムをして「われわれはインドネシア・ナショナリストの支持を得ている」といわしめたのは、第一にこのＰＢＩであった。[*141]

一九三三年六月四日、スラバヤでの第一回ＰＴＩ党大会に招かれたストモは、「中華民族（bangsa Tionghoa）の覚醒と運動の発展につれ、インドネシア民族も『動き』はじめた」ごとく、「華人運動が……無意識のうちにインドネシア・ナショナリズム（kabangsa'an Indonesia）を促進した」との認識を示すとともに、将来「インドネシアの子（anak Indonesia）であることを自覚し、祖国インドネシアを愛するプラナカン中華民族は、われわれの社会の強固な一支柱となり、崇高な大インドネシアを実現するための、名誉に満ちた地位を得るであろう」と述べた。[*142]

このときのストモの言葉には、ＰＴＩ初の党大会に配慮した社交辞令も相当含まれていたと思われるが、それでもなお華人を「中華民族」だときっぱり規定している。つまり、両者の協力とは、華人を「インドネシア民族」に迎え入れることでは決してなく、あくまで「中華民族」としてのPTIが「インドネシア民族」を側面支援する、という構図である。いまや、PTIとインドネシア・ナショナリズムの接点といっても、それを左右するのは、運動の路線面で相いれるかどうかだけであった。

PBIは時に評されるほど政庁への「協調」を積極的に打ち出したわけでなく、参議会への参加をめぐる態度は基本的に党員個々の自由な決定に任せるとした上で、「民族感情を傷つける特定の事がら」に関しては、そのつど「非協調」が必要、との姿勢を示していた。この点、「私学校条例」の闘争へ参加を謳いながら、それは党としてでなく党員各自の資格で行なうべき、としたPTIの立場[*143]と似通っており、協力の基盤があったといえる。

一九三五年一二月、PBIは、なおほそぼそと存続していたブディ・ウトモと合体して大インドネシア党（Partai Indonesia Raya、以下略称のパリンドラ）を形成する。パリンドラにおけるストモの後継者で、一九三〇年代「協調」路線の第一人者と目される人物がフスニ・タムリン（Muhammad Husni Thamrin 一八九四―一九四一）である[*144]。

タムリンは、一九一九年以来バタビア市の参議員を務め、一九二七年からはバタビア人協会（Kaum Betawi）を代表してフォルクスラートに登壇するなど、「協調」路線においていっそう明確だった。彼は、一九二八年バタビア市参議会に、次いで一九三〇年初めフォルクスラートの内部に、「民族会派」（Nationale Fractie）を結成した。タムリンを代表に一〇名のプリブミ議員を糾合したフォルクスラートの「民族会派」は、「法に適った手段」による「政治制度の改革」と「政治、経済、知識面でのあらゆる植民地的な不平等の廃止」を通じて「インドネシアのできる限り速やかな独立」を目指すものだった[*145]。

タムリンは、「有色民族委員会」事件におけるリムの逮捕に際し当局への抗議に名を連ねており、PTIの結成集会へも「民族会派」から支援の意が伝えられた[*146]。他方、コー・クワット・ティオンもマグランの集会で、「PT

Ｉ代表はいずれ各参議会においてインドネシア人会派［Fractie Indonesiérs、「民族会派」を指すと思われる］を支援すると言明しており、[147]これとの共闘を頭に描いていたようすがうかがえる。このように、ＰＴＩでの政治活動におけるコーの課題は、かつて学校や職場で交叉した国民党系ナショナリストとではなく、協調派ナショナリストとの接点を諸参議会でどう得られるか、にポイントが移っていたのである。

4　「スタルジョ請願」をめぐって

「リムのＰＴＩ」から「コーのＰＴＩ」へ

一九三三年か遅くとも三四年、コー・クワット・ティオンはリム・クン・ヒェンに替わって、ＰＴＩの党首に就任した。[148]サチャワルダヤ氏によれば、リムがスラバヤを離れてバタビアの法学校に入学したことを契機に、後事をコーに託したのだという。[149]それ以外にもリムは、一九三二年、裁判所の破産宣告を受けたことを理由に辞意をもらしたり、[150]翌年、編集方針をめぐって『シンティッポー』紙を飛び出すなど、[151]個人的な事情を抱えていたらしい。この後もリムは、選挙の候補者斡旋など舞台裏で影響力を保持し続けるが、ＰＴＩが参議会へ乗り出すのと時を同じくして、コーが「党の顔」となったわけである。

一九三四年七月に行なわれたスラバヤ、スマラン市参議会の選挙でＰＴＩは独自候補を立ててＣＨＨと争った。『中部ジャワレビュー』の報道をみる限り、選挙戦では「横軸」すなわちインドネシア・ナショナリズムとの連帯の主張は影をひそめ、もっぱら「縦軸」すなわち華人社会内部の階層間の闘い、という構図が前面に出されたようである。[152]結果ＰＴＩは、スラバヤではテ・ブン・リアン（The Boen Liang）がトップ当選を果たすなど気勢をあげたが、スマランでは四名のＣＨＨ候補に華人代表議席の独占を許した。ＰＴＩの首位候補コー・クワット・ティオンも次点に終わった。[*153]

この市参議会選は翌一九三五年のフォルクスラート代表選挙の前哨戦でもあった。再びコーを擁立したものの、単独の不利を知るＰＴＩは、一九一九年に結成された保守的なオランダ人・華人およびプリヤイの混合政党でＣＨＨと競合関係にあった、政治経済同盟（Politiek Economische Bond）の実力者ヨー・ヘン・カム（Yo Heng Kam）にあえて選挙協力を求めた。[*154] ＰＴＩにとってＣＨＨへの対抗が自己目的化しつつあったことの表れといえよう。結果、コー・クワット・ティオンは、ヨー・ヘン・カムとＣＨＨのカン・ホク・フイに次ぐ三位ながら、ＰＴＩ初のフォルクスラート議員に当選することができた。[*155]

興味深いことに、リムからコーへ「党の顔」が替わるに従い、ＰＴＩに対する植民地当局の評価がやや変化している。ＰＴＩが生まれた一九三二年の九～一〇月ごろには、検閲局の『新聞週報』が、「例のボイコット事件で有名なリム」[*156]の党として逐一その動きを追っているほか、各地の支部集会に過剰なまでの警官と内務官吏が派遣されていた。[*157] しかるに、コーがフォルクスラートの当選を決めた翌月の一九三五年二月、同参議会の一般事務代理官ペークマ（W.G. Peekema）の覚書は、新議員を分析する中で、コーを「理想主義者とされる人物」と評しつつ、タムリンら七名の「急進左派」と区別し、「穏健左派」に分類している。[*158] 数日後、ペークマに宛てた華人・東アジア事務局長ロフィンク（A.H.J. Lovink）の報告書は、ＰＴＩが「急進的な原住民のナショナリズム扇動者との提携に自信をもっているかどうか疑わしい」[*159]とすでに足元をみている。

いずれにせよ、逮捕歴をもつ「危険人物」リムより、コーのほうがフォルクスラート代表として穏当なことは、衆目の一致するところであったろう。官職層出身の弁護士という経歴もさることながら、「協調」路線をとることについて、リムの場合は多分に時勢上やむをえない「戦術」の含みがあるのに比べ、コーはより徹底した「原則」

と捉えていた観がある。たとえば、ＰＴＩが「私学校条例」闘争への参加を宣言した際、あるスラバヤ支部員が「かつてリム氏が逮捕されたような犠牲をさらに惜しんではならない」と発言すると、コーはすぐさま立ち上がり「ＰＴＩは犠牲者を出すようなことはしない。あくまで法に触れぬ範囲で活動するのだ」と述べたため、スラバヤ側の一同がやや当惑する、というひと幕もみられたほどであった。[*160]

「スタルジョ請願」とコー・クワット・ティオン

四年間にわたるコーのフォルクスラートでの活動の柱の一つは、「ヨーロッパ人」と「非ヨーロッパ人」の法差別の撤廃要求だった。中でも、労災規定をはじめとする労働契約法の「非ヨーロッパ人」への適用を就任直後から求めているのは、[*161]ＰＴＩの「縦軸」にも沿ったものとみることができる。しかも彼の視野は「労働組合」に組織されたプラナカン華人に限られていなかった。一九三七年七月の審議で、ヨーロッパ人従業員連盟の代表議員ファン・ロンクフイゼン（Van Lonkhuyzen）が「[ヨーロッパ人並みの労働法規を] 木工職人やプランテーションの苦力どもにも適用すべきとおっしゃるのですか」と「皮肉っぽく」問うたのに対し、「百パーセント、イエスである。私にとって、プランテーションや鉱山のあの幾千万の苦力たちも自分と同じ人間であるし、彼らは弱者として、ロンクフイゼン氏がヨーロッパ人労働者のために求めるのと同じだけの保護を与えられねばならぬ」と答えたのはコーの面目躍如たる場面であった。[*162]しかし、彼の要求はしりぞけられ、任期後の一九三九年六月「アジア人労働者とヨーロッパ人労働者を平等化する法律がすぐにできることはあるまい」と嘆息することになる。[*163]

他方、「横軸」すなわちインドネシア・ナショナリズムとの関係におけるコーの履歴の頂点をなし、ＰＴＩにとっても結党以来のハイライトとなったのは、一九三六年からフォルクスラートを中心に展開された「スタルジョ請願」運動への参加であった。

事の発端はこの年の七月一五日、原住民政府官吏協会（Perhimpunan Pegawai Bestuur Bumiputera）の指導者スタルジョ・カルトハディクスモ（Sutarjo Kartohadikusumo 一八八二―一九七六）を筆頭とするプリブミ議員四名に、アラブ人のアラタス（Alatas）およびコー・クワット・ティオンを加えた計六名が、「一〇年間の段階的な改革」による東インドの「自治」移行を目指し、その方策を協議するための会議開催をオランダ政府と議会へ請願するよう求めた発議である。*164 これは大局的にみれば、恐慌後の世界で再び高まりはじめた戦争ムードを背景として、住民の「忠誠」の保証と引き換えに、フィリピンやインドなど他の植民地で進展しつつあった「自治」への展望を取り付けようとした試みである。他方、インドネシア・ナショナリズムの流れからいえば、一九三〇年代「協調」路線の成否を問う試金石となったのである。*165

コー・クワット・ティオンは同年九月一九日に登壇し、東インドの自治獲得はマイノリティ住民の権利を脅かしかねない、との反対派の声に「華人」署名者の立場から反駁する、という形で請願を擁護した。「地球上に均質な住民だけから成る国は一つとして存在せず、どこでも人種的な、もしくは経済的・宗教的な大小のグループがみられる。だが、それが常に相互の衝突や強者による弱者の圧迫を生むわけではない。利己的な欲望は通常、他者を圧迫すればいずれわが身も滅びるとの意識によって抑えられ、平和裡な協力をもたらすものなのである」*166 というくだりには、われわれがすでに知る彼の「性善」観や、「欲望」に対する「意識」の優越への信念がみてとれよう。

だが、この日のコーの演説の力点は別の所にあった。彼は、東インドが「自治」を得ても、オランダと連合王国を構成することに変わりない、両者は相変わらず共通の「大権」（supergezag）を頂くのだ、という点を繰り返し強調した。そして、仮に東インドにいまだ上述の「意識」に達しない人々がいて問題を起こしたとしても、「大権」の行使機関――たとえば両地域の代表から成る「王国議会（Rijksraad）」が、マイノリティの権利保護や紛争の調停を行なうことができる、したがってこれを請願反対の理由とするのは当たらない、というのであった。彼はまた、国際連盟による紛争調停が当事国の主権を侵しはしないのと同様、こうした「大権」の介入は東インドの「自治」を損なうものではない、と付け加えた。[*167]

このようなコーの論旨は、実は「請願」全体の基調と軌を一にしていた。六名の発議者は、オランダ王国の構成を記した憲法第一条が本国と東インドの対等な地位を謳っている、との法解釈を根拠に、東インドがあくまで連合王国の枠内にとどまることを条件としながら、「本国対植民地」という関係の清算を主張したのである。[*168]それは、独立運動を抑え込もうとするオランダ側の当時の決まり文句――「王国の一体性」(rijkseenheid) に沿いつつ、これを逆手に取ろうとしたものであった。[*169]

九月二九日、大方の予想に反し、賛成二六票に対し反対二〇票で発議がフォルクスラートを通過、[*170]本国へ送られることになると、請願の擁護を叫ぶ声が議場外へも広がりはじめる。一九三七年三月、パリンドラ指導者の一人スブロト (Subroto) らが「スタルジョ請願委員会」を設立したのに続き、一〇月には、スタルジョ以下の発議者自身を中心とする「スタルジョ請願中央委員会」が発足、各地での集会や署名運動を呼びかけた。[*171]これに応えて、たとえば翌一九三八年二月スラバヤに支部委員会が設立され、ＰＴＩスラバヤ支部も加わっている。[*172]また、オランダにおいては、三七年九月、インドネシア協会とオランダ社会民主主義労働者党を中心に請願擁護委員会が結成され、翌三八年三月、東インド世論への注意喚起を求めてオランダ下院議員に公開書簡を送るなどしている。[*173]

だが、ナショナリズム運動が挙げて請願を支持するという状況にはまるで遠かった。そもそも、フォルクスラートでの発議者に「民族会派」のメンバーは一人もおらず、六名はいずれも個人の有志というべき人々だった。[*174]採決を行なうにあたっても、「民族会派」の一〇名中四名は、「請願はインドネシア独立の精神を損なう」などの理由で反対に回ったのである。タムリンら六名は一応賛成票を投じたものの、「自治」を目標に掲げることには乗り気ではなかった。発議が過半数を得たのは、むしろ「ヨーロッパ人」議席二五のうち八を占める欧亜混血人の組織インドー・ヨーロッパ人同盟（Indo-Europeesch Verbond）が請願を支持したからであった。[*175]

この段階になると、単にフォルクスラートへの参加をもって「協調派」とひとくくりにする捉え方はもはや有効ではない。政庁に任命されたまったくの体制派を別にしても、「独立」を追求することにおいて「非協調」路線の代行者ともいうべきグループと、進んで「自治」を唱えたスタルジョらを区別する必要があるだろう。[*176]そして、コー・クワット・ティオンは、後者のほうに近かったわけである。両者の差はほぼ、請願に対し次のような反応を示した議場外のナショナリズム組織と直接のつながりをもつか否かの違いでもあった。

まず、唯一残った「非協調」政党のインドネシア・イスラーム同盟党は、一九三七年一一月、党員がスタルジョ請願中央委員会と関係をもつことを禁じた。パリンドラでは、同年一月に請願擁護を訴えたストモ（三八年逝去）や上述のスブロトやタムリンらの賛成派と、フォルクスラートで反対票を投じたスロソ（Suroso）らが対立していたが、結局、同年一二月、党としてはこれを支持しない決定を下した。また、同年旧インドネシア党の左派を集めて設立されたばかりのグリンド（Gerakan Rakyat Indonesia、「インドネシア人民運動」の略称）も一〇月、請願中央委員会への参加禁止を決めた。[*177]

オランダ側の対応は、これに輪をかけて冷ややかだった。採決前のフォルクスラートでは、発議を「ヨーロッパ人への脅威」とするファデルランス・クラブのむき出しの敵意や、「東インドは自治ができるほど成熟していない」とのキリスト教憲政党の批判などがみられたが、請願が可決されると、東インドと本国の当局もオランダ人社会も、長らくこれを黙殺した。代表的な植民地新聞『ヤファ・ボード（*Java-Bode*）』が「国家にとって危険」と初めて請願に言及したのは一九三八年六月、東インド総督スタ―ケンボルフ（T. van Starkenborgh）が請願に否定的な報告書を植民地大臣に送ったのは、実に採決から丸二年を経た、同年九月のことだった。二カ月後の一九三八年一一月、請願を拒絶する正式の決定が、本国から送り返された。[*178]

結局、スタルジョ請願は、「非協調」路線を力ずくで抑え込んだオランダ側が、かといって本気で「協調」路線に未来を用意するつもりもないことを——それがきわめて穏健であった分——改めて明らかにするだけに終わった。以後、インドネシア・ナショナリズム運動は表面上まったくの手詰まりに陥ってしまうが、やがて第二次世界大戦の混乱を経て「独立」が闘い取られるとき、それを担ったのは、この間雌伏を余儀なくされた「非協調」の指導者たちと、新しい世代の「武力」であった。

そうした後の経過から振り返れば、請願の発議者たちを「古き倫理政策の精神を組織ナショナリストよりも真摯に受け止めた」人々、と評したアベヤスケレの表現は適切であろう。[*179] 少なくともコー・クワット・ティオンに関しては正鵠を得ているように思う。彼は、初めてフォルクスラートに登壇した一九三五年七月の政見演説で、次のような半ば皮肉とも本気とも取れる言葉を残している。「この議場において称揚されているごとき人民の一体性(eenheid)と連帯(saamhoorigheid)は何より、すべての人を平等に扱い保護することによって達成されるだろう」。[*180] オランダ人を含む議員たちを前にオランダ語で表現されてみれば、コーの言葉は確かに、倫理政策を支えた「提携」の思想と同じ響きを帯びてくるではないか。

コーとフリーメイソン、神智学

実は、こうした彼の思想的位置をさらに裏付ける、と思われる手がかりがある。それは、東インドのフリーメイソン組織について一九七六年ファン・デル・フュールが発表した論文の中に、コー・クワット・ティオンの名が現れていることである。[*181]

一七一七年イギリスに始まり、一八世紀前半のうちにヨーロッパ全域や新大陸の植民地へ広がった近代フリーメイソンの運動は、同世紀後半東インドへも伝えられ、バタビアとスマランに「館」(loge)と呼ばれる集会所が置かれている。[182] 一八七〇年代以降、運動は急速に発展し、今世紀初めにはジャワを中心とする二〇以上の都市に「館(ロッジ)」が置かれ、貧窮者の救済や孤児院設立、学校経営などを行なったという。メンバーのほとんどはオランダ人や欧亜混血人だったが、たとえば一九四〇～四一年全東インドの会員一二六二名のうち、プリブミ、華人からもそれぞれ五〇名、一四名の加入者がいた。その中でコーの名はフュールが用いた三種類の名簿のうち一九二二年および三二年の分にはなく、この四〇～四一年分に初めて現れた一人として分類されている。[183]

コーに関する記述はそれきりで、実際に彼がどれほどフリーメイソンとかかわったかはつまびらかでない。だが、ここで少なくとも指摘しうるのは、この組織の掲げる目標や理念が、これまでみてきた彼の言動と驚くほど似通っている、ということである。たとえば、一九一七年以降東インドで用いられた盟約は、ほぼ二つのテーマ――「モラル」と「友愛」によって貫かれている。前者は、個々人の内的省察に基づく精神の涵養が、やがて人類全体を「より高次の知的・道徳的地平」に高める、という考え方である。後者は、「すべての人の根源的平等」を認め、メンバー相互の「兄弟愛」をやはり世界大に広げようとする志向である。両者の結合として、「公共善をなすこと」すなわち「物質的・精神的な貧窮をなくすよう努めること」ならびに「個人や集団の心を分断するものを取り除く」よう努力すべきこと、が謳われているのである。[184]

東インドにおけるフリーメイソンは、102ページに触れた神智学とも大いに関係があったとみられる。たとえば、一九〇一年スマランに神智学協会の支部が設立された際、同地のフリーメイソンの「館」が大きな役割を果たしたという。[185] それは、両者がヨーロッパの思想風土、特に一八世紀以来の啓蒙主義、およびそれと表裏一体に並存した神秘主義において同根であったことからすれば、自然ななりゆきであった。[186] そして、「東西文化の融合」を謳う神智学の思想は、二〇世紀初頭(倫理政策期)の植民地東インドという状況下では、「提携」理論の培養土ともなった。したがって、おそらくコー・クワット・ティオン自身も、神智学思想に浅からぬ造詣と共感をもっていた可能性が高い、と筆者はかねてより推測していた。[*187]はたして主要な五つの公認宗教以外を抑圧していたスハルト体制の崩壊後、キリスト教系諸派として潜伏していた状態から復活した神智学協会スマラン支部で、生前のコーが植民地時代から同協会支部に出入りしていた、という事実を古参メンバーに確認することができた。[*188]

念のため付記しておくと、筆者は、コーがフリーメイソンや神智学協会のメンバーであったがゆえにこれまでみたような言動を行なった、といっているのではない。そうではなく、植民地期のエリート層にとって「普遍原理」の典型的な表現形態の一つであったフリーメイソンや神智学の思想と共鳴するところに彼の本質的な志向があった、その同じ志向がＰＴＩにおいてもリム・クン・ヒェンとは異なる独特の表れ方をしたのではないか、と主張しているのである。フュールの示した資料に従えば、コーのフリーメイソン加入はＰＴＩ結成の一九三二年より後にずれることになる。東インドの諸集団の差異や対立を超えた連帯を目指すという意味では一つの「普遍原理」かもしれなかったインドネシア・ナショナリズムに、華人として「平等一体」の兄弟愛を期待することに幻滅した彼が、たまゆらの精神的安息の場をフリーメイソンや神智学協会に求めた、という推測が成り立つかもしれない。[*189]

いずれにせよ、このような「モラル」も「友愛」も、インドネシア・ナショナリズムの文脈の中では、「支配」と「被支配」の関係を曖昧にするものでしかなかった。よしんば、コーの「提携」は、いっさいの「人種原理」を否定する点において、「白人の優位」を前提とする倫理政策派のそれと異質であったとしても、「提携」の輪からオランダ人さえ排除するものではなかったろう。他方、インドネシア・ナショナリズムはそうした「提携」と決別することによって形をなしたのであった。[*190]

以上のように考えると、スタルジョ請願への参加は、コー・クワット・ティオンがインドネシア・ナショナリズムの本流からはもはや遠く離れた場所に立っていたことを、われわれに教えるでき事であったといえるだろう。

5　PTIの最期

そのようなコーの立ち位置は、やがてPTI内部でも彼の居場所を失わせることにつながったようである。それは、一九三九年一月半ばのフォルクスラート議員改選の直前、リム・クン・ヒェンによるコー批判という形で表面化した。PTIのたそがれを告げるこの内紛劇は、スラバヤ支部の支持で党公認候補になったリム、および党外から単独立候補したコー・クワット・ティオンの選挙における共倒れを経て、コーのPTIからの除名、という形で決着した。[*191]

この一件の直接の原因については、リムが三回にわたって『シンティッポー』に連載した長文の記事しか手がかりがなく、それも「リムが議席欲しさにコーを放逐した」との一部報道[*192]に対する、論理的というよりは感情的な反駁であるため、真相をつかむことは難しい。それによれば、コーは一九三三年ごろ、スマランで一部のCHHメンバーと会合してPTI・CHHの合作を計った、また最近ではバタビアでヨー・ヘン・カムとカン・ホク・フイの間を取り持ち、結果PTIを不利に陥れようとしている、などというのであった。[*193]

これに対してコーの側から公に反論はなされなかったようだが、結局は彼もリムに対抗せんがため勝機のない立候補をしているのだから、この内紛は（少なくとも最終局面では）かなりの程度まで両者の個人的対立だったと考えるのが妥当であろう。

とはいえ、そこにはいくつかの構造的な原因を指摘できるように思う。第一に、PTIの組織があまりに最高指導者のパーソナルな関係に依存していたことである。それは、ひとたび彼らのコミュニケーションが不足すれば、風聞の生む猜疑心だけで壊れるほど脆弱なものであった。しかも、フォルクスラートにおけるコー個人の活動を除けば、各地方支部はスラバヤを中心とする東ジャワを除きほぼ活動停止に陥っていたらしい。[*194]

第二に、そのスラバヤ・グループが左傾化するにつれコーの立場が浮いてしまったのではないか、と考えられることである。一九三〇年代後半のスラバヤ支部は、オランダから帰国したチョア・シク・インとタン・リン・ジの指導下にあった。彼らはいずれも国際共産主義運動と関係をもつ地下共産党員だったと目される人物である。『シンティッポー』の経営権も握ったチョアは、一九三八年リム・クン・ヒェンをバタビアから呼び戻し、編集主幹に復帰させた。リムもまたこのころまでに、グリンドのアミル・シャリフディン（Amir Sharifuddin　一九〇七―一九四八）やムハマド・ヤミンらと接近し、社会主義に拠る反ファシズムの論調を強めていたのである。[*195]

これに対しコー・クワット・ティオンは、ＰＴＩを離れた後も華人の「労働運動」指導の要請に応えるなどしてはいるが、彼の拠って立つ所が少なくともマルクス主義とおよそ縁遠かったことは、これまでみてきた言動に明らかだろう。[*196] 彼の思想はどこまでも反「唯物的」であり、その運動方針はあまりに非「闘争的」であった。

コーの放党後、ＰＴＩはなおスラバヤや東ジャワの地方参議会でＣＨＨと数議席を争ったものの、再び他地域に党勢を拡大することはできなかった。[*197]

すでに一九三七年七月、日本は中国を本格的な戦争に引きずり込んでいた。際限なき日本の侵略と抗日の報は、東インドの華人の多くを「中国志向」へ駆り立てこそすれ、閉塞に陥ったインドネシア・ナショナリズムへ目を向けさせることは難しかったろう。[*198]

この間のＣＨＨについてみると、一九三五年のフォルクスラート選での一敗を契機として、中央・地方組織間の連絡強化、機関誌『華人の灯（*Pelita Tionghoa*）』の発刊やＨＣＳ型の学校経営のほか、商会を通じて中国との関係密接化に努め、トトッとの関係改善も図るなど積極的に改革を行ない、少なくともＰＴＩに対していっそうの優勢を保った。[*199] 発刊まもない一九三五年一二月の『華人の灯』は、ＰＴＩを「同化論者」と批判し、「われわれは、なるほどプリブミと協力もしなければなるまい。だが、われわれはあくまで華人である。……われわれは自分自身の利益を守ることを欲する。これは政府がオランダ臣民と認めるわれわれの、崇高な権利なのだ」と主張している。[*200]

ＣＨＨの最高指導者カン・ホク・フイは、一九三九年フォルクスラートにおける新聞の検閲強化法案に賛成するなど、政庁寄りの姿勢を示し続けた。この年の九月に欧州で再び大戦が勃発し、翌年ドイツがオランダを占領すると、カンは「本国が戦勝するまで、東インドでいかなる政治改革も行なうべきではない」と明言した。[*201]

インドネシア・ナショナリズムとの関係においても、ＰＴＩの総決算の時がきた。一九三九年五月、残存政治組織の結集によって、「完全な議会」の実現と「自治」を要求する「インドネシア政治連合（Gabungan Politik Indonesia、略称ガピ）」がタムリンの指導下で実現し、ＰＴＩも参加の意向を表明した。だが、ガピ側は、投票権のない準メンバーとしてのみ受け入れる姿勢を示したのである。[*202]

これは、タムリンのパリンドラが、前年の大会で欧亜混血人やプラナカン華人の受け入れを検討したものの、結局否決した経緯に沿うものであった。その決議案を作ったタムリンは、ＰＴＩの存在を認めつつ「彼らはなお文化的に華人にとどまろうとしている」と批判した。[*203] 本章でみてきたとおり、ＰＴＩが一九二〇年代の「インドネシア路線」以来突き当たってきた、社会の内なる（インドネシア・ナショナリズム本流にも内包されていた）「人種」の壁を踏まえて「華人」へ回帰したことを思えば、まことに皮肉な評価であった。ＰＴＩ側は、

われわれは正式メンバーとしての責任を引き受ける用意がある。準メンバーとされるのは本意でない。なぜならわれわれは、母なるインドネシア（seorang ibu Indonesia）のまま子（anak tiri）扱いされるのは嫌だからだ。[*204]

と完全なメンバーシップを主張したが容れられず、結局ガピから孤立した。

一九四二年三月九日、オランダ領東インドは日本軍の手に陥ちた。軍政当局は同月すべての政党・新聞を解散させ、ここに、約一〇年間にわたったＰＴＩの歴史にも終止符が打たれたのである。

補　インドネシア独立後のコー・クワット・ティオン

コーの後半生について触れておこう。公的な面では、彼は独立早々インドネシア国籍を正式に得て、再建されたインドネシア国民党（ＰＮＩ）に入党したという[*205]が、さほど活動的ではなかったらしい。むしろ、私生活の面で、コーが一九五〇年ごろまでにモハマド・サレー（Mohamad Saleh）と改名したらしいことが従来スルャディナタの研究により断片的に伝えられていたが、その真相をめぐり筆者はいくつかの新たな発見を得た。[*206]

インドネシア国籍を得た（得ようとする）華人について、「インドネシア風」の名に改める必要が論議されはじめるのは一九六〇年ごろのことである。[*207]また、実際、雪崩をうつように改名が始まるのは、「九月三〇日事件」をきっかけに、インドネシア共産党の壊滅、陸軍を中心とする国軍の政権掌握、北京との国交凍結および対華人暴動の拡大などをみた結果、華人への「同化」圧力が急激に高まる一九六五年以降のことだった（Ⅱ部参照）。つまり、コーの改名はこれらに一〇年以上も先駆けていたわけである。

一九五〇年ごろといえば、インドネシアの独立によって華人住民が「インドネシア志向」を迫られる条件は強まったものの、日本軍政と独立革命期を通じ、プリブミ・華人間の不信感はいっそう助長されていた。むしろ、中国共産党政府による大陸統一をみたことで、ちょうど中華民国の成立時に比せられるような「中国志向」が再び高揚したのが、華人社会の一般的な状況だった。[*208]一九五四〜五五年にかけてスマラン華人の社会学的調査をしたウィルモットや、一九六三年インドネシア華人全般について報告した人類学者スキナーも、中国式の帯姓をもって「華人」識別の最も有効な社会的指標としていることを[209]考え合わせれば、この時期に改名とは、自分を華人社会から切り離す行為でさえあったかもしれない。

筆者は現地での聞き取りを通じ、コーの改名が実はプリブミ女性との再婚に伴うものであった、と知ることができた。[210]先妻を病気で亡くしていた彼は、一九四六年ごろ西部ジャワのスンダ族出身で元秘書のルミニ（Roemini 一九一三―一九八五）と結婚し、一九四七年に一子ウントゥン（Untung）をもうけたのである。[211]上述のウィルモットは、「［一九世紀以前と異なり華人の男女比率がほぼ拮抗する］今日のスマランでは、華人男性とインドネシア人女性の通婚はきわめてまれである」と報告している。他方、コー自身は一九三〇年『華人の婚姻――その制度はいかに改善されねばならないか』と題する青年会の会議に招かれた際、いたずらに西洋風の自由恋愛をまねるより昔ながらの両親や祖父母が取り決める結婚のほうがまちがいは少ないものだ、という主旨の基調講演を行なっている。[212]当時三三歳にしてかくも老成した結婚観をもっていた彼が、五〇歳になって、このような（恋愛による）再婚をしたこと自体、一つの「事件」だったといえよう。

しかも、モハマド・サレーの名が示すとおり、彼はこの機にムスリムとなっていた。これも、イスラーム教徒であるルミニとの結婚の帰結だった。普通、結婚が愛情に基づくものであるほど、その行為は思想や論理をもって測りがたいものであろう。だが、コーはやがてムハマディヤ（Muhammadiyah）[213]に加入したというから[214]、彼の場合、単なる名目的改宗というより相当の内的決断を伴っていたように思われる。

あえてインドネシア・ナショナリズムとの関係に引き寄せて考えれば、イスラーム入信とは（少なくともジャワにおいては）、広汎なプリブミ社会に華人が参加し「同胞」として受け入れられるための、おそらく最も重要な文化的条件であろう。[215]コーはそれによって、紛れのない「インドネシア人」たることを目指したとも取れるし、特定のナショナリズムを超える「イスラーム共同体」の懐に抱かれることを願ったとも取れる。

いずれにせよ、はた目から眺める限りコーは、改名に加え、プリブミとの通婚、イスラームへの改宗という、華人「同化」の上で最も具体的な方法としばしば指摘されるものの実際にはきわめて困難とされる「転回」[*216]を独り早々と遂げたことになる。事実、これらをもって彼を「華人同化の先駆者」とみる向きが、生前の彼を知るスマランの人々の間に見受けられることからすれば[*217]、コー・クワット・ティオンは「同化」を否定したＰＴＩでの限界を、後半生に至り身をもって超えたのだ、といえなくもない。

ただし、コーが同化「主義者」や同化「論者」として政治の舞台に立つようなことは、もはやなかった。Ⅱ部でみるとおり、一九五〇年代から六〇年代にかけては、国民国家統合における華人のあり方をめぐって、植民地時代よりはるかに切迫した論争や政争が繰り広げられていたにもかかわらず、である。特に一九六一年一月、スマラン郊外のバンドゥンガン（Bandungan）で、元ＰＴＩ党員二名を含む三〇名の華人有志が集まり宣言した「同化憲章」（Piagam Asimilasi）[*218]に、誰より象徴となりえたろうコーが参加していない事実は、彼にとって「同化」は個人の問題にすぎず、再び華人社会の動員を呼びかける意思のなかったことを示す好例であろう。

この間コーは、一九五〇年代から六〇年ごろにかけて、法務省遺産管理所の中部ジャワ支署長として奉職し、退職後は、国立ディポヌゴロ（Diponegoro）大学をはじめスマランに設立されはじめたいくつもの新制大学で法学の教鞭をとった[*219]。そして、一九七〇年六月一七日、生涯をまっとうしたコーは、多くの教え子に見送られ、「モハマド・サレー」の墓碑銘のもと、生まれ故郷マグランの土に還ったのである[*220]。

それはかつてのライバル、リム・クン・ヒェンに比べれば、はるかに穏やかな晩年であった。次章でみるとおり、リムは日本軍政末期から独立革命期にかけて「華人代表」として各種の委員会に登用された上、一九五〇年には新政党「インドネシアの力」同盟（Persatuan Tenaga Indonesia、通称「新ＰＴＩ」）を結成し、華人以外にも参加を呼びかけるなどしていたが、翌五一年インドネシア政府によって「共産主義者」の嫌疑で逮捕された。これに失望した彼は、釈放後インドネシア国籍を拒否し、自ら「中国国民」となった末に一九五二年メダンで客死したのである。[*221]リムが最期まで「インドネシアか、さもなくば中国か」の選択にこだわり彷徨し続けたとすれば、コーにとって「インドネシア人か華人か」、「同化か否か」の選択は、実はさほど主要な問題でなかったのかもしれない。

先にコーのイスラーム改宗を「名目以上」と述べたけれども、ウントゥン氏によれば、父は外面上、日々の礼拝の励行など一途にイスラームへ帰依したようすはなく、むしろ心中にタオイズム（Taoisme）を抱いていることを口にしたという。[*222]

これをわれわれは単に「道教」と取るより、コーの中国古典の師であったヨーロッパ・シノロジストの解釈に立ち戻るべきだろう。たとえばド・フロートの中国思想学を研究した牧尾によれば、そこでタオイズムとは、「広く宇宙天然のタオ（道）と地上の人間が履践《りせん》すべき道との高い合一を志向」する「宇宙神教」と同義であり、「儒・仏・道三教を発出成長せしめた共通の根源的な……全一の教え」と位置づけられているという。[*223]

さらにコーとフリーメイソンひいては神智学との関係を思い起こせばよい。フリーメイソンは「宇宙の偉大な建築者」の存在を前提としながら諸宗教からの中立を標榜していたし、[*224]神智学もすべての宗教は一つの共通の「神性」を有すると教えるものであった。[*225]コーもまたこのような見地に立つことにより、唯一神アッラーを同時に受け容れることに内面の折り合いをつけられたのではあるまいか。

最後にコー・クワット・ティオンの人となりについて、人々の記憶は「私心なき正義の人」で一致している。弁護士時代、彼は依頼人に理なしとみた場合、ただその非を諭して帰らせたが、貧しい者には無償で弁護を引き受けた、という逸話が多く伝えられている。[*226]また、かつての言葉どおり、自身も車やテレビ・ラジオすら寄せつけぬなど、はた目には奇異なほど質素な私生活を貫く一方、孤児院や慈善団体などへの寄付を欠かさなかったらしい、という。[*227]

それをわれわれは、フリーメイソンの博愛、中国古典の徳目、あるいはイスラームの教える喜捨のいずれで解釈してもかまわないであろう。なぜなら、それらすべてに普遍的な「道」を実践することこそ、おそらくコー・クワット・ティオンの生涯における真のテーマだったろうからである。

II部

「インドネシア志向」への試練

激動期

シャウ・ギョク・チャン

（提供　子息チャン・チュン・タック氏）

三　戦争・革命・独立と華人

一九四〇～五〇年代

1　日本軍政とインドネシア華人

一九四一年一二月八日、ハワイの真珠湾空襲とほぼ同時にマレー半島に上陸し、「大東亜戦争」に突入した日本軍は、翌一九四二年一月にはアンボンやマナド、タラカン、バリクパパンなどオランダ領東インド各地の戦略拠点や石油基地にも攻撃の手を拡げた。翌月さらに各地での戦闘を経て三月一日にジャワ島上陸を果たした日本軍は、早くも三月九日、ほとんど戦意を喪失しているオランダ植民地軍を全面降伏させた。以降約三年半、旧オランダ領東インド全域が日本軍政下（ジャワは陸軍第一六軍、スマトラは同第二五軍、それ以外の地域は海軍の支配下）に置かれることになる。[*1]

当時「南洋」と呼んだ東南アジア侵攻前から、日本は、この地域における中国系住民（日本の官民は「華僑」ないし「支那人」と総称した）の存在と動向に政治・経済的な観点から関心を高めていた。政治的というのは、すでに長らく戦争状態にある中国との関係で、特に日貨排斥や義援金募集などの抗日運動を展開してきた人々に対する敵視・警戒の視線である。経済的というのは、東南アジアの経済面における「華僑」の重要性を認め、同地域への戦線拡大の主要な動機であった資源獲得や占領後の経済運営に彼らをどう活用するかという観点である。

シンガポール陥落の前日、一九四二年二月一四日に大本営政府連絡会議が定めた「華僑対策要綱」は冒頭で「華僑ヲシテ蒋政権ヨリ離反シテ速カニ我大東亜戦争完遂ニ積極的ニ同調寄与セシムル如ク施策ス」と基本方針を示した。[*2] 次いで「華僑対策ハ……我方ノ把握ノ下ニ帝国国防必需物資ノ培養並ニ取得ニ貢献セシムルヲ以テ主眼トス」と謳われたとおり、経済面での活用方針は、どの占領地域でも対華人政策の柱として実施されてゆく。これに対し、政治面での対華人姿勢には地域により差がみられた。たとえば、旧英領マラヤ、シンガポールと旧オランダ領のスマトラを当初まとめて担当した第二五軍司令部は、一九四二年四月二七日に出した『スマトラ』軍政実施要領」で次のように指示した。「支那人ニ対シテハ馬来ニ於ケル略々同様暫ク厳重ナル監視的態度ヲ以テ之ニ臨ムヘキモ馬来在住支那人ニ対スルヨリ稍稍好意的ナルヘシ」。

かねて南洋華人による抗日運動の中心地とみなされたシンガポールやマラヤで大量虐殺を含めた最も容赦ない華人弾圧政策がとられた[*3]のに比べると、抗日運動があまり盛り上らなかったとみられた旧オランダ領東インドでは相対的に穏和な懐柔策のほうが多く用いられたのである。[*4]

とはいえ、インドネシアで華人に対する政治的弾圧がなかったわけではない。海軍管轄区の西ボルネオ（現在のカリマンタン）では、日本側・住民側相互の猜疑心が高まる中で、華人を多く含む現地住民に一説では数千名ともいわれる犠牲者を出したポンティアナッ事件が起きている。[*5] 第一六軍管轄区のジャワにおいても、女性や子どもを含むオランダ人や欧亜混血人が強制収容所に入れられ、多くの死者を出したことが知られているが、[*6] 華人の中でも、中国志向の運動指導者のみならず、親オランダとみられた者や影響力のあるジャーナリストらが軒並み拘束され、五〇〇名以上が日本の敗戦まで各地で強制収容所生活を強いられた。[*7] また、文書資料は残されていないが、さまざまな嫌疑で軍政当局に逮捕・拘留されたり、拘留中の拷問により死亡したりしたと思われる華人の親族たちに、筆者自身、中部ジャワにおける現地調査の中で少なからず出会った。[*8]

日本軍政期のインドネシアにおける華人政策や華人の動向について、まとまった研究はまだ存在しない。したがって、なお研究の余地は多いが、別の一書を要する大きなテーマである。本書では、独立後の国民統合とかかわるいくつかのポイントを覚え書きとして記すにとどめておく。

まず、華人が「インドネシア人」(オランダ時代の「原住民」)とは区別され、別途ひとくくりに把握・管理されたことである。その際、プラナカン(序章18〜21ページ参照)であるとトトッ(序章20〜21ページ参照)であるとを問わず、また個々人の生活歴や政治・文化的志向を問わず、「華僑」や「支那人」という言葉で一括されたことは、全体としてインドネシアの華人が「外国人」扱いされたことを意味する。現に、軍政当局は全華人に「外国民族住民(pendoedoek Bangsa asing)」としての住民登録とその証明書の携帯を義務付けた。軍政当局が発行し、日本語とインドネシア語の二言語で記された登録証の正式名称は「外国人居住登録宣誓証明書」である。証明書はそれを所持する華人が「大日本軍ニ対スル誠意ノ宣誓ヲナシ外国人居住登録ヲナシタルコトヲ証明ス」るものであった。この制度について研究したクワルタナダは、同証明書が、後のスハルト体制期、インドネシア国民のうち華人のみに登録・携帯が義務付けられ、差別の象徴となった「インドネシア共和国国籍証明書(通称SBKRI)」のモデルになったのではないかと指摘している。[*9]

日本軍はまた、従来存在したすべての華人団体を解散させた上で、唯一の公認華人団体として、「華僑総会」を発足させた。一九四二年七月以降、ジャワを中心に各地の都市で設立された華僑総会は、インドネシアの歴史上初めてトトッとプラナカンその他の差異を問わず、すべての華人を（少なくとも建前上）糾合した組織であった。[10] ジャカルタに本部を置いた華僑総会は、旧オランダ領東インド全体の華人の管理・統制や動員に活用されたが、登録制度同様、華人を「インドネシア人」とは区別されるべき別個の、ひとまとまりの集団として捉える見方を、華人自身の間にも非華人の間にも促進する作用をもったものと思われる。

ただし、日本の軍政当局が一方で華人を「外国人（華僑、支那人）」扱いしながらも、他方で（かつてのオランダ植民地政庁がそうであったのと同様）彼らが代々インドネシアに定住してきた事実を否定するわけにゆかず、「属地主義」に近い観点から包摂と動員を図らざるをえなかったことも重要である。その表れの一つは、一九四三年九月五日の政令で設立された「中央参議院」である。これは、インドネシアの住民を軍政に部分的に参与させる姿勢をみせるため、州や市にも置かれた参議院の頂点に立つ軍政の諮問機関であるが、その議員として五名の「華僑代表」が任命された。その中にはウィ・ティオン・ハム財閥の二代目当主で元オランダ領東インド中華会ＣＨＨの幹部でもあったウィ・ティオン・ハウらと並び、元インドネシア華人党ＰＴＩ党首リム・クン・ヒェンも選ばれている。[11]

さらに戦況が日本にとって悪化する中、占領地住民の離反を防ぐため、インドネシアに対しても将来の独立への展望を示さざるをえなくなった日本は、一九四五年三月「独立準備調査会」を設置した。日本人特別委員八名のほか、七〇名のインドネシア各界の代表者によって編成された同調査会は、「将来の独立国家建設のために必要な制度的、法的事項を検討すること」を目的とした。[12] その「華僑代表」委員として、中央参議院議員の中からウィ・ティオン・ハウ、リム・クン・ヒェン、ウィ・ティアン・チュイおよびタン・エン・ホアの四名が任命されている。さらに、同年八月一四日、つまり日本降伏の前日に発足した「独立準備委員会」には二一名の委員中、やはり中央参議院議員だったヤップ・チュアン・ビンが「華僑代表」として任命された。[13]

日本軍政当局が独立国家構想を話し合う場に華人も加えた背景を探る上で、一九四二年三月の第一六軍政監部における各軍総務部長会の記録（「ジャワの現状」と題した合同研究懇談事項中「第九　将来ニ亘ル対華僑対策」）が興味深い[*14]。この中で「ジャワ華僑処理方針」として、次のことが確認された。「華僑ノ処理方針ハジャワノ帰趨問題並ニ支那本国ノ帰趨如何ニ依リ最後的決定ヲ見ルヘキモ現段階ニ於テハ……ジャワ住民ノ構成要素トシテ原住民ニ準スル取扱ヲナシ支那本国トノ政治的連携ヲ禁絶シ主トシテ経済部門ニ於テ『新ジャワ』ノ建設ニ協力セシムル如ク指導ス」。同方針中、「華僑ノ国籍問題」の展望として次の認識が示された。「華僑ノ国籍問題ニ付テハ尚幾多研究ノ余地アルモ華僑ノ完全ナル原住民化ハ短期間ニ之カ実現ヲ期待シ得ス。而モ全華僑人口ノ八割強ヲ占ムル人々ハ此ノ地ヲ離レテハ生クル途ナク、将来ジャワノ帰趨如何ニ拘ラス『ジャワ住民』トシテ国籍ヲ決定スルヨリ外ナカルヘシ」。

当時、日本占領下インドネシアの独立の形態には、マラヤなど旧英領地区との合併を含め、さまざまな案があった。この合同研究懇談会では、主宰した第一六軍がジャワを管轄しているため「ジャワ」に話を限っているが、今日の眼からみればこれを「インドネシア」と読み代えることが可能であろう。つまり、日本軍政当局も、華人のインドネシアにおける定着の事実を前提に、将来の独立国家においても何らかの形で（原住民に準じて）国民として組み込む以外にないと展望していたことがわかる。

独立準備調査会における「華人代表」のうち、リム・クン・ヒェンとウィ・ティオン・ハウの発言をみておこう。一九四五年七月一一日ジャカルタで行なわれた憲法草案編成を目的とする会合で、リムはまず、「インドネシアの政体と領域が［共和国政体、旧東インドの領域だと］合意されたいまや、最も重要な議題は、独立インドネシアの成員（warga）ないし民（rakyat）について」だと論題を設定した。彼は、スカルノが同委員会のかつての会合で「華人は中華民族だ」との前提に立つ孫文（原語は孫逸仙博士 Dr. Soen Jat Sen）の思想に賛意を示したことを引き、「西洋の帝国主義に直面した弱体な中国には中華ナショナリズムが必要であったから、孫博士はそう説いた」のであり、リムもそれは正しかったと認める。しかし「中国の外で華人の子孫となっているわれわれは事情が違う。われわれは、自分が生まれ育ったこの国のために力を尽くす」「プラナカンはもはや華人（orang Tionghoa）ではない」とまで力説した。[*15]

他方ウィ・ティオン・ハウは、まず「インドネシアに生活する中華民族（bangsa Tionghoa）の間ではオランダ臣民としての意識がしぼんだ後、中国の民であるという意識を堅持する者が依然として多い」と以前の会合で発言したジャワ族の委員ウォンソヌゴロ（Wongsonegoro）に「多大なる謝意」を表明した。次いで「インドネシアの指導者の間では、華人はインドネシアの民になることを望んでいない、華人はその地位を見下しているからだ、という意見が多く聞かれるが、それは違う」と述べたウィは、「インドネシア民族と中華民族の間に摩擦があったとしても、それは一部の人間のことにすぎない」「大東亜戦争が終結した暁には、ビルマ人であれ、フィリピン人であれ、日本人であれ、皆平等なアジア民族だ」「われわれは中国の民であること（kerakyatan Tiongkok）を選ぶが、インドネシア民族が自らの独立国を建てることを邪魔するどころか、全力で支援する」と述べた。[*16] リムとは異なり、華人がインドネシアにいようともあくまで中華民族、中国国民だとの立場に立脚しようとしている点が前提的なポイントである。

日本製の独立準備委員会の初回会合は八月一八日に予定されていたが、日本の降伏により、幻となった。しかし、八月一七日「インドネシア民族の名において」独立宣言をしたスカルノ、ハッタらを中心に、インドネシア自前の委員会が奇しくも一八日から開催された。その二日目、八月一九日の会合で議長スカルノは、インドネシアの国民（warga-negara）を誰とするか、に議論がさしかかった際、次のように述べた。

「独立準備調査会が開かれたとき、オランダ系のプラナカン［欧亜混血人を指す］、アラブ系および華人系のプラナカンについては、いくつかの立場がみられた。オランダ系とアラブ系は全員インドネシア国民に編入することで、おのおのの代表が同意した。しかし、華人プラナカンの間では同意がみられず、代表の意見も二つに割れた。華人を皆インドネシア国民に編入すべしとする立場と、中華ナショナリズムに拠る立場である。華人プラナカン自身の総意がまとまっていないことにかんがみ、この問題に決定を下すことはまだできまい」。先にみたリムとウィの意見対立が尾を引いていることがみてとれる。これに対し、委員のラトハルハリー（Latuharhary）は「調査会で議論された時期と、いまとでは状況が違う。現在、政府にとって最も緊急を要するのは治安の確保である。国民の問題はひとまず保留しておこう」と述べ、スカルノも、おおむねその方向で同意した。[*17]

日本軍が最初に侵攻してきたとき、オランダ降伏前後の混乱の中、西ジャワ州のタンゲランなどでプリブミ住民による華人商店への掠奪や住居への襲撃がみられた。しかし、日本の支配がある程度確立すると、日本当局はこのような行為を厳しく取り締まった。[*18] 日本軍政期を通じ、オランダ支配期にもまして峻別された華人とプリブミ、かつての「原住民」の関係は、華人優位の社会経済的格差の固定・拡大感や、日本軍の命令によって、おのおの別個に作らされた武装組織（プリブミは「警防団」、華人は「警防隊」）の存在による疑心暗鬼の高まりなど、潜在的に悪化していた。[*19] が、治安秩序をなにより重んじた軍政当局の存在と施策によって暴力的な衝突は抑え込まれていた。日本の降伏からわずか数日後の上記会合の時点では、日本軍の支配という重しが取れた一方、インドネシア国家の実効支配はまだほとんど確立されておらず、なかば権力の空白に近い混乱状態の再来が懸念されていたのである。

2　インドネシア独立戦争と華人

日本軍の降伏後、一九四九年一二月のオランダからインドネシア連邦共和国への正式な主権移譲、さらに翌一九五〇年八月の単一共和国成立に至るまでの約五年間、すなわちインドネシアの軍と民衆による対オランダ独立戦争、あるいは社会革命の要素を勘案し独立革命とも呼ばれる時期については、ケーヒンやアンダーソンによる古典的研究やプラムディァらの詳細な事件誌まで、おびただしい著作がある。[*20] そのうち華人の動向に焦点を当てたものには、ソマースの手堅い論文のほか、華人自身の手になるものとしてクウェー・チャム・チンによる記録やスティオノの大著（特に第四部）など、当時の写真を含め真に迫る作品もある。[*21] 本書ではインドネシア共和国の誕生にとって決定的だったこの時期の詳細はこれらの書に譲り、華人の運命に特にかかわる諸点に論を絞ろう。

最も重要な点の第一は、インドネシアが独立の成否をかけて武力闘争・外交交渉の両面で旧支配者のオランダとぎりぎりの対峙をしたこのとき、華人は総じて共和国側でなくオランダ側についた、と当時もその後もみられがちだったということである。第二に、華人社会全体としては、単にオランダ（敵方）についたとみられただけでなく、社会革命の要素もはらんだ独立戦争独特のアナーキーな雰囲気の中で、オランダ植民地期や日本軍政期にもみられなかったような広範で凄惨な暴力にさらされ、多くの人が自身や親族・友人らの生命、財産を理不尽に奪われる過酷な経験を強いられたということである。その結果、自分たち華人がインドネシアの「外」に置かれ、「敵」とさえ位置づけられた存在であるという集団意識を刻みつけられた。ひいては、最終的に勝利し成立するインドネシア共和国に対し複雑な感情を抱かざるをえず、それが一九五〇年代以降まで大きく影を落としたということである。

当時の状況を詳細にみれば、個人や集団のレベルで共和国の勝利に命がけの尽力をした華人も決して少なくない。たとえば、東ジャワのマランでは華人の青年たちが華人青年隊（Angkatan Muda Tionghoa）と名のる武装組織を作り、共和国軍傘下で行動した。中部ジャワのソロでも華人挺身隊（Pasoekan Soekarela Tionghoa）という同様の組織が結成された。また、各地で少なからぬ華人商人が資金や武器、燃料、医薬品などの物資を共和国軍に提供した。[*22] 一九九八年のスハルト体制崩壊後、民主化とりわけ言論の自由が進む中、こうした「華人の貢献」の事実の掘り起こしが華人知識層を中心に進んでいる。そのような動きの頂点に位置するのが、華人としては珍しくインドネシア海軍に入隊し少将まで上り詰めたジョン・リー（John Lee、正式な華人名Lie Tjeng Tjoan、インドネシア名Yahya Daniel Dharma 一九一一―一九八八）の事例である。スラウェシのマナド出身の彼はオランダ語教育を受け、オランダ商船会社で働いていたが、独立戦争勃発後はインドネシア海軍に身を投じ、オランダの非常線を突破して砂糖やゴムなどをシンガポールに密輸し武器を入手する作戦に従事した。その後も数々の武勲を立てた功績により、ジョン・リーは没後の二〇〇九年、華人としては初めてインドネシア政府から「国家英雄」の称号を授与されることになる。*23

インドネシア共和国建国の指導者たちも、いたずらに華人を敵視したわけではない。「独立戦争のさなか、反華人暴動が民衆レベルで起きるが、共和国政府は可能な限り華人を助けようとした」という東南アジア華人史の大家パーセルの記述*24は、ほぼ同時代（の直後）に書かれたものだけに、傾聴に値する。戦時下で組織された歴代内閣のうち、一九四六年一〇月に組閣された第三次シャフリル内閣には、国務大臣の一人として社会党のタン・ポー・グワン（Tan Po Gwan）が、また一九四七年七月に発足したアミル・シャリフディン内閣には、一九五〇年代に華人の代表的組織バプルキの指導者となるシャウ・ギョク・チャン（Siauw Giok Tjhan）がやはり国務大臣として入閣し、共和国政府の一角を担っている。*25オランダ植民地期と違って独立戦争期、次々に復活または新設されたインドネシアの政党の大多数は資金援助も期待して華人に門戸を開き、華人の側からも入党する者たちが珍しくなかった。*26

さらに華人全体にかかわることでは、一九四六年、当時の共和国の最高立法機関であるインドネシア中央国民委員会（Komite Nasional Indonesia Pusat、略称KNIP）が、独立後最初の国籍法を発布している。

一九四六年四月一〇日にスカルノ大統領の署名を得て公布されたこの国籍法は、第一条a項で、インドネシア国籍者とは「インドネシア国家の領域における本来（アスリ）の（yang asli）住民である」と「血統主義」に基づく規定をしているものの、b項で「アスリの住民集団やその子孫［つまりプリブミ］でなくとも、インドネシアの領域で生まれ、少なくとも最近五年間連続して居住している者」も国民だと定め、事実上、インドネシア生まれ・育ちの華人をも対象としている。インドネシア国籍への拒否権（中国籍など外国籍の選択権）も与えているが、そのためには一年以内（後に延長して一九四八年の独立宣言記念日まで）に法務省の役所へ出向き、積極的に拒否の意思を示さねばならないとされた。それをしない限り自動的にインドネシア国籍が付与されることになった。当時は戦時下でオランダに占領された地域のほうが多かったため、実際に拒否の手続きをすることは難しく、選択に迷った、あるいはどっちつかずの華人も、多くがインドネシア国籍を得たとみられている。[*27] ただし、この時点では中国（中華民国）が血統主義に基づく華人への主権の主張を放棄したわけではないので、プラナカンを中心とするインドネシア生まれの華人たちの「二重国籍」問題は一九五〇年代まで持ち越されることになる。いずれにせよ、インドネシアに生まれ住む者にとって手続き上「受動的」に（何もしなければ）同国籍を得られることにした一九四六年国籍法は、オランダとの戦争中なるべく多くの華人を共和国側に包摂しようとする施策だった。その際、インドネシアでの出生と生活歴、つまり本書でいう「属地主義」の原則が「血統主義」と併用されたことに留意したい。

だがソマースが総括的に述べた言葉に従えば、「共和国政府は、一九四六年国籍法など、さまざまな試みで華人の支持を取り付けようとしたが、暴力と闘争によって、『インドネシア人』というアイデンティティは多くの華人にとって望ましからざるものになってしまった」。[*28] のちにインドネシア国軍に発展する一応の正規軍とは別に、民衆レベルで自発的に武装し、対オランダ闘争や伝統的な社会秩序に対する革命を担おうとした新世代プムダ（pemuda、字義どおりには「青年」）を、この時期特有の政治社会学的なまとまりとして捉えたアンダーソン自身、「戻ってきたオランダ軍や同盟国のイギリス軍にとってのみならず、欧亜混血人や華人コミュニティの人々にとっても、プムダという本来無垢な言葉は急速に無慈悲なテロリズムのニュアンスをまとうに至った」と述べている。[*29] ケーヒンもまた「多くの地域で［プリブミの］農民たちは、華人をオランダの同盟者とみなす傾向があった。彼らの多くは古い植民地期の秩序の中で華人を位置づけ、この革命の矛先がオランダ人のみならず華人に対しても向けられたものと考えた」のだと結論づけた。[*30]

華人に対する暴力は、連合国の先鋒として終戦処理にやってきたイギリス軍、次いで復帰してきたオランダの東インド民政府（略称NICA）や軍・警察によって、都市部を中心とする地域が、しだいに再占領される過程で頻発した。共和国軍やプムダたちは退却の際「焦土作戦」と称し町に火を放ったが、その際、もともと都市部に多く住んでいた華人たちが住居や商店・倉庫などを失うことになった。無秩序で殺気立った雰囲気の中、より直接的に華人に対する襲撃や掠奪も起きた。一九四六年前半だけで、日本軍来攻の際にも同様の被害にあったジャカルタ西郊のタンゲラン、同じ西ジャワの州都バンドゥン、スマトラ東岸の華人集住漁村バガン・シアピアピなどで華人が犠牲となる事件が立て続けに起きた。ソマースによれば、一九四七年オランダ側が「第一次警察行動」と称した侵攻の攻防の中で約六万人、翌年の「第二次警察行動」の際には三万人以上の犠牲者が出たと推測される。いずれにおいても数百人の華人が殺され、数千人が行方不明になったといわれる。[*31]

華人自身による記録はもっと生々しい。西ジャワのクニンガン県チリムス郡の小さな村で一九四三年に生まれたベニー・スティオノは、一九四七年に生家が「人民武装隊（Laskar Rakyat）」と名のる集団に焼き討ちされた上、「神の武装隊（Laskar Hisbullah）」を名のるイスラーム系組織に祖父を殺され、生き残った父母兄妹とともに北海岸の都市チルボンへ避難した経験をもつ。[*32] ベニーがその書で列挙した、当時のおびただしい対華人暴力事件のうち、彼自身が幼時に身をもって体験したチリムス郡チュラチャス村の状況を素描してみよう。

当時、この地には、八二〇人の華人が小売商店や屋台を営業して暮らしていたという。一九四七年七月二七日の夜、約三〇〇人の「神の武装隊」集団が、華人コミュニティの指導者シー・キム・トゥンの家を取り囲み、彼や息子のシー・エン・ホアらを家から引きずり出した。二人は暴行を受け、重傷を負った。集団がシーの家に火を放ったのが、村中の華人に対する掠奪と虐殺の合図となった。

暴行はひと晩中続き、パニックに陥った子どもや女性の泣き叫ぶ声が響き渡った。殺された者の中には、竹槍で突かれたり身体をバラバラにされたりした者もいた。生きながら焼き殺された者もいる。殺されずとも身体を押さえつけられ、（イスラーム式の）割礼を性器に強制された者もいた。翌朝、オランダ軍が到着したときには華人の商店や家屋は灰燼《かいじん》と帰し、周囲に多くの遺体が散乱していたという。

ベニーは殺された人々のうち身元の判明した二九名の姓名と年齢を列挙している。その中に彼の祖父コウ・チアウ・セン（五九歳）もおり、上は六九歳の老人から下は二歳の幼児までが含まれた。男性も女性もいた。このほか二一名が行方不明で、おそらく死亡したとみられる。ほかに重傷を負った者も多い。[*33] ベニーは、ジャワを中心とする七二ヵ所での同様の事件に関し、努めて感情を抑えながら記述している。「共和国政府は可能な限り華人を助けようとした」という、先に紹介したパーセルの記述と反し、インドネシア共和国軍や警察が華人への暴力に加担する事例もバガン・シアピアピなどでみられたともいう。[*34]

これらの暴力にさらされた華人社会の間では、ほどなく「保安隊（Pao An Tui）」と称する武装組織が各地で結成された。保安隊は本来華人社会の自衛を目的としたものだが、華人の多くが居住する都市部の大半がオランダの再占領下に置かれたこともあり、オランダ側と協力する反独立・反革命の武装組織だとインドネシア共和国側、とりわけプムダたちにはみなされてしまう結果になった。[*35]

一九四九年八月から一一月のハーグ円卓会議の結果、同年末にインドネシアは正式にオランダから主権を委譲される。独立戦争はとにかくも終結し、インドネシアは連邦共和国として成立をみた。翌一九五〇年、オランダが後ろ盾になって擁立した面の強い一五の連邦構成国は次々にジャワを中心とする共和国に編入され、インドネシアは今日まで続く単一共和国として発足する。かつて独立準備調査会でリム・クン・ヒェンが予見し、独立準備委員会でスカルノらが保留した「共和国の成員」確定の問題が、いよいよ本格的に現実的課題となったわけである。だが、インドネシアという国への帰属意識にも強くかかわる独立戦争期の経験は、全体として、プリブミの側に華人への猜疑心を募らせ、華人側の多くにもインドネシア国家の一員となることに躊躇《ちゅうちょ》の念を抱かせる方向に働いたといえるだろう。

3　経済土着主義、国籍問題、バプルキの発展——一九五〇年代

インドネシアが正式に独立を果たしてから最初の一〇年の一九五〇年代は、同国政治史の区分では普通「議会制民主主義」の実験とその破綻の時期として語られる。新生インドネシアとの関係における華人一般にとっては、引き続き苦難と逡巡の時代であった。苦難の多くは、政治の面で一応の独立を果たしたインドネシアの指導者や民衆が、植民地期から引き継がれた経済構造をプリブミ優位に転換すべく「経済ナショナリズム」を発動し、華人もオランダ資本と並ぶ主要な標的になったことに由来する。逡巡の多くは、国民国家として成立したインドネシアと、ほぼ時を同じくして建国された中華人民共和国との間で、華人の国籍を確定しようとする動きが本格化し、一部のエリート知識人だけでなく大衆を含めた華人社会全体が、自分や家族のナショナル・アイデンティティの選択に初めて現実的に直面する事態になったことを背景とする。経済政策における逆風と国籍問題の錯綜の中で、これらに対応し、華人の利害を守ろうとする政治・社会組織としてインドネシア国籍協議体（通称バプルキ）が誕生・発展する。本節では、これら三つの事象のポイントについて順にみてゆこう。

経済土着主義の発動

政治面での主権獲得に続き、経済面での権益を「本来（アスリ）のインドネシア人」すなわちプリブミの手に取り戻そうとする動きのうち、オランダ資本など紛れもない外国資本を標的とするものは言葉の本来の意味で経済ナショナリズムと呼べよう（その頂点は一九五七年末のオランダ企業の接収だった）が、華人を標的とするものは、外国籍華人のみならず、しばしばインドネシア国籍（になろうとする）華人に対しても向けられたから、「国民経済の土着主義」と呼ぶほうが正確であろう。いずれにせよ、プリブミの経済的地位を向上させよう、その手始めとしてプリブミの資本家を育成しようとする動きは、早くも一九五〇年ベンテン政策（ベンテンはbenteng、保塁の意）の名のもとで着手された。これは輸入許可と融資をプリブミ事業者に優先的に配分することを基本としたものだが、実施が進むにつれ、事業者より有力政治家や官僚が許可や融資を手にするのみならず、それらの権益を華人に売り払ってしまったり、名義だけプリブミだが実際の事業は華人に委ねてしまったり、といった慣行（俗称アリババ企業）が横行し、一九五七年までに廃止されてしまった。*36

　一九五〇年代後半の、華人への敵意をむき出しにした経済土着主義の第一の現象は、アサート運動である。スマトラ出身でイスラーム政党マシュミ（Masyumi）の政治家でもあり、企業家でもあったアサート（Assaat）は、一九五六年三月、スラバヤで開催された全インドネシア民族輸入業者会議で、おおむね次のように述べた。

> 華人は社会文化的な領域であれ、とりわけ経済の領域であれ、他者の参入を拒む排他的集団である。経済分野では華人たちは権益を独占している。卸売業は、ほぼ一〇〇パーセント華人の手に握られている。華人の企業内では重要な職員はすべて華人であり、インドネシア人にはわずかな下級の仕事があてがわれているにすぎない。インドネシア生まれの華人は、拒否しない限り、現行の法律ではインドネシア国民となってしまう。父はトトッ、母もトトッ、事業の資金は父から得る。こういうやからは、私にいわせれば外国人だ。たとえ法律

上インドネシア国民であったとしても。……生活の糧を求めてやってきた彼らは、常に権力をもっているやつらの側につく。オランダ時代にはオランダに、日本時代には日本に、中国で国民党が強盛なときは蒋介石に、共産党が天下をとれば毛沢東にという具合だ。私は何度でも強調するが、経済分野で土着のインドネシア人に特別な保護を与える必要がある。この国ではオランダ植民地主義の遺制として、経済的に強いグループは華人に、弱いグループは土着のインドネシア人に一致している。弱者を思いやる政策を施すことは憲法や建国五原則の謳う公正にもかなったことだ。[*37]

こうした主張は私的な会話では珍しくないが、有力な政治家が公的な場で華人を名指しで非難した点、当時においても注目を集めた。特にムスリム商工業者の利益を代弁しているとみられ、少なからぬ支持を得た。彼の主導する運動は翌一九五七年にかけて盛り上がるが、あまりにあからさまな人種主義の論調として、政党の中でも国民党や共産党などは一線を画す姿勢をとった。一九五八年、アサート自身が「インドネシア共和国革命政府（ＰＲＲＩ）」を名のる地方反乱（ほどなく中央政府に鎮圧された）に加担したため、彼の運動そのものはついえた。

その余韻の残る中、今度は一政治家の言動でなく国家政策として導入され、華人社会に甚大な影響を及ぼすことになったのが、翌一九五九年の大統領令一〇号である。

同年五月、ＮＵ党（インドネシア最大のイスラーム組織ナフダトゥル・ウラマーを母体とした政党）の指導者でアサート運動の支持者でもあった商業大臣ムリョミスノ（R. Muljomiseno）が、外国籍者（実質的に外国籍の華人）が郡都レベル以下の村落部で小売業に従事することを禁じる政令を出した。同年一一月、大統領令一〇号として改めて発布されたこの政令は必ずしも全土で貫徹されなかったが、西ジャワやスマトラ、スラウェシのいくつかの州で、地方軍司令部により外国籍華人が強制的に居住地を追われる事件を招来し、翌年にかけて一〇万人を超える華人が中国などへ出国（一部は国内で難民化）を余儀なくされる未曾有の事態を招いた。華人小売商が追放された地域では、これに取って代わることを期待された協同組合の機能不全などにより、経済のいっそうの混乱や停滞が続いた。[*38]

注意を要するのは、大統領令一〇号がベンテン政策やアサート運動とは異なり、少なくとも文面上、外国籍民に対象を限っていた点である。これは、スカルノの「指導民主主義」構想が発表された一九五七年ごろを境に、経済建設においても、反華人色の強いイスラーム系を含む政党政治より大統領による国家主導の傾向が強まったことの一つの表れだったと思われる。政府はアサートが典型的に主張したプリブミの民間資本育成に必ずしもこだわらず、華人であってもインドネシア国籍の者を当面活用する策を折衷したわけである。

多くの華人にとり、また政府にとっても厄介な問題は、この時点で彼らの国籍帰属自体が明確でなく、まさに時を同じくして解決への模索の途上にあったことである。一九五〇年代の華人の国籍にかかわる政治的な議論や動向は国内外の情勢とあいまって紆余曲折をたどるが、ここでは三つの法律的取り決め、すなわち一九五〇年暫定憲法、一九五五年の二重国籍防止条約、および一九五八年国籍法の中でいかなる規定がなされたかを順にみておこう。

国籍問題の展開

一九四九年にオランダから主権が委譲された後、翌五〇年一月末にインドネシア連邦共和国憲法が制定されるが、同年八月連邦制は解消され単一共和国が発足したのに合わせ、最低限必要な修正を施し同月一五日付で公布・施行されたのが一九五〇年暫定憲法である。これは一九四五年憲法に比べると、基本的人権や代議政体について詳細に規定する反面、大統領の権限に大幅な制限を加えるなどの一般的特徴をもつといわれるが、華人やその法的地位にかかわる重要事項としては次のような規定があった。[*39]

まず、第五条一項（国籍条項）で「インドネシア共和国の国籍は法律によって定められる」とのみ簡潔に規定された。法務大臣スポモによる補説は特に華人に言及している。すなわち、「華人(orang Tiong Hoa)およびその他の『オランダ人ではないオランダ臣民』で、インドネシアに生まれたかインドネシアに居住する者は、インドネシア国民の地位(kebangsaan Indonesia)を得ることができる。ただし、連邦共和国への主権移譲から二年以内にインドネシア国籍を拒否する権利を有する」。第二五条一項は「差別禁止条項」と呼ぶことができるだろう。いわく、「権力の座にある者は、国民のうち特定の集団に利益や損害を与えてはならない」。スポモの解説によるとこの条項は、人種差別や肌の色、宗教や出自による待遇の違いを禁ずるためのものである。第四五条第五項は「大統領の資格規定」であり、「正副大統領は三〇歳に達したインドネシア国民でなければならない」とのみ規定された。スポモによれば、一九四五年憲法や一九四九年の連邦共和国憲法にみられた人種差別的規定を廃し、正副大統領が「アスリ集団(golongan asli)」出身である必要はない、と定め直したものである。このほか第五八条は、「マイノリティ集団の政治的権利」を保護する意図であろう、華人、欧亜混血人およびアラブ系人の国会代表議席をそれぞれ九名、六名、三名と予め定めていた。[*40]

一九五九年七月、スカルノが制憲議会の解散と一九四五年憲法への復帰を宣言し、「指導民主主義」体制に本格的に移行することによって、一九五〇年暫定憲法は暫定のまま寿命を終える。ちなみに一九五〇年時点で、インドネシア全土の華人人口は約二一〇万人、そのうちインドネシア国籍をもつ(が、同時に中国籍ももつ)二重国籍者が約一一〇万人、中国籍のみをもつ者(中国生まれでインドネシア国籍を取得する機会がなかった約六〇万人に加え、一九四六年国籍法以降にインドネシア国籍を拒否した約四〇万人の合計)が約一〇〇万人いたと推計される。[*41]

一九四九年に成立した中華人民共和国は、行政府たる政務院に僑務委員会を置き、立法府の全国人民代表大会にも華僑代表議席を用意するなど、東南アジアをはじめとする在外華人政策において、おおむね中華民国のそれを踏襲した。[*42] 民国政府が一九二九年に制定した国籍法は、父系血統主義による一九〇九年の清朝国籍法をほぼ引き継いでいたから、東南アジア各地で生まれた二世以降の華人たちは二重国籍状態にあった。人民共和国政府は台湾に事実上分立した民国政府との対抗上、あからさまな華僑切り捨てとみられる政策を採ることを望まない（積極的な中国籍否定はしない）一方、共産中国に疑念を抱く東南アジアの新興独立諸国との関係改善を望み、一九五四年ごろから二国間交渉による二重国籍問題の解決を呼びかけた。だが、これに応えたのは、一九五〇年早々に中華人民共和国を承認し、一九五五年アジア・アフリカ会議（バンドゥン会議）を主宰したインドネシアのみであった。同会議開催中の同年四月、両国政府はインドネシアの華人を主に念頭に置いた二重国籍防止条約を締結した。この条約は、相互に相手国に居住する国民に中国かインドネシアかのいずれかの国籍を「能動的」に選ばせ、一方を選んだ者は自動的に他方を失うと規定して、二重国籍を排除しようとするものであった。[*43]

条約は結ばれたが、能動的な選択行為を免除されるべき者の規定などをめぐってなお議論・調整が続き、インドネシアの国会が条約を批准するのは一九五七年一二月、さらに中国籍華人への経済土着主義発動に対する中国の反発など両国間関係の悪化が響いて、両国政府が批准書の交換にこぎつけるのは一九六〇年一月までずれこんだ。[*44]

この間、インドネシアの国内法として一九五八年七月成立し翌月から施行されたのが一九五八年国籍法（同年の法律第六二号）である。一九四六年国籍法が独立戦争さなかの多分に急ごしらえの暫定法だったのに比し、法律第六二号は相応に時間をかけて審議された、初の本格的国籍法であった。その最大の特徴は何より、父系出自を原則とする血統主義を採ったことである。プリブミ諸族の中にはジャワ族など双系制の親族システムを採る集団が多い（ミナンカバウ族に至っては世界最大の母系制集団である）インドネシアで、なぜ父系血統主義の国籍法が定められたのか、その立法過程の議論を含め詳細に検討した研究は管見の限り存在しない。

唯一、ゴウ・ギョク・シオン（Gouw Giok Siong、後にインドネシア風にSudargo Gautamaと改名[*45]）は、一九五八年国籍法が血統主義を採用した理由を次のように分析している。「当時のナショナリズムの高揚を背景にしている。つまり、外国人がインドネシア生まれというだけで国籍を取りにくいようにしたのだ」「近代国家特有の均質な国民の創出という志向、すなわちインドネシア国籍者（Warga Negara Indonesia）とインドネシア民族（Bangsa Indonesia）をなるべく一致させようという志向もあったのだ」[*46]。

筆者は、それらの見方におおむね賛同すると同時に、次のように理解できると考える。まず、国籍法といいながら、少なくとも一九五八年のそれは国民一般というより、ほぼもっぱら華人を念頭に作られた。そして、中国との二重国籍防止策を講じているさなかという状況下、プリブミ諸族の親族システムとはまったく関係なく、中国と同じ血統主義、しかも父系出自の血統主義を採ることが、二重国籍の新たな発生を防止する上で最も確実だと考えられたからではないか。もし一九一〇年オランダ臣民法以来の出生地主義を採れば、今後生まれてくる華人の新世代に二重国籍状態を再生産してしまう可能性が高いからである。

いずれにせよ、中国との二重国籍防止条約とこの国籍法がうまく機能し続ければ、華人の国籍問題は時間とともに解消するはずだった。だが、国内政治や国際関係のさらなる激動により、そうはならなかった。また、国籍取得だけでは解消されなかった種々の差別が、少なくとも法的レベルで解決に向かうのは、本書Ⅳ部で扱う二〇〇六年の国籍法を待たねばならないことになる。

バプルキの成立と発展

日本軍政下で作られた「華僑総会」は日本の敗戦とともに解散し、建前上にせよ全華人を糾合した組織は二度と現れることがなかった。いったんは華僑総会を引き継ぐような形で「中華総会」を名乗る組織がいくつかの主要都市で結成されたが、しだいにトトッ中心の組織に変容していった[*47]。同様に、トトッの多いスマトラなどでは、国共内戦のあおりを受けて、第二次大戦後から双方の支持者の抗争が目だっていた。一九四九年、中華人民共和国の建国によって、ちょうど辛亥革命後の盛り上がりと類似した「中国志向」の機運が、少なくともトトッの間で高まった。一九五〇年代には、インドネシアの承認を受けた中華人民共和国側のほうが、ジャカルタの大使館や各地領事館の活動も手伝って優勢になったとみられる。さらに一九五八年、西スマトラを中心に起きたインドネシア共和国革命政府樹立の運動（ジャカルタの中央政府からみれば「地方反乱」）を台湾が陰で支援したとみられたことから、戒厳令下の陸軍参謀長令によって、中国国民党支部の活動は禁止された。のみならず、台湾系の新聞や中国語学校・その他の社会組織も、このときあわせて禁止されている。*48

これに対し、プラナカンの間では一九四八年に華人同盟（Persatuan Tionghoa、以下PT）が結成され、一九五〇年にインドネシア華人民主党（Partai Demokrat Tionghoa Indonesia、以下PDTI）と改名した。両組織を強力に指導したのは、チオ・チャム・チョン（Thio Thiam Tjong　張添聡　一八九六―一九六九）である。スマランの裕福な輸出入業者の子に生まれたチオは、オランダ語教育を受けてデルフト工科大学にまで留学した。帰国後、一九二八年にオランダ領東インド中華会CHHが結成されたときは積極的に加わり、一九三〇年代を通じスマラン支部長を務めている。彼はまた、中華民国が後援したスマラン商会の長ともなり、ビジネス上も中国をしばしば訪れ、トトッ社会にも影響力をもった。日中戦争の勃発後は「救国後援会」を指導したため、日本軍政期には捕えられ強制収容所に入れられた。この抑留時代に収容所内で主だった華人指導者と知り合いになり、日本敗戦後に釈放されると、華人社会のリーダーとして台頭した。*49

一九四九年三月、インドネシア語誌『シナール（*Sinar*）』の創刊に寄せて、彼はPTを代表し、概略次のように述べている。「インドネシア連邦共和国が独立したいま、誰が国民となるのかをはっきり決めなければならない。PTは、こう考える。インドネシアで生まれ、この国に長らく根を下ろし、さらに生涯ここに住んで生計を立てなければならない、われわれの大多数にとって、実際的にも倫理的・物質的にも、インドネシアの国籍を受け入れる以外に道はない。その国籍とは、すべての集団に対し同等の権利と義務を与えるものであって、民族性（kebangsaan）や文化・宗教の別により違うものであってはならない」「インドネシア国籍を得ることは自分の民族性を放棄することを意味しない。民主的で近代的な国家においては、マイノリティの諸集団は自分たちの文化や宗教を維持することを許されるべきだからである」[*50]。チオの立場が、次章にみる「同化」論でなく、それに反対する「統合」論と近いものであったことがわかる。彼はまた別の所で、華人が独自の政党を保持する必要があると主張した[*51]。その考えに従って「党」を名のるＰＤＴＩに改組されたわけである[*52]。

だがチオは、独立戦争期オランダ側の最高指導者ファン・モーク（Van Mook）の私的顧問として活動した経歴が災いし、インドネシアの主権獲得後には急速に影響力を失ってゆく。一九五〇年代、経済土着主義や国籍選択など華人の直面する諸課題が切迫するにつれ、チオと彼のＰＤＴＩに代わって華人の利害を代弁する新たな指導者や組織を待望する機運が高まった。そうした中、プラナカンの青年層を中心としたジャカルタの社会団体、新明会（Sin Min Hui）[*53]を母体にスラバヤやマカッサルの類似組織と合同して一九五四年三月に結成されたのが、インドネシア国籍協議体（Badan Permusyawaratan Kewarganegaraan Indonesia）、通称バプルキ（ＢＡＰＥＲＫＩ）である[*54]。

バプルキはその名称から「華人（orang Tionghoa を表す Tionghoa、ＰＴやＰＤＴＩの略称に表れているＴ）」の語を削った。また、指導部にブユン・サレー（Buyung Saleh）など著名なプリブミ知識人を若干名だが加えた。華人だけの組織だという印象をぬぐおうとしたのである。その試みは結果的に成功せず、バプルキはプラナカンを中心とする華人の大衆団体として発展し、またプリブミからも華人社会を代表する組織だとみられることになる。ともあれ、「華人」を削った代わりに組織名の核に国籍（kewarganegaraan）、それもインドネシア国籍という語を冠したのは、少なくとも結成当初のバプルキの主要な目的が国籍問題への対応にあったことを示している。結成の年、また中国との二重国籍防止条約が結ばれる前年の一九五四年、早くも法務大臣ゴンドクスモを招いて「インドネシア国民に含まれるのは誰か」と題する講演会を主催している。[*55] 機関紙『バプルキ・ニュース（*Berita Baperki*）』創刊号の冒頭にも、この組織の主要な目的が「民主的な法治国家の精神と『国籍』という概念の中身を実現するための、インドネシア人民と政府の努力を支援し貢献すること」だと宣言されている。[*56]

二重国籍防止条約の批准を受けて国籍選択の始まった一九六〇年代初頭に現地調査をしたソマースは、一九四六年国籍法以降、華人大衆の多くが「インドネシア国籍をとったら『華人』ではなくなってしまうのではないかと怖れた」と記している。[*57] また自身インドネシアの華人であるメリー・G・タンは、国籍選択に当たって「おそらく華人の多くはネイションという概念や、自分がその一部になるということについて明確な考えをもっていなかったろう」と、当時を回顧している。[*58] バプルキは、このような知識人ではない華人大衆に、国籍選択の意味を啓蒙し、また（しばしば華人に好意的でなく、賄賂まで要求する）役人を相手にした厄介な書類手続きの手助けを行なったのである。その際、基本方向としては、インドネシア国籍の取得を勧奨し、同時に国籍取得による国民の平等を政府や社会に向け主張することによって、経済土着主義を含む一九五〇年代の情勢変化に華人社会を適応させ守ろうとしたといえる。

バプルキ結成当初から最高指導者となり、後にはカリスマ的なリーダーシップを発揮したのは、シャウ・ギョク・チャンであった。一九一四年スラバヤに生まれ育った彼は、まず中華学堂に入学、次いでヨーロッパ人向け小学校ELSやオランダ式高等学校HBSでオランダ語教育を受けた後、ジャーナリズムの道に進み、一九三〇年代にはリム・クン・ヒェンに師事、一八歳でインドネシア華人党PTIの党員ともなった。日本軍政期、地下抵抗活動を行なったシャウはインドネシア共和国支持を明確にし、プリブミの指導者たちの知遇も得て、独立戦争期の一九四六年にはインドネシア中央国民委員会（KNIP）の議員に、また一九四七年には既述のとおりアミル・シャリフディン内閣の国務大臣になっている。一九四五年インドネシア社会党PSIへの入党歴をもち、さらに一九五一年から五三年にかけては、のちインドネシア共産党ＰＫＩの機関紙となる『ハリアン・ラヤット（*Harian Rakjat*）』の編集長を務めるなど、シャウの左翼的な傾向はバプルキ結成前から明らかであった。[*59]

バプルキ設立に数カ月先立つ一九五三年一一月、シャウは『シンポー（*Sin Po*）』紙に「国民経済の建設」と題する論説を寄せて、すでに明らかになりつつあった経済土着主義（シャウの用語では「アスリ政策」）の傾向を批判している。当時、プリブミが五〇パーセント以上の株式シェアをもたない企業は「国民企業」と認められず、多くの華人企業が「外国資本」とみなされていたが、かかる傾向は「すべての国民に法の前の平等を認めた憲法の精神に反する」というのである。さらにシャウは続けていう。「アスリを自称する人々と、この国で生まれ、育ち、インドネシアの他の息子たちと何ら変わりはないと思う者、『インドネシアの子』として義務と権利に違いのない者たちの間に差別があってはならない」。[*60] かつてリム・クン・ヒェンがインドネシア華人党ＰＴＩで唱えた「生育地」に基づくプラナカンの属地主義的主張が、シャウの言辞にもみてとれよう。

シャウの指導下、バプルキは事実上プラナカンを中心とする華人組織として発展する。そのひとつの契機は一九五五年の総選挙および一九五七年の地方選挙に参加したことである。バプルキは本来政党の体裁をとっていなかったが、まがりなりにも議会制民主主義を試行している体制下で華人の利害を守るために、他の政党と肩を並べ選挙に参加した。結果、国政レベルで四大政党となったイスラーム政党のマシュミ党やＮＵ党、インドネシア共産党ＰＫＩ、およびインドネシア国民党ＰＮＩには及ぶべくもないが、華人有権者数の大半とみられる得票で総選挙では一議席、地方選挙でも数議席を得るに至った。[*61]

もうひとつ、バプルキの発展を支える上で重要だったのは学校教育事業に参入したことである。一九五〇年代、植民地期以来のオランダ式学校がすたれる一方、インドネシアの公立学校がいまだ不足しがちな中、プラナカン子弟の間でも中国語学校に入る者が以前より増えていたといわれる。ところが、一九五七年から翌年にかけて、反台湾のキャンペーンとあいまって、インドネシア国籍者が外国式学校で学ぶことは禁止された。さらに台湾系の学校が禁止され、インドネシア式に改組される段になると、各地のバプルキ支部が実際の運営を引き継いだのである。バプルキの学校はインドネシアのカリキュラムに従ったが、教員や生徒のほとんどは華人であった。[*62]バプルキはまた、華人社会の高等教育の要請に応え、一九五九年ジャカルタに自らの経営するバプルキ大学（三年後、スカルノの命名によりレス・プブリカ大学と改名）を設立した。こうした全国に広がる学校や、その在学生・卒業生を中心に結成されたインドネシア青年協議会（Permusyawaratan Pemuda Indonesia、ＰＰＩ）などの青年団体、各種社会団体などがバプルキ発展の基盤となり、また手足となった。[*63]

若くから政治経験が豊かでインドネシア政界の要人につながりも多かったシャウ・ギョク・チャンのもと、バプルキは拡大発展したが、彼の強力なリーダーシップは指導層内部に反発を招くことにもなった。早くも一九五五年総選挙の前、シャウの政治的傾斜に反対する者たちがバプルキを去った。その中には、五年後に起きる「同化論争」を同化派（＝反シャウ）の側から主宰する著名ジャーナリストのオウヨン・ペン・クン（Auwjong Peng Koen、漢字では欧陽炳坤、通称オヨン　一九二〇―一九八〇）らもいた。また、一九五〇年代後半にかけて独裁的となり、かつインドネシア共産党ＰＫＩと連携を進めるなど、しだいに左傾化する大統領スカルノへの追随を強めるシャウの姿勢に懸念を抱き、反対する者たちも続出した。中でもシャウの最大のライバルとなり、「同化論争」においても同化派とは異なる独自の立場からシャウと対決することになるのが、一九五六年から六〇年にかけてバプルキの副議長を務めたヤップ・ティアム・ヒン（Yap Thiam Hien　一九一三―一九八九）である。

ヤップはスマトラ北部のバンダ・アチェに生まれ、ジャカルタの華人向けのオランダ式小学校ＨＣＳなどでオランダ語を学び、また教えた後、独立戦争期にオランダへ留学し、ライデン大学で法学修士の学位を得る。このオランダ留学時代にインドネシア共和国を支持する立場を明確にすると同時に、プロテスタントの教会活動にも深く携わり、帰国後は華人系のキリスト教組織や非華人も含むインドネシア教会教育委員会などにもかかわっていた。バプルキには、母体となった社会組織・新明会の段階から加わり、設立メンバーの一人となっている。[*64]

ヤップのシャウに対する批判が頂点に達したのは、一九五九年に一片の大統領令で制憲議会を解散し（つまり一九五〇年暫定憲法を葬り去り）、一九四五年憲法への復帰を宣言したスカルノを、バプルキ代表としてのシャウが支持したときである。ひとつには、スカルノの超法規的な手法自体が恣意的な独裁への入り口とヤップには映った（事実、まもなくそうなった）からである。もうひとつは、一九四五年憲法が全体として民主的でない上、特に大統領の資格を規定した第六条と国民を規定した第二六条が「華人をはじめとする民族的マイノリティに対し差別的」とヤップには思われたからである。第六条第一項は「大統領はアスリのインドネシア人（orang Indonesia asli）とする」と明言し、当時の文脈では明らかに華人などを排除していた。また第二六条第一項は「国民となる者は、アスリのインドネシア民族である者と、法律によって国民と承認された他の諸民族の者」だとして、やはり華人などを「インドネシア民族」から排除していたことは、序章でみたとおりである。[*65]

こうして、一九五〇年代末から一九六〇年代前半にかけては、独裁色を強めるスカルノと、彼をはさんだインドネシア共産党ＰＫＩと国軍（特に陸軍）のにらみあいという、インドネシア政治全般の緊張を背景に、華人知識人、それも「インドネシア志向」という点では一致している者たちの内なる分裂が生じ、インドネシア全般の政治的対立と華人社会内部の対立が、しだいに結びついてゆく。さらに、一九五九年の大統領令一〇号が引き起こした華人たちの危機と、二重国籍防止条約の批准交換を受けていよいよ始まる国籍選択における彼らの逡巡が重なる。これらすべてが結びついた結果、二〇世紀後半の大部分（スハルト体制期と呼ばれることになる時代）のインドネシア華人全体の運命を予兆することになる、通称「同化論争」が華人社会内部から起きる。次章ではその内容について詳しくみてゆこう。

四

華人の同化論争

同化派、シャウ派、第三派

1 論争の発端

前章3節でみたように、一九五〇年代末インドネシアの華人は、いくつもの点で危機に直面し、また岐路に立たされていた。華人にとって直接・最大の危機は、経済土着主義の波の頂点として外国籍民の村落での小売業を禁じる大統領令一〇号が発令された（一九五九年一一月）ことである。すでにみたとおり、額面上はともかく実際上は、外国籍民に限らず華人全体が、インドネシアでの居住と生活そのものの存続を脅かされる状況に追い詰められた。

岐路というのは、大統領令一〇号の引き起こした混乱（142～143ページ参照）とほぼ時を同じくして、中国との二重国籍防止条約が批准され、一九六〇年一月から二年以内の国籍選択が始まったことである。その該当者にはプラナカンだけでなく、インドネシア生まれだが依然中国系諸語を母語とするなどトトッに分類される人々も含まれていた。直接の該当者は当時の華人人口の過半の百数十万人と見積もられるが、家族や親族を合わせれば大半の華人が何らかの形でこの問題にかかわったと考えられる。そして結果的には、一九六二年までに該当者（当時の華人推定人口約二五〇万人のうち二重国籍状態にある約一〇〇万人）の三分の二以上がインドネシア国籍を選んだと推測されている。[*1] だが、本人や家族にとって、この選択が相当の逡巡を伴ったであろうことは想像に難くない。それは何より、国籍の選択がいかなる実際上の帰結をもたらすのか、きわめて不透明だったからである。

外国籍者を排除する大統領令一〇号にも明らかなとおり、眼前の生活基盤や子の教育機会などの観点からすると、インドネシア国籍の確保が望ましいばかりでなく必須でさえあった。だが、たとえ国籍を得ても、独立革命期の暴力や、つい数年前のアサート運動（141〜142ページ参照）に表れたような、国籍を問わぬ華人一般への攻撃が再び発動されない保証はなく、少なくとも法律外の差別がさまざまな形で残るだろう可能性はむしろ濃厚であった。

もしインドネシア国籍の取得が何ら確実な保証につながらないとすれば、中国籍を最終的に失うデメリットだけが、プリブミ社会からの「機会主義者」呼ばわりや「二重忠誠」への懐疑とともに残ることになる。さらに、インドネシア国籍の選択は、「中国国民（中国人）」ではなくなり中国政府による保護の可能性から切り離されるという法的次元にとどまらず、社会文化的にも「中華民族（bangsa Tionghoa）」ひいては「華人（orang Tionghoa）」であることを自ら公に否認する（ことになるかもしれぬ）という複雑な喪失感とかかわる事がらであった。[*2]

「中国国民（中国人）」でなくなることが「中華民族」や「華人」であることを自ら否認する行為になるかもしれぬという迷いや懼《おそ》れは、逆の面からみると、インドネシア国籍を取って「インドネシア人になる」ということがどういう含意をもつのか、誰にもはっきりわからなかったからである。折も折、一九五九年一二月二九日社会福祉相ジョヨマルトノ（M. Djojomartono）が「インドネシア国籍を得た華人は同時に（インドネシア風に）改名すべきだ」と発言した。[*3] これが、華人社会に「強制的な同化」への不安を呼び、ひいては国籍選択への迷いに拍車をかけたのである。

同化論争の契機、また、それが直ちに政治闘争へ転化する背景として、インドネシア国籍協議体バプルキ（BAPERKI）の動向も前章である程度みておいた。「インドネシア国籍」を組織名に冠したバプルキは、少なくとも当初、経済土着主義による華人の苦境と、国籍問題のディレンマを華人の身になって理解し、大衆に寄り添いながら解決に努めようとした組織だった。そうであったからこそ、多くの華人の関心事である学校の整備・運営とあいまって、急速に支持を広げたのであろう。

だが、これらの活動は華人社会内部からバプルキに対する批判の第一を生む下地になった。それは、バプルキが「排他的」に華人の利益だけを追求している、少なくとも一般社会にそのような印象を与えている、というものである。元来バプルキはこの種の批判を避けるため、組織名から華人を連想させる語を削り、会員資格も「インドネシア国籍者」とした（プリブミにも門戸を開いた）ことは、すでに述べたとおりである。だが、一九五五年時点で全国一四二支部・約四万人の会員のうち九八パーセントが華人と自ら公表したごとく、実質的に華人中心の組織であることは明らかだった。[*4] しかも、実際の活動の中で、バプルキは必ずしもインドネシア国籍者のみならず、しばしば外国籍華人の利害も引き受ける形になった。大統領令一〇号への反対がそうであったし、バプルキの学校も外国籍の生徒を受け入れた。これらは、華人の国籍問題自体が過渡期にあった当時、たとえば同じ家族の中にも中国国籍者とインドネシア国籍者、あるいは国籍帰属が未確定な者が混在することが珍しくない状況下、現実的でもあり不可避的な措置であったと思われる。だが、それはやがてバプルキが国籍よりも「血統」を重視している、との批判を呼ぶことになった。

バプルキへの批判の第二は、一九五七年ごろから顕著となった政治的な左傾化に対してである。それまで「インドネシア志向」の枠内でさまざまな政治的立場の華人を糾合していた同組織の舵を左に切ったのは、議長シャウ・

ギョク・チャンであった。後でみるように、シャウの左傾化とは、インドネシア式社会主義を掲げ革命の継続を唱えたスカルノ大統領の政治路線への一体化というほうが正確である。だが、彼の率いるバプルキがスカルノ庇護下のインドネシア共産党PKIとも接近したことは、一九五七年地方選挙での協力や、アサート運動・小売業制限令への反対における連携などから、はた目にも明らかだった。こうした左傾路線に反対する指導者層の多くはバプルキを去った。さらにその一部が、一九六〇年以後の論争や政争で反バプルキ、正確には反シャウの論陣に加わったのである。

彼らに共通の懸念は、バプルキがあたかも華人一般を代表する形で活動し、かつインドネシア共産党PKIとの接近を深めれば、いつかプリブミ社会の反華人感情が反共の政治的な動きと連動して噴出するかもしれぬということであった。PKIと中国共産党が急接近する背景を加え、この懸念はやがて不幸にも的中する。この面からみれば、同化論の台頭は、プラナカン社会内部における反バプルキ勢力の苛立ちの別表現でもあったわけである。

2　論争の展開

同化論争の舞台となった『スター・ウィークリー（*Star Weekly*）』誌は、オランダ植民地期に『シンポー』と並ぶ有力マレー語紙『クンポー（題字のみ漢字併記で「競報」）』を主宰していたクー・ウン・シウ（Khoe Woen Sioe 一九〇六―一九六六）が、一九四六年にかつての同題誌を再刊したものである。いわば、インドネシア語の出版界における華人ジャーナリズムの伝統を受け継ぐ、当時、最も代表的なメディアであった。[*5] タイトルは英語だが、中身はインドネシア語である。読者は、やはりインドネシア語を母語とするプラナカン華人が中心だったらしいが、プリブミの知識人層も含まれていたことは、彼らがこの論争に加わるようす（後述）からもうかがえる。

一九六〇年当時の編集長は、後にインドネシアの最有力紙『コンパス（*Kompas*）』の創刊者の一人となる、前章151ページで触れたオウョン・ペン・クン、通称オョンであった。西スマトラに生まれた彼は、植民地期にオランダ語教育を受けた後、ジャーナリズムの道に進んだ。一九四六年から五一年インドネシア大学に学び、法学修士の学位も得ている。[*6] 前章で述べたとおり、一九五五年総選挙に際しバプルキを脱退した彼自身、論争の主宰者として行司役も務めつつ、同化派としての立場を明確にする。「問題の解決には、独白でなく対話が必要だ」[*7]との信念により、オョンが同化論への反論をも積極的に掲載する方針を採ったことが、この誌上論争を可能にし、かつその史料的価値を高めている点は確かである。とはいえ、彼が論争の節目節目で同化派の立場から（しかもただひとり、社説欄において）行なう介入や総括は、後にみるとおり、論争全体の方向や性格づけに大きな影響を及ぼした。

以下、約四カ月にわたり延べ八〇名余が声を挙げた論戦の内容を、①同化派の主張、②シャウ・ギョク・チャンによる同化論批判、③「第三派」による同化論批判、④同化派と第三派の応酬、⑤プリブミ読者の反応、の諸局面に分けてみてゆこう。[*8]

同化派の主張

ひと口に同化派といっても、各人の主張には微妙なスタンスの違いが認められる。特に、論争の最初期に同化派を代表した二人の論客、編者のオョンと投稿者のオン・ホク・ハムは、やや異なる方向から同化論に至っていると思われるので、個別にみておきたい。

まずオョンは、二月一三日から三月一二日号にかけて「国籍の一元性」[*9]と題する三回シリーズの社説を掲載した。冒頭、プラナカン社会が大統領令一〇号と国籍選択問題によって動揺のただなかにあることを指摘した上で、彼は論点を国籍のほうに絞る。

オヨンによれば、プラナカンには国籍に対する見方によって、ふた通りの人々が存在する。第一の人々は国籍と血統を別問題だと認識し、血統より国籍の別を重んじる。他方、第二の人々は国籍と血統を混同し、国籍にかかわらず血の結びつきにこだわる。彼らは外国籍民の小売業規制にも反対し、前者の人々に「おまえの血統は何だ？同じ華人ではないか、連帯しないのか」と迫る。前者が理性に基づいているのに対し、後者は感情に流されており、そのため前者の人々をも危険に陥れている、というのであった。オヨンがバプルキを念頭に置いていることは明らかだが、彼は以下のように一般論を続ける。

後者のような誤った考えがはびこる原因の一つは、血統や人種に基づく分割支配を行なった植民地主義の弊害である。「ヨーロッパ人」「外来東洋人」「原住民」という古い区分が、一九六〇年現在まで住民登録の分野に生きているように、その影響はいまだに残っている。第二類型の人々は、こうした植民地期の人種政策の影響を克服できずにいるのだ。

……これまでプラナカンが二重国籍状態に置かれていたことが、過去の遺物である人種差別を助長してきた。今般の国籍選択を機に、人種差別をなくすための展望が開ける。以後、国籍を与えたインドネシア政府は差別の撤廃に責任を負う。それ以上に、国籍を選ぶ側に相応の行動が要請される。利害計算で国籍を選んではならぬ。インドネシアに期待と信頼をもてない者は中国籍を選ぶべきである。このような者が中途半端にインドネシア国籍を取得してこの地に住み続けるなら、他の人々へも災いを及ぼす。

要するに、①国籍の相違のみを基準とすることによって、インドネシア国籍を得た華人への差別をなくすべきこと、②その際、個々の華人の側はインドネシアへの一元的忠誠を要請される（ゆめゆめ二心あってはならぬ）、ということが標題にも表れたオヨンの主張の骨子であった。このとき彼は、「同化」という言葉を一度も使っていない。「プラナカンの同化」という二月二七日号の投稿で、最初に明確な同化論を打ち出したのは、当時二七歳のインドネシア大学生オン・ホク・ハム（Ong Hok Ham　一九三三—二〇〇七）であった。東ジャワの旧官職層の家族に生まれ育ったオンは、後年、アメリカ留学を経てインドネシアを代表する歴史学者となる。当時すでに同誌の常連投稿者で、前節で触れた前年末の大臣発言以来論議を呼んでいた華人の改名に関しても、基本的に肯定する意見を寄せていた。[*10]

この日の論考でオンは、マイノリティ（＝プラナカン華人）とマジョリティ（＝プリブミ）両グループの間に先入観と差別が潜在し、それが危機に際して暴発に至ることを現下の問題として俎上に乗せた。問題の原因についてオンは、次のような歴史起因説を展開した。

一八世紀以前には、プラナカンの現地社会への同化が自然に進行していた。だが、一九世紀後半からオランダの支配強化や中国の影響などによる政治・社会的要因の変容のため、その趨勢に歯止めがかかった。華人につきまとう「狡猾な商人」像や、西洋志向と裏腹のプリブミへの優越的態度、中国への変わらぬ忠誠などのイメージもその過程でできた上がった。これらは集団の一部の特性に全個人を還元する偏ったものではあるが、いずれも、ある時期の歴史的背景に由来する。

このように、歴史に根ざした住民対立や差別意識などへのある種の諦観がオンの議論を特徴づけている。問題の解決策として、理性に基づく国籍の運用を唱えたオヨンに比べ、若いオンのほうが悲観的であった。オンによれば、たとえプラナカンが忠誠心ある良きインドネシア国民であろうとしても、伝統や慣習など独自の生活様式を保つマイノリティのままでは、平時においてはともかく、ひとたび経済や政治上の危機が発生したとき、マジョリティとの衝突や差別を避けられぬ。したがって、このような問題を解決するための、

唯一の道は、同化(asimilasi)すなわち一〇〇パーセントの融合、つまりは「アスリ」のインドネシア人(orang-orang Indonesia "asli")になることだ。

と主張したのである。

オンによれば、アスリつまりプリブミへの同化とは、往々にして「村に住み、イスラームを奉じ、複数の妻をめとることなどと「軽蔑的に」同一視されるが、これは華人側からの偏見にすぎない。インドネシア人には、都市に住む、ムスリム以外の者もいるからである。」

オンはこれ以上同化すべき対象を明示せず、別の角度から同化を定義し直した。

それは、マイノリティ・グループの一員としてのアイデンティティをなくすことを意味する。現在、かまびすしく議論されている改名は、一つの方法にすぎない。名を改めた後も政治・経済などの分野で統合(integrasi)が進められねばならぬ。要するに、マイノリティとしてのあらゆる排他性(eksklusivitet)が一掃されねばならないのだ。

ここで「統合」の語が同化と類義的に用いられている点、それらの反語として「排他性」が対置されている点に留意しておきたい。

「マイノリティ対マジョリティの関係がある限り、差別も存在し続ける」と考えるオンは、他方「マイノリティ全体を、いちどきに同化へ導くこともできない」とも認める。結局彼は「自分をマジョリティの中へ同化する個人」がしだいに増えることに、同化の成否、ひいてはマイノリティ問題の解決の多くがかかっている、と結論づけた。

三月二六日号に至り、一〇名の華人有志の署名になる「自然な同化（asimilasi yang wajar）を目指して」という声明が掲載された。署名者には、オン・ホク・ハムと並び、オヨンも加わっている。声明の核心は次の一文であった。

マイノリティ問題は、あらゆる領域における積極的（aktip）かつ自由（bebas）な、自発的同化（asimilasi sukarela）を通じてのみ、解決することができる。

このように、彼らが積極的、自由、自発的という限定詞をことさら同化の語に付したのは、とりもなおさず「強制的」な同化策に対する不安や批判が、すでに華人社会に広がっていたためであろう。事実、声明の前文には、三月初め移住・村落開発相アフマディが「外国系インドネシア国籍民は……文化的、経済的、さらに生物的な同化さえ容易となるよう、排他的な行動をなくすべし」という主旨の発言をしたことが述べられている。あわせて、同月中旬バプルキ議長のシャウ・ギョク・チャンが「マイノリティ問題を、改名や生物的同化によって解決するやり方は、賢明でも民主的でもない。基本的人権に反するし、実行不可能だ」と同化論を批判したことが、声明の動機として挙げられている。

「一〇人声明」以後、早くも展開しはじめた批判に応え同化論を擁護するうちに、オヨンとオンに代表される同化派の論理は、しだいにいくつかのパターンに収斂しはじめた。とりわけ顕著だったのは、次のふた通りの立論である。

①「自然な同化」論――これは「強制」批判に対する反論の一環として述べられたものであり、「一〇人声明」と同じ三月二六日にオヨンが掲載した補説に代表される。まず彼は、先のオン同様、「インドネシアでは、数世紀にわたり、自然で自発的な（wajar dan sukarela）同化が起きてきた。しかし、オランダの植民地政策に代表される人為的な障害により、そのプロセスが妨げられた」との歴史観を展開する。その上で、同化論の立場を「植民地権力の消滅を機に、元の自然な過程へ戻ろうということなのだ」と説明した。

②「ナショナリズムの必然」論――彼らの説く「同化」が、歴史の必然的要請たる国民統合の一環であることを示唆しつつ、反対者を批判する論法である。インドネシア・ナショナリズムの体現者として、大統領スカルノの言辞が援用されるのも特徴である。

たとえば、オヨンは上記の補説で、スカルノが前年末のある学生集会で「種族間の通婚を奨励」した例を引き、その真意が「ネイション・ビルディング、すなわち血統や種族を問わぬ均一なネイションたるインドネシアの建設」にあったのだ、と解釈を加えた。そして、種族や住民集団間の通婚に反対する声は依然根強いが、古い慣習にとらわれた時代遅れな考えだ、と決めつけた。

オン・ホク・ハムも四月二日号の投稿で、スカルノの「政治宣言」として知られる前年の独立記念日演説を引用した。特に「種族主義（sukuisme）やグループ主義（golonganisme）は、社会の団結を冒す癌だ」という言葉である。スカルノの常套句に従えば、これらの主義は、インドネシアの各地域や住民グループの差異を温存・利用したオランダの分割支配に通じる。この文脈で、オンも「同化を目指すとは、ファン・モークの政策を粉砕することなのだ」[*11]と呼びかける一方、インドネシア国籍を得てなおマイノリティ集団の独自性に固執する態度は時代遅れだ、と断ずるのであった。

同化論批判①――シャウ・ギョク・チャン

同化論への反対者として最初に「論争」の誌面に登場したのは、バプルキ議長のシャウ・ギョク・チャンである。四月二日号の投稿欄で、彼は同化派の「一〇人声明」に引用された論点を改めて繰り返した。改名・通婚・改宗などを強制することは人権に反し、民主的でなく、賢明でもない、という批判である。

この日の投稿では彼自身の問題観と処方箋が示された。それらは、「公正で繁栄した社会（masyarakat adil dan makmur）の実現を急げ、それがマイノリティ問題の賢明な解決を早める」とのタイトルに、ほぼ言い尽くされている。つまり、シャウは同化派と同じく「華人のマイノリティ問題」という認識をもっているが、その解決を政治社会的制度のあり方全体の変革に求めたわけである。

彼が注釈を加えるとおり、「公正・繁栄社会」とは、そのころスカルノが強調しはじめた政治用語で、当時は「インドネシア式社会主義社会」の別称であった。「この社会の実現こそ、人間が人間を搾取するシステムを終焉させる」というスカルノの言葉を引き、「搾取のシステムが終焉すれば、マイノリティを弾圧しようという人種差別もなくなる」というのがシャウの論法だった。

この投稿で、ある重要な用語上の提唱がなされた。それは、誤解を招きがちな「同化（asimilasi）」に代え「統合（integrasi）」という語を使おうというものであった。シャウいわく、自分は自発的な改名や改宗・通婚に反対するものではない。だが、同化という言葉を使うと、エスニック（ethnis）な種族の特性、文化や宗教などの差異をなくす強制的な政策の印象を呼びやすい。それは同化論者の本意でもあるまい。したがって、「血統や種族の出身にかかわりなく、すべての国民の調和ある一体性」に達する意味で、統合という言葉を用いたほうがよい、というのであった。

シャウ自身は、すでに一九五〇年代から「多様性の中の統一」という国家的スローガンを援用して、華人の独自性をプリブミの諸種族と同様に尊重すべきだ、との主張を行なっており[*12]、この提起も、その延長上になされたとみてよい。

だが、彼の意図に反し、同化の語が統合へ置き換えられることはなかった。むしろ彼の提言を契機に、従来は類語的に用いられていた「同化」と「統合」が、対立的な反語として各論者に使われはじめる。さらに、シャウ自身の主張がスカルノの政治路線への結集という方向に傾斜することを一つの理由として、後には「統合」の一語に特定の政治的意味合いが付与されてゆくのである。

同化論批判②――「第三派」

四月一六日号になって、同化派とシャウに次ぐ、もうひとつの立場が現れた。その最初の論客は、前章151～152ページで触れたヤップ・ティアム・ヒンである。徹底した人権擁護主義者として名を高めつつあったヤップは、バプルキ結成以来の副議長の一人だった（論争の時点では、まだ同職にとどまっていた。これが、先のシャウの立場を「バプルキ派」としなかった理由である）が、シャウの左傾化やスカルノの一九四五年憲法復帰への支持に反発していた。問題を華人への差別＝インドネシア社会の病理と捉え、自ら「第三の療法」（Therapy ketiga）を示す、と称するヤップにならって、彼に近い立場を「第三派」と総称することにしよう。

論争において、ヤップの矛先はまずシャウへ向けられる。彼は「シャウの療法」とは「共産主義者の療法」であり、ゆえに華人への人種差別をなくす上で期待できないとする。すなわち、シャウはインドネシアが共産主義社会となることに人種差別の解決を委ねているが、「反共に熱心な」ムスリムやクリスチャンをはじめ「非共産主義者が約九四パーセントを占める」インドネシアでは、少なくとも近い将来の共産化はなかろうから、というのである。

ただし、ヤップはシャウの議論を積極的に評価もした。それは、シャウが華人マイノリティ問題に対して、「マイノリティ［の存在］」ではなく「問題」のほうを解決しようとしているから、という一点においてであった。つまり、ヤップの重点は、対立中のシャウにも増して、同化派を批判するほうに置かれていたわけである。

四月二〇日号で同化派の「一〇人声明」を俎上に乗せたヤップは、彼らが「自発的な完全同化」をマイノリティ問題解決の「唯一の道」だとした点に最初の誤りがある、と指摘した。仮に同化が一つの方法だとしても、ほかにいくつも道があるというのである。その例として、彼は（この号では）以下の事がらを示唆した。①特定のエスニック・グループ（ethnic group）や人種への優遇や差別に対する「法規制」、②広義のナショナリティ（kebangsaan/nationality）や基本的人権の意義についての「教育」、③住民集団間の良好なコミュニケーションを創り出し促進するような「政策」が、それであった。[*13]

ヤップの持論は、五月二一日号でさらに本格的に展開された。ただし、これは彼の批判に対するシャウおよび同化派からの激しい反論を受けた上での稿であり、最後に提示される「療法」もこの間の若干の心境変化を映していたように思われる。まず彼は、次の諸点にわたり改めて同化派を突く。

①同化とは双方向の過程である。たとえマイノリティがそれを望んでも、マジョリティの側が拒否すれば同化は起こりえない。現在、支配的なグループの一部は、華人が社会・国家生活へ全面的に参加することを明らかに望んでいない。

②同化により差別をなくす考え方は転倒している。実は、差別こそがマイノリティとその意識を作るのである。かつては植民地主義者が支配的グループとして華人・プリブミ双方を差別した。独立後、支配者は入れ替わったが、新たな差別が作り出され、華人マイノリティも存続した。

③血統や文化の違いは、必ずしも国民統合の障害とはならない。スイスなどの例もある。インドネシアでも、す

べての種族と人種グループを一つのバンサに育て上げることは可能だ。[*14] ④同化の発想には均一化の志向がある。それは同化派の善意の思惑を超え、意見や信条・信仰の画一化にまで結びつく危険性を有する。

これらの批判の中で、ヤップは同化派やシャウと対照的に、一度としてスカルノの言葉を引くことがなかった。代わりに彼が援用したのは、ルイス・ワースやレヴィ・ストロースら欧米の社会・人類学者によるマイノリティ論・人種論のほか、国連憲章と世界人権宣言であった。[*15] 先に垣間みせた「法」への信頼とあわせ、ヤップは他の誰より、インドネシア政治の特定の文脈を超える「普遍主義」の観点に立っていたといえるだろう。

結論として示されるヤップ自身の処方箋も、やはりある種の普遍主義、それも彼の敬虔なプロテスタントとしての一面が、前号より強く打ち出されたものであった。いわく、マイノリティ問題の病原は人間の精神にこそある。したがって、その療法も次の諸点に求められるべきである。①洗脳でなく心の浄化を。人間の改造でなくキリストにおける再生を。②社会構造の変革よりも、物質中心から信仰中心への考え方の転換を。③生物学的・文化的差異をなくすのでなく、偏見・エゴと偽善をなくすべし。④「支配的集団」は「奉仕するエリート」となるべし。⑤その他、前回述べた法・教育・政策的配慮。

同化派対第三派

三つの立場が出そろったのを機に、論争は第二段階に入ったとみることができる。この段階を特徴づける第一の点は、各派の主張に賛否両論の投稿が寄せられる中で、議論の軸が同化派と第三派の応酬にほぼ絞られてきたことである。四月二三日号の第二稿を最後に、シャウおよび同調者の声は、少なくとも同誌上の論争からは姿を消した。それは、単に彼らが投稿をやめたためとも考えられるが、むしろ、その論調自体に原因の一端があったように思われる。

たとえば、シャウの第二稿は、彼を共産主義者と規定したヤップを逆に「マッカーシズムの追随者」と批判した上で、自分はあくまでスカルノに従っているのだ、と強調した。彼によれば「確かに、マイノリティ問題の解決がソ連と中共で理想的段階に達していることは誰にも否定できまい」。だが、インドネシアの目指す「公正・繁栄社会」は、スカルノ大統領の政治宣言（Manifesto Politik を略し「マニポル」）に発するものである。共産主義者であろうとなかろうと、一九四五年独立宣言の精神の実現を望む、すべてのインドネシア国民にはマニポルを遵守する義務がある、というのであった。

当時、およそ政治に触れる言説においてスカルノの言葉をうまく織り込むことは、同化派の主張にもみられたとおり、大方の定石か作法とすらなりつつあった。しかし、「公正・繁栄社会」や「マニポル」をはじめとする政治的常套句がほとんど本体をなしている点で、シャウの論調は、オンやオヨン、ましてヤップのそれとは質的に異なっていた。「マイノリティ問題の解決についての私の考えを受け入れるということは、つまり、国策の大綱となったマニポル実現の闘争に積極的に加わることなのだ」という結論に至っては、シャウは一種の政治的権威主義に陥っている。

言い換えると、彼の議論は最も自己完結的であり、ゆえに対話的な論争には真っ先にそぐわなくなったと考えられるだろう。こうして、本来シャウを第一の仮想敵としていたはずの同化派も、第三派を主要な論敵として反論に努めざるをえなくなったのである。

この段階に、同化派では、初期に先頭に立ったオン・ホク・ハムに替わる形で、ラウ・チュワン・ト（Lauw Chuan Tho　一九二七—二〇一一。当時綴りのみ Lauwchuantho、後年 Junus Jahja と改名）が、前面に出てきた。ラウはジャカルタ生まれ、一九六二年に改名後、七九年には従来のプロテスタントからイスラームへ改宗する。のみならず八一年以降、華人を主な対象とするイスラーム改宗運動を組織し、同化派の中でも特異な形で急先鋒となってゆく人物である。[*16] 当時、ロッテルダム大学から経済修士の学位を得て帰国したばかりのラウは、一九一一年から続いていた華人留学生の組織・オランダ中華会(二章参照)を、独立後のインドネシアにそぐわぬ排他的組織だとの理由で、一九五二年、自主解散へ導いた中心人物の一人であった。彼は三月の「一〇人声明」にも名を連ねていた。

五月七日と六月一一日号にわたるラウの議論の重点は、ヤップへの反ばくにあった。その主な論点は次のとおりである。

①差別によって初めてマイノリティが出現した、というヤップこそ、原因と結果を逆さまにしている。問題は、華人が排他的な独自性を保ってきたことのほうにある。

②「支配的集団」が同化を望んでいないとみるのは誤認である。マジョリティの大多数は、同化の考えを支持している。

③「双方向の過程」といいつつ、ヤップは華人側の態度がどうあるべきかに触れようとしない。倫理や宗教も「まず汝自身を問え」と教えているではないか。

④ヤップの依拠する社会学理論は普遍的にすぎる。たとえばインドネシアでは、マジョリティのほうが経済的地位も高い、などといえるか?

ヤップを批判した上で、ラウが展開する同化擁護論は、オンやオヨンらの立論とほぼ軌を一にしていた。①プラナカンにとって同化は新しい考えではない。インドネシアでは、すでに何世紀にもわたり同化の過程が静かに進行してきた。これに反対するほうが「不自然」だ。②同化はネイション・ビルディングの要請でもある。独立インドネシアの環境下、これに逆らい独自の社会集団を固守しようとするのは「時代遅れ」だ。

総じて同化派は、プラナカンの出自に情緒的に訴えるとともに、ナショナリズムの規範的理念にも引き寄せて、同化の歴史的「自然性」と「必然性」を強調したといえるだろう。

他方、第三派に分類しうる新たな論客も現れた。スラバヤ在住の読者リー・グウィ・シャン（Lie Gwie Siang）である。彼の年齢や経歴はつまびらかでないが、英語やオランダ語にも通じた知識人であったらしい。また、ヤップ同様、キリスト教の言葉を引く数節がある。

リーのユニークさは、自ら「市井の人」を名乗るとおり、言辞の政治性が際立って低い点にある。彼は、自分はヤップと面識をもたぬが、その社会学理論などによる処方箋と自分の「生活実地に基づく」結論が一致するので、ヤップを支持するという。

五月一四日から六月一一日にかけての三回の投稿で、リーは同化派の主張を批判し、自己の意見を開陳した。直接の批判のポイントは次の二点であった。

①同化は差別を解決しない。プラナカンは数世紀にわたって、言語・生活習慣や通婚など、さまざまな「同化」を経験してきた。にもかかわらず差別が存在するということは、同化が解決策とならぬ証左である。改名も、それ自体は無駄である。問題は、それを受け入れるか否かの側にあるからだ。

②同化の勧めは、民族や種族の自己保存の欲求に反する。信仰のある健康的な考え方の人には容認できぬ、自殺行為だ。

次いでリーは、同化派の「ナショナリズムの必然」論への批判と絡めて、以下のような主張を展開した。

①さまざまな種族の存在は、国や民族の統一を必ずしも損なわない。多様性は豊かさを意味するし、差異は必要ですらある。現にジャワ語やスンダ語などの種族文化は認められ、称揚され、学校で教えられてもいる。

②華人系マイノリティも一つの種族と考えればよい。アメリカやブラジル、スイス、ロシア、中国等々にみられるとおり、近代的ネイションの形成の上で、名前や宗教、肌の色、伝統慣習の違いなどは二次的な事がらにすぎぬ。
③必要なことは、国と民族に対する忠誠だ。その際、種族主義や住民集団主義をすぐあげつらうが、なくすべきは主義であって、種族や住民集団そのものではない。また、華人種族［という考え］を直ちに「中国志向」や「排他主義」と決めつけるのは偏見である。
④インドネシア国民として華人が望むのは、平等な権利と義務である。まま子扱いや排除、疑いを受けたりせぬ限り、われわれは自分がそこで生まれ、生活しているインドネシアを祖国として愛する。

プリブミ読者の目

論争の第二段階におけるもうひとつの特徴は、プリブミ読者からの投稿が増えたことである。彼らの意見はすでに最初の段階から紹介され、いわば論争における「第四」の勢力をなしていたが、五月以降は掲載される寄稿の三分の一を占めるまでになった。それらは、論争の推移を見守る「マジョリティ」側の声として、編者オヨンにより意識的に活用された面もうかがえる。プリブミ読者の意見は、同化論支持で一致していたからである。

もっとも、彼らの論調には大きく二つのパターンが認められた。特に最初の段階では、「一〇人声明」に代表される同化派の主張を、インドネシアの社会と国家の一体化にとって望ましい、と好意的に迎えるものが中心であった。たとえば、四月九日号のバクティアル・アミヌディン（Bachtiar Aminuddin）は、「〝アスリ〟の間でさえ同化は十分でない」のに、「一群の進歩的な華人青年たち」が「予想される猛反対」を押して、インドネシアへの積極的忠誠を表明した勇気に敬意を表す、と述べている。また、四月三〇日号には、この年インドネシア大学を卒業したヌグロホ・ノトスサント（Nugroho Notosusanto 一九三一—一九八五。後に国軍史研究センター所長、教育文化相などを歴任）ら一一名が連名で、「華人系国民は、インドネシア社会に自己適応し、同化の方向へ進まねばならない。それがマイノリティ問題を解決する唯一の道だ」と同化論への賛意を寄せている。

第二段階に入ると、同化論への反対二派に対する、批判というより苛立ちに満ちた反発の声が次々にあがった。中でも、五月二一日号に掲載されたジャカルタ在住のムハルジョ（Muharjo）という人物からの投稿は、華人への反感と不信の念もあらわに、とりわけ第三派のリーを徹底的に攻撃した典型例であった。その要旨は、次のとおりである。

①プラナカン華人は、いまだに同化などしていない。相変わらず自分たちだけの団体を作るなど、種々の境界を意識的に作っている。社会的な交際においても、インドネシア国籍の華人は、「アスリ」に対してより、外国籍華人のほうに近い。

②リーは中華民族であり続け、しかもインドネシア国籍民たろうとしている。これは警戒すべき「中華の膨張」である。華人の意識をもち続ける者は、インドネシア国民となるべきではない。

③リーは華人集団を種族の一つとして維持しようと望んでいる。だが、インドネシアの種族は、スンダ族もバタック族も皆自分の出身地域をもっている。「華人種族」の故地はいったいどこか。華人の血を守ろうとする限り、それは中国にほかならぬ。

④マジョリティ側が華人を受け入れるかどうかは、入る側の熱意にかかっている。自分から中へ入ってゆこうとする者が、あれこれ注文をつけるべきでない。「反華人」の差別があるというが、それはぜいたくな要求である。

⑤いまでも、全体として「アスリ」のインドネシア人より華人系国民のほうがいい目をみているではないか。反華人感情は、リーらのいうように「作り出された」ものではなく、実態に基づく。それは、民族（bangsa）としての華人へ向けられているわけではなく、一人勝ちを続けようとする排他的な集団（golongan）へ向けられた反感な

のである。

⑥華人は同じマイノリティでも米国の黒人とは違う。[*17] インドネシア経済の支配者だ。これを是正しようとするのは当然である。それは、いわば「差別をなくすための差別」なのである。

このように、リーの主張に反ばくを加える中で、ムハルジョの議論はしだいに「経済格差」の問題へ向かっていった。他のプリブミ読者の多くも同様の不満を吐露したのと対照的に、華人の各論者は（同化派のラウが、ヤップの普遍的マイノリティ論を批判するため、わずかに示唆した以外は）おしなべてこの問題に言及しなかった。

3 「総括」

同化派と第三派の応酬がしだいに空転しはじめた六月末、論争は平行線のまま終息に向かった。本節では、まずシャウやプリブミ読者を含めた各派の立場の異同と、議論の擦れ違いを生んだ原因の所在について筆者なりに改めて整理・分析してみる。続いて、論争の中で編者オヨンが行なった、独自の総括について触れておく。三つの立場を「同化」対「統合」の対立で捉え直した彼の図式が、この後の政治過程において微妙な影響を及ぼしたと思われるからである。

各派の異同と争点

まず、華人各派の主張を比べる際に見落としてはならないのは、彼らがいくつかの基本的な立場を共有しているということである。

第一に、彼らはいずれも政治的な「インドネシア志向」に立っている。この点は、従来軽視されてきた点である。

同化派の人々は、インドネシア志向イコール同化という図式のもと、他派を切り捨てている。だが、シャウの場合、スカルノの指導民主主義体制という特定の（当時主流の）政治潮流と一体化を図る点で、同化派とは別の意味で徹底したインドネシア志向だったといえるだろう。また、第三派の人々は「政治」への志向性は低いものの、あくまでインドネシア国民としての自負を前提に、ゆえにこそ、きたんなく発言していることが明らかである。いずれのインドネシア志向も、単なる理念というより、インドネシアに生まれ育ったプラナカンとしての真情に根ざすと思われる点でも同じである。

第二に、最終的に解決されるべき課題として、マイノリティたる華人が常に差別や暴動にさらされる構造を念頭に置いている点でも、華人論者に大差はない。その際、「華人対プリブミ」という住民対立の図式をある程度客観的に捉え憂慮する立場と、プラナカンの一人として生来「華人」に属してきた自分自身の身の置き所を模索する立場を、二つながら抱え込まざるをえない点でも、彼らは共通している。

では、それぞれの立場を分かつポイントは何であっただろうか。「完全同化」「社会主義社会の実現」「心の浄化」など、いわば、まったく次元の異なる表面上の処方箋の違いそのものや、宗教・イデオロギー面での信条の違いを別にすれば、次の諸点をめぐるスタンスの差が、各立場の分岐点であったように思われる。

（一）責められるべきは華人か、「マジョリティ」側か

「マイノリティ（の存在）が先か、差別が先か」とも言い換えられよう。特に、同化派と第三派の間で最も顕著だった対立点である。同化派は、オヨンが国籍の峻別につき政府へも注文をつけたことを除けば、基本的に華人自身のあり方を問うている。逆に第三派は、一貫して「マジョリティ」側の差別を問題としている。ただし、「支配的集団」というヤップの言葉にみられるように、第三派の告発は、プリブミ住民一般よりも政治権力者へ向けられてい

た。他方、シャウ・ギョク・チャンはもっと抽象的に「社会体制」を糾弾することによって、この点においては中立的であった。

（二）（国民の）平等性と（民族の）一体性

インドネシア国民としての平等の権利（と義務）を求める点では、論争に加わった華人論者のいずれも変わりないはずである。しかし、上記（一）の点とも関連して、そのアプローチに違いが生じている。第三派が平等の権利を（基本的人権として）無条件に要求しているのに対し、同化派のほうが、平等な待遇の前提に、まず華人がインドネシア国民（むしろ「民族」としてのバンサ）の一員として認められるため、プリブミ社会に一体化する必要を唱えている。第三派が、平等な待遇の上に初めて一体性も実現する、と構えているのに対し、同化派は、インドネシア民族としての一体性を、住民の融和（オン）や平等性（オヨン）の担保にしようとしている、といえるかもしれない。同化派の中には、オンやオヨンより徹底的に、国家と民族への「無償の帰一」を叫ぶ者もいた。[*18] シャウ・ギョク・チャンも、バプルキの初期に比べ、平等な権利要求の担保として、インドネシア革命への一体化を華人に求める傾向を強めている。

（三）個人と集団帰属性

オンの結論や「一〇人声明」にみられたとおり、同化論の特徴は、個人の自発的行為としての「同化」の必要性と正当性を強調する点にあった。それはいわば、「インドネシア志向」の者が個人単位で、直接、インドネシアというネイション（民族と祖国）の全体性（のみ）に結合しようとする志向であったといえよう。換言すれば、「華人」という中間カテゴリーへの帰属性を付与され続けることを拒否し、そこから脱出しようとする衝動を内包する立場であった。彼ら自身がインドネシア社会に自立できる知識人として、「華人」の集団性をあまり必要としていない、という点は重要であろう。

これに対しシャウ・ギョク・チャンは、本来「華人」という帰属性よりインドネシアへの一体性を重視する点で、実は同化派と共通しているのである。だが、現実のバプルキの活動の中では、外国籍民を含めた華人一般の利害代弁を引き受けざるをえなかった。したがって、理念的にも「華人＝インドネシアの一種族（スク）」論を打ち出すことによって、華人とプリブミの「集団間の平等」を確保しようとした、とみることができよう。

第三派も一見シャウと同じく「華人＝種族」論を唱えているが、そのスタンスはむしろ同化派に似て、「個人主義的」である。少なくとも、現実に華人の利害を代表したり、まして、その動員を図る気はほとんどない。ヤップもリーも、「華人」という帰属性が自己に付与される限りにおいて、華人の集団性のためというより個人の尊厳のために、この集団カテゴリーの名誉やプリブミとの平等性をも求めているのである。同化派が個々人の「華人でなくなる自由」を欲しているのに対し、第三派は個人が「華人でもある権利」を主張している、と対比できるかもしれない。

「同化論」のディレンマ

各派の議論の擦れ違いを生んだ要因として、それぞれの立場の差が決定的だったことはいうまでもないが、終始イニシアティブをとった同化派の基本的主張、すなわち「同化論」自体のわかりにくさも重要な一因をなしたと思われる。

同化論が捉えにくい理由の一つは、同化派の内部にニュアンスの異なるいくつかの立場が混在していたことであろう。その代表がオン・ホク・ハムとオヨンであったようすは、すでにみたとおりである。かなり明確に文字どおりの同化論を唱えたオンに比べ、国籍を基準とする住民の一元性ひいては平等性を強調したオヨンの議論は、その限りにおいて、シャウや第三派の立場とさほど変わりがない。

同化派の個々の論者の表現も時と場合によって揺れ動いていたことは、いっそう重要であろう。特に「強制的」同化への不安や批判を前に、通婚や改名などの個別事項に自ら触れることを極力避け、「あらゆる分野の」「一〇〇パーセントの」といった抽象的表現を選んだことが、同化論の不鮮明さに輪をかけた。他方でいずれの論者も、通婚や改名を奨励するスカルノや政府高官らの発言を立論に利用したため、反対派の疑念は消えなかった。結局、論争のかなりの部分が、同化イコール強制的同化という見方に立つ反対諸派の批判と、この見方に対する同化派側の反ばくに費やされた。

その際同化派は、「自発的」同化論や「自然な」同化論とあわせ、同化の「必然性」の根拠としてインドネシア・ナショナリズムの規範に訴えた。ナショナリズムこそ、スカルノの「民族の一体性」への呼号が(現実の分裂の危機に比例して)かつてなく高まる中、誰にも否認しがたい正統的な規範であることは確かだった。インドネシア民族としての一体性に託すことで、プリブミとの融和やプラナカン個々人の帰属感の問題も解決する、というのが同化派の真情に発する期待でもあったろう。

「ナショナリズムの要請」を同化に直結した彼らの立論は、すぐさま反対派の批判を呼ぶことになった。シャウと第三派各人でそれぞれニュアンスは異なるが、インドネシアの「民族(バンサ)」概念の枠内で華人の集団性を種族(スク)とみなせばすむことだ、というのが反対派に共通するナショナリズム論の対案であった。中でも第三派のリーは、同化派にみられた「無償の帰一」論を「あまりに理想主義的」と評し、「われわれは、もっと現実的だ」と自認してみせた。

しかし、ムハルジョによるリー非難に典型的にみられたごとく、プリブミ中心のナショナリズム感情からすれば、「華人=種族」論は到底受け入れがたいものであった。むしろ(それは偏見だ、というリーの反ばくにかかわらず)直ちに華人の「排他主義」や「中国志向」の表れと解釈された。このようなプリブミ側の論理に照らすならば、同化派のほうが第三派よりはるかに厳しい現実認識をしていた、ともいえるのである。

「プリブミの目」を準拠とする同化派にとっては、いくら「個人の自発的同化」を強調したところで、プリブミ側に受け入れられねば意味がない。まさにオヨンが吐いた言葉に従えば、「中途半端にインドネシア国籍を得る者」が華人出身者に存在する限り、自らも同じ猜疑を被り「危険にさらされ」かねない。こうして同化派は、どんな形であれ「華人」としての集団性を擁護する者へ、苛立ちと敵意を向けることになる。

総じて、同化する個々人が放棄すべき「華人性」や獲得すべき「インドネシア人性」の具体的内容については触れえず、代わりに華人の集団性やその擁護者を「排他主義」として告発すること自体が、彼らの同化論の中心テーマになったといえるだろう。

プリブミとの溝――「経済格差」について

同化派を含めた華人の論者が、プリブミ側のいいつのる「経済格差」の論点にほとんど言及しなかったことは、先に指摘したとおりである。それは、華人側が現下の課題をおしなべて「マイノリティへの差別」の問題と措定したことにも通じると思われる。

おそらく華人の各論者は、「経済支配」説の当否はともかく、華人とプリブミ住民の間に一般的な経済格差が認められることや、この点をめぐるプリブミ側の不満が反華人感情の源泉になっていることは、先刻承知だったろう。だが、論争の中でこの点を取り上げても、経済問題それ自体としては出口の示しようがないばかりか、かえってムハルジョのようなプリブミ読者の反発を買うことが予想された。したがって直接の言及を避け、それぞれ別の方向から独自の「解決策」を示そうとしたのではなかろうか。

同化派の中で、たとえばオヨンは、大統領令一〇号に反対する者への批判にみられたとおり、インドネシア国籍者である限りの一体性ひいては（機会の）平等性を強調する半面、外国籍民をいわばスケープゴートとして切り捨てる方向を示した。彼は、インドネシア国民となった華人とプリブミとの「内部格差」については触れようとしなかった。

一方、オン・ホク・ハムは、「狡猾な商人」像を歴史の生んだ偏見の一つに数えたが、それ以上の申し立てはしなかった。むしろ、プリブミの目に異人かつ経済強者と映る「華人」の集団性自体から脱け出すことを、個人レベルの「解決策」として示した。

職業的知識人という境遇上、経済格差の問題に（少なくとも自身の行動としては）手の施しようがなく、なるべく言及しないという点では、第三派のヤップが同化派と似通っていた。「唯物論」に立つ（と彼がみなした）シャウへの対抗意識も半ば手伝ってであろう、ヤップは誰より精神論に徹した。

同じ第三派でも、リーはかなり趣が異なっていた。民族や種族の「自己保存の欲求」に触れた彼は、さらに概略、次のような主張を展開した。「人間の集団や個人には生存競争の自由がある。その結果、貧富の差が生じても仕方のないことだ。成功者への嫉妬の感情は人間の歴史とともに古いが、大切なことは公平なルールとフェア・プレイである」[*19]。

こうした華人の口からの「レッセ・フェール（自由放任主義）」論は、経済土着主義の論理やプリブミの一般感情を逆なでするものであった。プリブミ側もまさに「公平なルールとフェア・プレイ」に欠けている（たとえば独占や排他的な商慣行）という点においてこそ、華人の経済優位を批判していたからである。もしそれに反ばくすれば、（リーの主張にも半ば露呈しているように）話は「血と文化の優劣」という、かつての社会ダーウィニズムと同じ領域に至りかねない。ムハルジョの攻撃が誰よりリーに対して向けられたのは当然であったろう。

他方、社会体制の変革を唱えるシャウ・ギョク・チャンは、経済の問題をまったく素通りするわけにゆかなかった。彼が社会主義論に傾いたこと自体、「人種」や民族的出自による対立より、階層をめぐる対立を重視しようとする姿勢の表れだったはずである。[*20]だが、インドネシアで「華人とプリブミ」の別が階層性とも結びつく傾向を否定し切れぬためでもあったろう、論争の中で、彼が経済格差の問題に直接触れることはなかった。

本来シャウは、華人の人力と資本を、その国籍を問わず、インドネシアの国家建設へ活用すべきことを主張していた。[*21]華人の資本は、オランダなど帝国主義者の資本と異なる、というのがその根拠であった。論争におけるシャウの議論からは、華人の経済活動にもインドネシア式社会主義建設への参加・貢献という大義が必要だとの含意が読み取れる。それは、指導民主主義体制の進行とともに「進歩的・革命的勢力の結集」というスカルノの呼号が強まりつつある状況へ即応したものであったといえる。

オヨンの「総括」

実際の誌上論争では、最後にまとまった総括がなされたわけではない。ただ、議論半ばの五月二一日号社説で、オヨンが提示した「三つの立場」の再整理が、対立の構図についての認識枠組みを形作る上で、後々まで少なからぬ影響を及ぼしたと思われる。

この中でオヨンは、「現在プラナカン華人の間にある三つの立場」を挙げ、①シャウ・ギョク・チャンの立場＝「共産主義の統合」派、②ヤップの立場＝「非・共産主義の統合」派、③「一〇人声明」署名者＝「自由かつ自発的な同化」派、と命名し直した。

ここでのポイントの第一は、オヨンが（簡潔な記事構成と文章で知られた名ジャーナリストらしく）「三つの立場」ですっきり整理したため、逆に、それぞれの論者ごとのスタンスの異同や微妙な争点の多くが、陰に消えてしまったことである。

第二は、シャウと第三派が「共産主義」か否かで一応区別されつつも、等しく「統合」派と呼ばれ、「同化」派との対立が強調されたことである。シャウが「統合」の語を同化の代わりに提唱した経緯は先に述べたが、オヨンのこの定義以降、たとえば第三派のリーも「統合派」を自認し、しだいにこの区別が定着したのであった。

第三に、シャウと第三派を「統合」派と一括した上でオヨンは、これを「排他主義」、さらに「中国志向」へつながる、と改めて批判した。彼によれば、シャウの立場は「共産中国との強い関係が明白である」。第三派の方向も「華人マイノリティを集団として残す限り、……容易に中国志向へ転じうる」。同化派のみが「政治的にも文化的にも中国志向を拒否し、インドネシアだけを志向する」。

オヨンの整理がきわめて同化派本位であることはいうまでもないが、こうした見方は、論争の終息に続いて発展した同化運動に引き継がれる。そこでは、バプルキへの対抗姿勢がいっそう強められる反面、「もうひとつの統合派」=第三派の存在は、その陰に捨象されてゆくのである。

五　権力闘争との結合

バプルキ対同化派

同化論争の翌一九六一年以降、論争に加わった同化派や支持者の間から、華人同化主義を掲げる組織的・政治的な運動＝同化運動が発展した。この運動の主な特徴は、①シャウ・ギョク・チャン指導下で左傾化を強めつつ、なお華人社会に影響力を広げていたインドネシア国籍協議体バプルキ（ＢＡＰＥＲＫＩ）を「統合」派の代表と規定し、これへの敵視を前面に打ち出したこと、②インドネシア共産党ＰＫＩと接近したバプルキへの対抗上、陸軍中央の庇護を仰ぐようになったこと、である。

ここにおいて、華人の同化をめぐるプラナカン社会の二つの立場が、大統領スカルノを挟んだＰＫＩ対国軍の権力闘争と直結することになった。同化論争の一方の主役だった第三派は、この政治闘争に加わらず、かつ同化派によってバプルキの陰に捨象されてしまったため、表舞台からは姿を消した。同時に、彼らと同化派の間で浮かび上がった論点の多くも、当面の権力闘争の場では、問題としての意味を失った。

以下、１節では、上記の事態を進行させた政治社会的背景を考え合わせつつ、同化派・バプルキを中心とする関係アクターの動きを時間の流れに沿って分析する。2節では、一九六五年の九月三〇日事件を契機に一変した政治情勢の中で、華人をめぐる二派の対立がスハルト体制の成立とともにどのような帰結をみるに至ったかを見届ける。

1　同化運動とバプルキ——政争への深入り

同化運動の開始

『スター・ウィークリー』誌上の同化論争が終息してから半年後の一九六一年一月一三日から一五日、中部ジャワの避暑地バンドゥンガンで「国民的自覚」セミナーと称した会合が開かれ、最終日に「同化憲章（Piagam Asimilasi）」と題する宣言が採択された。[*1] 宣言には、同化論争の主役となったオン・ホク・ハム、ラウ・チュアン・ト両名を含め、ジャカルタ、スマラン、スラバヤなどジャワの各都市から集まった三〇名の（うち二七、八名が華人とみられる）参加者が署名した。中には、一九三〇年代にインドネシア華人党PTI中央執行部の初代書記だったチョア・チエ・リアン（Tjoa Tjie Liang）およびスラバヤ支部の副議長だったティオ・ヒェン・シウ（Tio Hian Sioe）も含まれている。彼らは、同化運動がPTIから理念を継承することの象徴として特に招聘されたのだという。[*2] 同化憲章は、同化派華人によるイニシアティブの記念碑的成果として、以後スハルト体制期にわたる同化運動の展開の中で半ば聖化されつつ引用されるようになる。

憲章の基調は、これまでの論争における同化派の主張と軌を一にしていた。すなわち、①華人の同化をインドネシアのネイション・ビルディングの「必然的要請」の一環として、②インドネシア国籍取得の当然の帰結、と位置づける点、③国家やプリブミ側の責任より、華人個々の主体性や「無償の帰一」を強調する点、④同化の具体的内容については曖昧な抽象的表現にとどまる一方、⑤華人としての「集団性」をなくすべきことに重きが置かれる点、などである。

憲章の宣言に先立つセミナーの決議では、同化に関し「少なくとも次の諸領域で同時に遂行されねばならない」として、政治・文化・経済・社会および家族（通婚）の五分野が挙げられた。さらに「いかなる形であれ、この五つの生活領域における排他主義の傾向を直ちになくすべきだ」とされたものの、「文化的同化」「経済的同化」および通婚についてはそれ以上突っ込んだ言及はなされず、憲章の文面からも消えている。

代わりに、「社会的同化、すなわち社会的交際」が、「他の四種の同化を可能にする絶対条件」として強調された。「特に青年男女は、国民共通の雰囲気の中でのみ、生活の可能性と機会を与えられるべき」であり、「学校やスポーツ、青年・学生団体など社会的交際の分野で、プラナカンだけの組織は即刻なくさねばならぬ」と決議された。「政治的同化」についても特別項が設けられ、「同化概念と相容れぬ組織、すなわちプラナカンには独自の利害があると称し、それを闘い取ろうとしている組織の存在を許してはならぬ」と強い調子で述べられた。さらに「プラナカン華人だけの政治勢力へ集まれば、インドネシア民族の完全な一体性を危険にさらし、プラナカン自身にも不利益をもたらす」と、差し迫った危機感が表明された。

ここで「政治的同化」を阻む組織としてバプルキが想定されていることは、別の決議に明らかである。「プラナカンの集団を集団としてア・プリオリに維持しようとするバプルキ一派＝統合派を断固拒絶する」。先の「社会的同化」の障害としても、バプルキを名指しで「彼らが、ほうぼうで熱心に作っている学校」や傘下のインドネシア青年協議会ＰＰＩなどを具体的に非難している。

注目すべきは、この中で「バプルキ一派」と「統合派」がイコールで結ばれている点であろう。同じ決議の冒頭に「『われわれの目指すのは』同化であって統合ではない。バプルキの療法ではないのだ」とも謳われている。つまり同化派は、「同化の実現に組織的かつ意識的に反対している勢力」の代表として、シャウ・ギョク・チャンの率いるバプルキに照準を絞り直した、といえるだろう。逆に、華人の集団性を「個人的」に擁護した第三派は、この時点で直接の攻撃対象からはずされたわけである。

バプルキへの対抗意識は、セミナーが同化憲章とあわせて決議した同化啓蒙委員会（Panitia Penyuluhan Asimilasi）の結成声明にもあらわだった。この委員会は「バプルキのごとく、永久にマジョリティから遠いプラナカン華人だけの政治団体」とならぬよう、「同化実現の促進のため、インドネシア民族全体に情報を提供すること」に任務を限定し、「より権限のある機関に引き継がれるまで」の暫定的活動を「メンバーを勧誘し大衆団体となることはせず、半ば個人的に」行なうもの、とされた。

バプルキの攻勢

同化運動の組織化を（逆説的な意味で）かくも促したのがバプルキであったとすれば、その動向を確認しておく必要があろう。

誌上論争からは早々と姿を消したシャウ・ギョク・チャンであったが、バプルキ議長としての彼の政治的地歩そのものは、いっそう固まりつつあった。一九六〇年一二月の大会で、ヤップ・ティアム・ヒンが提出したシャウへの不信任動議は「圧倒的多数で否決」され、ヤップは最終的に組織を離れることになった。[*3]

いまや名実共に「シャウのバプルキ」となった同組織の華人社会における影響力は、従来に増して急速に伸びつつあった。たとえば、一九五五年に一四二支部四万会員を数えた党勢は、一九六三年末に二三六支部、さらに一九六五年八月には四〇九支部二八万人以上まで膨れ上がった、とみられている。[*4]

こうしたバプルキの伸張は、スカルノの庇護を得たＰＫＩが、指導民主主義体制下で急速に勢力を増す過程と並行していた。しかも、シャウの路線が確立したことで、バプルキとＰＫＩの関係もいっそう緊密化したのである。ＰＫＩ傘下のインドネシア中央労働者機構（ＳＯＢＳＩ）出身のブユン・サレーがバプルキ中央委員会書記を務めたこと、同じくＰＫＩ系の文化組織、人民文化協会（ＬＥＫＲＡ）とバプルキが協力したこと、ＰＫＩの機関誌『ハリアン・ラヤット』が、しばしばバプルキ支持の論陣を張ったことなど、少なくとも反対勢力の間に両者の同一視を招く材料には事欠かなかった。[*5]

では、なぜ両者がこれほど接近したのだろうか。まずバプルキの側では、シャウを筆頭とする指導者層の元来のイデオロギー的な志向による面も大きかったと思われる。加えるに、特に一九六〇年代に入ってからは、ＰＫＩと歩調を揃えることがスカルノの庇護につながるという実際的な意味も増した。

ＰＫＩ自体が、かねてから華人の権利擁護というバプルキの基本目標に同情的な傾向は、アサート運動や小売業制限令への反対闘争にも明らかだった。ＰＫＩが「階級政党」の立場に徹した場合、経済強者と目された華人へ矛先を向ける契機もありえたように思われる。だが、一九五〇年代以来ＰＫＩの主たる攻撃対象は、欧米の外国資本、国内でも「官僚資本」や「地主階級」に設定されていた。[*6]これはスカルノの方向でもあり、バプルキもいっそう熱心に声をそろえたのである。

ＰＫＩにしてみれば、華人を敵視しない以上、スカルノの革命路線を奉じる指導者のもとで華人社会に支持を増しつつあったバプルキと提携することは、それだけでも少なからぬ政治的意義があったかも知れぬ。さらにこのあたりから、バプルキがＰＫＩの資金源になっていたのではないか、との当時から根強い見方が生じる。

シャウ・ギョク・チャンの死から約二〇年後、子のティオン・ジン（Siauw Tiong Djin）が博士論文を元に上梓した書は、当時バプルキ会員の小売業者や企業家がＰＫＩから資金源とみなされ、実際に資金の流れがあったことを示唆している。この書は、スハルト体制成立とともに共産主義者ひいては犯罪者扱いされ失脚した父を「多文化主義の愛国者」として再顕彰しようとした性格の強いものである。でありながら、バプルキとPKIの関係について（父ギョク・チャン自身はPKI側の強引な接近に閉口することが多かったと強調しているが）かなり具体的な実態を明記している点、バプルキの資金提供の事実についてもかなりの確度で傍証するものといえるだろう。[*7]

より確実にいえることは、一九五〇年代以来イスラーム勢力や軍部のように、反華人の中心と目された（したがって、バプルキの敵となった）勢力が、同時にPKIの本来的な敵対者だった、という点である。一九六一年から六二年を境にバプルキを敵視する同化派華人と陸軍の結びつきが明らかになると、PKIのバプルキへの肩入れも増してゆく。たとえば、PKI党首アイディットは、一九六二年一〇月の演説で「肌の色や血統への偏見であれ、特に強制的な改名という形であれ、人種主義への反対闘争を継続しなければならぬ」と述べている。[*8]これは、陸軍と結びつつある同化運動を暗に批判し、バプルキへの連帯姿勢を示したものと思われる。

もうひとつ問う必要があると思われるのは、これほどPKIとの接近が明白となったバプルキが、なお華人社会に支持を広げた理由である。これには、PKIが華人に寛容だった経緯も影響したかもしれないが、むしろ政局の全般的な緊張の中で、スカルノの庇護を確保しようとする路線が、イデオロギーとあまり関係なく支持されたとみるのが妥当ではなかろうか。[*9]すでにみたとおり、当時、華人は国籍にかかわらず、生活の安全や諸権利の保障の面で多くの不安定要因にさらされていたからである。

少なくとも、バプルキが華人社会で直接積み重ねてきた実績は明らかであった。特に、一九五七年に着手した学校経営事業はその後も発展を続け、一九五九年ジャカルタに開設されたレス・プブリカ大学は、従来の小中学校や高校同様、中国籍の生徒にも門戸を開き、不足がちな高等教育の機会を求める華人の声に応えたのである。一九六二年から六三年の時点で、バプルキの経営する学校はジャワを中心として全国に約一〇〇校、生徒数約二万八〇〇〇人、ジャカルタだけでも小学校一四、中学校七、高校三、大学一、生徒数約一万五〇〇〇人、大学生数約五〇〇〇人を擁していたとみられる。[*10] これらの学校組織こそ学生・青年団体などの基礎にもなり、ひいては家族も含めたバプルキ支持層の拡大に寄与したものであろう。

このような拡大基調を背景に、バプルキの総帥シャウは同化派の動きを牽制・攻撃していった。たとえば、一九六二年に出版されたパンフレット『パンチャシラ〔スカルノが唱えた建国五原則〕は反人種主義』の中でも、彼は「全面的同化運動と称す一部の人々の動き」を取り上げ、「華人大衆を惑わしかねない」と批判した。[*11]「彼ら大衆は……パンチャシラに基づいた社会主義社会を目指す、すべての革命的勢力の結集にこそ導かれねばならぬ」というのであった。「〝アスリであること〟や〝全面的同化〟は、マニポル・ウスデックとレソピムを真に支持する、革命的勢力たる条件ではまったくない」[*12]というふうに、彼の言辞はますますスカルノの政治用語に傾斜していった。

同化運動と軍の提携

バプルキに対抗する同化運動は、一九六一年から六三年にかけて次の四段階の組織の変転を経た。注目すべきは、第一段階から陸軍中央へのアプローチがなされ、第二段階で早くも提携が実現していることである。

（一）同化啓蒙委員会

この組織の結成が、同化論争の論客や支持者による一九六一年一月のセミナーで議決されたことは先に触れた。その後、少なくともジャカルタの「中央委員会」が実際に発足し、同年六月、同化論争の顚末を記録したパンフレット『同化概念の誕生』の初版を配布している。翌六二年一月には「同化憲章」の一周年に合わせ、同パンフの改訂版が初めて公刊された。その中には「〔一九六一年のうちに〕中央や地方の高官と接触した結果、……同化の概念は明らかにインドネシア共和国の国策となるに適しているとの感触」を得た旨、自負を込めて報告されている。[*13]

彼らの接触先で軍部が重要だったことは、委員会書記シンドゥナタ（Kristoforus Sindhunata、原名Ong Tjong Hay 一九三三―二〇〇五）の回顧にも明らかである。当時二八歳のシンドゥナタは、この一九六一年、インドネシア大学の法学部を卒業すると同時に海軍法律部に勤務した人物であり、軍への接近に中心的な役割を果たしたものとみられる。[*14] 彼によれば、海軍参謀長のマルタディナタ（E. Martadinata）が「かくも小さなグループで、これほど大きな問題に取り組もうとしている決意に驚嘆」し、国軍指導部へ同化派の考えを取り次ぐよう確約した、という。[*15] またソマースの研究によれば、彼らは一九六二年に陸軍大佐スチプト（Sucipto）、さらに陸軍参謀長（兼国防治安相、同年六月から国軍参謀長）のナスティオン（A. H. Nasution）へも接触を果たしたとみられる。[*16]

（二）民族一体性育成事務所UPKB

上述の接触の結果、一九六二年六月、陸軍参謀本部の職務領域育成機関BPPKの中に設置されたのが、民族一体性育成事務所UPKBである。同化運動を軍が庇護する構図は、この時点で衆目に明らかとなった。「民族の一体性の育成（Pembinaan Kesatuan Bangsa）」をその名に冠しつつ、事実上「プラナカン＝外国系マイノリティの問題」の解決に任務を絞ったUPKBの活動規約には、先の同化派セミナーの決議がほとんどそのまま盛り込まれている。[*17]「社会的交際に重点を置きつつ、あらゆる領域で排他主義の傾向を排撃し同化を進めること」がその中心である。当面の活動計画の一つとして、前年一九六一年に成立した改名に関する法令四号に従い、「希望者の手続きを助けるとともに、その意義を啓蒙すること」が掲げられている点も目を引く。

全体会議の議長にはBPPKのハルソノ（Harsono）中佐が就き、顧問として中国との二重国籍防止条約の締結にあたった元外相スナルヨが迎えられた。一方、執行部の議長はシンドゥナタが務めた。発足時の執行部メンバー一〇名のうち、華人とみられるのはシンドゥナタを含め四名、残りは民間の法学士などプリブミと思われる賛同者から成っていた。華人メンバーの中には、同化論争の論客ラウ・チュアン・ト（この年ユヌス・ヤヒヤと改名）のほか、後年スハルト体制下で国会議員や戦略国際問題研究所ＣＳＩＳの所長となる、当時二五歳のリム・ビェン・キー（Liem Bian Kie、後にユスフ・ワナンディ Yusuf Wanandi と改名　一九三七―）の名が現れている。[*18]

（三）民族一体性育成協会（民間団体）ＬＰＫＢ①

一九六三年五月初めの戒厳令解除に合わせ、同令に基礎を置いて作られた諸機関も解散ないし他へ移管されることが、一九六二年末に決まった。ＵＰＫＢを包含するＢＰＰＫもこれに該当したため、同化運動は新たな組織作りを余儀なくされた。[*19]

折しも一九六三年三月一四日から予定されていたバプルキ全国大会への対抗を意図して、彼らは「同化会議」と称する会合を、同月一〇日から一二日にかけてジャカルタで催した。国軍参謀長ナスティオンやスチプト大佐を含め、一〇名の軍民高官を招待して行なわれたこの会議の最終日、同化運動の新たな中心機関として結成される運びになったのが民族一体性育成協会ＬＰＫＢである。ＬＰＫＢは民間団体の体裁をとったが、その本部はＵＰＫＢと同じ陸軍の構内に置かれ、両組織の継続性は明らかだった。[*20]

綱領上の任務も、排他主義の一掃と同化の促進、そのための調査活動など、ＵＰＫＢと大きく変わるところはなかったが、おそらく「民間団体」となった分、中央・地方の政府へ同化の支援・促進を働きかけるべきことが強調された。議長はシンドゥナタ、顧問としてスナルヨに加え、元ＵＰＫＢ全体議長のハルソノ中佐が横滑りしている。[*21]

（四）民族一体性育成機関（政府機関）ＬＰＫＢ②

一九六三年という年は、五月に終身大統領の地位を得た「革命の偉大な指導者」スカルノの権威が、内外情勢の緊張と比例するかのように、異様に高められる節目に当たっていた。PKIなどの左派勢力と提携したバプルキに対し、軍と結託したLPKBが争う闘争においても、いかにスカルノの支持を自派へ引き寄せるか（少なくともそのような外観を確保するか）が重要な焦点となった。

そうした中、ＬＰＫＢ側は七月一五日、陸軍系の大統領諮問機関、革命指導協議会（ＭＰＰＲ）の書記でもあったスチプトの働きかけにより、スカルノから「排他主義を一掃し、同化を通じて民族の一体性を創り上げんとする青年の努力を……正当と認める」旨の教書を取り付けた。さらに一八日、「インドネシア革命の完遂における民族の一体性育成の重要性……にかんがみ」、政府の特務機関として「ＬＰＫＢを［新たに］設置」するという、大統領決定一四〇号を引き出すことに成功した。この結果ＬＰＫＢは、情報大臣アブドゥルガニ（Ruslan Abdulgani）管轄下の公機関として生まれ変わることになったのである。*22

新ＬＰＫＢの任務として、綱領には「インドネシア国民中の諸集団の間で民族一体性の促進に努めること」が謳われ、華人への直接の言及はなかった。しかし、「民族の一体性のため、同化の絶対的必要性……を啓蒙すべきこと」が明記されるなど、これまでの同化運動との連続性は明らかだった。議長には、やはりシンドゥナタが、同日付の大統領令一四一号で任命された。*23

同化派の華人グループにとって、バプルキに対抗し政権中枢への接近を図る上で軍中央と結ぶ効用は、ＬＰＫＢ公機関化の成功に端的に示された。では、軍の側が同化派華人を支援したのはなぜだろうか。

容易に推察されることは、熾烈さを増す権力闘争の中で、ＰＫＩと結ぶバプルキに公然と反対し、その支持基盤の一掃を目指していた同化派を後押しすることに、それ自体意味があった、という点である。

このような政治力学上の要因と並んで、「華人は同化すべし」という同化派の理念に軍の側も（動機は相当異なるが）基本的に一致していた、という点も見逃せない。特に、同化主義の国策化に至るこの後の展開を考える上でも、軍中央の華人観や華人をめぐる問題への基本的な考え方をみておく必要があろう。この点で、陸軍参謀本部が一九六一年二月ごろ（すなわちLPKB設立の一年以上前）に作成した『インドネシアの〝華人問題〟』と題する内部便覧用のパンフレットが有用である。[*24]

たとえば、情報将校マゲンダ（E. J. Magenda）による序言は、当時のナスティオンや数年後のスハルト将軍の発言にも通底する軍特有の「華人問題」観を典型的に示している。[*25]

この序言は、「問題」の所在について次の三つの局面を指摘する。

①国外からの戦略的脅威――「二つの中国」、特に共産中国がインドネシアの華人（人資源と資産）の保護を口実に介入してくる懸念。

②［右記と結びついた］華人による破壊・転覆活動の可能性――「彼らはマイノリティだが、わが国の経済を揺るがし、混乱させ、支配することができる」。

③「［国内の］民族主義分子 anasir-anasir nasional が、ナショナリズム感情をあおる可能性」。

このうち③は、前後関係や本文中の類似の記述から、プリブミ住民による反華人騒擾《そうじょう》を指すことが明らかである。総じて、軍が第一に責を負う国防と治安維持の観点から、中国・華人のみならず、プリブミ住民に対しても警戒の念をあらわにしたものと要約できるだろう。

これらの「問題」の歴史的経緯や現状、原因などを分析した本文の中では、次の諸見解が特に注目される。

①華人の団結や中国との結び付きで何より重要なものは「血と文化」の紐帯である。政治的信条の違いなどは二次的なものにすぎない。

②大統領令一〇号執行などの観点から国籍問題の解決は必要である。だが、法的に外国籍とインドネシア国籍の別はあっても、文化、宗教、慣習や「故地・中国」への愛着という面からみるならば、華人は依然一つの社会を形成している。

③それが経済の独占とあいまって、住民の反華人感情による治安上の懸念を生んでいる。[*26]

「解決」の方向としては、大きく次の二策が示唆されている。

①中共の介入の封じ込め――その一環として、中共の資産・人資源とされかねない外国籍華人の社会・経済的機能を弱めること。

②インドネシア国籍華人の「同化」――彼らを外国籍華人から心理的に分離できるよう、また「故地・中国」への愛着をもたぬよう、慣習・伝統文化の諸要因を「中性化 (menetralisir)」すること。[*27]

さらに、インドネシア国籍の取得が「同化」へ直結すべきことを説く結語として、前月に宣言されたばかりの「同化憲章」の文言が、ほぼそのまま転用されている[*28](!)。

本文の執筆者が参謀本部内外の誰だったか、華人の同化派とすでに人的なつながりがなかったのか、つまびらかではない。だが、「国防と治安」という軍独自の論理から華人の「中性化」としての同化論にたどりついていること、UPKBに結実する同化派側のアプローチにむしろ先立って軍中央が同化派の動きに注目していたこと、しかも軍の描く「解決」の方向に同化派の言辞が利用可能であったことを、全体として読み取れるであろう。

同化派の変容

同化運動の組織化が軍との提携によって進む中、同化派華人の中心的顔ぶれや、その主張のスタイル・内容にも見逃せない変化が現れた。

同化論争で活躍した論客のうち、運動の各段階に参加し続けたのはラウ改めユヌス・ヤヒヤ一人であった。同化派の立場から論争を主宰したオヨンは、UPKB以降の諸組織には加わっていない。[*29] ちなみに、彼が主筆の『スター・ウィークリー』誌は、一九六一年九月、スカルノ政府によって停刊に追い込まれている。オヨンは一九六五年に日刊紙『コンパス（*Kompas*）』を創刊した後、一九六六年から六八年ごろにかけてLPKBなどの同化運動を支持する記事を同紙上に書いている。[*30] 他方、オン・ホク・ハムは、UPKBの全体会議と民間LPKBのメンバーに名を連ねたものの、LPKBの公機関化以降は運動の一線から遠ざかった。

オヨンやオンに替わって同化運動の中心となったのは、LPKB議長に大統領令で任命されたシンドゥナタである。また、公定LPKBのスタッフには、UPKB以来の参加者リム・ビェン・キーのほか、後年リムと共に戦略国際問題研究所CSISを指導する、当時二九歳のハリー・チャン・シラライ（Harry Tjan Silalahi　中国式名 Tjan Tjoen Hok　一九三四—）も加わっている。[*31] 新旧の顔ぶれはいずれも、ジャカルタを中心に活動するプラナカンの青年知識層という点では共通していた。だが、シンドゥナタ、リム・ビェン・キー、ハリー・チャンらが加わったことで、従来よりも顕著になった同化派全体の傾向がふたつある。

ひとつは、当時無名の青年だった彼らの多くが（結果的に）数年後の九・三〇事件以降、スカルノ体制打倒を掲げる大衆運動の先頭に立ち、いわゆる「六六年世代」の指導者として台頭する人々だったという点である。[*32] 中でもリムおよびハリー・チャンらは、やがてスハルト新体制の中枢を陰で補佐する代表的人物として知られるようになる。[*33] 民間・政府両LPKBに加わったプリブミのメンバーにも、コスマス・バトゥバラ（Cosmas Batubara）やアニス・イブラヒム（Anis Ibrahim）ら、やはり反共・反スカルノ学生運動の指導者となる人々が含まれている。

もうひとつは、同化運動に集まった人々のかなりの部分が、宗教上カトリックに属していたという点である。同化論争の論客では、オヨンがカトリック教徒として知られていたが、シンドゥナタ、リム・ビェン・キー、ハリー・チャンはいずれもカトリック学生組織指導者の経歴をもち、ハリー・チャンは後にカトリック党の副議長となった。プリブミの支持者の中にもキリスト教の洗礼名をもつ者が多く、UPKBと同じ一九六二年に設立された華人同化主義の民間組織、「民族の芽」協会（Yayasan Tunas Bangsa、常勤議長シンドゥナタ、第一書記ユヌス・ヤヒヤ）の名誉会長には、カトリック党の党首セダ（Fransiscus Seda）が迎えられている。[*34]

このような同化運動とカトリックの親和性の理由として、まず同化主義の理念にかかわるレベルで、次の諸点を指摘しうるだろう。①同化派華人の母体となった都市のプラナカン知識層一般に、ヨーロッパ人の宣教活動やミッション・スクールでの教育を通じキリスト教に親しむ傾向が植民地期以来みられたこと。②カトリックの教会・学校制度が、やはり都市知識層に属する一部のプリブミとプラナカンの間に共通の出会いの場を提供したこと。③それらの場で、肌の色など人種的出自の別を超える（べき）「普遍的」な信仰世界を共有した体験が、「同化」を唱える際の裏づけになりえたろうことである。[*35]

もっとも、このような広義の歴史的・文化的背景とは別に、政治勢力としてのカトリックが、一九六〇年代の政治状況において国軍を盟主とする反共側の重要な一角を形成していたという事情のほうがここでは重要であろう。[*36]特に、先に指摘した同化運動指導者の第一の傾向と合わせてみるならば、いまや同化派華人の動機において、単に「排他性」を嫌い「同化」を目指すということ以上に、「反共」およびその別表現としての「反バプルキ」の要素が比重を増してきたといってよいだろう。

同化運動の進展につれ、活動スタイルや言辞の面でも「運動」独自の特徴がいくつか目につくようになった。まず、かつての「論争」が、まがりなりにも「社会の公器」を媒体とする開かれた形をとったのに比べ、陸軍中央や権力中枢への直接・迅速なアクセスを重んじた結果であろう、「運動」の展開は首都ジャカルタのきわめて狭い政治サークル内のやりとりに限られるようになった。

また、同化論争はもちろん「同化憲章」の段階までは、どの主張も個人名を伴う「肉声」だったのに対し、UPKB以降は組織名でくくられた（しばしば無記名の）「パンフの声」が中心になった。それに伴い、言辞の面でも、スカルノの用語を取り込んだ政治的クリシェ化が、バプルキに負けず劣らず進行した（もっともこの点は、一九六三年以降スカルノ体制末期の政治言語をめぐる一般状況であった）。内容においては、華人の同化をナショナリズムの必然的要請と結び付け、これに反対する立場を排他主義＝バプルキ（＝共産主義）と図式化して糾弾する傾向が強まった。[*37]

総じていえば、同化論争において少なくとも第三派との間で保たれた理性的討論の要素は同化派からも失われ、いまやバプルキとの、互いに一方的な言葉の投げ付け合いだけが残った。その勝敗を左右する要因としては、もはや言論よりも、軍・PKIとの提携を通じた政治闘争の帰趨《きすう》にこそ焦点が移ったのである。

煮詰まる政争

短期間の間に陸軍中央との提携を果たし、LPKBの公機関化に成功した同化派であったが、華人社会への浸透力の面でも政局全体に及ぼす影響力の面でも、一九六五年に至るまでバプルキ優位の形勢は明白であった。[*38]

一九六三年一〇月、情報相アブドゥルガニはLPKB地方支部の創設を各州の知事・軍司令官らに指示、ほどなく州級一五、市・郡級六〇余りの支部がジャワ、スマトラ、カリマンタン、スラウェシ、ヌサトゥンガラと全国各地に設けられ、プリブミの軍人・官僚中心とおぼしき支部長名簿も作られている。[*39] しかし、上意下達で作られたこれらの支部がどれほど実体として機能したか疑わしく、LPKBの活動は（次節にみる九・三〇事件後の一時期を除き）依然ジャカルタの政治サークルでの動きが大半だったと思われる。

華人社会への支持拡大という観点からすれば、同化派にとって軍と結んだことは明らかにマイナスに作用したろう。軍は華人一般への不信感を隠さず、一九五七年から五八年の台湾系中国語学校・新聞の閉鎖や、一九五九年に小売業規制・強制追放の先頭に立った記憶も、華人側に生々しかったはずである。上述の文官アブドゥルガニが、ラジオ演説で「同化は、政治・社会・経済および文化、特に教育の諸領域にかかわるが、宗教信仰、結婚、名前や慣習などはLPKBの任務外の私的な事がらである。まして、強制や威嚇を用いることはパンチャシラの精神にまったく反する」[*40]と「特に強調」する必要があったのも、裏を返せば、同化運動への猜疑心が華人社会に根強かったからであろう。

そもそも、「自発的同化」を掲げながら、華人社会で「運動」を展開すること自体に、論理上・実際上の無理があったと思われる。また、これまでみてきたとおり、同化派の主張には、華人の集団性を必要としない個人の自己救済の面と裏腹に、そうなれぬ者、「血統にこだわる者」(しかもプリブミ側より華人自身)を「時代遅れ」と切り捨てるか、諸悪の根源として糾弾する傾向が強かった。努めて華人の利害をすくい上げようとしたバブルキとの大衆基盤の差は、おのずから明らかであった。

一九六三年三月から五月にかけて、チルボン、バンドゥン、スカブミなど西ジャワ一帯に大規模な反華人暴動が拡がったときも、LPKBは「華人の奢侈《しゃし》と排他性が招いた結果だ」と冷淡な姿勢を示すにとどまった。[*41]他方、バブルキは、PKIや左派のインドネシア党と提携し、華人被害者の救済に当たった。[*42]同年一二月の全国大会でシャウ・ギョク・チャンら指導部は、LPKBを名指しで「いわゆるアスリと華人系グループ間の緊張を高め、反革命勢力の行動［=反華人暴動］を精神的に準備した」と非難した。[*43]

同化運動に対するバブルキの優位を決定づけたのは、両者が競ってその支持を取り付けようとした、スカルノの態度であったろう。一見スカルノは、LPKBの政府機関化を承認し、同化運動へ祝福の言葉を与えてもいる。だが、同化派が「錦の御旗」として運動文書に掲げ続けたそれらの言葉は、たとえば「マイノリティを有するネイションはネイションでない」[*44]など、スカルノが繰り返し口にしたナショナリズムの一般論の域を出るものではなく、それを「同化」と結び付けるのは運動側の解釈ひとつであった。

一九六三年三月一四日、同化派側の「同化会議」同日開催という牽制にもかかわらず、スカルノはバプルキの全国大会に出席し、彼の支持がどちらにあるかを示した。[*45] さらにこの日の演説で、「私はインドネシアにマイノリティの存在を望まぬ、あるべきはインドネシア民族を構成する諸種族（スク）のみだ」との文脈ながら、華人を種族の一つと認めたこと、「改名や改宗は私的な事がらであり、私自身は同化の問題に干渉する気がない」とスカルノが述べたことは、同化派にとって打撃となった。

スカルノは同じ演説中「種族や宗教が何であれ、アスリであろうとなかろうと……」と繰り返しているから、華人と「アスリ」の別が単なる種族の違いと異なることは、あらかじめ認識しているわけである。その上で彼が重きを置いたのは、それらの区別をいっさい超え、「われらが革命の完遂、すなわち公正にして繁栄したインドネシアのネイション・ビルディング」のために「団結せよ」「闘争せよ」「マニポルを実行せよ」という呼びかけのほうであった。そして「バプルキは明白にパンチャシラに立脚し、人民の代弁者［たるスカルノ］を助け、マニポル・ウスデックを基礎とする組織であるがゆえに、私はこの場にやってきたのだ」[*46]と、「華人＝スク」論よりバプルキの政治路線こそを祝福する姿勢を示したのである。

さらに同年八月の独立記念日演説に際し、スカルノは「反帝国主義闘争における革命的な国民協力の必要を理解せぬ共産主義恐怖症、ナサコム嫌い」というくだりで、LPKBの反共要素を名指しで批判した。[*47] 一二月のバプルキ大会は、このスカルノ発言を引いて、LPKBの「誤り」と自己の路線の正当性をいっそう強調した。[*48]

スカルノのこうしたバプルキ寄りの姿勢は、従来、諸勢力の均衡に腐心してきた彼自身が、いまやPKIを第一のパートナーとする革命路線に傾斜し、陸軍を核とする反対勢力との二極対立を深めつつあった、一般状況を反映していた。経済政策や対外関係においても、一九六三年は曲がり角であった。この年前半までに西側諸国との協力を前提として作成・発表された経済安定化計画は、九月のマレーシアとの「全面対決」政策発動を機に、イギリス資本の接収、アメリカによる新規援助の停止、とたちまち頓挫した。さらに一九六五年一月の国連脱退に至る革命外交推進の中で、この一九六三年四月に共同コミュニケを発表した中国との接近だけが突出して進んでゆくのである。*49

同化派に対するバプルキの政治的な優位は、こうした内外政局の緊張の中で(PKI同様、自己の安全のためスカルノとの政治的一体化を図るほどに)、あくまでスカルノの権力が確保されているかぎり、という危うい基盤に依存していったといえる。

2 九月三〇日事件による急転

反「PKI・中国・華人」の暴風とバプルキの壊滅

一九六五年の九月三〇日事件の真相はいまだに明らかではない。が、結果的に起きたことは、おおむね次のように要約できよう。①「革命評議会」傘下の部隊による、当時の陸軍トップ六将軍の暗殺。②陸軍戦略予備軍司令官スハルトの陣頭指揮による「革命評議会」の運動鎮圧。③暗殺・クーデター未遂事件の首謀者と名指しされたPKIの党員や、シンパと目された者を中心に、全国で五〇万人とも一〇〇万人ともいわれる人々が大量虐殺され、それ以外にも多くの人が逮捕・投獄・流刑されたり、家族を含めて長らく迫害を受けたりすることになった。④華人も迫害の標的となった。[*50] ⑤ＰＫＩや関連団体は壊滅し、同党を擁護しようとしたスカルノも権力を失った。⑥スカルノから権力を奪取したスハルトによる「新秩序体制（オルデ・バル）」が成立した。⑦同体制は、内政・外交の大転換を行なうとともに権力基盤を固めてゆく。国軍を柱とする内政の「安定」の上に、経済官僚（テクノクラート）を用い国際資本と結ぶことによって、経済の復興さらに「開発」を目指すことになる。

この体制転換の渦中の一九六七年前後に一連の華人政策が新たに策定され、以後、約三〇年続く「同化政策」の基礎も敷かれる。九・三〇事件後から新秩序体制成立に至るインドネシアの政治・社会・経済的混乱、特に華人をめぐる危機的状況が華人政策策定の直接の背景をなし、政策の基調にも大きな影響を及ぼしたと思われる。その経緯のポイントは次の諸点にまとめられよう。①当初「反ＰＫＩ」として噴出した政治的要求や住民感情が、すぐに「反中共」さらに「反華人」のデモや暴動へ転化していったこと。②その際、真っ先に攻撃対象とされたのがバプルキであったこと。③反華人暴動（の恒常的可能性）が、地方軍部による華人への強権策とあいまって華人一般の生命・財産を脅かし、国内の緊張と経済混乱に拍車をかけたこと。④ここに至って、確立途上の新体制政府が総合的な対策を迫られたことである。以下、華人政策をめぐる社会の側からの先鋭な要求に対し政府の側がむしろ受け身になっている点に留意しつつ、この間の経緯をもう少し具体的にみておこう。[*51]

まず、一九六五年一〇月から翌年の「三月一一日クーデター」までは、九・三〇事件を収拾したスハルトが陸軍の実権を握ったものの、スカルノはなお権力の座にとどまった。これに対し、首都周辺の学生行動戦線やイスラーム組織などが、事件の元凶とされたＰＫＩおよび関与を疑われた中共への処断を求め、やがてスカルノ自身を糾弾しはじめた。同時に、地方を中心とする全土で、ＰＫＩ党員やシンパ（と、みられた者）の大量殺戮や逮捕・拘留が進行し、スカルノ体制を一方で支えたＰＫＩの組織が物理的に壊滅した。

この間、華人に対しては、まず一〇月半ば、バプルキの運営してきたレス・プブリカ大学がムスリムの青年団によって襲撃された。さらに、一九六五年末までにシャウ・ギョク・チャンをはじめ主な指導者が「九月三〇日事件へ関与」したかどで逮捕され、バプルキの組織は中央・地方とも自主解散に追い込まれた。[*52]

同じころ、中国大使館や各地の領事館に対する軍人やデモ隊の襲撃も始まった。これと連動した華人居住区での暴行が北スマトラ、南スラウェシ、バリなどで発生しはじめ、一九六五年一二月には、メダンで二〇〇人を超える華人が殺害される事件も起きた。[*53]

翌年の三月一一日クーデターでスカルノが事実上権力を失い、翌日PKIが正式に禁止されてからは、学生や反共運動の矛先がいっそう「中国」と「華人」に集中するようになった。デモや暴動の対象や要求の内容には、よくみればいくつかに腑分け可能な要素が含まれていた。

①中華人民共和国の代表機関（大使館・領事館や新華社通信など）に対する「内政干渉」「華人扇動」などの糾弾。インドネシア政府への国交断絶要求。

②中国語学校、中国語新聞・書籍、華人独自の団体など、華人の「中国人性」や集団性の象徴とみられた文化・社会制度への攻撃。インドネシア政府への禁止要求。

③商店街の略奪・乗用車の焼き討ちなどに表れた、華人の「富」への直接攻撃。華人の経済活動の徹底的規制、さらには居住自体の禁止＝国外退去の要求。[*54]

むろん、多くの場合、これらが一つに結びついていた点こそ重要であろう。

スハルトを中心とする新政府は、体制の方向が固まってきた一九六六年半ばごろから治安維持を旨に反華人暴動を抑えこむ一方、華人への諸策を示しはじめた。まず、五月の内閣幹部会で外国式学校の全面禁止が決定された。これは、地方軍部やデモ隊がすでに中国語学校を占拠・閉鎖していた事態の追認措置に近かった。[*55]

六月末から七月初めにかけての暫定国民協議会では、「民族一体性の育成に関する決定」の第四条で、外国系インドネシア国籍民につき「……アスリの国民との不調和をもたらす、あらゆる障害を取り除き」「同化を通じた統合過程を促進す」べきことが基本方針として盛り込まれた。それは、「インドネシア文化の要素たる、地方の「プリブミ」諸文化の成長発展を促進する」と謳った第三条と好対照をなしていた。[*56] このときの協議会では外国式学校を禁止する方針が再確認されたほか、中国語新聞の発行も政府公報用の一紙を除き禁止されることになった。[*57]

九月以降、政府文書とマス・メディアを皮切りに、従来の「中国（Tiongkok）」という呼称が蔑称の「チナ（Cina）」に改められた。これは、八月末バンドゥンで行なわれた陸軍のセミナーの決議を採用したものだった。改称の理由として、セミナーでは「大衆の劣等感をなくし、彼らの優越感を削ぐため」とされたが、以後チナの一語で「中国」と「中国人（オラン・チナ orang Cina）」が同時に含意される副効果を伴った。さらに、同セミナーの決議や政府の採用時点では、オラン・チナの呼称は中国籍の「中国人」に限るべきだとされていたのだが、結局は華人一般を指して流布した。[*58]

一二月には、「ヨーロッパ人」「外来東洋人」「原住民」という植民地期の区分が残っていた住民登録法を廃止する内閣幹部会指令、および「外国系インドネシア国籍民の同化過程を促進するため」インドネシア風に改名する手続きを定め直した同幹部会指令が、同じ二七日付で出された。[*59]

一九六七年前半に発生したふたつの緊急事態は、中央政府にいっそう包括的な華人政策策定の必要性を突き付けた。ひとつは、東ジャワ州の地方軍司令官スミトロ（Sumitro）による過激な反華人政策の強行である。小売業から卸売業にわたる外国籍華人の活動禁止（に近い制限）や、人頭税の徴収、商務における中国語の使用禁止などの軍令が、年頭から同州の各地で実行に移され、華人側の抵抗を含む社会的衝突や、深刻な経済混乱を数カ月にわたって引き起こした（スミトロはまもなく更迭された）。もうひとつ、四月にジャカルタでは、スパイ容疑で拷問死したとみられた一華人の葬儀に数万人の華人が参列、一部のプリブミ住民と衝突した。数日後、数千人の対抗デモが中国大使館と華人居住区を襲った。[*60]

首都における危機的情勢に直面して、内閣幹部会は同月末「チナ問題解決のための国家委員会」を陸軍のスナルソ（Sunarso）准将を長に、軍・警察・法務・検察・商務・財務の各省庁代表を集めて発足、政策検討に当たらせた。この結果、六月七日に至って「チナ問題解決の基本政策に関する内閣幹部会指令」第三七号が公布された。[*61]

この間、インドネシアと中華人民共和国の両政府は激しい非難の応酬を続けていた。大使館・領事館への攻撃や華人への迫害に抗議する中国側に対し、インドネシア側は中国の「内政干渉」の非を言い立てた。すでに文化大革命の始まっていた中国側も、スハルト政権を「反革命」と規定するなど、九・三〇事件から丸二年も国交が保たれたことが不思議なほどであった。結局、アダム・マリク（Adam Malik）外相らの努力によって国交断絶という形は回避されたものの、一九六七年一〇月、外交団の相互引き上げによって、両国の国交は実質的に「凍結」された。[*62]

一二月六日に至り、「外国系インドネシア国籍民に関する基本政策についての大統領決定」第二四〇号、ならびに「チナの宗教、信仰および伝統慣習に関する大統領指令」一四号が、スハルト（三月から大統領代行）の名で公布された。[*63]

同化派華人の役回り

「反チナ」の危機的状況から華人政策の方向が定まった一九六五〜六七年の間、「論争」に表れたプラナカンの各立場の中では当然ながら、バプルキに対し一転して政治的勝者となった同化派、特にＬＰＫＢの積極的な動きが目だった。

九・三〇事件の当面の帰趨が明らかになると、ＬＰＫＢはまずバプルキの追い落としに力を注いだ。「ＰＫＩの陰謀である九月三〇日運動」を告発し、国軍を支持する声明を発表した上で、ＬＰＫＢは「ほぼ一〇〇パーセント華人系から成るバプルキ」の指導者が「アクロバティックな政治ゲーム」に加わったがために、政治闘争が「人種間の闘争」に転化され、華人全体を危険に陥れているとして、その即刻解散を要求するキャンペーンを張った。[*64] バプルキの各種学校が接収・改組される上でも、彼らは陸軍や教育省に協力し、少なからぬ役割を果たした。[*65]

一九六五年末までにバプルキの諸組織は消滅したものの、一九六六年に入りいっそう「反華人」の動きが増してくると、LPKBは国籍による峻別を訴え、インドネシア国籍民WNI華人への飛び火を抑えるよう腐心した。この時期、各地でWNI華人によるインドネシアへの「忠誠表明」大会やこれと連動した中国領事館へのデモが行なわれたが、少なくとも四月一五日、ジャカルタで一五万人を集めた大会の挙行には、LPKB指導部がかかわっていたとみられる。[*66] また、特にカトリック系のLPKBメンバーが反共・反スカルノ運動の先頭に立ったことは、既述のとおりである。西・中部ジャワなど一部の地方では、LPKB支部の支援でWNI華人の町ぐるみの改名が行なわれたほか、外国籍民WNA華人の店頭に「識別」用の表示を強制する事態すらみられた。[*67]

新秩序体制の政府が発足し、治安の回復と政策の枠組み作りが本格化した一九六六年半ば以降、LPKB指導部は、対華人政策の策定過程にも一定の参画を果たした。中でも重要なのは、この年六月から七月の暫定国民協議会に先立ち、陸軍中央と共同で政策提言を行なったこと、また一九六七年四月に発足した「チナ問題解決国家委員会」にシンドゥナタが名を連ねたことである。[*68] この結果、「同化」を基調とする華人政策の方針作りに貢献した——というのが、少なくともLPKB自身のアピールとなった。[*69]

だが、シンドゥナタらの提言と実際打ち出された華人政策には、かなりの隔たりが認められる。文化・社会政策の面では、LPKBが中国語学校や新聞、社会団体のいずれについても即刻全廃の要求をしたのに比べ、政策のほうはより現実的な例外措置を設けたり、治安維持に支障のないかぎり私的領域には干渉しない姿勢をみせるなど、全体として穏健ですらあった。[*70] まして次章でみるとおり、経済分野で外国籍民WNAをも全面的に活用しようとする策は、小売業制限令の厳格化など「WNAは排除すべし」[71]と唱えていたLPKBをおおいに困惑させるものであった。それは皮肉にも「華人の人資源・資本の［社会主義建設への］総動員」を唱えたシャウ・ギョク・チャンの主張と（旗印こそ違え）合致した政策だったのである。

確かに「WNI／WNAの峻別」「WNIの平等」の原則導入や「同化＝国民統合の必然的要請」といった言辞レベルでは、ちょうど陸軍参謀本部が「同化憲章」の文言を採用したのと同じように、プラナカン華人を中心とするLPKBが「論争」以来の同化派の主張を伝えた面があったかもしれない。少なくともこの面で、彼らが新体制の姿勢を先取りし「露払い」の役割を果たしたとはいえるであろう。

ただ、諸政策の策定にLPKBの存在が不可欠だったか、というと疑問である。いずれにせよ、政策の策定後、華人の同化運動はいったん「お払い箱」の形となった。一九六七年一二月、「WNI基本法」を引き継ぎの証とする形で、LPKBは実質的に解散（内務省へ移管）させられたのである。[72]これに先立ち、チナ問題解決国家委員会を引き継いで発足した「チナ問題特別参謀本部（Staf Chusus Urusan Tjina SCUT）」には、国家委員会のメンバーだったシンドゥナタもついに招聘されなかった。[73]結局彼らは、プラナカンを中心とする華人社会で台頭したバプルキへの対抗馬としてのみ利用された、との印象を否めない。

もっとも、先に指摘したとおり、「個人の自発的同化」を旨とする同化派が、組織的「運動」を展開すること自体に無理があった。バプルキなきいま、再び個々人の活動へ戻るのは、彼らにとってもむしろ自然な流れだったといえるかもしれない。その彼らが官製の「新・同化運動」に再動員されるのは、一九七〇年代に入り対華人政策ひいてはスハルト体制自体の諸矛盾があらわになってからのことである。

III部

華人政策と矛盾の拡大

スハルト体制期

クイック・キェン・ギー

（提供　TEMPO）

六　「同化」のねらい
新秩序体制成立期の華人政策

スカルノ時代を旧秩序と呼び「新秩序（オルデ・バル Orde Baru）」を自称したスハルト体制期（一九六六〜九八年）の対華人政策の骨格は、一九六五年の九・三〇事件を契機とする政治・社会・経済的な混乱を将軍スハルトが収拾しつつ権力を握る過程と並行して、ほぼ一九六六年から六八年に形成された。その経緯のあらましは前章にみたとおりである。本章では、政策の初期設定の時点での内容とねらいについて、いっそう踏み込んで考察しよう。特に、スハルト体制による華人政策としばしば同一視されてきた「同化政策」の内容と位置づけを再考し、それを「華人の同化」より、はるかに高次で喫緊の政策課題だった「国防治安」および「経済開発」との関係において把握すべきことを主張する。とともに、「同化」という語に込められた意味、ひいては同化政策のねらいが多義的だったこと、それらが当初から相互に矛盾をはらんでいたことを明らかにしたい。

インドネシアの華人政策を扱った諸研究のうち、スハルト体制期を正面から対象とするものはまだ少ない。そのうち、かなりの論者に共通するのは、スハルト体制の華人政策を最も特徴づけるのが強権的・抑圧的な同化政策だったとする見方である。インドネシア華人について誰より旺盛に著作を残してきたスルャディナタ、同体制の国家暴力についてラディカルな批判を行なってきたヘルヤント、植民地期以前からの華人をめぐる政治の推移について大部の史書を著したスティオノ、新進研究者のスリョムンゴロらにその傾向が認められる。[*1] 彼らの見方は、マスメディアや政治活動家の言説とも相互に呼応し、極端な場合には「スハルト体制の華人政策イコール同化政策」であったかのような図式化さえみられる。

たしかに、華語学校の閉鎖、華語メディアの禁止、華人だけの政治社会団体の解散・制限、中国的な宗教信仰や伝統行事の冷遇、インドネシア風の名への改名奨励など、スハルト体制期の華人政策のうち同化政策と呼びうるだろう側面に注目すれば、それは同体制期のいわゆるプリブミ諸民族集団に対する文化政策や、東南アジアをはじめとする他国の中国系住民に対する政策、さらにはインドネシアの過去およびスハルト体制崩壊後の政策のいずれと比べても特異であった。「同化は単なるスローガン」とみた研究もあるが、皮相にすぎる。[*2] 上述した諸政策の多くは、法令などの形で国を挙げて実施され、華人社会への影響の面でも相当な実質を伴っていたのである。

しかし、スハルト体制の華人政策は同化政策だけでくくれるほど単純ではなく、いくつもの側面を合わせもった。特に重要なものは、国防治安と経済開発に直接かかわる諸政策である。「安定」と「開発」がスハルト体制の要諦であることはつとに指摘されてきたが、「同化」を含む華人政策が、これらと密接にかかわって策定されたことを正面から論じた研究は見当たらない。一見して眼につきやすい同化政策の特異さに研究者も幻惑されてきたといえよう。本章では、これを政治的安定や経済開発という、より普遍的で実質的成果を求められる政策課題と関係づけて考える。また、体制の進行とともに、文書化されない非公式な「政策」も密かに、というよりしだいにあからさまに行なわれた。華人とプリブミの区別・分断策や、特定少数の華人政商への便宜供与などである。これらには、華人の政治的無力化、不透明な政治資金や役人の賄賂のための金づる化、社会不安に際しての華人のスケープゴート化などが伴った。[*3] これらを総合的に関係づけながらみることが、スハルト体制の華人政策について考える上で不可欠な視座の第一であろう。

これと関連する第二の視座は、同体制の華人政策の中で最も注目されながら誤解を招いてきた同化政策の実相を考える上で、「同化」という語に込められた意味の政治性と多義性に注意を払おうという点である。従来の諸研究は、総じて同化という語に何か社会学的現象を連想し、額面的に取りすぎてきた。同化政策に言及するとき、論者の多くが前提としてきたのは「華人は中国的な文化を放棄しインドネシア社会に同化すべきだ」という文化中心の思想である。華語の禁止をはじめとする前述の諸政策がこの思想を具体化したものだという見方は、まったくの誤りではない。だが、インドネシア語で asimilasi や pembauran と表現され、日本語で同化と訳されてきた言葉の内実はしばしば文化とは関係なく、しかもこの語を使う主体や時期や文脈によってまちまちである。体制側の初期の狙いに限っても、中国の政治的影響からの「遮断」、裏腹にインドネシアへの「忠誠」としての同化や、華人の文化の実質的変化を必ずしも目的としない「不可視化」としての同化、華人の資本や経営力を経済復興に動員すべき国家的資源に読み替える「みなし」としての同化など、さまざまな意味づけがみられる。一九七〇年代以降には、インドネシア国家や社会より、スハルト体制それ自体への絶対的「帰一」の別語としても使われることにもなってゆくのである。[*4]

以下、1節では国防治安、2節では経済復興の要請からくるスハルト体制の華人政策の真の狙いを、「同化」との関係に留意しつつみてゆこう。

1　国防治安政策と華人の「同化」

スハルト体制の発足期に中華人民共和国との関係が急速に悪化したのは、何より体制転換のきっかけとなった九・三〇事件で中国共産党がインドネシア共産党ＰＫＩを操っていたとの見方がインドネシア側に広まる一方、文革の開始期にあった中国側もスハルトを筆頭とするインドネシア軍部を反革命として非難し続けたからである。中国側の批判は、新華社通信やラジオ北京のインドネシア語放送などインドネシアの民衆にも広く知れわたる形で行なわれていた。一九六五年一〇月以降、インドネシア社会で拡大した「反ＰＫＩ」の暴力がすぐに「反中国」さらに「反華人」の動きへ転化したことは、中国側の非難と増幅し合った。一九六六年三月スカルノからスハルトへの「権力移譲」後ただちにＰＫＩが正式に禁止されると、反共の矛先はいっそう「中国的なもの」や華人一般へ向けられた。その中で、中国領事館に対する「内政干渉」糾弾デモ、華語学校や華人商店の焼き討ちなどと並び、インドネシア政府に対しても中国との断交、華語による学校や新聞の禁止、華人の経済活動の徹底的な規制、国外追放などの要求が突き付けられた。[*5] 前章でも述べたとおり、「反中国」「反華人」の動きにおいて、学生運動やイスラーム勢力などを核とする社会からの要求のほうが、スハルト体制の政策策定より時期的に先んじ、内容も先鋭だった点に注意すべきである。

スハルトの新政府は反共に資するかぎりで民衆の運動を扇動も利用もしたが、ＰＫＩが党員・シンパの虐殺や投獄によって壊滅した後は、経済復興にも必要な政治社会的な安定こそを最優先事項とし、いかなる「暴動」をも抑え込む姿勢を強めた。つまり、スハルト政権が華人絡みで国防・治安政策というとき、その眼目は大きくふたつに分けられる。ひとつは、中国による政治的介入や、中共に政治的忠誠をもつ一部華人による政権転覆・攪乱の動きを厳しく取り締まるということである。もうひとつは、反中国・反華人感情によるインドネシア社会からの騒擾《そうじょう》の動きを、あらかじめ封じ込めるということである。

これらの目的のためになされた演説や作られた法令は数多いが、一つの節目となるのは、一九六七年六月初めに出された「チナ（中国・中国人）問題解決の基本政策に関する内閣幹部会令三七号」である。同令は、六七年初め東ジャワで地方軍司令部による強硬な華人排斥の結果もたらされた社会経済的混乱と、四月に首都ジャカルタで起きた反中国・反華人暴動を受け設置された「チナ問題解決のための国家委員会」の答申に基づき作られた。[*6]

この法令は形式的・直接的には、インドネシア国籍民（ＷＮＩ）でなく、中華人民共和国とその国籍民（ＷＮＡ）

を対象とするものである。[*7] その中では、中国籍民に対する新規の居住許可を基本的に出さないこと（一条）、転覆罪など犯罪行為の判明した外国人には追放を含む処置が取られること（四条）が明言されたのに加え、外国人学校の存在を原則的に許さないとし（七条）、インドネシア住民となった外国籍の児童は、公立・私立のインドネシア式学校の生徒となるべきことが勧告された（八条）。[*8] また、定められた都市・地域で保健・宗教・葬祭・スポーツおよび娯楽分野に限り、政府の監督下、外国籍民の組織設立が認められた（一〇条）。逆にいうと、政治組織は厳禁、社会組織も大きく制限されることになったわけである。また、一定の条件に従い、インドネシア国籍の取得を申請できる旨が盛り込まれた（一一条）。この時点でまだ国交が保持されていた中国に対しては、インドネシアにおける中国代表が領事・外交上の儀礼基準に従う必要があると苦言を呈したほか（一二条）、インドネシアの国益に照らし中国との外交関係および一九五五年の二重国籍防止条約を見直す姿勢が示唆された（一三、一四条）。

これらは全体として、先に述べた国防治安の第一の眼目、すなわち中国による政治的介入や中国籍民による政権転覆・攪乱の動きを封じ込めるという目的に沿って、中国との外交関係や、中国につながりやすいとみられた中国籍民の存在や活動の極少化を狙ったものとみることができるであろう。内閣幹部会令三七号の四カ月後（一九六七年一〇月）、中国との国交が正式に凍結されることによって、中国系住民を中国から「遮断」しようとする策は、外交面においては図らずも一つの決着をみた。

とはいえ、「遮断」策は内政面でも展開された。その主たる対象は中国籍民である以上にインドネシア国籍を得た華人、通称ＷＮＩである。国交凍結の二カ月後、一二月六日付で発令された「外国系ＷＮＩへの基本政策に関する大統領決定二四〇号」をみてみよう。[*9]

第一条で「外国系ＷＮＩの地位は法の下、他のインドネシア民族（Bangsa Indonesia lainnya）と平等である」、第二条で「外国系ＷＮＩは権利と義務において他のインドネシア民族と変わりないインドネシア民族（Bangsa Indonesia）である」と謳った同決定は、続く第三条で「外国系ＷＮＩと本来のインドネシア国籍民との間の扱いの区別は廃されるべきで、正当化されない」と華人の差別を戒めている。[*10]
ただし、その前提として「外国系WNIの育成は、……人種排他的な生活の発生を防ぐため、同化（asimilasi）の過程を通じて進められる」ことが明言され、「特にまだ中国名を使用している外国系WNIに対しては、インドネシア名に改めるよう勧告」（第五条）されたのである。

外国系WNIを「同化を通じて統合する」という基本方針は早くも一九六六年七月の暫定国民協議会で文言化され、このとき華語新聞も政府広報用の一紙を除き禁止されている。また、中国式の姓名をインドネシア風の名に改めさせる政策は、一九六六年末の内閣幹部会令で打ち出されている。大統領決定二四〇号はそれらを総集したものといえる。[*11]先述の内閣幹部会令三七号とあわせみれば、WNI華人を中国や中国籍者の影響から「遮断」し、インドネシア国家への「忠誠」を明示させる方策としての同化の側面が明らかである。

ただし、ここまでみてきたWNI華人への諸策は、国防治安政策の第二の眼目、すなわち中国や華人一般に対する反感に根ざした、インドネシア社会からの暴力的な動きを治安回復の観点から封じ込めようとする狙いとも関連している。「外国系WNIは他のインドネシア人と法的に平等で、区別をしてはならない」という、大統領決定二四〇号第一～三条で繰り返された精神は、もともと同年八月、スハルトによる初の独立記念日演説の中で明言されたものである。いわく「社会秩序の実現のため、人種主義へ向かう行動に陥ってはならぬ」「外国籍（WNA）の中国人と中国系WNIの間に明確な一線を引く必要がある。［後者は］権利と義務において平等なインドネシア国民であり、差別的な扱いを避けねばならぬ」。[*12]こうした内容や文脈から、「WNI／WNAの峻別」と「WNIの平等一体」という一対の原則が、どちらかといえば、華人「以外」の民衆や末端行政および治安担当者へ向けられたものであることをみてとれよう。

とはいえ、書類を手にした行政官はともかく一般民衆にとって、ある華人が法的地位の上で中国籍なのか、インドネシア国籍なのか、容易に区別がつくものではない。そこで、個々人の社会的アイデンティティの最も基本的かつ明示的な指標である「名前」について、中国式の姓名を改め、インドネシア風に改名することが奨励されたものと思われる。商店の看板などにおける漢字の禁止も、ほぼ同様に考えることができる。ここでのねらいは、中国からの遮断や華人の監視というより、華人が華人であるという帰属性、および個々の華人の華人らしさとしての「華人性」の抹殺、あるいは少なくともそれを社会的に目だちにくくする、華人性の「不可視化」というべきであろう。[*13]

プリブミ社会にくすぶる反華人感情やそれに根ざした社会騒擾に配慮し、華人性をみえにくくするという同化政策の一面が改名と並んで明瞭に表れているのは、大統領決定二四〇号と同じ一九六七年一二月六日に出された「チナの宗教、信仰および伝統慣習に関する大統領指令一四号」である。いわく「故国に中心を置くチナの宗教……慣習は、心理上、精神上、またモラル上適切でない影響をインドネシア国籍民に引き起こし、同化過程への障害となる」。ゆえに、「故国への文化的愛着の面をもつ信仰は、家族間もしくは私的な実践」に限り、宗教・慣習上の祭礼も「公衆に目だつやり方でなく、家庭の中でのみ許可する」との方針が示されたのである。[*14]

このように、華人性の「不可視化」としての同化は、中国との関係悪化や「反共」と連動した政治的な反華人感情に配慮する治安対策という側面をもつが、それだけではない。発足期のスハルト体制にとって「治安回復」と対をなす、もうひとつの緊急課題、すなわち「経済復興」における資本・人材の動員策ともかかわるのである。

2　経済復興政策と華人の「同化」

スハルト体制の要諦は、社会秩序の安定と経済開発の成果の好循環による正統性の確保にあった。この二つのテーマは元をたどれば、スカルノ体制末期、さらに九・三〇事件後の大混乱のさなか、誰が権力を握ろうと火急の課題だった「治安回復」と「経済再建」に由来する。後者の方策として、「新植民地主義」との対決を掲げ社会主義陣営（実際には、ほぼ中国のみ）と接近しながら、「自らの足で立つ」とするスカルノ路線の破綻は明らかだった。

一九六六年三月に実質的な権力を握ったスハルトは、直ちに国際資本主義体制へ扉を開きながら、経済復興ひいては開発を進めてゆく路線を明らかにしてゆく。六月に国際通貨基金（ＩＭＦ）担当者を招聘したのを皮切りに、世銀、ＩＭＦとのパイプが復活・強化される。七月にはスハルト政権の経済政策を後々まで規定する暫定国民協議会決定二三号が公布され、外資への門戸開放が明言される。九月には日米欧による最初のインドネシア債権国会議が東京で開かれ、翌年の援助国会議発足につながる。同月、マレーシアとの国交正常化を受けて国連復帰も実現している。六七年一月には外資導入法が定められ、二月、ＩＭＦへの再加盟が認められた。[*15]

経済再建に当たって外資導入が重視されたことは以上の素描からも明らかだが、それに劣らず重要なことは、国内の民間資本の動員策が同時に講じられたことである。外資法の翌年、第一次開発五ヵ年計画開始の前年に当たる一九六八年七月に制定された国内投資法がその基盤となる法令である。その前文で、「現下の経済発展段階と国民的潜在力の水準においては特に、(国内)外国人 orang asing（domestik）の所有する国内資本をも活用する必要がある」と謳われ、本文第一条でも「国内資本」の定義として、国家や国民の所有する富と並び、「インドネシアに居住する外国民間人 swasta asing」の所有する富が含まれる、と言明された。資本を動員すべき「国内外国人」や「外国民間人」がほぼ外国籍の中国系住民を意味することは、当時のインドネシアの文脈では自明である。[*16]

国内投資法については、「投資される資本の出所は詮索せず課税もしない」と謳った第九条こそが、海外へ逃避していた華人資本を呼び戻す上で核心的な規定であったとの指摘もある。[*17] 結果として、一九六九年から七三年実行ベースの投資総額約二〇億ドルのうち、外国投資が約一一・三億ドル、国内投資が約八・八億ドルだったとする推計がある（ただし石油・天然ガス投資を除く）。[*18] 国内投資のうち正確にどれだけが華人資本によるものかは明らかではないが、ロビソンは諸説を検討した上で「少なくとも、国内民間資本投資の七〇～七五パーセントが華人所有で、中・大規模企業資本に支配的な地位を占め続けていた」と結論づけている。また、政策転換の統括者たるスハルト自身、ＷＮＩ／ＷＮＡを含めた華人が「全国資本の七〇パーセントを手中にする」と、当時認識していたことは重要であろう。[*19]

一九六七年六月の内閣幹部会令三七号のうち、中国からの「遮断」策に相当する部分を先に分析したが、実は、この法令も全体としてみれば「経済動員」にこそ重点があった。たとえば前文冒頭で「現下の開発の枠組みにおいては、外国籍住民（WNA）の手中にあるものを含め、あらゆる国民的人力と資力を編成・活用する必要がある」こと、「人民の企業能力・技術および知識を開発し、社会的な繁栄と安寧を達成するため［中略］、WNAの資本と企業組織を適切な機能と割り当てのうちに位置づける必要がある」ことが謳われていた。本文においても、第二条で「すべての善意のWNA（無国籍者を含む）に対しては、生命・財産・事業にわたって保護と安全の保証が与えられる」ことが宣言され、第五条で「インドネシア領内で得られ増殖された資本、すなわち国内外国資本（modal domestic asing）は基本的に、外国系住民の手中にある国民の富であり、復興と開発の利益のために動員・育成・活用されねばならない」と明記されている。この第五条が、翌年の国内投資法の「国内外国人」概念につながってゆく様をみてとることができよう。[*20]

他方、WNI、すなわちインドネシア国籍の華人に対しては、一九六七年の大統領決定二四〇号第六条で、「開発を促進し民族と国家の繁栄と安寧を高めるため、あらゆる領域に人資源と資力とを動員するに当たり、外国系WNIには、本来の国民と同等の機会が与えられる」と定められた。このように、中国系住民の資本や経営技能が、国家的課題とされた経済復興と開発に大きな役割を与えられ、基盤となる法的制度が整えられたわけである。WNIのみならずWNAまで含めた、すべての中国系住民を対象にしている点で、この方針を経済復興と経済開発における「華人資本の総動員」策と呼ぶことができるだろう。[*21]

華人の資本や人資源の活用をこれほど表立って打ち出すことは、独立後のインドネシアでは初めての、異例ともいえる方針であり、政治的リスクを伴う選択であった。一九五〇年代のベンテン政策やアサート運動、村落での外国人（実質的に華人）の小売業を禁じる大統領令一〇号などの形で脈々と表れた国民経済の土着主義、すなわちプリブミ優先＝華人排斥の要求に真っ向から逆行するものだったからである。インドネシア「土着」の住民として、政治的にはむろん経済的にも本来主役であるべきプリブミが、植民地期以来、「外来者」の華人に出し抜かれ、搾取され、社会経済的に劣位に置かれてきたという怨念こそ、言葉や生活習慣・宗教など文化的な違和感と複合し、時には華人の背後にイメージされる中国の脅威感によっても増幅される反華人感情の源泉だといえる。まして九・三〇事件以降の混乱の中で、華人商店の焼き討ちという直接行動が頻発したり、華人の経済活動の徹底的規制、果ては全華人の国外追放を叫ぶ声さえ政府に突き付けられたようすは、すでにみてきたとおりである。

しかし、当時の状況で、政府が経済土着主義にのっとった政策を発動する余地はまったくなかった。ベンテン政策に始まる一九五〇年代のプリブミ企業育成策が、ほとんど成果のないまま形骸化した苦い経験は、すべての政策策定者の頭にあったろうし、華人を強権的に排除した場合にどれほどの社会経済的混乱が起きるかは、一九五九年大統領令一〇号を厳格に実施しようとした西ジャワなどの事例に加え、一九六七年頭の東ジャワで現に再び実証されつつあった。九・三〇事件後のインドネシア情勢を注視する西側資本主義諸国や国際金融機関、また国内外（主に東南アジア地域）の華人から早急に資本を調達しなければならない状況下、土着主義を発動する選択肢は、スハルト本人にも、また彼の信任下で経済再建策を担ってゆくテクノクラートたちにも、まったくの対象外であったろう。また、国防治安の面では中国や華人に猜疑心を抱く国軍にしても、生身の軍組織、あるいは個々の軍人の資金源やビジネス・パートナーとして華人企業を政治的に庇護しつつ経済的には依存する構造が、一九五〇年代末からすでに形成されてきていたのである。[*22]

そこで、「WNIの平等・一体」原則を強調して反華人の声を牽制すると同時に、WNAさえも経済復興と開発に活用されるべきインドネシアの国内資源に「読み替える」と宣言したわけである。[*23] 政治的忠誠心の変化、まして文化的な同化を悠長に待つのでなく、法令での宣言と同時に即刻、同じ国内資本だ「ということにする」点において、これを「みなし」の同化と呼ぶことができるだろう。みなしの同化それ自体においては、国籍を問わないし、当該華人の文化的実態がどうかは関心の外である。

ただし、資本や企業組織や経営スキルなどの純経済資源としては即刻の読み替えが必要かつ可能であっても、それを担う生きた人間としての華人については、単に「みなし」ですますわけにはゆかない。国家の経済資源として保護し活動を許す前提に、中国との関係を切り、インドネシアへの忠誠を目にみえる形で示すことが求められた。土着主義の要求に逆らって経済活動を行なわせる以上、社会治安の観点から彼らが華人であることをなるべく目だたなくさせる必要もあった。ここにおいて「みなし」の同化は、「遮断」と「忠誠」のセットや、「不可視化」の同化とも分かちがたく結びつく。総じて華人の「同化政策」とは、スハルト体制全体の政策課題の二本柱、「国防治安の確保」と「経済資源の総動員」を両立させるための、糊塗的な補完措置であったことがわかるだろう。

以上、スハルト体制成立期の華人政策を総合的にみることで浮かび上がったポイントを整理すれば、おおむね次のようなロジックが描けよう。

①新秩序体制の目指す経済の復興と開発の観点からは、華人経済力の動員が不可欠であった。

②だがそれは、経済土着主義の要求に逆らうものであり、とりわけ反華人感情が高揚した状況下、国内治安を脅かす危険が大きかった。

③そこで、特にプリブミ側に対しては「国籍の峻別」「国民の平等」を強調する一方、

④華人に対しては、WNI／WNAを問わず「華人性」の維持や再生産につながると思われた文化・社会的制度の禁止や制限、すなわち「同化」策を打ち出した。

⑤それには、中国と華人の政治的・心理的紐帯を遮断するという目的もあったが、

⑥プリブミ住民の目に映る、華人の存在と特性すなわち「華人性」を極小化し「不可視化」するという点に眼目が置かれていた。

いわば、インドネシア国家がプリブミ社会の側からの華人「排除」の要求を退け、特にその経済機能を「包摂」するにあたって、「華人を華人でなくす」補完措置が「同化」であった。逆に華人一般からみれば、生活の安全と経済活動を保証される代償として「同化」の諸政策に従うことが要求された、ということになろう。

そのような政策が、華人やインドネシア社会一般にいかなる効果をもたらしたか。政策がはらんでいた矛盾が露呈したとき、体制側はどう対応しようとしたか。また、政策や政権自体に対し、しだいに締めつけの進む言論統制下で、華人やインドネシア社会一般から漏れ聞こえてきた不満や批判の声はどのようなものであったか。これらについて、次章以降で追ってゆくことにしよう。

七　華人をめぐる動向と言説
一九七〇〜八〇年代

1　マラリ事件と体制側の対応

一九七〇年代初頭に噴出した批判

第一次開発五カ年計画がスタートした一九六九年からまもない一九七〇年から七一年にかけて、早くも最初の政策批判が学生・知識人の間から湧き上がった。新聞紙上の言論やデモの形で行なわれた批判は、主に軍出身のイブヌ・ストウォ（Ibunu Sutowo）による国営石油公社プルタミナの支配や汚職、大統領夫人の発案によるジャカルタ南郊のタマン・ミニ公園の「浪費的」建設計画などに向けられた。一九七一年に体制発足後初の総選挙で公務員を中心とする官製職能組織ゴルカルを勝利させたスハルト政権は、翌年初めにかけて、批判運動の中心だった学生・新聞人らを逮捕した。その効果もあって一九七二年には組織的な抗議はいったん沈静化したとされる。[*1]が、マスメディアでは華人問題とも関連づけた分析や批判が続いている。

たとえば、同年八月に代表的全国紙『コンパス（*Kompas*）』に掲載されたある記事はこう述べる。「今日、プリブミとノンプリ［ノン・プリブミの略。スハルト体制期、実質的に華人を指して使われた］の問題が再び浮上している。それは、経済力の弱い人々と強い人々との社会的隔たりが、ますます感じられるようになってきた結果である。経済力の弱い人々と強い人々というのは、このようにプリブミ、ノンプリの一般像が特徴づけられるからである。現在、政府が外国援助を得て推進している経済開発は、もてる者と、もたざる者、という二つの集団の隔たりをいっそう大きくしているようだ[*2]」。

五月の『トピック（*Topik*）』誌で組まれた特集「インドネシア化へ向かって――われわれの国の華人社会」の各記事は、華人問題と絡めた政策批判としていっそう先鋭である。[*3]ひとつは、権力者と華人政商の癒着を表す「チュコン主義（tjukongisme）」という言葉が社会的害悪の根源として頻用されていることである。[*4]また、全国最大のイスラーム組織、ナフダトゥル・ウラマー（ＮＵ）の論客であるジュナイディ（Djunaidi）は、「プリブミよ、おまえたちの境遇はどうなるのか」と題した論説の中で、次のように書いている。「繁栄し、分配の行き届いた公正な社会を達成する上で、プリブミかノンプリかは本来、主要な問題ではない。確かにノンプリのほうが経済的な恩恵にあずかり、プリブミは祖先伝来の地でもがいているといった偏りが見受けられる。だがその原因は、権力を手にした者たち自身が、経済面の提携者としてプリブミよりもノンプリのほうを躊躇《ちゅうちょ》なく選んでいるからである[*5]」。

これらの記事で注目されるのはまず、同化政策の導入にかかわらず、プリブミ対ノンプリという住民集団のくっきりした二分法が、経済格差をめぐる論議の中で用いられていることである。政府がいくら国民としての平等・一体性を強調したところで、それと反比例するかのような現実の格差の拡大感につれ、華人がプリブミと区別される構図が社会にいっそう根付いた様を示している。言語をはじめ文化面でいかに「華人性」を薄めようとしても、「経済強者」としての華人像を通じて「経済弱者」プリブミとの二分観が強化されたともいえよう。また、両者の経済格差が外資依存型の開発推進の中で拡大しているという意識、さらにその元凶として、一部の華人政商と癒着しプリブミより彼らを優遇する権力者たち自身へ批判の矛先が向けられている点など、四半世紀後にスハルト体制を瓦解に追い詰める主要因となった、社会の側の怒りの論理が、すでにほぼ出そろっている。

一九七〇年代の政局を揺さぶる本格的な批判の波は、この後にきた。七三年八月、西ジャワ州都のバンドゥンで起きた「反華人暴動」と、翌七四年一月のジャカルタでの「反日」に始まる暴動＝通称マラリ事件である。このうち後者は、直接には同月一四日の田中角栄首相の来訪に合わせ、タイをはじめとする東南アジア諸国で高まっていた反日感情がインドネシアでも爆発し、日本製車の焼き打ちやトヨタの合弁企業アストラ社への襲撃が行なわれたものだが、市北部のコタなど華人系商店への放火、略奪など騒擾《そうじょう》が拡大し、軍が出動して三日後にようやく鎮圧されたものの、死者一一名、重軽傷者一三七名、逮捕者七七五名を出した事件である。[*6]

マラリ事件については、大統領側近の少将アリ・ムルトポ派と、治安秩序回復作戦本部司令官スミトロ派、という国軍内部の権力闘争が背景にあったことが多くの論者に指摘されてきた。が、仮にある程度の政治的操作があったにせよ、外国資本の中で突出しつつあった日本のみならず、日本を含めた外資と組んで急成長しはじめていた華人企業ひいては華人社会一般が暴動の標的とされたこと、さらには外資・華人企業と癒着して私腹を肥やしているとみられた軍人・官僚・政治家一般が槍玉に挙げられ、「反日」「反華人」にとどまらず「反政府」の運動にまで向かう兆候が首都の街頭行動の形であらわになったことは、政権にとって打撃であった。[*7]

政府は今回も即座に学生指導者など反対派を逮捕・投獄または自宅軟禁し、最も批判的とみられた新聞五紙を発禁処分とした。すでに一九七三年、与党ゴルカルに対する野党をイスラーム系の開発統一党（ＰＰＰ）とそれ以外のインドネシア民主党（ＰＤＩ）の二つに整理統合する措置がとられていたが、マラリ事件以降、学生運動やマスメディアへの監視もいっそう強化される。ただし、一九七〇年代中葉以降は単なる強権策だけでなく、経済政策における一定の修正策や、官製イデオロギーによる社会統制政策が打ち出されてゆく。

経済政策における「プリブミ優先策」

マラリ事件後ただちに設置された経済安定化評議会による「投資ガイドライン」は、一方で一連の外資規制策を打ち出す。すべての外資企業は合弁形態とし、既存の外資一〇〇パーセント所有企業は株式公開する、外資企業は一〇年以内にインドネシア側出資比率を五一パーセントに引き上げる、などである。雇用の現地化を企図して外国人の就業も制限された。これらの外資規制は、一九七四年から七八年にかけて次々に法令化された。

他方、同じ投資ガイドラインは、華人規制と表裏一体の「プリブミ優先策」をも打ち出した。新規外資企業はプリブミをパートナーとする合弁形態をとること、パートナーがノンプリの外資企業およびノンプリ所有の国内企業は、ノンプリによる所有株式の五〇パーセントを、直接または株式市場を通じプリブミへ売却することなどが定められた。また、対象をプリブミに限定した低利子金融も導入された。一九七九年からは、プリブミ資本とほぼ同義の「経済的弱者グループ」を、政府プロジェクトの入札および政府物資調達の際に優先する大統領決定（一九七九年一四号、一九八〇年一〇号、一九八〇年一四Ａ号）が公布された。[*8]

これらの経済ナショナリズムおよび土着主義寄りの修正策について留意すべき点がいくつかある。ひとつは、スハルト政権にとって天恵といってもよい折からの石油価格の高騰、それがもたらした財政収入の急増に支えられていたという点である。もうひとつは、投資ガイドラインのうち、外資の規制が相当実質的に（外資の完全自由化に回帰する一九九四年まで）機能したのに比べ、華人資本のプリブミ化方針は法制化もされず、しだいに有名無実化したという点である。強いて台頭した層を挙げるなら、それは民間の中小プリブミ資本でなく、国営石油公社のイブヌ・ストウォ（彼自身は財務敗綻で一九七六年失脚）や、航空機・造船などの戦略産業を担当したハビビ（後の第三代大統領）に代表される、国家資本というべき勢力である。対照的に、民間資本の中でも華人資本、とりわけ政・官・軍の有力者と結んだ特定の大企業は、表面上の規制策にかかわらず、一九七〇年代から八〇年代にかけ一貫して急成長を遂げてゆくのである。[*9]

新同化運動の発動

経済面で少なくとも表向き華人規制の方策が取られた一九七〇年代半ば、華人にかかわる、もうひとつの動きが政府主導で現れた。マラリ事件から半年余りの七四年八月、ジャカルタ特別区政府の主唱、国家情報調整庁（BAKIN）の後援で、民族一体性促進機構（Badan Pembina Kesatuan Bangsa、略称BPKB）が設立された。民間からは、一九六〇年代半ばに華人自身の同化運動組織として名を馳せた民族一体性育成協会（LPKB。一九六七年解散）の指導者、シンドゥナタやユヌス・ヤヒヤが再び登用された。さらに一九七七年一〇月から一二月にかけて、BPKBを内務省傘下の全国版組織に拡張する形で、民族一体性に関する理解普及のための連絡協議会（Badan Komunikasi Penghayatan Kesatuan Bangsa、略称BAKOM-PKB、通称バコム）が設立された。LPKBに代表される旧同化運動に対し、バコムを中心とする動きを「新同化運動」と呼ぶことができよう。

一九七四年から七七年というタイミングでこの運動が発動された要因として、少なくともふたつの背景を考えることができる。ひとつは、軍と並びスハルト体制の屋台骨となる官僚機構、とりわけ内務省のヒエラルキーがこの時期に整備されたことである。内務省中央に社会政治総局が設置され、その下に華人政策を担当する民族一体性促進部が設けられたのは一九七五年、各州知事の直属機関として同名の部局が置かれたのは一九七八年のことであった。これら官僚組織と連携を取りながら、一方で華人社会の動向を監視しつつ、他方では「華人の声」をある程度吸い上げ、その実態を踏まえて華人政策を推進するための補佐機関として設立されたのが、BPKBやバコムであったと理解される。[*10]

もうひとつは、マラリ事件後、まがりなりにもプリブミ優先の経済政策が打ち出されたことにより、事業者個人の単位までプリブミなのかノンプリなのかを峻別する実務的必要が生じた。その中で華人企業の規制を行なうということは、華人側からみればスハルト体制下、経済面では初めて政策化された差別である。差別しつつなお、彼らの資本と経済活動をインドネシアへつなぎとめるためにもち出されたのが、「民族の一体性」や「祖国インドネシアへの忠誠」という政治的論理であった。一九六〇年代後半の華人政策の初期設定に際しても繰り返しみられたこれらの言辞が、いまや経済面での待遇悪化を糊塗する苦肉のレトリックとして新同化運動の中で用いられるようになったのである。[*11]

一九七七年一二月末、バコムの設立会合で「庇護者（Pelindung）」に就任した内務大臣アミルマフムド（Amirmachmud）は訓示として次のように述べた。「政府を助けて民族一体性の教化理解のプログラムを成功させることが、バコムの使命である。それは、インドネシアのネイション・ビルディングに、外国系国民の潜在力を活用することを通じてなされる。この問題は、適切に対処されなければ、厄介な紛糾を呼び起こすであろう。したがって、深い思想基盤にのっとった態度で慎重に取り扱い、社会的な緊張や紛争に発展しないよう努めなければならない」。国家資源として華人を動員しつつ、それに起因した騒擾の予防を同時に目的とする、華人政策の当初からの課題意識が新同化運動にも底流していることをみてとれよう。

しかし、このときの内相の訓示にいっそう特徴的だったのは、「のっとるべき思想基盤」として、建国五原則パンチャシラの重要性を強調したことである。彼は、「すべてのインドネシア民族の一体化」を目指す努力の中で必要となる具体的方策として、「インドネシア民族の構成員皆がパンチャシラ的人間（manusia Pancasila）となる自己教育をすること」「パンチャシラ的民主主義についての的確な理解を根付かせること」「村や町のデサ（行政の最小単位）をパンチャシラ的人間形成の戦略的基盤とすること」などを列挙した。[*12]

この訓示のなされたバコム設立が、一九七七年五月の総選挙と、その結果を受けた七八年三月のスハルト三選（これまでにない反対運動が表面化した）の間に位置すること、唯一無謬の国家イデオロギーとしてのパンチャシラを全国民に教化する通称「P４運動」が、内務省の肝いりで開始されるのも同じ七八年であること、以後、中央でも地方でも華人に対してはほぼバコムがP４の音頭取りをやらされることを考え合わせると、新同化運動において体制側の期待する「同化」の実質的内容が浮かび上がってくる。[*13] そこには華人の社会・文化的な変容といった意味はほとんど込められていない。もっぱら強調されるのは政治的忠誠である。しかも、忠誠の対象はいまや「祖国インドネシア」や「インドネシア民族」である以上に、「スハルト体制」そのものにすり替わっている。つまり、華人側からみれば、体制への「帰一」としての同化が要請されたのである。逆に体制側からみれば、あらゆる反対意見を封じ、現体制の存続を図る国民「馴化」の一環としての華人同化の意味合いが強められたといえるだろう。

それはまた、華人政策の矛盾を糊塗するための同化という側面の強化でもあった。マラリ事件を受け、経済土着主義にも応える姿勢の政策を取ったことは、プリブミ企業家の権利意識を強化し、ノンプリとしての華人に対する「区別」や「差別」を当然視する風潮を作ったとする声もある。[*14] しかし、肝心のプリブミ企業育成の実はすぐにはあがらず、権力者との癒着を含めた華人企業家への不満、さらには華人企業家を裏で活用する権力者たち自身への不満が、一般社会、特にプリブミ側の商工業者や庶民の間で潜在的に拡大する。

他方、華人側からすれば、国民としての「平等一体」の原則に基づき、身の安全と経済活動を保障される見返りとして「同化」を受け入れさせられたはずだったのに、当初から潜んでいた「同化」と「区別」ひいては「差別」

の矛盾が、一九七〇年代後半以降いっそう感じられるようになってきた。一九七七年末のバコム設立会合で、議長に登用されたシンドゥナタでさえ、内務大臣を前に「嫉妬や憎しみの混じった人種的偏見に満ちた人々、あるいは単に個人的利益を求めて華人から搾り取ろうとする役人」の存在や「インドネシア国家が、中国系の出自の国民に対し、不公平で差別的な行ないをしているという批判もある」ことに触れ、暗に改善を求めている。[*15]

政・官・軍の権力者が華人企業を保護する見返りに私的な「金づる」にする現象と並行して、末端の行政レベルでも、一般の華人が華人であるというだけで事あるごとに役人から無理難題をつけられ賄賂を要求される慣行は、スカルノ時代からみられた。が、一九七〇年代後半には華人が華人であるという識別を容易にする行政書類（インドネシア共和国国籍証明書　Surat Bukti Kewarganegaraan Republik Indonesia、略称ＳＢＫＲＩ）の制度化も行なわれており、やがて華人社会全体の不満の種の一つとなる。[*16]

これらすべての不満に対する応答として「同化の努力が足りない」という叱責が政府側の常套句となってゆくのも、このころ以降であった。華人に対する叱責は、不満を抱くプリブミの眼をも意識したものであったろう。政策の矛盾をめぐる社会の不満や批判の、いっさいに蓋をする言葉として際限なき「同化」の掛け声が、一九八〇年代以降、事あるごとに高まってゆくのである。

2　「華人問題」論の再燃——一九八〇年代

インドネシア全体の政治・経済動向の流れの中で、一九八〇年代という時期は、おおよそ次のように概括できよう。まず、政治面では、一九八五年のいわゆる政治五法[*17]の成立に象徴されるごとく、権威主義的な開発独裁体制としてのスハルト体制が制度的完成をみて、その社会統御能力が最高レベルに達した時期である。他方、経済面では一九八〇年代前半、石油ブームの終焉と財政逼迫に伴い、政府は国家資本主導の一次産品輸出や輸入代替工業化から民間資本の活用による輸出志向工業化へ経済運営の舵を切る。プリブミ優先政策は、いまだ目にみえる成果のあがらぬまま相対的に後退する。[*18] つまり、この段階で民間資本を活用するということは、体制発足期に続く「華人資本の総動員」の再現を意味した。

開発体制のもと着実に成長してきた華人資本を全面的に活用しはじめたこのとき、マラリ事件期以来再び「華人問題」に関する論議がマスメディアなど公の場で活発化する。従来の研究や一九九八年以降のインドネシアの言論界では、スハルト体制期を、いっさいの批判的公論が封じられていたかのように描くものが少なくない。厳しい言論統制が敷かれていたことは事実だが、政治・社会的にセンシティブな領域に属する華人問題に関しても、当時の資料を渉猟すれば、意外なほど多く当局の政策批判を含めた、さまざまな論議がなされていたことがわかる。その中から、本節では主として華人ではない人々や機関による代表的な言説や動きをみてゆく（華人の声は次節でみる）。

ポイントの第一は、華人政策における少なくとも表向きの体制イデオロギーたる「同化」が議論の軸とされる状況に変わりなかったことである。だが、それら以上に重要と思われる第二のポイントは、文化面を中心とした同化政策に批判的な立場から、「問題の本質は、華人による経済の独占、ひいては華人とプリブミとの経済格差にこそある」と主張する声（以下、このような主張を「経済問題本質論」と呼ぼう）が、しだいに高まったことである。経済問題本質論の矛先は「インドネシアの経済を支配する」と論者がみなす華人に向かうだけでなく、そのような華人を排除・規制するどころか、おおいに動員・活用しようとする政策、ひいてはそれを推進しつつ私的にも華人資本と癒着する政・官・軍の権力者にも（少なくとも潜在的に）向かってゆく。以下、これらの具体例についてみてゆこう。

公定イデオロギーとしての「同化」の強調

前節でみたとおり、マラリ事件に表れた反華人、ひいては反政府につながる不満への対応の一つとして、スハルト政権は、かつての華人同化派や内務省の機構を利用しつつ新同化運動を発動した。同様の企ては、国権の最高機関と位置づけられた国民協議会（ＭＰＲ）の定める五年ごとの国策大綱（ＧＢＨＮ）の中に、一九七八年と一九八三年の二度にわたって「華人同化へのさらなる努力」の必要性を盛り込む形でも行なわれた。七八年の国策大綱では第Ⅳ章Ｄ項に「民族の同化への努力は、民族の一体性と統合を強化する観点から、生活のあらゆる領域でいっそう高められねばならない」と、簡潔に記載された。八三年の国策大綱では同じく第Ⅳ章Ｄ項に「民族の同化への努力は、民族の一体性と統合を強化し、国家の強靭性を確固たらしめる観点から、経済領域および社会文化にわたるすべての生活領域で、いっそう高められねばならない」と、やや詳しい言い回しで謳われた。[*19] いずれも華人を直接名指ししていないが、同化という言葉はスハルト体制期もっぱら華人に対してのみ用いられたので、これらが華人に向けられた条項であることは当時の文脈では自明である。

一九八〇年代初頭、華人の同化の必要を叫ぶ声は、各地の政治家や市民からも盛んに聞かれた。たとえば一九八一年二月、東ジャワ州知事のプリヨスダルモノ（Prijosoedarmono）は、「国民統合の実質化」セミナーの冒頭、「外国系ＷＮＩは、おのおのが居住する地域の社会制度に適応するだけでなく、その中に溶け込まなければ（melebur diri）ならない」と述べるとともに、「華人は至高の価値であるパンチャシラの実現のため、継続的に努力する必要がある」と付け加えた。[*20]

同年八月、北スラウェシ州知事のマンティック（Gustaf Mantik）は、「民族一体性実現週間」の開会式で「一国の民族同化は、おのおのの集団構成員の意識の程度に大きくかかっている」と、同化が「意識」の問題だと主張した。[*21] 同年一一月、ジョグジャカルタ特別州の社会省支庁が主催した「社会の調和」会議では、華人とプリブミの同化は、相互の反感・猜疑心や国家社会に対する華人の責任感の欠如など、さまざまな障害からあまり進捗していないとの共通認識が確認され、その克服のため民族の文化的価値の粋としてパンチャシラの研修（P４）を行なうことが必要だとの結論に達した。[*22]

同じ一九八一年、ガジャマダ大学社会政治学部に属する二六歳の若い講師スギオノ（Sugiono）は、一一月に開催されたジョグジャカルタ特別州の「パンチャシラ普及スピーチ・コンテスト」で「華人マイノリティの間にパンチャシラ思想を広めなければならない」という趣旨の演説を行ない優勝した。これを機に取材したイスラーム系雑誌『ムヒバ（*Muhibah*）』の記者に対し、スギオノは次のように述べた。「かつてのバプルキのような統合（integrasi）の概念ではダメだ。華人がインドネシアの中で独自の種族集団をなすと認めることになり、彼らの閉鎖性をいっそう強めてしまう。これは問題の解決を遠ざける。華人は同化（asimilasi）せねばならない」。[*23]

「経済問題本質論」の台頭

インドネシアの国民統合の一環として華人の動向や位置づけを問題化するとき、経済の領域にこそ主要な障害がある、とする認識や言説は、一九八〇年代に初めて現れたものではない。古くは、植民地期のインドネシア・ナショナリストの華人論にも、それは垣間みられた。独立後も、一九五〇年代の経済土着主義の動きは、その考えを最も先鋭に打ち出したものだった。その流れを受けた一九六〇年の同化論争においても、プリブミ読者の華人批判は、経済問題において最も声高だった。

スハルト体制発足後も、マラリ事件前の一九七二年、戦略国際問題研究所（ＣＳＩＳ）が全所的な見解として発表した報告書は、「プリブミと非プリブミの問題［これが報告書の題名］」は、社会・政治・人種などの諸問題と絡み合っているが、本質的には経済格差の問題のほうが大きい」との分析を示している。[*24] また同年、プリブミ知識人マンクディラガ（S. Mangkudilaga）が社会経済格差の拡大を懸念し、「プリブミとノンプリの経済同化（Asimilasi Ekonomi）

を目指せ」と主張する論説が『コンパス』紙に掲載された。[*25]

一九八〇年代に入ると同様の認識に立つ、さまざまな主張が、各方面からいっそう多くなされるようになる。一九八一年一〇月、中部ジャワ州知事のスパルジョ（Supardjo）はバコムの会議で、「同化とは、単に［華人とプリブミが］セレモニーをしたり一緒に食事をしたりすることではない。華人の企業家たちは……経済の領域における同化の観点から、総資本の五～一〇パーセント程度の株を従業員に売却し、自分たちもこの会社を所有しているのだという感覚をもたせるなどの解決策を考えねばならない」と発言した。[*26]

一九八二年一月、商業協同組合大臣プラウィロ（Radius Prawiro）は、バコムの主催した閣僚と華人企業家との会合で次のように述べた。「経済や商業の領域こそ、プリブミとノンプリの『同化』の主要な領域かつ実際的な実験場となるべきだ。すべての社会階層の経済活動と、その享受による福祉や繁栄をもっと均等化すれば、プリ、ノンプリ両者を隔てるあらゆる溝も解消する。インドネシアが真に強力な民族となることにつながるだろう」。[*27]

一九八三年一二月『サリナ（*Sarina*）』誌とバコムの共催で開かれた「国民統合の確立」セミナーで、人口・環境大臣のエミル・サリム（Emil Salim）は「プリブミとノンプリの同化を達成するには、経済領域における均等化の問題を解決し、経済的に弱いグループと強いグループを隔てる溝をなくすことだ」と主張した。彼はまた、「ノンプリに支配されている戦略的企業は株式を社会に売却し、プリブミとノンプリの『株式所有における同化』を推進すべきだ」と、先述のスパルジョ同様、華人企業の株売却を具体的な方策として提言した。[*28]

これら「経済分野における同化」の諸論説は、おおむね体制内の政治家や知識人から提言されていることもあって比較的抑制された表現ではある。だが、その底にあるのは、「中国的文化の抹殺・不可視化」に表向き重点を置き、華人の経済機能はむしろ促進・活用してきたスハルト政権の華人政策の基調に対する、間接的にせよ批判的な対抗言説とみることができる。

「華人の同化はいまだ不足している」「同化というならば、それは文化でなく経済の領域でこそなされるべきだ」という、いらだちを含んだ主張は、やがて一九九〇年代初頭にかけて華人政商の企業がさらに肥大し、スハルト家を頂点とする権力者層と癒着しつつ過剰なまでに存在感を増す中で、いっそう声高に叫ばれてゆくことになる。

3　華人たちの諸言説

同化派華人の新展開

一九六〇年代の同化派にせよ、七〇年代以降のバコムに代表される新同化運動の指導者にせよ、同化論者に分類される華人が「同化」の語に託した思惑は、スハルト体制のそれと、まったく一致していたわけではない。七七年のバコム設立会合で、議長に登用されたシンドゥナタでさえ、庇護者たる内務大臣らの前で華人に対する「人種的偏見」や「差別的待遇」への批判の存在を口にしたことは、1節でみたとおりである。

バコムのメンバーではないが「華人同化」を唱導する上で非常に近い立場にあった、影響力ある人物の一人にハリー・チャン・シラライ（Harry Tjan Silalahi、中国名 Tjan joen Hok　一九三四年―）がいる。一九六二年にインドネシア大学法学部を卒業したハリーは、一九六〇年代後半、カトリック党など「反共・反バプルキ」の政治活動を行ない、九・三〇事件後に接収されたバプルキのレス・プブリカ大学を新たにトリ・サクティ大学として設立する際にも貢献した。一九七〇年代には戦略国際問題研究所（CSIS）の中心人物となり所長も務めている。[*29] 彼は一九八二年八月『コンパス』紙に「同化問題をもっと深刻に考えなければならない」と題する寄稿をし、同化の進行に障害となっている三つの主体として、自分たちだけで固まろうとする華人、彼らを取り巻く地域社会、さらに「差別的な政策を行なっている政府」を挙げた。政府による政策のうち、ジャカルタ首都特別州が華人の住民登録証（KTP）に識別番号を付しているとされる慣行、ならびに、プリブミ優先政策の一環として政府物資の調達における「経済的に弱いグループ」の優先権を定めた一九八〇年の大統領決定一四A号をも、ハリーは「差別的」だと批判した。[*30]

一九八〇年代にはまた、一九六〇年の同化論争以来の筋金入りの同化派華人であり、バコムにおいてもシンドゥナタと並ぶ顔となっていたユヌス・ヤヒヤ（旧名ラウ・チュアン・ト）が、彼独自の同化思想の発展形として「華人のイスラーム改宗」を運動化し、異彩を放った。

オランダに留学し経済学士号を取得したユヌスは元来プロテスタントであったが、五二歳となる一九七九年、改宗してムスリムとなった。[*31] 翌年、早くもメッカに巡礼しハジの称号を得たユヌスは、八一年「イスラーム兄弟協会（Yayasan Ukhwah Islamiah）」を設立した。彼を長とする同協会は、知識人、企業家、若年層を中心とする華人一〇万人のイスラームへの改宗を目標に掲げ、セミナーやイスラーム行事の開催などを盛んに行ない、九〇年代にかけて一定の存在感を示す。ちなみに一九九三年時点のユヌス自身の認識では、当時約五〇〇万人とみられたインドネシア華人の過半数は、儒教、道教、仏教またはそれらの混淆宗教である三教を信仰しており、また第二次大戦後、一〇〇～二〇〇万人がカトリックかプロテスタントに改宗したと見積もられるのに対し、イスラームに入信した者は華人人口の〇・五パーセントからせいぜい一パーセント（五万人程度）にとどまる。同じ東南アジアでも、上座部仏教が社会の主流を占めるタイでは華人も仏教を、カトリックが多数のフィリピンでは華人もカトリックを信仰するため、これらの国では深刻な「華人問題」が存在しないのに対し、ムスリムが約九割を占めるインドネシアで華人のイスラーム教徒が極端に少ないことが「同化」を遅らせ、「華人問題」の解決を妨げる要因になっている、というのが彼の主張であった。[*32]

イスラーム兄弟協会を設立した一九八一年六月、ユヌスは「イスラームの同胞性で華人問題を終わらせる」と題する論説を発表した。彼によれば、古くは一五世紀、明朝から派遣された鄭和艦隊の指導者たちが鄭和自身を含めムスリムであったため、インドネシアの住民と友好関係を結べたように、イスラームは元来、住民集団間の紐帯だった。それが西洋勢力による植民地期、キリスト教徒の支配者によってイスラームは不当におとしめられ、住民集団間の関係も分断された。だが、スカルノがスマトラ西岸のブンクールー（Benkulu）に流刑された時期、彼を援助して友人となった華人ムスリムのアブドゥル・カリム・ウィ（Abdul Karim Oey）のように、ムスリムであると同時にインドネシア・ナショナリストとなる華人も、しだいに現れはじめた。イスラームは、すべての人に開かれた普遍的な教えである。が、同時に、インドネシアのムスリムたる者は祖国インドネシアを愛するのが大原則である。このようにユヌスは唱えた。[*33] 彼は翌月公刊した『同化とイスラーム』と題する冊子の章題を「イスラーム改宗で［華人の］同化は完了」と名づけた。[*34] このフレーズは、以後、彼の言動の基調となった。

従来、近現代のインドネシアでイスラームに改宗した華人は、ユヌスの挙げたウィや本書二章（補節）でみたコー・クワット・ティオンのように、少数ながら存在した。また、組織的な運動としても、一九三五年にメダンで創られた華人イスラーム同盟（Persatuan Islam Tionghoa、略称PIT）や、一九六三年にアブドゥル・カリム・ウィがPITを他の同様の組織と合併して設立したインドネシア華人イスラーム同盟（Persatuan Islam Tionghoa Indonesia、略称PITI）のような先例がなくもなかった。だが、国民統合の一環と位置づけられた華人の「同化」の観点からイスラーム改宗を唱えたのは、ユヌスの運動がおそらく初めてである。

華人の「インドネシア志向」を文化や宗教でなく政治的な帰属意識の問題だと強調した一九三〇年代のインドネシア華人党PTI指導者たちの論や、通婚や改宗の必要性を努めて否定した一九六〇年代の同化派の系譜に照らしても、ましてや同化の中身を民族や国家、さらに政府に対する忠誠に読み替えた一九七〇年代以降の新同化運動の流れからも、ユヌスのイスラーム改宗運動は特異であった。つまり、この運動はユヌス個人の私的運動であり、バコムの公式な活動の枠外にあった。とはいえ、『同化とイスラーム』をはじめとするユヌスの著作の出版元を引き受けるなど、シンドゥナタ率いるバコムも一定の協力をした。これは、バコムに代表される同化運動が主にカトリック華人の指導するものだ、というシニカルな見方が広がっていたことへの配慮かもしれない。[*35]

注目すべきことに、こうして文化の中でも内面の信仰にかかわる宗教の領域で「同化」の推進を唱えるに至ったユヌスは、ほどなく「経済領域こそ同化の鍵」との論、つまり経済問題本質主義に近い主張を展開しはじめる。同時に彼は一九九〇年代、NUやムハマディアなど代表的なイスラーム組織と華人企業の提携も試み、注目を集めるに至る。[*36]

ヤップ・ティアム・ヒン

一九六〇年の同化論争で第三派を代表したヤップは、その後、シャウ・ギョク・チャンに率いられたバプルキとLPKBに集結した同化派の政争の外に身を置いた。九・三〇事件後、かつてバプルキの副議長を務めた経歴からであろう、彼も一週間ほど当局に拘束されたが、ほどなく釈放されている。[*37] 一九六六年ヤップは、九・三〇事件への関与を疑われた末期スカルノ政権の元副首相兼外相スバンドリオ（Subandrio　一九一四—二〇〇四）の弁護を引き受けて法廷に立ち、その勇気と公正さで一躍名を高めた（スバンドリオは当初死刑を求刑されたが終身刑に減刑された）。一九六八年には他の弁護士仲間と基本的人権協会（Lembaga Hak Asasi Manusia）を、さらに一九七〇年には、今日まで続く法律援護協会（Lembaga Bantuan Hukum、略称のLBHで市民の「駆け込み寺」として知られる）の設立を積極的に支援し、人権派弁護士のリーダーとして活躍する。[*38]

「同化」を一つの基調とする華人政策が次々に策定されつつあったスハルト体制構築期の一九六七年一月、主として華人を念頭に「インドネシア風の名前に改名」する手続きを定めた閣議決定が公布された。これに呼応して、華人社会の指導者からも改名を呼びかける声が、特にキリスト教会指導者の間で挙がった。ヤップは同月末、主要紙の一つ『シナル・ハラパン（*Sinar Harapan*）』に三日間にわたって寄稿し、キリスト者（プロテスタント組織の指導者）でもある自身の立場から、この動きに反対した。「なるほど、ここ数年来の激しい反華人の動きからすれば、命と生活を守るため、事業を行なうため、あるいは子どもを学校に入れるため、改名することはわからないでもない。だが、改名が人種主義者を満足させることはないだろう。良心と理性あるプリブミのインドネシア人たちがそれで喜ぶとも思えない。改名が国民統合過程にとって前向きな一歩をなすと考えるのはナイーヴだ。華人がプリブミに同化することは国民統合の必要条件ではない。国民統合の成否というものは、他のもっと多くの要因から成っている」[*39]。

さらに彼は続けた。「名を変えることそれ自体は個人の自由だが、危機的な状況の中で改名するかどうかをもって愛国的か否かの線を引くことはできない。人と人、集団と集団が平和的かつ自由で公正に、共に生きる社会をインドネシアに育てようとする者、そのためにこそ祖国と民族を愛する者は、そのような態度をとるべきではない」「真の愛国者とは、もしインドネシアの中に少しでも空腹や抑圧のために泣き叫ぶ者がいれば、人としての権利のため、人間の尊厳のために、すべてのインドネシア人のみならずインドネシア政府の保護下にある外国人のためにさえ闘おうとする者のことだ」「その人は、インドネシアの国と民族が他の国々や民族から人種主義だとかファシズムだとか、人権を侵しているとかなどと批判されないためにこそ闘う」「インドネシアの国と民族を本当に愛する者は、自分の国や民族の誤りを敢えて指摘し、それを克服する道を指し示そうとするのだ」[*40]。

ヤップの議論はさらに、祖国愛が神への愛に裏打ちされているという、キリスト者としての信念の提示へ向かう。一九八九年天に召されるまで、ヤップ・ティアム・ヒンの後半生は、ここに述べられた言葉を口先だけでなく、身を挺して実践する人生だった[*41]。

新たな論客たち①──クイック・キェン・ギー

　スハルト体制期にはまた、ユヌス（一九二七年生まれ）やヤップ（一九一三年生まれ）より、ひと回りも、ふた回りも若い世代の華人論客が現れ、単に華人問題のみならず広くインドネシアや世界の動向について著作やマスメディアで活発に発言した。その代表的人物の一人がクイック・キェン・ギー（Kwik Kian Gie、漢字で表記すれば郭建義）である。一九三五年、中部ジャワの町ジュウォノ（Juwana）で生まれスマランで育ったクイックは、インドネシア大学経済学部を経てオランダへ留学し、一九六三年にオランダ商科大学（現ロッテルダム・エラスムス大学）から経済修士の学位を得た。帰国後、いくつかのビジネス事業のかたわら、しだいに教育と政治の分野に力を注いでゆく。教育分野ではトリ・サクティ大学の経営に加わったほか、一九八七年にはインドネシア・ビジネス専門学校（Institut Bisnis Indonesia）を設立し校長となる。政治の分野ではインドネシア民主党（ＰＤＩ）に入党し、歯に衣着せぬ論客として名を高めてゆく。この間、著作やマスメディアを通じ経済評論家としても確固たる地位を築き、一九九八年のスハルト政権崩壊後、後継のハビビ大統領の入閣要請は断るが、次のワヒド政権で経済閣僚としてトップの経済・金融調整大臣（一九九九～二〇〇一年）を、次のメガワティ政権では国家開発企画庁の長官を務めることになる人物である。[*42]

　一九八二年八月、クイックは『コンパス』紙に一稿を寄せ、「同化」政策を批判した。いわく、「同化の概念はきわめて曖昧なため、実践面で行き詰まっている。周知のように、一九八〇年、ソロとスマランで反華人の暴動が発生した。[*43] あのとき、草の根の社会に十分溶け込んでいる華人女性が屋台を壊されるようなことが起きたのも、その行き詰まりを示している。来る［一九八三年の］国民協議会では、前回の国策大綱で盛り込まれた『同化』の条項を再考・修正しなければなるまい」「もっと確たる基盤に拠るべきだ。それをわれわれは、すでに手にしている。

一九四五年憲法とパンチャシラにほかならない。それらをよくよく読めば、『すべての国民は、血統的な出自によって差別されることなく、法と行政の前に平等でなければならない』と謳っているではないか」[*44]。

翌一九八三年一二月の『コンパス』紙にクイックは、「プリブミとノンプリの同化問題は、まだ存在するのか」と題する寄稿をした。その中で彼は、そもそも同化という語がさまざまな解釈で使われているため混乱をきたしているが、「プリブミとノンプリが緊張関係にあるか」という観点から、われわれの日常を検証してみよう、という。クイックによれば、生業の領域は最もうまくいっている。華人が経営している車の修理屋は、客がプリブミだという理由で修理を拒否することはありえないし、パダン人の食堂が、華人の顧客を拒むこともない。庶民のレベルだけでなく、大企業においてもプリブミと華人はしばしば提携関係にあるし、プリブミ企業が華人を管理職に雇うことも多い。近隣関係にも問題はない。華人の居住者はプリブミにとって騒ぎを起こすこともない良き隣人である。さまざまな宗教や趣味の分野でも両者の関係は友好的といってよい。そして彼は、以下のように続ける。

では、いったい誰が同化問題を騒ぎ立てているのか。ひとつはプリブミの企業家たちだ。だが、前述のように彼らは華人と経営上の提携をし、個人的にもよく知り合っている。そうした友人について「彼は例外だ」というのが常だ。つまり、プリブミ企業家たちは、自分たちが知りもしない「華人」、つまりマスメディアが作り出したイメージに基づいて不満をいっているにすぎない。もうひとつは、「同化プロジェクト」を専門的職業とするひと握りの著名人たちだ。彼らは「華人とプリブミの間の緊張」があればこそ自分たちの存在意義が増すから、セミナーやメディアのインタビューで「同化問題」を深刻に語る。それが広く流布され、いま述べたプリブミ企業家たちの思考にも影響を及ぼす。もちろん一九八〇年のスマラン、ソロでの暴動のような事件に目をつむるつもりはない。だが、行き過ぎということはどこの世界にもあるものだ。日常生活の諸分野をみれば、プリブミと華人の間に憂慮すべき緊張というものはもはや感じられない。これは「同化の専門家」たちの仕事がうまくいったということかもしれない。いまや、「同化問題」は、彼らのセミナー室の中だけに存在するものだ。[*45]

ここでクイックが批判している「同化の専門家」とは、シンドゥナタやユヌス・ヤヒヤら、バコムの指導者たちのことに違いない。実は、少なくとも一九七七年の設立時から一九八〇年まで、クイックも（次にみるクリスティアント・ウィビソノらと並び）バコムの委員の一人に就任しているのである。[*46] これはバコムが単なる官製翼賛組織でなく、華人社会を代表すると目される人物たちを広く各方面から登用しようと努めた面もあったことを示す事実でもある。それ以上にクイックが、政府お墨付きの半官製組織に登用された（彼は経済部門の長としてバコムの執行部にも入っていた）ことにいっさいかかわりなく、持論を展開する上で、その組織自体を含め公に批判することに何ら躊躇しない人物であったことを示すものであろう。

一九八八年一二月、クイックはインドネシア民主党会派の国民協議会の議員として、第五次開発五カ年計画の策定に参画した。その一環として開かれた「国民的同化（Pembauran Nasional）の確立」と題するセミナーでの報告で、彼は次のように述べた。

「同化」という語には人種主義の含みがある。より価値の高い意味をもつ「国民統合」（integrasi nasional）という表現に変えるべきだ。社会がある人を国民として評価する際、血統上、華人かどうかではなく、インドネシア国民の一員として誠意ある行動をしているか、インドネシアを心から祖国と感じているかどうかに基づくべきだ。[*47]

クイックがもはや明確に「同化」に反対する立場に立っていたこと、同時にインドネシアの目指す国民統合に、自身が「華人であること」に何らかかかわらず、高い価値を置いていたことがわかるだろう。

新たな論客たち②——クリスティアント・ウィビソノ

クリスティアント・ウィビソノ（Christianto Wibisono、中国式名ファン・ジェン・グオ Huang Jian Guo 黄建国）は、一九四五年、スマラン生まれである。九・三〇事件の起きた一九六五年、まだ二〇歳のインドネシア大学（政治社会学部）の学生であったが、事件直後から反共・民主化とスカルノの退陣を求めるインドネシア学生行動戦線（ＫＡＭＩ）に加わり、学生新聞協会の会長を務めた。スハルト体制期にはやがて有力雑誌となる『エクスプレス（*Exspres*）』や『テンポ』の発刊人の一人となり、一九七七年には既述のとおりバコム委員にも登用されている。一九八〇年には、アダム・マリク（Adam Malik、一九七七年まで外相、七八～八三年副大統領）および華人企業家ニョー・ハン・シアン（Nyoo Han Siang）と共同でコンサルティング会社のインドネシア・ビジネス・データ・センターを設立、後に一九九〇年ごろからは、同センターの理事長としてアメリカ、ワシントンに拠点を置き、インドネシアと各国を往復しながら、ビジネス界、言論界にまたがって国際的に活躍することになる人物である。[*48]

クリスティアントは国内外の、さまざまな政治・経済・社会的事象を広くトピックとして取り上げ、インドネシアの新聞・雑誌に寄稿したが、「華人」をめぐる論議において彼の名を高めたのは、一九八一年四月に知識人向け公論誌『プリスマ（*Prisma*）』に寄せた「神話と現実の間で」と題する論考である。[*49] ここでいう神話とは「華人の経済支配」のことである。

クリスティアントによれば、「華人がインドネシア経済を支配している」という言説は植民地期から流布してきたが、誰も確たるデータに基づいてその真偽を分析したことがない。そこで彼は、自分の運営する情報マネジメント協会（Yayasan Management Informasi）のスタッフを総動員し、一九六七年から一九八〇年までインドネシアの官報に記載された計一六五三社の決算報告書を分析し、インドネシアにおける投資のうち外国系企業によるもの（PMA、当時においてはインドネシア資本の参画が義務付けられていた）と国内企業によるもの（PMDN）の双方において、プリブミとノンプリの資本比率を調べた。その結果、PMAに占めるプリブミの比率は一二・七五パーセントでノンプリの九・七パーセントを上回っていた。PMDNにおいてはノンプリの民間企業が二六・九五パーセントを占めるが、国営企業の資本が五八・七五パーセントと優勢であった。また、PMAによるプロジェクト総数五三六件のうち、プリブミの民間企業を提携先としたものは四三・八パーセントで、ノンプリとの提携三四・八五パーセントを上回っていた。これらを総じて約言すれば、「華人の経済支配は神話にすぎない」というのが彼の結論であった。

この報告書の本体は、『プリスマ』発刊に先立つ三月初めにクリスティアントから副大統領アダム・マリクに提出されており、[50] その概要は同月中に主要な新聞・雑誌でも報道され反響を呼んでいた。中には批判もあった。クリスティアントは『プリスマ』の論考の中でそれらの批判に応えてゆく。代表的な批判は、「官報に記載された企業が、名義上プリブミのものであっても、実質上の経営者は華人であること（一九五〇年代のベンテン政策の時代に叢生した通称アリ・ババ企業）が多い。この分析は偽りのデータに基づいている。インドネシア経済は、やはり華人に支配されている」というたぐいのものであった。

クリスティアントのこれに対する反論は「われわれの調査と結論は、正当な法にのっとったデータにのみ基づく。法の外にあるノイズは対象外である。その部分の調査は、データに偽りありという者たち自身が行なえばよい。どちらがインドネシアの法治を尊重する態度であろうか」というものであった。

彼はまた反論の中で次のように主張し、問いかけた。「経済的能力において華人が優れており、プリブミが劣っているというのは、植民地支配者が創り出したステレオタイプである。独立後、華人の経済支配をいいたて、神話を再生産している者たちは全員プリブミだが、それは自分たち自身の能力をおとしめるものだ。私はインドネシアの大地にたまたまノンプリとして生まれ育った者だが、国民経済を担う上でプリブミの人々は決してノンプリにひけを取っていない、という事実を提示する上で何らためらうことはない。インドネシア国家と民族にとって、どちらが愛国的な態度だろうか」。

さらにクリスティアントは続ける。「今回の調査中、外国投資のプロジェクト全六八五件のうち、プリブミ企業と華人企業が共同でカウンターパートになっている例は、わずか二九件にとどまっていることを発見した。これは残念なことだ。同化というなら、こうした分野で共同の責任と利害を担うことこそ重要だ。共生的な相互主義(symbiose-mutualisme)、つまり、お互いに依存し、助け合い、生かし合うことだ。このような連帯と信頼を生み出して初めて、暴動を引き起こすような人種的な感情を少しずつなくしてゆくこともできる」「血統的出自にこだわらず、一致団結し、全国民の潜在的な力を合わせてこそ、世界中の厳しい競争の中で、インドネシアの経済的主権を真に達成することができるだろう」[*51]。

市井の声

言論統制下とはいえ、スハルト体制期、学校教育の拡充と識字率の向上を背景に新聞・雑誌など活字メディアは盛況であり、一般の人々の声を読者投稿欄などから拾うことは可能である。

華人問題に関してみると、「同化」論に賛同する華人が(バコムの指導者たちを別にしても)いないわけではなかった。たとえば一九八二年三月五日付の『コンパス』紙編集部によれば、前月二三日、国営テレビ放送の『パンチャシラのこだま』に出演し、「華人とプリブミの通婚も国民統合の観点から有効な手段の一つだ」と述べたらしい、バコム議長シンドゥナタの意見に賛成する読者投稿が、編集部へ五通寄せられた。投稿者の一人、ジャカルタ在住の華人ウィ・チュ・メイ（Oey Tjioe Mey）は「まったく賛成だ。シンドゥナタ氏のいうとおり、どのような理由であれ、かつてのバプルキの時代のような排他主義に再び陥らないよう、気をつけなければならない」「最近、われこそは華人を代表する、といわんばかりの人々が見受けられるが、血統や種族単位の代表などあってはならない。われわれはすでに、インドネシアという一つの旗の下に結集しているのだ。人種や種族に基づいて各自バラバラに固まることがあってはならない」と主張した。[*52]

他方、政治的な同化論に批判的な声も公論として現れている。バコム設立の翌一九七八年二月、『テンポ』誌の読者欄に投稿した西ジャワ州チルボン在住のスルャナタディルジャという老人（Suryanatadireja、一九五一年に中国式名から改名したと自ら述べている。一九四〇年代末にオランダ領時代の華人居住区制度の名残り、区長 wijkmeester を務めたというから投稿時七〇歳を過ぎていたと推定される）は、次のように書いた。「どうしていまごろになって同化、同化と大騒ぎしているのか。遠い祖先の時代から同化は進んできているじゃないか。一番大切な葬儀で死後三日忌、初七日、四〇日忌をプリブミがやっているのも、もとはといえば中国の習慣が入ったものだ。インドネシアの人々が好む肉団子（bakso）や豆腐（tahu）だって、いってみれば同化の産物だ」「私はもはや中国人（orang Cina）ではない。本来のインドネシア民族（bangsa Indonesia asli）の一人だ」。[*53]

一九八三年ごろの新聞・雑誌には、華人に対する行政上の差別への不満を表明した一般市民の声も多く見受けられる。たとえば、一九八三年七月一日付『コンパス』紙の読者欄に投稿したスマトラ島ランプン州の医師オンゴウィジャヤ（Onggo Widjaya）は、一九六一年にインドネシア国籍を選択し、六七年に旧名オン・シン・ティック（Ong Tjien Tik）から改名したことを自己紹介する。それら「正当な法にのっとって」行なった手続きから長い年月が経つのに「いまだに旅券の申請、土地の取得、家族の転出入、アマチュア無線の免許申請まで、事あるごとに国籍取得や改名の証明書類の提出を求められる」と彼は、へきえきとした心情を吐露し、さらに続ける。

「私は問いたい。いったいいつまで私は、自分のアイデンティティを証明し続けなければならないのか。私は法律に従って国籍を得、改名した、紛れもないインドネシア国民ではないか」「もし申請者がプリブミか華人かを知りたいのであれば、顔をみれば、おおかたわかるだろう。いや、行政書類の書式には、血統的出自をあからさまに記入させる欄があるではないか」「正式に国民となった人間の血統を、根掘り葉掘り尋ね続けるのは賢明なことだろうか。そのようなことをやるなら、政府がたいそうな資金を費やし、あれこれの手段で推進しようとしている民族の一体化プロジェクトなど、やめたほうがよい」[*54]。

オンゴウィジャヤの憤懣《ふんまん》に同調する声は、同月『コンパス』紙にだけでも多く寄せられた。同月二四日付の読者欄でW・Wと名乗るジャカルタ在住の華人は、「私も同様の経験をしている。身分証明をするのにインドネシア国籍証明書（当時は略称K1と呼ばれた）の提示は必要ないだろう」と述べた上で、こう続けた。「もともとの目的は外国人の監視ということにあったのだろうが、いまやもう、インドネシア人となった人々を疎外することになっていないだろうか」[*55]。

一九八一年三月、マリア・クワ・ヘン夫人（Ny. Maria Kwa Hen）と名のる女性が、次のような内容の文章を『ヒドゥップ（*Hidup*）』誌に寄稿した。

「私たちは、何十年も前に、このインドネシアの地に生を受けました。この土地でこそ、楽しい幼年時代、学校時代も過ごしました。私たちにとって、インドネシアのほかによく知った国はありません。この地の言葉や習慣、文化は、もう私たちの血となり肉となっているのです」「ところが、インドネシアの息子、娘として、私たちには傷があります。誰のせいかは知りません。でも、そのために、私たちは生活する上で困難を抱えています。ほかでもない、『中国人の血』が流れているといわれることです」「幾世代もさかのぼれば、私たちには確かに中国人の血が流れているのでしょう。でも、それは、私たちのせいではありません。いずれにせよ、ただそのために、この地で生まれ、喜びも悲しみもここで味わいながら成長してきたのに、真正のインドネシア人ではない、といわれてしまうのです。私たちは国民なのに、国にとっては特別な法的手続きを踏ませねばならない『外国人』なのです」。「華人の中に、いわゆるプリブミよりも自分たちのほうが優れている、と自慢している人たちがいるのは事実です。でも彼らの多くは、一九〇〇年から四〇年ごろに生まれ、たまたま洋式教育に恵まれた世代に属します。オランダが彼らにプリブミへの優越感を植え付けたのです」「いま、華人社会の中核を担っているのは、一九四〇年から五五年ごろに生まれた世代です。いまでも華人としての優越感をもつ人は残っていますが、昔ほどではありません。むしろ、華人であるために『おまえはプリブミではない』と、むち打たれることのほうが多いのです」。「問題は、これからの世代がどうなるかです。同化はますます深まり、中国風の名を名のっている人さえ少ないのに、特別な住民登録の慣行がいまだになされています。親として、一九七〇年代に生まれた子どもたちの教育に困難を感じることが少なくありません。子らは尋ねます、『私たちって何人（なにじん）?』と。『もちろん、インドネシア人よ』と答えますが、学校や近所で『おまえらは、中国人だ!』と嘲笑されることがしばしばです。子らは混乱するし、親も困ってしまいます。しかたなく、親は子どもたちに、家系について説明せざるをえません」「でも、それを説明するとき、私たちはこう強調します。確かに、あなたがたの祖先は中国出身かもしれない。だけど、あなたがたはもう何世代もインドネシアの地に根を下ろしているのよ。だから、このインドネシアの地にこそ貢献しなければならないのよ、と」[*56]。

八 カタストロフィへ

スハルト体制末期の変動

後からみれば、スハルト体制期の最後の一〇年の起点となる一九八九年は、続く一九九〇年代初めの、インドネシア華人をめぐる状況を大きく揺さぶる、二つの事象が顕在化する節目の年だった。第一にこの年、東京における昭和天皇の大喪の儀の折、インドネシア大統領・スハルトと中国外相・銭其琛の間で会談がなされ、翌一九九〇年八月、長年にわたる懸案だった両国の国交正常化が実現する。第二にこの年、規制緩和の中で株式上場ブームが起きたことを機に、民間大企業の大半を華人資本が占めること、また、それら華人企業グループの巨大さがあらわになり、かつてのチュコン（政商）に替わってコングロムラット（多角的複合企業体を指す英語のconglomerateがインドネシア語に転訛した語konglomerat）と呼ばれるようになった華人財閥をめぐる批判的論議が続出する。折しも改革開放路線が軌道に乗りはじめた中国へのコングロムラットによる投資は、華人一般のナショナルな帰属意識にまで再び懐疑の念を呼び覚ますことになる。

コングロムラットへの批判は華人批判にとどまらなかった。特定華人財閥の突出を阻むどころか許容し、彼らと癒着しながら自らも企業経営に関与し私腹を肥やしはじめた大統領一族を筆頭に、政・官・軍のエリート層が、経済発展の中でむしろ拡大しつつあるとみられた社会的格差を放置し、それへの批判を強権的に抑えるか、少なくとも真摯に民意と向き合おうとしないまま権力を独占する政治のあり方に対して、中間層や庶民の怒りがもはや許容限度を超え、やがて「改革（レフォルマシ reformasi）」の旗印のもと正面から体制批判に向かう契機となる。

以下、1節で対中復交とそれに連動した華人の国籍問題の進展状況を、2節で華人コングロムラットをめぐる問題の諸相をさらに詳しくみた上で、3節では急速に高まる社会・経済・政治危機の果てに、無辜《むこ》の一般華人を最大のスケープゴートとしながら、多くの矛盾をはらんだ華人政策もろともスハルト体制が破綻する様を追ってゆこう。

1　対中復交と国籍問題

スハルト体制成立期の一九六七年に凍結されたインドネシアと中華人民共和国の国交の正常化は、長らく両国にとって懸案事項であった。一九七二年のニクソン訪中を皮切りに、米中、日中が国交を樹立した一九七〇年代、東南アジアにおいてもマレーシア（一九七四年）、タイ、フィリピン（いずれも一九七五年）が相次いで中国と国交を結ぶ中、地域大国であるインドネシアと中国の間に正式の国交関係がないことは、双方にとって外交上大きな空白となっていた。国交正常化が遅れたのは主にインドネシア側、特に国軍（むろん最終的には、軍出身でそれを最大の支持基盤とするスハルト）が国防治安上の猜疑心を解かなかったからとみられるが、冷戦終結期の一九八九年に至りようやく、中国がかつてのような革命外交に後戻りすることはないと軍もスハルトも判断したものと思われる。また中国にしてみれば、文革を終わらせ改革開放路線が軌道に乗りはじめた中で、成長著しいアセアンの盟主インドネシアとの外交的空白は、政治的にのみならず経済的にも損失と計算されたであろう。折しも一九八九年五月の天安門事件で国際的に孤立を深めていた中国にとって、インドネシアとの国交正常化は大きなプラスであった。

東南アジア諸国と中国の国交樹立や回復には、単に国家や政府間の関係にとどまらず、常に華僑・華人の問題が絡む。インドネシアはその点で典型的な例である。一九九〇年八月、李鵬首相がインドネシアを訪問し国交正常化がなされた際、両国首脳が署名した覚書にもそのことは表れていた。覚書は、かつてのバンドゥン会議の精神と平和共存五原則の基礎に立って両国関係の正常化がなされたこと、インドネシアが「一つの中国」政策を堅持する（台湾は中国の一部分だとの立場から、台湾との関係を民間の経済・貿易関係に限る）ことを確認したあと、華人の国籍問題に一段を割いた。

「両国政府は、それぞれの公民が二重国籍をもつことを承認しないという立場を重ねて表明する。インドネシアに居住する中国血統の者で、すでにインドネシア国籍に加入あるいはこれを取得している者はすべて、中国国籍をもつことはできない」。また、最終段では、主にインドネシアでいうWNA（中国籍華人）を念頭に次のように呼びかけた。「両国政府は、それぞれ相手国に居住し、なお本国の国籍を留保している、すべての自国公民に対し、居住国の法律を遵守し、居住地の価値観と風俗習慣を尊重し、居住国の人民と友好的に交流するように求める」[*1]。

国籍問題に関していうと、実は、国交正常化が実現する一〇年前、一九八〇年ごろに両国ともに注目すべき動きがあった。インドネシア側では、一九七九年に国籍を問わず、すべての華人に住民登録のやり直しをさせた。国家情報調整庁（BAKIN）内に置かれたチナ問題調整局（BKMC）の長スナルソは、「すべての外国籍者は、インドネシアの国籍を取得することができる」と帰化を呼びかけた。一九八〇年初めには、履歴や生活実態からみて事実上、中国国民でなくインドネシア国民なのだが、二重国籍防止条約が宙に浮いてしまったなどの理由でそれを証明する書類をもっていない者に国籍証明書（SBKRI）を交付する道を開く大統領命令第二号と、従来に比べ安い手数料と迅速な手続きで帰化ができることを指示した大統領決定第一三号が立て続けに出された。一九七九年の

再登録命令は、国籍にかかわらず全華人を依然いっしょくたに扱うなどの点で、とりわけ、すでにインドネシア国籍を得ていた華人の失望と怒りを買う面もあったが、翌年以降の動きをみると、スハルト政権が中国との復交を模索する準備作業として、まず華人の国籍実態を正確に把握し、中国側の介入材料となりかねない中国籍者の数をなるべく減らしておきたいという意向をもって行なったことではないかと推測される。[*2]

他方、中国側では一九八〇年に人民共和国となって初めての国籍法が制定された。逆にいうと、建国以来三〇年以上にわたって中華人民共和国は「誰が中国国民であるか」を法的に定めていなかった。そのことが冷戦下、インドネシアをはじめ多くの中国系住民を擁する東南アジアの国々に警戒の念を生じさせる一因となったのである。

この年九月一〇日付で公布された国籍法は、清朝および中華民国の国籍法と同じく血統主義を原則とするが、これまでの法が父系血統主義だったのに対し、母が中国国民でも子が中国国民となれる父母両系制を採っている。それ以上にやや変則的なまでの特徴は、両親の国籍を受け継いで子も中国国民となれると謳った第四条の前に、「中国は国民が二重国籍を有することを認めない」と、かなり強い調子で宣言する第三条を置いていることである。[*3]田中恭子は歴史的経緯や中国側要人の発言などからみて、この国籍法が「東南アジアの華人居住国の不安を解消することを第一義的な目的として制定されたもの」だと解している。「華人の二重国籍を一方的、「かつ個別の国ごとでなく」一般的に否定して、華人の国籍問題を一挙に解消すること」により、特に「[この時点でまだ]二国間協定を結んでいないインドネシアの懸念を取り除き、国交回復の促進を狙ったもの」だとする田中の分析は説得的である。[*4]

ただし、当時の中国の在外華僑・華人への姿勢として、各居住国に適応すべし、という現地に根ざす方向の追認・奨励と同時に、始まったばかりの改革開放を背景に、中国の経済発展へ海外僑胞も貢献すべし、という呼びかけもみられたことをコペルは指摘している。[*5]

インドネシアにおける外国籍華人の数は一九七一年の国勢調査で約一〇三万人とされるが、一九八〇年前後の中国・インドネシア双方の政策がおそらく効を奏して、一九八〇年、帰化奨励策の後に行なわれた同年の国勢調査では約四六万人にまで激減した。[*6] 国交正常化がなされた一九九〇年には、インドネシア側高官の発言や各種メディアの報道でほぼ一致して「残る中国籍者は、あと約三〇万人」という数字が躍った。

一九九〇年一〇月二〇日号の『テンポ（*Tempo*）』誌は「残る約三〇万人」という数字だけでなく、その人々の実態について特集を組んでいる。特に、インドネシア国籍を取りたくとも貧困のため帰化手続きの（しばしば規定外の要求を含む）手数料を工面できないがため中国籍や無国籍にとどまっている人々や、本人はインドネシアに生まれ育ったのだが、父親が中国籍で一九六七年以降の国交凍結と国籍選択の停止のため意に反して中国籍を継がざるをえなかった人々が、役所での諸手続き、就学・結婚・就職などに困難をきたしている悲惨な事例が数多く紹介されている。

外国籍華人になるたけインドネシア国籍を取得させようとする動きは、国交回復後も継続したようである。各種データのうち最も詳細・確実と思われるのは、一九九一年度の外国籍華人の数を当時の二七州別に一の桁まで示した法務省移民局の発表で、それによると、全国の外国籍華人数は二三万五三九三人といっそう減っている。翌一九九二年には、同じ法務省発表で、外国籍民の華人は残り約二〇万八〇〇〇人と伝えられた。[*7]

インドネシア国籍と外国籍を含めた華人の総数はインドネシア側からも中国側からも公式には発表されておらず不明だが、高官の発言などをとらえた当時のインドネシア側のメディア報道から推測して、四〇〇万人から五〇〇万人の間だった可能性が高い。仮に少なめにみて四〇〇万人としても、一九九二年の外国籍民約二〇万人は割合でいえば全体の約五パーセント、つまり約九五パーセントが、すでにインドネシア国籍を取得したことになる。

前章で、すでにある程度みたとおり、インドネシア国籍を取ったのになおプリブミと区別され、政治的・社会的に

差別され続けるという不満は一九九〇年代以降にかえって高まるのだが、中国との関係改善に伴い、国籍所属が不明な華人が少なくとも法律上、形式上は極小化に向かい、ほとんどの華人がインドネシア国籍を保持するようになったことは、続く二〇〇〇年代にかけて華人のインドネシア国民としての統合が進展する上で、前提的なステップになったといえるだろう。

ちなみに国交が正常化された八月の『エディトール（*Editor*）』誌特集記事によれば、全土に住む一七歳から二五歳までの若い華人読者一二九名にアンケート調査を行なったところ、全体の約九四パーセントが「インドネシアを真の祖国と考える」と回答したという。残りの約六パーセントは、インドネシアを「第二の祖国」と考える者、「事業をする所」と答えた者、「回答に迷う」とした者が約二パーセントずつであった。全体の母数が少ないので一概に断じられないが、国籍の取得と比例して、少なくとも若年層では単に法的地位にとどまらぬ心情のレベルでも、中国でなくインドネシアへ帰属意識をもつ者がこの時点で圧倒的に多くなっていた傾向を読み取れるだろう。[*8]

だが、当時のインドネシアの世論が、挙げて中国との国交正常化を歓迎したとはいい難い。復交を目前に控えた一九九〇年七月二一日号の『テンポ』誌は、「わが国のＷＮＩ問題」と題する特集を組んだ。つまり、国際的というより国内のＷＮＩ、すなわちインドネシア国籍となった華人をめぐる「問題」が多々存在する、国交回復を機にそれを再検証する、というスタンスである。特集では、とりわけスカルノ時代末期のインドネシアと中国の、というより両国共産党の異常なまでの接近、それと関係づけて記憶される九月三〇日事件とその後の混乱期にまつわる社会全体のトラウマ、依然良好とはいえない華人・プリブミ関係などに焦点が当てられる。

当時インドネシア大学政治社会学部の教授だったユウォノ・スダルソノ（Juwono Sudarsono、一九四二年、西ジャワ生まれ、オランダ留学。後に一九九八年のハビビ政権時に教育大臣）は同誌同号に寄稿し、次のように述べている。「中国との復交がわが国にもたらすものには三局面ある。外交面と経済面ではインドネシアの可能性が広がるだろう。

それ以上に重要な内政面についていうと、華人問題がある。これまで植民地期以来のさまざまなでき事から、およそチナと名の付くものは、国であれ民族であれ、文化、経済であれ、猜疑の対象だった。中国との関係正常化を機に、われわれはプリブミと華人の関係の正常化へ向けていっそう努力せねばならぬ。この復交は、わが民族と国家が大人として成長するための試金石だ。華人問題は単なるマイノリティの問題ではなく、われわれ自身がしっかりしていられるかどうかの問題なのだ」。

ユウォノは当時から華人に理解あるプリブミ知識人として知られており、インドネシア民族や国家全体の成長という視座に立って語っている。が、このような論調はむしろ例外的であり、『テンポ』誌を含め当時の大半のメディアは、ユウォノのいう「華人への猜疑」の存在を多く語っている。それはなにより、中国との国交正常化が、国内における華人巨大企業の突出とその是非をめぐってかまびすしく議論が沸き起こっているさなかに行なわれたからであろう。次に、その状況をみてみよう。

2　華人コングロムラットをめぐって

社会の安定を基盤とする経済開発を国家目標に掲げたスハルト体制のもと、華人企業は着実に成長を遂げてきていた。一九七〇年代後半、マラリ事件後の外資規制の恩恵を実際に受けたのは、軍出身の官僚・政治家が経営する企業グループ、およびそれらと密接に連携した大手の華人企業グループであった。一九八〇年代初頭までの国営企業主導の基幹産業の開発は、特定の軍内派閥との連携を通じて華人企業グループが基幹産業へ進出する条件を開いた。国営クラカタウ製鉄へのサリム・グループらの資本参加などが、その一例である。一九八三年ごろ以降、政府は石油収入への依存からの脱却と、輸入代替工業から輸出志向工業化への転換を目指し、金融・外資関連を手始め

に一連の規制緩和策を打ち出してゆく。同時に、大型国家プロジェクト投資の削減と民営化が進められた。その際、民間移行の主な引き受け手となったのは、大手華人企業グループとスハルト一族の企業グループであった。*9

　このうち、経済の専門家や関係者の間ではすでに知られていた華人企業グループの存在が、広くインドネシア社会でクローズアップされるきっかけとなったのは、規制緩和の一環として一九八九年から翌年にかけて起きた、ジャカルタ証券市場を中心とする株式ブームである。この結果、インドネシアの企業ランキングやその中に占める華人企業の割合などが、当時叢生した経済誌や総合雑誌などでも大々的に報じられるようになった。その一例として、『ワルタ・エコノミ（*Warta Ekonomi*）』誌一九九一年二月一一日号によると、一九九〇年の売上ベースで上位一〇〇グループのうち、華人企業は六七パーセント、上位五〇グループでは七二パーセント、上位二〇グループでは九〇パーセント、上位一〇グループではすべてを占めることが報じられた。*10 そのうちトップのサリム・グループは総帥スドノ・サリム（Sudono Salim、中国名リム・シウ・リオン Liem Sioe Liong 林紹良）が一九五二年に起業、商業一般からセメント、銀行、アグロビジネスに手を拡げ、同年の年商は一三兆ルピアを超えた（当時の為替相場は一ドルが約二〇〇〇ルピア）。二位のアストラ・グループは総帥ウィリアム・スルャジャヤ（William Soerjadjaja、中国名チア・キェン・リオン Tjia Kian Liong 謝建隆）が一九五七年に起業、トヨタやプジョーなど外資の自動車メーカーとの提携で自動車組み立てや代理店業を中核に発展し、一九九〇年の年商は九兆ルピアに迫った。

　巨大企業グループ、それも、ほぼ華人財閥を指して本章の冒頭で由来を説明した「コングロムラット（Konglomerat）」という言葉が流布しはじめるのは、一九八九年九月の民放テレビでの経済学者たちによる討論会がきっかけであった。翌九〇年にかけて、経済誌・総合誌や新聞紙上でコングロムラットをめぐる論争が展開した。コングロムラット批判派は、それが「有望な投資機会を食い漁り、市場を独占し、……小企業との規模格差や賃金格差を拡大し、国全体の富の不平等を悪化させている」と主張して、大企業規制や中小企業保護の立法を訴えた。対するに、経済

閣僚やテクノクラートは、コングロムラットの台頭が「規制緩和政策による競争原理導入の成果であり、生産性や輸出競争力、雇用創出において優っている証」であり、これを規制することは規制緩和策の後退になってしまう、とその存在を擁護した。だが、全体としては批判派の声のほうが大きかった。*[11]

コングロムラット批判に対し、大統領スハルトは、プリブミの企業家や庶民の不満に包括的な政策で応えるというより、一定の配慮の姿勢を突発的にみせるにとどまった。その代表的な例が、一九九〇年の、いわゆるタポス提案である。これは同年三月、大統領が所有する西ジャワのタポス農場へスドノ・サリムを筆頭とする代表的な企業家三一名を招き、おのおのの所有する企業グループの所有株式の二五パーセントを協同組合へ譲渡するよう要請したものである。*[12]

このアイディアは元来、同年一月スハルトの政府予算案発表演説で打ち出されたものだが、法令化されることはなかった。おそらく同年夏の中国との国交正常化や、翌々年に控えた総選挙をにらんでの、政治的ポーズという面のほうが強かったろう。スハルトの本心は、一九九一年三月一日、ジョグジャカルタで行なわれた独立戦争記念式典の演説中の、次のくだりのほうに表れていたと思われる。いわく、「開発の進展の中、新たな機会を享受する上で先んじた者と出遅れた者とがいる。だが、先んじた者が躊躇する必要はない。どんどん進むべきである。それが出遅れた者の背を押すことにもなる」*[13]。

タポス提案は当時大きく報道されたが、翌年末までに株価が下落したこともあって一時の熱は冷め、いつのまにかほごにされた。ただし、会合に招かれた企業家三一名のうち二九名が華人（残り二名のプリブミもサリム・グループの重役）であったことから、インドネシアの経済を牛耳るコングロムラット＝華人というイメージを広く社会に焼き付けた。この一九九〇年ごろからインドネシアの新聞・雑誌では、「わが国（あるいは広く東南アジア）の経済の八～九割を華人が支配している」という言説が、もはや周知の事実であるかのように盛んに書きたてられ、

一九八一年にクリスティアント・ウィビソノが唱えた「華人の経済支配は神話だ」という主張（前章238〜240ページ参照）などは忘却されたかのような雰囲気であった。[*14]

「経済支配者」の華人が同時に、再び「中国」と結び付けて語られるようになったのも、この時期の特徴である。その原因は、インドネシアに限れば、華人コングロムラットの顕在化と中国との国交正常化のタイミングが重なったということもあるが、それだけではない。改革開放路線を軌道に乗せた中国への投資ブームに乗り、NIESやアセアン諸国の華人系企業が盛んに中国に資本進出を始めたようすが報じられたこと、これと並行して一九九一年から「世界華商大会」が世界各国の華人企業家を集めて開催されるようになり、「華人ネットワーク」の存在・発展や「大中華経済圏」の勃興などが学界でも一般メディアでも喧伝されたことなどが、華人以外の多くの人々にとって中国や華人の経済力に対する脅威感をいっそう高めたからである。

このうち、世界華商大会の第一回大会は、一九九一年八月の三日間シンガポールで開かれた。呼びかけ人の一人であり、シンガポール大会の主催者でもある同国首相リー・クアン・ユーは、かねて「シンガポールの華人はシンガポール人であって、中国人ではない」ことを強調し、一九八一年の談話でも「アセアン諸国の中国系の人々は、それぞれの社会に統合されていくだろう。……華人は、それぞれの居住国で生まれ育っているのだから、生存のため、繁栄のために、その国の環境に適応し、溶け込んでいく」と語っていた。[*15] 華商大会開幕の辞で、リーはこのような従来の姿勢を否定することはなかったが、世界三〇カ国から集まった約八〇〇名の華人参加者を前に、「節約、刻苦、教育重視など……中華文化の核心をなす価値観が皆さんを成功させた」と述べた。[*16] この模様はインドネシアでも報道されたが、たとえば『テンポ』誌の見出しは「世界の中国人よ、団結せよ！——人種主義の精神で？」という猜疑心に満ちたものであった。[*17]

第二回大会は一九九三年一一月に香港で開かれ、世界中の成功した華人のデータベース作りなど、「華人ネット

ワーク」構築のため、いっそう踏み込んだ提案がなされた。インドネシアでは前回大会のとき以上に非難の論調が高まり、前出（前章235〜238ページ参照）のクイック・キェン・ギーも『テンポ』誌の同月二七日号に「東南アジア諸国への配慮を欠く」と批判のコメントを出した。ちなみに、香港大会にインドネシアからも初めて数名の華人が出席したが、スドノ・サリムをはじめ、トップ二〇クラスの企業家は、ひとりも参加しなかった。[*18]

このうちスドノ・サリムについていえば、インドネシアはむろん、東南アジア華人随一の資産を有するといわれ、「華人コングロムラット」の象徴として一挙手一投足が注視されていたことから、国内世論に配慮した可能性が高い。インドネシアと中国の国交正常化からまもない一九九〇年一〇月末、中国生まれであるサリムは約三〇年ぶりに福建省福清市へ帰郷した。インドネシアでは、サリムが長年、郷里に学校や工場を建て、道路整備に資金を出すなど経済的に貢献していたことが、新たな投資計画とともに事細かに報道された。[*19]

これに対し、「インドネシアで稼いだ金を中国に還流させている」という批判も多くみられたが、『テンポ』誌一一月二四日号のスサント・プジョマルトノによる特集序文は、サリムの行動はむしろ当然だと論じており興味深い。彼は一九世紀以来の華人移民史を述べ、かつての黄仲涵財閥をはじめ成功した華人企業家は皆中国に投資した、サリムも同じことをしているにすぎないという。続けていわく、「そこには故郷・中国との精神的結合、原初的紐帯がある。たとえ他国の国籍を取ったとしても、故国との結びつきは常に特別な意味をもつ。ましてや経済的利益の匂いが伴うならば[*20]」。

一九六〇年代、東南アジアの多くの国（政府）にとって、中国の脅威とは何より「革命輸出」への懸念であった。四半世紀後、少なくともインドネシアの華人問題における中国要因の重心は、「経済」における中国のオーバー・プレゼンスと、国内の華人問題との（再）結合への懸念に移った。ただし、『テンポ』の例にみたように、ナショナリズムが「故国との永遠の紐帯」の規範としてもちだされることで、別の角度から問題が政治化されることもあ

る。華人大企業の対中国投資を純・経済的な行動としてみるのではなく、彼国への政治的忠誠心の表れではないかという猜疑心とともに問題視する見方である。

とはいえ、一九九〇年代のインドネシアにおいて、華人コングロムラットの顕在化が社会全般、ひいては体制の安定を脅かしかねない深刻な政治問題となるのは、中国要因以外のところに原因があった。それは、一部の華人大企業と政・官・軍、とりわけ権力集中を強めるスハルト大統領一族との癒着が誰の目にも明らかなほど露骨に進行したことである。

問題は第一に、華人コングロムラットの急成長が、公正な競争の結果ではなく、彼らを不正な金づるとして利用する権力者の庇護と機会供与の賜物とみられたことである。スドノ・サリムは、この点においても、典型的な事例として知られた。彼とスハルトの関係は、一九五〇年代、スハルトが中部ジャワのディポヌゴロ師団長だった時代に、師団への物資納入業者となったころにさかのぼるといわれる。六〇年代前半、サリムはスハルトの異動に合わせるかのごとくジャカルタに移り、陸軍参謀本部の納入業者となる。スハルト体制の成立後、サリムは丁子輸入、繊維、セメント、製粉、金融と事業を拡大してゆく節目節目で、融資や事業独占権の供与、経営危機の救済などの形で政府の便宜を得ている。その背後に、スハルトとの個人的関係があったことを疑う者はいない。同様のことはアストラ・グループの総帥スルャジャヤや他の華人大企業家と、スハルトのみならず主だった政治家・官僚・軍人の間にもみられた。[*21]

第二に、政・官・軍の有力者、なかんずくその頂点に立つスハルト大統領の一族が、単に華人企業家と癒着するにとどまらず、自ら事業に参入し、その政治力を利用して大企業グループを形成しはじめたことである。先にみたとおり、一九九〇年の上位企業グループ二〇社のうち一八社までが華人企業であったが、残る二つは、スハルト大統領の次男が所有するビマンタラ・グループ（一一位）と三男の所有するフンプス・グループ（二〇位）であった。

この二つだけでなく大統領の長男や長女、次女、三女、異母弟などが一九八〇年代半ば以降の民営化の流れの中で設立した企業も、高速道路建設や石油採掘事業などの大型プロジェクトを次々に受注し、急速に業容を拡大した。プロジェクトの入札や銀行からの巨額融資に、大統領の意向や影響力が働いていたろうことは、いうまでもない。従来からあった財団の設立や華人企業への資本参加に加え、自らの企業設立を通じたスハルト一族の利権拡大は、ファミリー・ビジネスと呼ばれるようになった。一族の総資産は一九九八年の『フォーブス（*Forbes*）』誌で約四〇〇億ドル（同年度の国家予算の二・五倍）にのぼると報道されるまでに膨れ上がる[22]。

スハルト一族の企業と華人大企業は、株の持ち合いや資金供与、経営人材の提供などで結託しているとみられた。サリム同様、大統領就任前からのスハルトとの関係を利用し、木材産業を中心にコングロムラットの一角（一九九〇年売上高で一〇位）にのしあがったボブ・ハッサン（Bob Hassan、中国名テー・キェン・セン The Kian Seng 鄭建盛）は、スハルト家のビジネスをコーディネートする「金庫番」とさえ呼ばれた。

前章で触れたとおり、一九七〇年代からの数次にわたるプリブミ企業育成策はまったく消滅したわけでなく、アブリザル・バクリやユスフ・カラ、ファデル・ムハンマドらスハルト家と直接関係のないプリブミ企業家も、一九八〇年代後半から、すでに名を知られるようになっていた。だが、彼らの存在がかすんでしまうほど、「プリブミ企業」の名のもと、華人コングロムラットと伍して一九九〇年代に露出度を高めたのは、大統領一族のファミリー・ビジネスだった。中央における大統領一族と華人財閥の事例を頂点として、政・官・軍有力者と華人企業家のもたれあいによる利権の独占は地方にも広がり、そのようなコネクションのらち外にある大半の国民から、「汚職、癒着、縁故主義（三語のインドネシア語 Korupsi、Kolusi、Nepotisme の頭文字を取り、一九九五年ごろからＫＫＮの略称で人口に膾炙《かいしゃ》した）」に対する不満と批判が高まった。

一九八〇年代末から一九九〇年代にかけては、権力者や富者の隆盛の一方で、ジャカルタの大通りから庶民の足

と呼ばれたベチャ（人力車）や露天商が排除されたり、地方でも工場やダム建設などに伴う土地接収問題が頻発したりして、「誰のための開発か」という問いが改めて問題提起されるようになっていた。官製組合以外による労働争議も組織されたが、ほとんどの場合、暴力的に抑え込まれた。こうした中、一面では華やかに報じられたコングロムラット現象は、富の偏在や権力との癒着という意味合いで、「華人問題」とほぼ同義に語られるようになった。

ひと握りの財閥関係者ではない一般の華人たちは、「華人（チナやWNI）」という共通の集団カテゴリーのもと、諸悪の根源のごとくみなされたコングロムラットといっしょくたにされ、差別的に扱われることに憤慨・辟易しつつ、半ば身をすくめるように生活していた。[*23] 日常生活の中でも役所や職場・学校・近隣の付き合いなどを通じ再生産され続けた「華人である」というラベルが、命の安全にさえかかわる事がらとして突き付けられるのは、戦争や暴動など非常時のときである。一九九五年ごろを境にインドネシアは、体制の基盤たる経済発展と社会の安定の循環がひとたび揺らげば、KKN批判を介し体制への不満と直結したコングロムラット批判をも背景として、「反華人」へ向かう騒擾《そうじょう》がいつでもどこでも起こりうる、緊張した局面に突入してゆく。

3　複合危機、大暴動、スハルト体制の終焉

政治・経済危機の進行と高まる社会不安

スハルト体制の崩壊は、いまではアジア通貨危機と結びつけて語られることが多いが、実際には経済危機だけによるものではなく、政治・経済・社会的な危機が相互に絡まり合った複合危機によるものだった。また、経済危機がやがて政治危機・全面危機に発展したという説明も多い（そのような面も確かにある）が、通貨危機の発生に先立

ち、インドネシアでは、政治や社会面での危機の兆候が、一九九〇年代前半からすでに表面化しはじめていた。[*24]

一九九三年、スハルト大統領は長女トゥトゥットを与党ゴルカル副総裁の座につけた。これは、しだいに自らの後継への布石とみなされはじめる。同年末、野党民主党の党首にスカルノ前大統領の長女メガワティ・スカルノプトゥリ（Megawati Sukarnoputri）が就任し、一九九七年に予定されていた総選挙に向け国民の期待が高まると、スハルトは九六年、同党の党首選に介入し、政府に忠実なスルャディ（Suryadi）を新党首にすげ替えた。これを伏線として一九九六年七月、ジャカルタの民主党本部に立て籠もるメガワティ派を軍・警察が強制排除、これに対する同派支持者や学生によるデモが市の中心部一帯の暴動に発展、死者五名、行方不明者二三名、負傷者一四九名を出す、マラリ事件以来の惨事となる。

他方、一九九四年二月、全国的に組織されはじめた非官製労組によるゼネストが政府に抑え込まれて不発に終わると、四月には、北スマトラ州都メダンで一万人を超える労働者のデモが暴動に発展、華人経営者一名が殺された。同年六月、政府高官の汚職疑惑などを報じた『テンポ』『エディトール（*Editor*）』『デティック（*Detik*）』の三誌が発禁処分になると、学生や知識人を中心とする批判はかえって活性化し、「民主化運動」として発展しはじめる。運動の高まりと比例して、学生活動家や労働運動指導者、ジャーナリストらが行方不明になったり、逮捕・拘束されたり、遺体となって発見されたりという事件が頻繁に起きるようになるが、これも九・三〇事件以来の政治への恐怖やトラウマを（首謀者の思惑どおり）呼び起こすと同時に、軍や政府への人々の不信感をいっそう深めた。

一九九七年五月の総選挙は、キャンペーン期間の段階から、野党開発統一党やメガワティの支持者とゴルカル支持者が各地で衝突し、多くの死者を出すなど騒然とした中で行なわれた。メガワティ派を候補者名簿から排除したスルャディ派の民主党は惨敗、ゴルカルが形の上では大勝、翌年の国民協議会の大統領指名でまたもやスハルトが再選される条件が無理やり整えられた。だが、こうした政治システムの欺瞞性に知識人のみならず庶民の多くも倦《う》

み、体制のあり方に対する疑念がかつてなく高まっていた。そこへアジア通貨危機が襲来したのである。

一九九七年六月にタイでバーツが暴落し、マレーシアなど周辺諸国へも影響が広がりはじめたが、当初、インドネシアでは対岸の火事のごとく報道されていた。*25 七月半ばごろからインドネシア通貨ルピアが下落しはじめたのを受け、政府は八月、それまでの為替相場の準固定制から変動相場制への移行に踏み切った。しかし、ルピアは下降を続け、危機の前に一米ドル二三〇〇ルピア前後で安定していた為替相場は、八月末、三〇〇〇ルピアを割り込んだ。前々年から頻発しはじめた暴動を極みとする社会不安との（資金の国外逃避を含む）相乗効果で経済危機は急速に進行し、一〇月にはインドネシアもタイ同様、ＩＭＦ・世界銀行に支援を要請するに至る。同月末、ＩＭＦは一〇〇億ドルの融資を決定するが、その条件には、ファミリー・ビジネスやコングロムラットに顕著だった輸入・販売などにおける独占の廃止、不良債権の膨らんだ金融機関の整理が盛り込まれていた。インドネシア政府は一部銀行の閉鎖に踏み切るが、大統領一族や側近の絡んだ事業は、聖域として、ほとんど手がつけられなかった。ＩＭＦの融資条件のうち、緊縮財政や関税・貿易における規制緩和や食料などへの補助金削減は、それでなくとも急速な不況の中での物価上昇、解雇・失業、基本物資の不足など、深刻化しはじめた庶民生活を直撃した。一九九七年の乾季は、エルニーニョ現象に起因するとみられる天候不順で米の凶作とも重なり、庶民の生活苦に追い打ちをかけた。一二月に一ドル四〇〇〇ルピア台、次いで五〇〇〇ルピア台を割った為替相場は、年明けの一九九八年一月六日に政府が危機意識を欠いた予算案を発表すると、同日中に七〇〇〇ルピア、二日後には、ついに一万ルピア台を割り込み、底なしのごとく転落を続けていった。

この間、募る社会不安と政府への不満を背景に各地で暴動が発生、拡大した。一九九〇年代に頻発した暴動のうち、華人を標的とした、または華人に相当の被害が出たことのわかっている事例は、筆者の把握する主要なものだけでも次のとおりである。*26 一九九四年のメダン暴動は、もともと労働争議に端を発したものだが、華人経営者が殺害さ

れたことを、すでに258ページで述べた。翌九五年七月、南カリマンタン州都バンジャルマシンで華人商店が襲われる。同年一〇月、西ジャワのプルワカルタ、一一月、中部ジャワのプカロンガンで華人の商店や住宅が襲われた。九六年一月、バンドゥンでロック・コンサートの終了後、暴徒化した一部参加者が、華人商店や車両を襲撃。同年七月、ジャカルタでの民主党本部襲撃事件と、それに伴う暴動をはさみ、一〇月には東ジャワ州シトゥボンドで三〇〇〇人規模のムスリムを中心とする民衆が暴徒化、キリスト教会や中国寺院に放火、華人商店をも襲撃。一二月末には西ジャワのタシクマラヤで、ムスリム寄宿学校生の非行をとがめた教員が、生徒の父親の勤務する警察署で拷問されたことをきっかけに、ムスリム群衆と警察の対立が暴動に発展、まったく関係のない華人商店やキリスト教会が標的とされた。一昼夜にわたって続いた暴動の結果、一〇〇戸以上の家屋や工場、警察署などが破壊され、五名の死者が出た。市中心部から郊外へ暴動が広がる中、少なからぬ住民は家屋や車両に「プリブミ所有」や「ムスリム家族のもの」などと大書した紙を貼って難を避けようとした。[*27] この種の貼り紙は、後のジャカルタ大暴動に至るまで広く行なわれるようになる。

「自分たちは華人ではない（から危害を加えないでほしい）」というメッセージは、暴力の現場に身をさらしている人々にとって、やむをえない自衛策だったかもしれない。が、暴力の矛先を「華人」に転化しようとしている点で、差別に加担している面を否めない。スハルト体制期の華人に対する差別とスケープゴート化が、単に国家権力によるだけでなく、より広範な社会に浸透し危機に際して端的に表れた現象の一つと、みることができるだろう。

一九九七年に入ると、同様の暴動がいっそう頻発する。一月、西カリマンタン州のサンガウ・レドや西ジャワのレンガスデンクロックで数千人規模の暴動が発生、華人商店と教会、仏教寺院が襲われる。三月、中部ジャワのプカロンガンで三日間にわたる暴動。五月、総選挙キャンペーンで与野党支持者の衝突した南カリマンタン州都バンジャルマシンの暴動でも、華人の商店や仏教寺院が襲われている。六月、西ジャワのカディパテン、九月、南スラ

ウェシ州都ウジュン・パンダン（現在のマカッサル）で三日間の反華人暴動。後者では死者四名。九月、ジャカルタに隣接した西ジャワ州タンゲランで暴動。ルピアが大暴落した一九九八年一月には東ジャワのジュンベルで、二月にはフローレス島のエンデで、物価騰貴と買占めに怒った群衆が華人商店を襲撃。同じく二月に西ジャワのジャティワンギ、パマヌカン、ロサリおよび東南スラウェシ州都クンダリで、いずれも華人商店を襲う暴動発生。五月上旬には北スマトラのメダンで起きた反政府暴動が華人商店への襲撃に転化した。[*28]

これらの暴動における商店の襲撃には、例外なく、家電製品や食糧など商品の掠奪が伴っていた。経済危機の進行につれ、基本的な生活物資の確保にも事欠く貧困層が、一時的に無政府状態となった現場で、半ば当然の権利のごとく堂々と商品を搬出するようすが、テレビ中継でさえ映し出された。物価騰貴と品不足の中でさらなる価格吊上げを狙って物資を買占め、出し惜しみしている者が卸商や小売店主の中にいるとの噂が流れ、掠奪する者より在庫をもっている者のほうが悪いような社会的空気が醸成されていた。華人が皆商人であるわけではないが、インドネシアのどの地方でも、町の主要な通りに軒を並べる商店やショッピングモールの大半が華人の所有であることを、この国の人々は体感的に知っている。報道などで知るコングロムラットの突出とは別に、より日常生活の次元で（それら商店での被雇用関係を含め）「華人に経済を握られている」との実感を庶民の多くは抱いているのである。

つまり、経済危機の中での商店襲撃が、結果的に、ほぼそのまま「反華人暴動」となってしまうことには一定の必然性がある。他方、キリスト教徒がすべて華人から成っているわけではないが、スハルト体制期に華人のカトリックやプロテスタントへの改宗が大量に進んだことはおそらく事実であり、暴動におけるキリスト教会の襲撃も、単なる宗教的対立というより「反華人」の感情とも結び付いていただろうことは確実である。[*29]

植民地期以来の数々の暴動の経験からであろう、華人の人々はかなり早い段階から「もっと大きな何かが起きる」「そのときは自分たちが標的にされる」という切迫した予感を抱いていた。一九九六年七月の民主党本部襲撃事件後、

筆者の知る五〇歳代の華人男性J氏（当時、ジャカルタで外資と組んだ鉱山採掘企業を経営）は、「親戚のいるアメリカへ、すでに妻子を避難させはじめた」ことを、そっと打ち明けてくれた。スマランで小さな食堂を経営する四〇歳代の女性Mさんは、一九九六年一〇月の時点で、「私たち華人は、この国が内戦状態に近づいていると感じている。でも、私もそうだけど、ほとんどの人は外国につてがあるわけじゃないから逃げることもできないの」と、やはり声をひそめて不安げな表情をみせた。彼・彼女らの予感は不幸にも的中し、やがて過去に例のないほどのさらなる暴力の嵐が襲ってきた。

一九九八年五月大暴動

一九九八年三月一〇日、国民協議会は全会一致でスハルトを七期目の大統領に選んだ。スハルトは翌日、側近のハビビを副大統領に指名した。次いで発表された内閣には、長女トゥトゥットが社会相として、スハルト一族の「金庫番」とささやかれた華人コングロムラットの代表格ボブ・ハッサンが産業相として入閣した。これは、スハルト一族を中心とする権力と既得権益を保守しようとする姿勢の表れとみなされ、刷新を期待した人々の幻滅と反発を招いた。このころから全国の大学を中心として「改革（レフォルマシ reformasi）」を標語に掲げ、スハルト退陣と政治・経済の改革を公然と要求する集会やデモが組織されはじめる。

五月四日、IMFの融資条件に基づいて政府が発表した石油燃料と電気料金の値上げは、学生のみならず庶民の忍耐の限度を超え、事態は一気に緊迫の度を増す。同日、北スマトラ州都メダンで反政府暴動が起き、前述のとおり反華人暴動に転化する。全国から学生たちが続々と首都に集結しはじめ、国会議事堂を占拠する。五月一二日、市内のトリサクティ大学（旧バプルキのレス・プブリカ大学）で、反政府集会を終え解散しようとしていた学生たちに軍・警察が発砲し、四名の学生が射殺された。この事件が人々の怒りに油を注ぎ、翌一三日から一五日にかけて

首都全域に火の手が上がる「一九九八年五月大暴動」の一つのきっかけになったことはたしかである。

ただし、この「暴動」に関して注意しておくべきことが少なくとも二点ある。一つ目は、首都ジャカルタでの動乱が注目されがちで、実際に決定的でもあったが、ほぼ時を同じくして中部ジャワのソロ、東ジャワ州都スラバヤ、西スマトラ州都パダン、南スマトラ州都パレンバン、スマトラ南端のランプンなどでも同様の騒乱が起きた「同時多発暴動」だったことである。[*30] 二つ目は、「経済危機の中で困窮した都市貧困層が起こした」という説明だけでは到底すまず、権力中枢と結びついた意図的な扇動や、軍の一部の関与が強く疑われているということである。特に、治安責任者である国軍総司令官兼国防治安相ウィラント（Wiranto）の失脚を狙った戦略予備軍司令官プラボウォ（Prabowo Subianto、スハルトの娘婿で一族の利害を代表すべく軍内で異例の昇進を続けていた）が少なくとも暴動を利用しようとしたこと、また彼との直接的関係は立証されていないが、計画的・組織的に動員されたとみられる民間のやくざ（preman）集団が各地で文字どおり「火をつけて回った」ことは、後に政府系の真相究明合同委員会（TGPF）の報告でも可能性濃厚と示唆され、いまやほぼ定説となっている。[*31]

ジャカルタの状況を概観しよう。[*32] 五月一三日午前、前日に学生が射殺されたトリ・サクティ大学の周辺で、続々と集まってきた群衆と軍・警察の間で衝突が始まり、ガス・ポンプや車両に火がつけられる。ほぼ時を同じくして西ジャカルタの数カ所でも火の手が上がり、やがて道沿いの商店やショッピングモール、車両などの襲撃、破壊、掠奪、放火にエスカレートする。騒乱は華人集住区のコタ地区を含む北ジャカルタへ、翌一四日朝には東ジャカルタへも飛び火し、同日中にジャカルタおよび隣接するタンゲラン、ブカシ、デポックなど首都圏のほぼ全域（確実に記録されただけでも一一一カ所）へ拡大する。騒乱は一五日まで続き、首都機能は完全にマヒ状態に陥った。

ジャカルタ州政府が発表したデータによると、物的被害の面では、破壊されたり焼かれたりした商店一六〇四、商店兼住宅二四七九、住宅一〇二六、ショッピングモール四〇、ホテル一二、銀行六五、役所一〇、警察署一一、

民間企業事務所三八三、車両一一二七、バイク八二一などとされている。[*33] 役所や警察署を除くと、大半が華人所有と推測される。

人的被害は発表元によってかなり幅がある。ジャカルタ州政府は死者数について二八八名と総数だけを発表したが、根拠に乏しく信じる者はほとんどいない。これに対し、暴動以前から活動していた民間団体、「人道のための有志委員会（略称ＴＲｕＫ）」[*34]が日付ごと、具体的な場所ごとに積み上げ明らかにした詳細なデータによると、死者は一二一七名、行方不明者が三一名、負傷者九一名とされている。[*35] 死者がすべて華人というわけではなく、ジャカルタ南郊のジョグジャ・デパートやタンゲランのラーマヤナ・プラザなどの大型店に非華人の群集が掠奪目的で入り込んだ所へ何者かが放火し、それぞれ二八八名、一四四名が焼死した。同様の事件が、他の少なくとも五カ所で起きており、死者の過半を非華人が占める可能性も高い。だが、これらの焼死事件を除くと、狙われた犠牲者の大半は華人だったと真相究明合同委員会も認めている。

暴動発生時、エジプト訪問中だったスハルトは、予定を繰り上げて一五日に急遽帰国。以後約一週間、学生や民衆による街頭運動の圧力とさらなる騒擾への危機感が高まる中、「改革委員会」の設置や内閣改造などで事態を乗り切ろうとしたスハルトを、彼の側近とみられた者を含む有力政治家や、軍指導者たちも、次々に見限っていった。五月二一日、スハルトは国会の勧告を受け入れる形で辞任を表明、憲法にのっとって副大統領のハビビが直ちに新大統領に昇格。ここに、三二年間にわたったスハルト体制に終止符が打たれた。[*36]

スハルト辞任により「改革」の機運が爆発的に高揚する一方で、政治・経済はなお混迷し、社会全体が先行きのみえない緊張に包まれていた六月、前月のジャカルタなどの「大暴動」のさなか、華人女性に対する大規模なレイプがあったことを、前述ＴＲｕＫが文書によって最初に告発した。[*37] ハビビ政権は、当初、その存在を否定していたが、七月に入って国内外の非難の声が高まるのに応える形で、レイプ事件を含む大暴動の全容と背景を調査するた

め、国家人権委員会の長マルズキ・ダルスマン（Marzuki Darusman）をトップに、先述の真相究明合同委員会（TGPF）を設立したというわけである。

政府の中では女性問題担当相のトゥティ・アラウィヤ女史（Tutty Alawiyah）が、七月三日の女性団体との会合で、「暴動のさなかに女性への暴行があった」と初めて認めた。[*38] ハビビ大統領も、八月一七日の独立記念演説で、「女性たち、とりわけ華人女性に対する性的暴行があったことを遺憾に思う」と謝罪した。[*39] しかし、同月二七日、国軍は「レイプ事件の証拠はない」と閣議報告で述べた。[*40] 同時期、情報相ムハンマド・ユヌス（Muhammad Yunus）も「情報の寄せられた一〇三件を警察が捜査したが、暴行の事実は一つも立証されなかった」と発言した。[*41]

一般にレイプ事件はその性格上、被害者が社会的・心理的な理由から事件の存在を自ら秘匿する傾向があり、立証が困難なことが多い。加えて当時のインドネシアでは、レイプの被害者や彼女らを支援する民間団体関係者が正体不明の者から爆弾を送り付けられるなどの脅迫行為が相次ぎ、報復を恐れて沈黙を強いられる場合がいっそう多かったのである。

そのような中でレイプ被害（加害者側に立てば強姦犯罪）の全容に関する情報は錯綜しており、基本的な数字についてもいまだ定説はない。今日まで流布している数字のうち、最も信憑性が高いと思われる数字の一つは、最初に事件を告発したＴＲｕＫの報告書である。[*42] これは、事件直後から、脅迫に屈することなく、諸団体や個人の有志、医師らと協力しながら被害者本人や家族、目撃者らと直接接触し、積み上げた証言をもとにしたものである。

同報告書によると、何らかの性的被害を受けた女性の数はジャカルタと周辺で一五二人（うち死亡者二〇人）、ソロ、スラバヤ、メダン、パレンバンで計一六人、全国計一六八人とされている。他方、ＴＧＰＦは一〇月に独自の調査結果を発表した。[*43] 政府や軍各部署の責任者も交えたＴＧＰＦの報告は「性的暴力は確かに起きた」と認めた上で、被害形態を四つのカテゴリーに分け、全国でレイプ被害は五三件、虐待を伴う強姦が一四件、性的虐待が一〇件、

性的ハラスメントが一五件、総計九二件が確認されたとしている。TGPFの確認件数はTRuKのそれよりかなり少ないが、逆にずっと多い件数が示されたケースもある。社会活動家で医師、さらに一九九八年当時バコムの長も務めていたロシタ・ヌル女史（Dr. Rosita Noer）は、「バコムの調査によれば、少なくとも四六八人の女性が商店や自宅、車でレイプ被害に遭った。彼女らの年齢は十歳から五五歳に及ぶ」とインタビューに答えて述べている。[*44]

レイプ犯罪・被害の実相は多岐にわたるが、共通していることは「あまりに、むごたらしい」の一語に尽きる。TRuKの報告書は努めて感情を交えず聞き取った内容の記述に徹したものといえるが、そのうち二つの事例を挙げておこう。[*45]

五月一三日にジャカルタで被害に遭ったW、Lは、五〇歳の母と二六歳の娘である。見知らぬ男たちの一団が来襲して自宅を破壊、掠奪した。数人が被害者の息子に対して妹をレイプするよう強要し、「しないなら、おまえを焼き殺す」と脅した。使用人に対しても、主人である女性をレイプするよう強要。男たちは母娘を強姦し続けた。それから家に火がつけられ、息子と娘は火の中に投げ込まれ殺害された。母親は後を追って焼身自殺した。翌一四日にジャカルタで襲われた少女Mは、わずか九歳である。最初の例と同じく見知らぬ集団（つまり近隣ではない人々）がどこからかやってきて、被害者の家に押し入り、掠奪。彼らは少女を引きずり出して強姦した上、ビンの底を割って性器を傷つけた。少女はシンガポールの病院に搬送されたが一週間後に死亡した。これらの事件は、TRuKによる告発（六月）以降、しだいに一般の新聞・雑誌でも報道されるようになったが、特に華人社会の間では、それ以前からインターネットや口コミでたちまち広まり、国際社会へも伝えられた。

大暴動全体と同様、これらのレイプ事件を単に貧窮した民衆の無秩序な蛮行と片づけるわけにはゆかない。被害者や目撃者の証言を総合すると、訓練・組織されたプロの暴力集団が、同様の手口でいっせいに行動を起こした可能性が濃厚である。つまり、先述した軍内の抗争を背景とする、権力者の陰謀や扇動の要素を無視できない。と

はいえ、すべてを「国家暴力」「国家テロ」と決めつけてすますこともできまい[*46]。スハルト体制末期、プリブミ社会の間に広範な「反華人」感情が充満していたことも事実であり、首謀者はそれを利用して火をつけたとみるのが、少なくとも現時点では妥当と思われる。いずれにせよ、大暴動における「反華人」の暴力は、権力者と民衆の、また民衆のうちのエスニックな集団関係と社会経済的な階層関係の、さらに日常的に醸成された社会感情と非日常的な爆発の複合的な作用による暴力であろうし、大規模レイプ事件に至っては性差別の要素も加わった複合差別の暴力というべきだろう[*47]。その真相の究明は一面的な解釈ではおぼつかない。約一八年を経た現在なお、このレイプ犯罪の加害者として法的に告訴されたり処罰されたりした者が一人もいないことを付記しておく。

大暴動の後に

スハルトの辞任以後、インドネシアの政治・社会の諸分野で「改革」をスローガンとする民主化プロセスが進む。むろん、民主化は必ずしも順調に進んだわけではなく、あまたの抵抗・対立と荒々しい摩擦を伴った。従来から独立派に対し武力を含む抑圧の続いていたアチェ、パプア（旧イリアン・ジャヤ）、東ティモールに加え、マルク諸島やスラウェシ、東ジャワなどの各地で新たな暴力的紛争も勃発してゆく。一九九八年五月暴動を頂点に華人の被った苦難も、犠牲者の立場になってみれば、民主化への代償というにはあまりに傷が深く悲痛にすぎた。

五月の大暴動とりわけ華人女性のレイプ被害に対し、欧米諸国に加えて中国政府も遺憾の意を表明するが、一九六五年の九・三〇事件後の「反華人」の動きに対する激烈なスハルト政権批判に比べれば、形ばかりといってよいほど抑制的であった[*48]。むしろ、台湾、香港、東南アジア諸国やアメリカ・カナダなどの華人系住民を中心とする市民団体が、「華人同胞」ゆえという以上に普遍的な「人権」の観点から、各国インドネシア大使館前などで行なうデモが続発し、ハビビ政権のインドネシアにも一定の圧力になったと思われる[*49]。

インドネシア国内の世論、あるいは声に表れない大多数の人々の心情は、今回吹き荒れた「反華人」の暴力や差別について、（自分が直接の加害者でなくとも）これまでになく内省を迫られた観がある。特に凄惨な暴力の犠牲となった女性たちの存在が明るみになるにつれ、インドネシア社会全体がショックを受け、少なくとも当初は言葉を失っていた。

従来、社会に流布する華人のステレオタイプは「金持ちで貪欲、不信心な中高年男性」のイメージであった。それが不幸なことに、レイプ事件を通じて「華人には女性もいる」という当たり前の事実、ひいては「華人も暴力を受ければ痛みを、家族が傷つけられれば悲しみを感じる存在である」、つまりは「華人も同じ人間なのだ」という感覚が初めて行き渡りはじめたように筆者には見受けられた。

このような感覚が広がる上で、大暴動の被害者、とりわけレイプ犠牲者に関する非華人の社会活動家（ＴＲｕＫの主要メンバーを含む）らによる発言はもとより、同じく非華人の文学者たちが暴動やレイプ事件に題材を取って創作した作品群（その多くは、当初、新聞小説として発表された）が果たした役割も小さくないであろう。[*50] このような社会一般における華人イメージの変化は、やがて二〇〇〇年代にかけてハビビ以降の歴代政権による対華人政策の転換が進められる上でも、重要な前提の一つになったと考えられる。[*51]

華人たちも声を挙げはじめた。ハビビ政権が民主化要求に応える手始めに言論・結社の自由を解禁したこともあって、華人の政治・社会組織が次々に組織されはじめる（Ⅳ部参照）。それらの組織は、スハルト体制の対華人政策、とりわけ「同化」の名のもとの差別や暴力を糾弾してゆくことになるが、同時に、自分たちの「インドネシア」との関係について省察を迫られる。

大暴動直後の一九九八年五月一六日、華人の多くが茫然自失の状態にあったさなか、被害の激甚だった北ジャカルタに住む、アンドリー・ムナスという市井の一華人男性は、次のような詩を詠んでいる。[*52]

僕は、この女神プルティウィの地に生まれた。そう聞かされてきた。
僕の祖国、「血のこぼれる地」[*53]、僕の血がこの大地に流れているのだ。
僕の体さえ、この地の水と成分で形作られてきた。だから、僕は祖国を愛し、
「インドネシア民族」であることを誇りに思ってきた。

……

ところが、突然、大嵐が襲ってきた。
僕は驚愕し、幻滅した。
僕は、この母なる女神の地に受け入れてもらえないのか！
この地に生まれたのが、まちがいだったというのだろうか。

一九六六年に反スカルノ学生デモの先頭に立ち、スハルト体制下で大統領の私設補佐官などとして重用されたユスフ・ワナンディ（リム・ビェン・キー）が、大暴動の二カ月後『ファー・イースタン・エコノミック・レビュー（*Far Eastern Economic Review*）』に寄稿した「前方への道」と題する文章は、華人たちが受けた衝撃とトラウマを代弁するとともに、この試練にかかわらず、大多数の華人たちが向かおうとしている方向を、かなり的確に予言しているように思われる。[*54]

ユスフは、前月の大暴動に触れて次のように述べる。「破壊された建物はいずれ再建されるという者もいるが、華人が被った物的被害や、失われた生業は、容易に回復されまい。これは、華人にとっては死活問題だ」「政府も治安組織も、十分に彼らを守ろうとしていない。華人たちの無力感と絶望感は永く尾を引くだろう」「いったいなぜ、

このようなことが起きたのか。目撃者たちによれば、暴動は組織的だったというではないか。誰のどんな意図が隠されているのか」。

さらにユスフは続ける。「華人たちの胸中の、もっと奥底にある問いは、こうだろう。つまり、このような暴動の後でも、華人はインドネシアのどこかに『自分たちの場所』を得ることができるのか。華人は、インドネシア民族ないし国民共同体（bangsa Indonesia, "nation"）の一部分として、真に受け入れられることがあるのだろうか。インドネシア政府も、すべての民衆も、このもっともな問いに華人たちが答えられるよう、真剣に向き合わねばならない」。

かつてバプルキとの政争に際し、同化派の一員として行動したユスフは、いまや次のように断言する。「一九六七年にスハルトによって始められた華人同化の戦略は破綻した。政策は一貫性を欠き、一部の企業家たちがスハルトの権益のために利用された。華人はスハルトによって正式に認知されることなく、うまみだけを吸い取られる、いわば妾のような位置に置かれたのだ。五月暴動が、そんなやり方を終わらせた」「新しい時代が始まった。まだ絶望と困惑の中に置かれたままの華人も多いが、インドネシア国民としての権利を闘い取るべく新政党を作ったり既存の政党に合流したりし、さまざまな社会組織やNGOで活躍しはじめた華人もまた多い。これは喜ばしいことである。華人は、単なるエコノミック・アニマルではない」。

大暴動以降、一〇万人ともいわれる華人が国外（シンガポールやオーストラリアなど）へ脱出、「愛国心に欠ける」などと世論の批判にさらされていたことに関し、ユスフは次のように述べた。[*55]「彼らのうち、経済的余裕もある一部の者は、国外にとどまるかもしれない。だが、大多数の人々は、身の安全が保障されさえすれば、いずれ戻ってくるだろう。彼らは、なにもお金がないから戻ってくるわけではない。彼・彼女らが帰ってくるのはひとえに、インドネシアこそが自分の故郷だからだ」。

IV部

新たな「インドネシア民族」へ

改革期

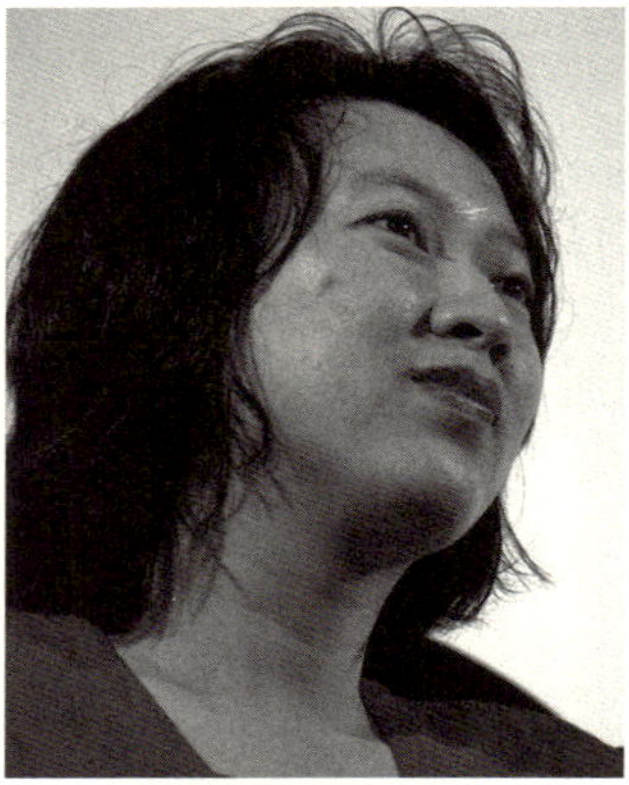

エステル・ユスフ

（提供　TEMPO）

九 「インドネシア志向」のゆくえ

二〇〇二年の「大討論」

本章は、一九九八年五月にスハルト大統領が退陣した後、いわゆるポスト・スハルト期のインドネシアで、国民国家統合における華人の位置づけやそこに存在する問題点について、「改革」のさなかの二〇〇二年時点で華人社会の指導者たちがどのように考えていたのか、この年の四月二七日、首都ジャカルタで行なわれた公開討論会——以下、主催者や参加者の呼称に従い「大討論（Diskusi Akbar）」と呼ぶ——の内容を主な材料として考察しようとするものである。

一九六〇年代後半から三〇年余りにわたったスハルト体制期、インドネシアの華人は他国に例をみないほど、いびつな状況に置かれていた。一方では、中国系諸語の使用や華語教育が禁止され、華人独自の政治・社会団体の結成も著しく制限された。また「中国的」とみなされた宗教・信仰行為や年中行事の公共の場での実践が禁止されたほか、中国式の姓名からインドネシア風の名への改名が奨励されるなど、「同化政策」の名で総称される政策が相当徹底して敷かれた。他方、特定の華人政商が特権を与えられ、スハルト一族を頂点とする政・官・軍の権力者と

癒着しつつコングロムラットと呼ばれるまでに急成長し、プリブミに対する華人の「不当な経済優位」の象徴となった。いずれにせよ、華人は「同化」を強要されながら同時に「区別」され続け、区別は容易に「差別」に転化された。差別には、公立校への進学や政官界への就職からの暗黙の排除、役所での追加的書類や賄賂の要求など日常的なものも多くあったが、非日常的には「反華人暴動」の標的とされることが最たるものだった。とりわけ、アジア経済危機前夜の一九九六年ごろからスハルト退陣に至るまで、全国各地で頻発した暴動で、何千人もの華人が商店や住居を襲撃され略奪・放火された。特に一九九八年五月、ジャカルタやソロなど、各地で何百人もの華人が殺害・暴行・強姦の犠牲となり、直接の被害を免れた人々にも大きなトラウマを残したことは前章で描いたとおりである。

スハルト退陣後、状況は大きく変化した。ハビビ、ワヒド、メガワティ、ユドヨノと続く後継政権の大統領たちは、いずれも華人に対して融和的な政策を打ち出した。各大統領でニュアンスの違いはあるが、総じて、華人もプリブミも区別なく「インドネシア国民」として平等に扱われるべきこと、その際「中国的」文化をはじめとする華人の特性を放棄する必要はない、すなわち文化的な「同化」は不要であることが、少なくとも政権トップの指示や談話のレベルで繰り返し表明された。開発独裁の典型であったスハルト体制期の、さまざまな弊害をただすべく、「改革」の旗印のもと、特に言論・結社の自由がインドネシア社会一般で堰《せき》を切ったように行使される中、華人独自の政党や社会団体も続々と結成され、華語教育や華語メディア（新聞・雑誌、ラジオ、TVなど）が公然と復活した。「中国的」な信仰や年中行事の、公共の場での実践に対する禁令が解かれ、中国陰暦の正月が「国民の祝日」と定められるなど、「華人文化の公認」が内外にアピールする形で行なわれた。[*1]

だが、これらをもってインドネシアの「華人問題」は解決したとみてよいのだろうか。そもそも「華人問題」とは文化だけの問題だったのか。「改革」の時代に入ってそれなりの時間が経過した中、インドネシア全体として、また華人をめぐって、なお残っている問題は何か。その中で華人は、どのように行動することが求められているの

か――これらの問いに対し、当の華人社会の指導者たちが集まり、さまざまな角度から検討を加え、答えを見いだそうとした機会の一つが、ほかならぬ二〇〇二年の「大討論」であった。

スハルト体制の成立に先立つ一九六〇年、特にインドネシア国籍を得た華人の位置づけをめぐって闘わされた、通称「同化論争」については四章でつぶさに検討した。その後、同化主義を華人政策の柱の一つとするスハルト体制が成立し、「同化」が少なくとも建前上の国策となって以来、華人のあり方をめぐる自由な議論は公けには長らく封印されていた。ポスト・スハルト期の言論自由化の中で、この封印は解かれ、さまざまな主張がマスメディアの論説、学術的著作、新しいメディアとしてのインターネット、専門的学会や一般向けのワークショップなど、多彩な形で開陳されるようになった。

二〇〇二年の「大討論」は、ポスト・スハルト期に設立された華人の社会団体の中で最も有力な組織の一つ、華人系インドネシア人協会ＩＮＴＩ（Perhimpunan Indonesia Tionghoa）が主催したものである。それはポスト・スハルト期の華人をめぐる議論の唯一の例というわけではない。だが、パネリストとして、一九九八年以降に組織された二大華人団体のトップや「改革」の旗手と目された若手の民主化活動家たち、現役の政治家、学者、スハルト体制初期に抹殺された華人組織バプルキの指導者シャウ・ギョク・チャンの遺児、逆にかつてバプルキを追い落としたが、いまやスハルト体制とともに没落しつつある華人同化主義者、さらに中国を代表する外交官まで、きわめて多様な立場の論者を一堂に集めたという点で、稀有の機会だった。

華人のあり方をめぐる華人自身の議論の歴史の中で、いわば「四〇数年ぶりの百家争鳴」ともいうべきこの討論会について、正面から扱った研究はまだ存在しない。[*2] 本章はその分析を通じ、改革期の華人指導者たちの間で、「華人問題」の歴史や現状、華人がなすべき事がらについてどのような認識がなされていたのか、主な論者の主張を明らかにすることを目的とする。特に、ポスト・スハルト期の華人社会で、①華人であることやその特性、すなわち「華

人性」を団結の基盤にするとみられているグループと、②華人であるかどうかにこだわらず、民主化や基本的人権など「普遍的」価値の実現を重視するとみられているグループに焦点を当てる。

以下、1節で「大討論」開催の背景や当日の顔ぶれを簡単にみた後、2節では「華人性」重視とみられている論者、3節では「普遍性」重視とみられている論者各三名の主張を中心に検討する。4節ではその他の論者四名についてもみた上で、総括を試みる。

使用する資料のうち、主催者のINTIが当日の発言をまとめて出版した公式記録集[*3]が最も主要なテクストである。このほか、ポスト・スハルト期に華人問題をテーマに出版された学術的著作、マスメディアの論説、インターネットやメーリングリストなどの記事、現地調査（インタビュー等）で得た知見で適宜補う。[*4]

1 「大討論」の概要

主催組織ＩＮＴＩ

「大討論」は前述のとおりINTIが主催したものである。そこでまず、この組織について簡単にみておこう。

INTIはスハルト退陣の翌年、一九九九年四月一〇日に結成された。正式名称はインドネシア語でPerhimpunan Indonesia Keturunan Tionghoa、後にKeturunan（血統、～系）の語を省いてPerhimpunan Indonesia Tionghoaとしたが、いずれにせよ、日本語に訳せば「インドネシア華人協会」でなく「華人系インドネシア人協会」に近い。つまり「自分たちは華人でもある」が、「それ以上にインドネシア人なのだ」という自己アイデンティティを強調した自称であるといえる。ちなみに英語でも（“Indonesian Chinese～”でなく）“Chinese Indonesian Association”と名

のっている。また、中国語での表記は「印尼華裔協会」（印尼はインドネシア、華裔は華人の末裔の意）である。

結成の中心人物は、一九三六年に中部スラウェシで生まれた、薬剤師・企業家のエディ・レンボン（Eddie Lembong、中国名はOng Yoe San 汪友山）である。[*5] エディによれば、ＩＮＴＩ結成の基盤は、「インドネシア民族の統合された一部分（bagian integral dari bangsa Indonesia）としての華人系インドネシア人の覚醒」であり、その目的は、「インドネシアのネイション・ビルディング（pembangunan bangsa Indonesia）と華人問題の解決のため、インドネシア民族を構成する華人以外のあらゆる人々との共同作業に［華人を］方向づけ、奉仕させるべく、すべての華人系インドネシア国民の潜在力を一体化すること」だとされた。華人だけの閉鎖的組織とならぬよう、趣旨に賛同する者であれば華人以外にも門戸を開放する、また特定の政党の傘下に入ったり、特別な関係を結ぶことはしないと言明された。[*6] その後、ＩＮＴＩはインドネシアのほぼすべての州と主要都市に支部をもつまでに発展し、会員数も数千人に達したとみられる。一九九八年以降に結成された華人を中心とする諸組織の中でも、後述するインドネシア華人百家姓協会ＰＳＭＴＩ（Paguyuban Sosial Marga Tionghoa Indonesia、中国名は印華百家姓協会）と並んで、全国的な勢力拡大と維持に最も成功した二団体の一つである。[*7]

「大討論」開催の背景と意図

「大討論」は、ＩＮＴＩの設立三周年の記念事業の一環として企画、実施されたものである。その開催の背景ないし意図は、公式記録集の序言に、おおむね次のように述べられている。[*8]

……三二年にわたったスハルト権威主義体制のもとで、華人は市民としての権利を骨抜きにされてきたが、「改革」の時代の進展に伴って、華人政策は改善されてきた。華人社会の側でも、獅子舞の盛んな上演、華語メディ

アの活性化、華語教育クラスの発展、中国（陰暦）正月の祝賀など、華人文化の復興が進んだ。だが最近、華人が取り戻した自由を享受する中で「行き過ぎた陶酔（euphoria yang berlebihan）」が目につく、と一部の人々は感じるようになっている。また、中国人問題調整局（ＢＫＭＣ）やインドネシア共和国国籍証明書（ＳＢＫＲＩ）の制度、オランダ植民地期からスハルト体制期までに作られた六〇以上もの差別的法令、華人から搾り取る官僚機構の慣行など、負の遺産も多く残っている。これらの課題にどう向き合うかを考えると同時に、「行き過ぎた陶酔」の結果起きかねないネガティブな事がらをあらかじめ防ぐため、ＩＮＴＩジャカルタ支部が丸一日の「大討論」を開催したのである。

こうして、華人集住地区にも近いジャカルタ北部のホテル（Mercure Rekso）に、一四名のパネリストを含め約五〇〇人の参加者を集めて開催された「大討論」は、「国民統合と国家建設における華人の使命と責務（Tugas dan Kewajiban Etnis Tionghoa dalam Membangun Bangsa dan Negara）」と題していた。このような論題を採用した理由については、主催者を代表して開会の挨拶に立ったＩＮＴＩ副会長のウィルヤディナタ（Gilbert Wiryadinata）が、次のように説明した。

ＩＮＴＩに集まったわれわれ華人系インドネシア人社会の出身者は、特にこのテーマを議論の俎上に乗せる必要を感じた。これは、一つのインドネシア民族、一つのインドネシア社会の統合された一部分（bagian integral）としてのわれわれにとって、根本的な問題だと判断したのである。率直にいって、われわれ華人系インドネシア国民の間では、国民としての使命や責務についてより、諸権利について多く意識し、要求することが多い。たしかに、さまざまな権利が侵され、公式・非公式の差別を受けてきたのは事実である。だが、ここ

数年、われわれだけでなく全国民的な闘争の結果、多くの望ましい変化が起きたことを意識し感謝しなければならない。同時に、これまで得られた人間としての権利や国民としての権利に見合うだけの、いかなる貢献をするのか、インドネシア国民として身の証を立てる要求をされていることを忘れてはいけない。これが、本日のテーマとして、この論題を選んだ理由である。

パネリストの顔ぶれと本書で取り上げる論者

「大討論」の当日、論壇に上がったのは、冒頭の主催者挨拶に立ったウィルヤディナタを除くと、発言順に以下の一四名である。

［基調講演者］

①アブドゥルラフマン・ワヒド（前大統領）

［パネリスト］（メリー・G・タンとスタンレイは「モデレーター」を兼ねる）

②エディ・レンボン（INTI会長）

③テディ・ユスフ（PSMTI代表）

④フランス・ヘンドラ・ウィナルタ（人権擁護団体GANDI代表の弁護士）

⑤トゥン・ユ・ラン（インドネシア科学院の研究者）

⑥グイ・シャウ・ホン（経済アナリスト・評論家）

⑦メリー・G・タン（元・インドネシア科学院の研究者）

⑧K・シンドゥナタ（同化推進団体バコムの顧問）

⑨シャウ・ティオン・ジン（故シャウ・ギョク・チャンの子、伝記著者）
⑩龔勳（日本語読みキョウ・クン、在ジャカルタ中華人民共和国大使館一等書記官）[*9]
⑪ハンネマン・サミュエル（インドネシア大学社会政治学部講師）
⑫エステル・インダヤニ・ユスフ（人権擁護団体ＳＮＢ代表）
⑬ベニー・Ｇ・スティオノ（ＩＮＴＩジャカルタ支部長）
⑭スタンレイ（民主化運動活動家）

これらのパネリストの大半が、事前に準備したペーパーに基づく形で順次講演を行ない、公式のプログラムは終了した。つまり、「大討論」といっても、パネリスト間で相互の発言について応酬がなされ、さらに論議が展開してゆくというタイプのものではなかった。この点、四カ月間にわたって議論の応酬が続いた一九六〇年の「同化論争」（四章を参照）とは異なっていた。[*10]

こうした運営形式は、各論者の踏み込んだ見解を知る上では物足りず惜しまれるが、分析の上では「同化論争」の場合と違う方法を可能にしてくれる。つまり、議論全体の展開に従って発言を順に追うのではなく、発言者を何らかのカテゴリーに分け、実際の発言の順序と関係なくグループごとにみてゆく方法である。ほとんどの論者が、あらかじめペーパーを準備していたということは、自分に先立つ誰かの発言によって、主張内容が大きく変わることがほとんどなかったとみなしうるだろうからである。

この日の論者を便宜上、いくつかのカテゴリーに分類する上で、ヘルリヤントの研究が参考になる。[*11]彼は、ポスト・スハルト期に現れた華人の政治参加の形態を、一般の政党や組織に個人的に加わるパターンと、メンバーが華人であることを特性とする政党や組織に集まるパターンに分けた上で、さらに後者の組織や活動家を二つに分けた。（ａ）

「華人」としてのアイデンティティを第一義に考えているもの。（b）華人としてのアイデンティティを運動の意味づけの最も重要な源泉とは考えないもの、がそれである。後者のタイプは、自分たちの運動がたとえ華人の直面する課題にかかわる闘争であっても、それは華人であることよりももっと深い意味をもつ何らかの価値のための闘いだと意味づけている、とされる。[*12]

ヘルリヤントが（a）の代表例として挙げるのが、ほかならぬINTIとPSMTIである。このうちINTIについてはすでに概要を説明した。インドネシア華人百家姓協会PSMTIは、一九九八年九月に、退役准将テディ・ユスフ（Tedy Jusuf、中国名Him Tek Ji）らによって設立された社会団体である。[*13] PSMTIは、組織名にも「（インドネシアの）華人であること」を前面に押し出しているほか、規約にも「とりわけ華人種族（suku Tionghoa）の基本的人権における他との平等性を勝ち取ること」を明記しているなど、「華人性」（華人であること、その集団的特性）へのこだわりがINTI以上に強いとされている。他方、（b）に分類される組織や人々は、主体や対象が華人であるかどうかにかかわらず、基本的人権や法の下の平等、民主主義など「普遍的」価値の実現に重きを置く。それを体現する運動家として挙げられているのが、「大討論」のパネリストに名を連ねるフランス・ウィナルタ、エステル・ユスフおよびスタンレイである。[*14]

本章ではヘルリヤントの分類に準拠し、「大討論」のパネリストを大きく三つのグループに分ける。すなわち、（A）「華人性」を重視する（とみなされる）グループ、（B）「普遍性」を重視する（とみなされる）グループ、（C）その他のさまざまな論者たちのグループである。

（A）に属する論者として、INTI指導者の②エディ・レンボンと⑬ベニー・スティオノ両人、および③PSMTIのテディ・ユスフ計三名の主張を次の2節で俎上に乗せる。（B）に属する論者としては、いま述べたとおり、④フランス・ウィナルタと⑫エステル・ユスフ、および⑭スタンレイ計三名の主張を3節で取り上げる。（C）そ

の他のグループのうち、①ワヒド（前大統領、基調講演者）、⑧シンドゥナタ（スハルト体制黎明期からの同化派の代表）、⑨シャウ・ティオン・ジン（かつて同化派の仇敵だったバプルキの擁護者）、⑩龔動（中華人民共和国の立場の代表者）は特に検討に値すると思われるので、（A）（B）グループの発言に関するそれぞれの「まとめ」の項をはさみ、（C）グループの発言についても4節で簡単にみてゆくことにしよう。

2　「華人性」重視とみなされるグループ

エディ・レンボン

前節で触れたとおり、エディはINTI創立者であり、「大討論」の際にも初代の会長の任期（一九九九〜二〇〇五年）半ばにあった。一九三六年生まれということは、「大討論」の時点では六五歳を超えている。一九六五年に、初代大統領スカルノの母校でもあるバンドゥン工科大学を卒業しているから、彼の世代としては、大変なエリートといってよいだろう。スカルノの演説を、おそらくじかに、目にし耳にしながら青年期を送った世代である。実際、彼がスカルノとその思想の信奉者であることは、この日の論の運びにも明らかである。[*15]

冒頭、「そもそも民族（＝国民、bangsa）とは何か」と問いかけたエディは、スカルノが独立宣言間近の一九四五年六月に行なった「パンチャシラの誕生」として名高い演説を引用し、エルンスト・ルナンの「一つになりたいと望む人々」、オットー・バウエルの「共通の運命ゆえの団結」「地政学的枠組みから了解される民族」という三つの概念を紹介する。その上で彼は、「ブン・カルノ［スカルノの愛称］はいい忘れていたのかもしれないが、これに国語の統一を加えればよい。要するに、一九二八年の『青年の誓い』のとおりだ」と述べた。注目されるのは、これ

に続く彼の解釈である。

つまりブン・カルノは、人種や特定のエスニシティに基づいたエスノ・ナショナリズム（ethno nasionalisme）ではなく、近代的ナショナリズム（nationalisme modern）を唱えていた。「青年の誓い」も独立宣言も「パンチャシラの誕生」演説も、近代的ナショナリズムの理解の上に立っていたのである。

エスノ・ナショナリズムという言葉は、スカルノの活躍した時代にはまだ一般的ではなく、エディは、近年の英語圏でのナショナリズム研究からこの言葉を引いたものと思われる。ともあれ、インドネシアのナショナリズムが「エスノ・ナショナリズム」であるかぎり、華人はそこから排除される。したがって、華人が包含されるためには、政治的意思や地政学的な枠組みによって規定される「近代的ナショナリズム」――彼の理解では、スカルノが体現したインドネシア・ナショナリズムの「原点」――に立ち戻らなければならない、というのがエディの主張である。彼によれば、今日に至るまで華人に対するさまざまな差別が残っているのは、「ブン・カルノが表明した近代的ナショナリズムの中に、エスノ・ナショナリズムの考えが混入し、汚染している様を反映している」ということになる。

次いで「インドネシア民族、および国民国家インドネシアの中で華人が占める位置はどこか」と問うたエディは、漢代までさかのぼって、中国からの渡来者とインドネシア諸島の社会の交渉史を近現代に至るまでつらつら語った後、小結としてこう述べる。

四〇〇年から五〇〇年間にわたって、華人もインドネシア社会の活動に参加し、インドネシアというネイションの形成に共に貢献してきたのである。したがって、われわれ華人も、近代的ナショナリズムに立脚したイン

ドネシア民族の十全な構成要素の一つなのだと理解し、自覚し、自信をもたなくてはならない、……華人がネイション・ビルディングに負う使命と責任は、インドネシアを構成する他の人々が負うそれと、いささかも異なることはない。

ただし、「オランダの分割支配、その他の要因によって、華人に関しては他の人々との一体化を阻害する、『華人問題』の残滓《ざんし》があり、いまに至るまでインドネシアのネイション・ビルディングを妨げている」と認めたエディは、「華人は、インドネシア民族を構成する他の人々と同等の使命と義務を負っていることに加え、歴史的遺産である華人問題の解決に自らを捧げなければならない」と結論づける。

なお、華人問題に関連し「その解決は、インドネシア民族の構成要素である、すべての華人系インドネシア国民が、ますますグローバル化する世界で競争力をもつ新しいインドネシアを目指し、民族の再建のための大きな潮流に、あらゆる領域で全面的に参加すること」だとする、ＩＮＴＩの規約におけるミッションを紹介したエディは、「植民地期以前から独立インドネシア時代に至るまで、特に商業を中心とする経済面において、華人の貢献は重要で、意味ある役割を担ってきた」と述べている。このように、華人の経済面での貢献を華人自身が公けの場でアピールすることは、一九九八年以前にはまれであった。このような発言は、企業家としてのエディの自負と同時に、公けの場での表明が可能になった時代の変化を映すものとして、特筆しておくべきであろう。

ベニー・スティオノ（Benny G. Setiono、中国名 Khouw Thian Tong　許天堂）

ベニーはＩＮＴＩ結成の中心人物の一人で、首都ジャカルタの支部長も務めている。一九四三年に西ジャワで生まれた彼が、独立革命期に、反華人暴動で自宅を焼き討ちされ祖父らを殺害された経験については、三章2節で紹

介した。彼がジャカルタのレス・プブリカ大学経済学部で学んでいた一九六五年に九月三〇日事件が起き、バプルキの経営する同大学が反共・反華人勢力によって焼き討ちにあった末、閉鎖されたため、ベニーは退学を余儀なくされた。彼の生業はつまびらかではないが、本人によれば「企業家、兼活動家」だという。[*16]「大討論」の翌月、ベニーはインドネシア史における華人の動向を一一三七ページにわたって綴った大部の書『政治の渦の中の華人』を出版し、一躍インドネシア華人の歴史や華人問題の専門家として名を高める。[*17]

この日のベニーは、「華人はインドネシア民族の統合された一部分である」という表題のもと、概略、次の事がらを述べてゆく。[*18]まず、エディ同様、中国の元代から近現代まで、インドネシア諸島の政治や社会経済における華人のかかわりや役割、さまざまな貢献について数え上げる。そこから導かれるまとめとして、次のような主張がなされる。

華人が、わが民族、インドネシア民族の統合された一部分、決して切り離すことのできない一部分をなしてきたことは、歴史的事実である。華人は、インドネシアの大地(bumi Indonesia)に、ほとんど一千年に及ぶ、非常に長い歴史的な根をもっているのだ。華人のもち込んだ文化は、言葉や芸術、食物など、インドネシア文化の宝庫を豊かにしてきた。

……

したがって、すべてのインドネシア民族の人々は、寛大な心で、華人の存在を、完全に、あるがままに受け入れなければならない。同様に、すべての華人の側も、何の留保もなしに自分を、インドネシア民族の統合された一部分に位置づけなければならない。

他方、ベニーはオランダ東インド会社時代以来の「反華人」のでき事をも数え上げる。そして、「これ以前からの歴史的要因が、いろいろあるとはいえ、反華人の政治のクライマックスは、スハルト体制下で進行した」と断言する。華人問題の解決の道筋について、彼は総論として次のようにいう。

華人問題の解決は、わが国と民族の発展のため、インドネシア民族のすべての構成要素（komponen bangsa）を一体化させたいという欲求から出発しなければならない。その際、いかなる先入観も交えてはならない。

これに関連した各論として、次のような主張がなされる。

政府は、行政府と立法府、司法府とを問わず、華人をインドネシア民族の他の構成要素と平等に扱わねばならない。……すべての法令は、差別的な要素を排除する必要がある。……大統領以下、あらゆるレベルの政治家・官僚、宗教指導者、学者、ＮＧＯ指導者は、人種的偏見から自らを遠ざけねばならない。

これらが主に「華人以外」の人々、とりわけ政府や社会のリーダーに向けられた注文だとすれば、華人社会に対してベニーが説いた総論は、以下のようなものである。

すべての華人にとって、インドネシア民族と国家を、われわれの理想とする方向に建設することが、使命であり責務である。われわれの理想とは、公正で繁栄し、民主的で、ＫＫＮ（汚職・癒着・縁故主義）に汚染されていない、法の支配と基本的人権を高く遵奉する社会である。

華人自身に対する注文の各論としては、彼は次のような事がらを述べる。

華人はビジネス界だけでなく、あらゆる領域の職業に参入すべきだし、自分の選択に合った政党に加入することで、現実政治にも積極的にかかわるべきである。華人以外の人びとと一緒に、理想のために闘う政党を立ち上げるのもよい。……スハルト体制期のように、単なる「集金マシーン」にされていてはだめだ。

さらに、ポスト・スハルト期に出された華人に融和的な諸政策を概観した上で、ベニーは華人に対する苦言を続ける。

自己陶酔の雰囲気の中で、まるで華人問題は解決され、インドネシアの地から人種主義は消えたように感じている者もいるようだが、大きなまちがいだ。……インドネシア社会の一部では、ここ数年で華人だけに過剰な特権が与えられたという、にがにがしい感情が膨らんでいるように思える。一部の政治家の胸中には、いまでも人種主義の芽があり、何かの折に無意識のうちに口にされることを、最近の事例が示している。

……

中華人民共和国が発展し、インドネシアとの外交関係が好転するにつれ、「インドネシア・」ナショナリズムに反した態度をとり、まるで自分が中国国民だと感じているかのような華人が依然多くいる。……こうした態度はきわめて危険だ。また、華人の一部には、世界中の華人の連帯と団結という大風呂敷を広げたり、裕福な連中の中には、いつでも他国の住民になれると考えたりしている者もいる。

……
差別的な法律が廃棄されたり、中国正月が国民の祝日とされたりすることで、「もはや華人問題は終わった」と考えるとしたら、あまりにもナイーブだ。華人問題の終焉と人種的差別の消滅は、教育と経済格差の解消に成功したときに初めて達成されるものだ。[*19]

そのための道筋として、「われわれはまず、民主的で、KKNのない、法の支配と基本的人権を常に遵奉する民族と国家を建設しなければならない」という主張に戻って、ベニーは講演を終える。

テディ・ユスフ（Tedy Jusuf、中国名 HimTek Ji　熊徳怡）

ＩＮＴＩと並ぶ、ポスト・スハルト期華人社会の二大団体、ＰＳＭＴＩ会長のテディは一九四四年、西ジャワのボゴール生まれで、小・中・高校は華語学校で学んでいる。華人には珍しく、士官学校から一貫して陸軍でキャリアを積み、准将まで昇進した（二〇〇二年時点では、すでに退役）。また、スハルト体制末期の一九九六年には国会議員にも指名されている。[*20]

「インドネシアの新時代におけるエスニック華人の位置づけ直し、方向づけのし直し、および作り直し」[*21]と題したこの日の講演で、彼はまず、インドネシア政治全体と華人の志向についての現状認識を、次のように示す。

権威主義体制から新時代へ、改革運動が始まって、すでに四年。目指す枠組みはいまだはっきりしないが、二つの勢力、すなわち世俗的な国民国家の実現を理想とする方向と、イスラーム法（シャリーア）が支配する国を目指す方向とが、二大勢力として競い合っているようである。……華人は、インドネシアがパンチャシラ

的国民主義に基礎を置いた、民主的で、基本的人権を遵奉する国となることを望んでいると信じる。それは宗教だけでなく、人種や血統に基づくあらゆる差別をしりぞける国である。

次いで、論題に散りばめられた三つのキーワードに即して、テディは以下のことを語る。

まず、「位置づけ直し」（reposisi）については、おおむね次のように述べた。

われわれは依然、プリブミとノンプリという古い二分法の中に置かれている。新しいパラダイムは、われわれ華人も皆インドネシア人（orang Indonesia）だというものである。

華人というエスニシティないし種族（suku）のインドネシア民族であって、インドネシア民族の他の種族グループと同等だということである。種族を超えた個々人の間で自然な同化（asimilasi secara wajar）が起き［れば］、自分たちを正真正銘のインドネシア人と名のる新しい世代が形成されるだろう。つまり、異なる種族出身の両親から生まれた人びとである。[*22] ［だが］スハルト体制期には、プリブミとノンプリの同化というアイディアは二つの原因から失敗した。華人側も心から同化を望むことがなかったし、政府の側が差別を行ない華人とプリブミを区別し続けたからだ。

「方向づけのし直し」（reorientasi）の部分で、テディは、政治的志向の面で現在の華人には大きく三つのグループがあるという見方を示す。

①中華学校の教育を受けた高齢層にとりわけ見いだされる小さなグループ――中国や台湾で起きていることの

ほうに［インドネシアより］興味を引かれ、中国・台湾を志向する人々。
②国外に留学した若年層のエリート――グローバルな国際的志向の人々。
③中産層以下の大多数の華人――この人々は政治的志向にはかかわりがないという態度を取る。生活の安全を欲し、家族を養い、子どもたちを学校にやるのに必要なだけ稼げればよいとするが、天下国家の事がらにはさほど関心のない人々。

その上で彼は「このような志向を変える必要がある」と強く主張する。

好むと好まざるとにかかわらず、インドネシア国籍をもった者として、われわれの志向はインドネシアに向けられねばならないし、インドネシア人としての国民感情を養わねばならない。それこそが、インドネシアに生活を求めねばならぬ、われわれの子々孫々までの生活の基礎となるのだ。

「(華人の）作り直し」(reformasi)[*23]についてテディは、「作り直しとは、さまざまなネガティブな烙印を伴う姿形(bentuk/form）を変え、自然な姿、もしできるならポジティブな姿へと作り直すことである」と説明した上で、次のように主張する。

早急に変えなければならないネガティブな烙印とは、「華人は自分さえよければいい、蓄財に貪欲で、排他的で近寄りがたい」等々［のレッテル］である。苦労して公務員になろうとか、軍人・警察や政治家になろうとかはしない。どうせ受け入れられないし、キャリアを伸ばすこともできないと考えるからだ［とみられている］。

……華人はそれら［公共的な仕事］は自分たちには関係ないことだと考える傾向にあるが、ここにこそ、ネガティブな烙印を変える突破口がある。

最後にテディは「以上、私が述べた華人の位置づけ直し、志向の向け直し、自己変革のいずれも、長い時間と犠牲を必要とする。また、華人ではない人々と政府にも受け入れられる必要がある。一方的な努力だけでは形をなさない」と念を押した上で、「諸賢の再考の役に立ち、もし賛同してもらえるなら自覚をもって始めてもらいたい」が、「私は、こうした考えの受けが悪いだろうことを承知している」と、いささか悲観的な言葉で講演を締めくくった。

まとめ①――「華人性」重視とみなされるグループの注目点

以上、「華人性」重視とみなされる社会団体の指導者三名の発言をみてきた。彼らの間にも差異があることは重要だが、共通点を中心に注目すべきポイントをまとめておこう。

（a）「華人はインドネシアの歴史の中で重要な役割を果たしてきた」という認識とアピール。インドネシアにおける中国系移民の活動史や貢献について長々と論じた、エディとベニーにとりわけ顕著である。その中で、「言葉や芸術、食べ物」などの文化面だけでなく、近代のインドネシア民族形成につながる政治運動での役割も強調している点が特筆される。

（b）「華人問題」について。三者ともその存在を認め、深刻に受け止めている。華人問題を主として華人に対する「人種主義的」な偏見や差別と捉え、それを、オランダ植民地主義やスハルト体制が意図的に作り出した政治的

産物とみる点でも、おおむね共通している。

（c）華人のもつべき意識や、とるべき行動について。インドネシア民族（Bangsa Indonesia）の一員としての自覚を高め、政官界など公共部門を含むインドネシア社会のあらゆる領域に主体的に参加すべき、とする主張で概括できよう。三者の中で「華人性」の復興に最も熱心と目されるPSMTI代表のテディが、この日の討論会では、強くこの点を主張していることは注目されてよいだろう。また、INTIのベニーが、「中華人民共和国の発展……につれ、まるで［自分を］中国国民であるかのように感じる華人」や「世界中の華人の連帯と団結という大風呂敷を広げる一部の華人」にあえて言及し、「インドネシア・ナショナリズムに反する……きわめて危険な態度」として厳しく指弾している点も見逃せない。

（d）「インドネシア民族」の構成について。インドネシア民族を構成する諸種族（スク）の一つとして、華人という種族もインドネシア民族の「不可欠の一部分」として公認されるべきこと、あるいは当然の事実として、すでにそうであることを主張している。一九六〇年代の同化論争からの流れでいえば、「同化論」に反対する「統合論」の流れをくむ思潮といえる。同化論者が個人レベルで直接「インドネシア民族となる」ことを唱導したのに比し、統合論者は、個々の華人がいったん「華人種族」という集団に属し、他の種族と連合して（その意味では間接的に）「インドネシア民族」を構成する、という構造を取っている点が特徴的である。三名とも政治的に（中国志向ではなく）明確な「インドネシア志向」でありながら、「華人性」（華人の集団性や集団的な特性）の保持・振興を掲げる団体の指導者となったのは、こうした思考回路のゆえであろう。

（e）「普遍的価値」の重視。ＩＮＴＩ指導者のうち特にベニーは、「民主化」「法の支配」「基本的人権」（の遵奉）という言葉を、華人問題の解決のみならず、インドネシア全体の政治と社会の改善の鍵概念として繰り返し口にしている。またＰＳＭＴＩのテディも、「パンチャシラ的国民主義に基礎を置いた～」というインドネシア独特の形容句つきながら「民主的で、基本的人権を遵奉する国」こそを華人は望んでいる、と確言する。これらの概念は、ポスト・スハルト期に「改革」を掲げたほとんどあらゆる政治的団体・個人のスローガンとなった、いわば時代精神の言葉であるが、「華人性」重視とみられる代表的論者たちが、やはり、このような「普遍的」価値の実現を問題解決の鍵と考えていることは注目されてよかろう。

3 「普遍性」重視とみなされるグループ

フランス・ウィナルタ（Frans Hendra Winarta、中国名 Tan Hian Wie 陳賢偉）

ウィナルタは一九四三年、西ジャワのバンドゥン生まれ、インドネシア大学の法学修士である。ポスト・スハルト期には「インドネシア反差別協会（Lembaga Anti Diskriminasi di Indonesia、略称ＧＡＮＤＩ）」を設立した。これ以外にも、「民族調和のためのフォーラム」（Forum Kerukunan Bangsa）や、「司法の独立性のための調査・アドヴォカシー協会」（Lembaga kajian dan Advokasi untuk Independensi Peradilan）を設立している。また、スハルト体制初期に設立された、社会的弱者の側に立つ弁護士有志たちの組織、法律援護協会（ＬＢＨ）の執行部メンバーも務めており、人権派弁護士として名を馳せていた。

「大討論」における彼の論題は会全体のそれと同じ「国民統合と国家建設における華人の使命と責務」とされて

いる。本題に入る前言として、彼は「法的見地からして、そもそもインドネシア国民（Warga negara Indonesia）とは誰か、国民の権利と使命・責務となるものは何か」という一般論を展開する。[*24]

国籍とは、人が出身国からの法律的確定を得るために獲得するアイデンティティのことである。国家の構成員として国民は、国家に対し双務的な権利と義務の関係をもつ。つまり、国籍とは根本において、国民の有する権利と負う義務に関する国民と国家の間の契約なのである。［特定の］国家に対し双務的な権利と義務をもつ点において国民と外国人が区別される。以上の説明から、ある国の国民であるということが、外国人であることに比して、どれほど重要で特別なことであるかがわかるだろう。

華人の法的地位を歴史的に回顧する局面で、彼は次のような認識を示す。

一八五四年のオランダ領東インド統治法一六三条が住民を［ヨーロッパ人、外来東洋人、原住民に］「三区分」した。これが、とりわけ華人に対する差別的な取り扱いを生んだ。オランダが始めた華人とプリブミのステレオタイプ化や相互対立を伴う分割支配の政治は、スハルト指導下の新体制に引き継がれた。九月三〇日事件以降、スハルト体制は「華人」や「華人文化」を共産主義と結び付ける連想を社会に植え付けた。これが、独立後「団結と一体化」の感情のもと消えかかっていた、プリブミの華人に対する憎悪の念を呼び覚ますことになった。

……

スハルト体制はオランダ植民地支配者より巧妙に、住民を社会集団ごとに差異化し、権力の維持に利用した。ジャワと非ジャワ、ムスリムと非ムスリム、軍人と文民、多数派と少数派、プリブミと非プリブミなどがそれ

である。この中で華人は、生贄《いけにえ》の羊とされた。暴動のたびに、社会の怒りの犠牲となったことにみられるとおりである。さらにスハルト体制は、華人の政治的、市民的権利をシステマティックに制限・抑圧し、華人が政治的に考えたり行動したりすることができないように仕向けた。

こうしてウィナルタの舌鋒は、スハルト体制の「同化政策」や差別政策へ向かう。

　こうした差別的な所業は、およそ華人のエスニシティを感じさせる事物をインドネシアの地から消し去ることによって正当化された。あらゆる形態の華人文化、陰暦正月や十五夜の祝祭は禁止された。華人文化はまるで悪しきものとみなされ、愛国心やナショナリズムとは何の関係もない改名や同化が反華人政策を後押しするものとして併用された。これらは故国・中国に対する愛着を断ち切るために行なわれたということになっているが、私にいわせれば、「文化的ジェノサイド」だ。[*25] こうした政策は、華人に対しインドネシア国民としての法律的保証と確約を何もしないということを示している。それがインドネシア国民としての自己の存在や誇りに関し、華人の間に戸惑いの念を引き起こしてしまうことになった。

　……

　他方、新秩序体制（オルデ・バル）期には財閥集団が創り出され、華人にまつわる、さまざまな負のステレオタイプが流布した。華人は政治的にディレンマに満ちた状況に置かれた。もしも反体制に身を置けば転覆罪のレッテルを貼られ、時の権力者を支持すれば機会主義者といわれる。政治から身を遠ざければ金儲けにしか興味がない日和見主義だと決めつけられる。

一九九八年以降の状況変化に触れ、

しかし、時代はもはや変わった。スハルトの退陣とともに「新秩序体制」が終焉して以来、さまざまな領域や差別的な法律に一定の改善がみられた。特に、華語や漢字の使用を禁止する法律が撤廃され、プリブミとノンプリという用語が禁止され、中国正月が国民の祝日と定められた。

と、事態の改善に一定の評価をしながらも、「だが、前述した法律に関する政策は本当に変わったのだろうか」と問い直したウィナルタの議論は、しだいに「華人の役割と地位」という本題に向かう。

インドネシアの国家建設における華人の役割と地位は、他の人々のそれとまったく切り離すことのできない全体の一部である。華人は外国人ではないし、この国に「タダ乗り」している客でもない。スハルト体制期、インドネシア民族の闘いの歴史に華人が果たしてきたポジティブな役割はすべて隠ぺいされたが、事実ではない。二〇世紀初頭にオランダが倫理政策を早々に導入しなければならなくなった一つの要因は、中華会館が設立されナショナリズムについての知識が広められたからだ。オランダ領東インド政庁に逮捕された華人の活動家も少なくない。

……

一九九八年以来の改革運動のポジティブな面に目を向ければ、インドネシア民族という建物ないし身体全体における、自分たちの生活の位置づけを改善する機会が多くの集団に開かれた。華人にとっても然りである。したがって、華人は歪められた歴史をただし、人間としての諸権利を守り、インドネシア国民としての使命と

責務を果たすべく立ち上がらねばならない。

「そのようなことは積極的に政治にかかわることによってのみ実現する」と断言し、「四つの主要なビジョンを通し、このような努力を確固たるものにすることができると思う」と述べた彼は、その四つの領域に即して次のようにビジョンを語る。

（一）政治的ビジョン

民主的権利を闘い取ること、とりわけ、あらゆるレベルの政治に参加することである。政治参加の目的は華人の利害を擁護するためではなく、国民的な問題を改善するためである。いくつかの回路がある。草の根のＮＧＯや政党への参加、政治・経済・社会の各面で華人の要望を伝える受け皿組織の設立など。

（二）法律的ビジョン

一国の政治社会的なありようは、相当程度、法律と政府の定める規則しだいである。ネイション・ビルディングの努力はインドネシア国民であるということと関係づけられねばならない。「国民であること」こそが、インドネシアというネイションの存在に法的な意味を付与するのである。かかる精神が実現されるなら、人種差別が正当化されることはありえない。なぜなら、すべてのインドネシア国民は、血統や宗教、社会的地位にかかわらず、平等な権利と義務を当然有することになるからである。

（三）社会的ビジョン

社会の成員が互いに仲良くすることは、オランダ植民者が植え付け、スハルト体制が繁殖させた人種主義の種をなくすための主要な基礎である。ゆえに華人は、インドネシア社会の活動のあらゆるレベルに自分を統

合させる必要がある。その際、［華人という］種族（スク）の特性を放棄する必要はない。他の種族の人々と同様、生物学的形質や、名前、伝統的慣習、言語と文化に表れた特徴を捨てる必要はないのである。そうしてこそ、インドネシア民衆の願いがそのまま華人の願いとなる。現にある差異は、本来、インドネシア民族のあり方を豊かにし、強固にすべきものである。一体化（persatuan）とは、すべての集団がマジョリティ側の中にむりやり自己同化する（meleburkan dirinya）ことを意味しない。

（四）経済的ビジョン

華人問題の解決は、インドネシア国家を繁栄させ、その果実の平等な分配を多くの民衆が喜ぶレベルにまでもってゆく努力と切り離すことができない。華人の商人たちは、すべての国民が共に繁栄できる日を早めるために、努力を傾注しなければならない。華人の雇用主が得た利益は、労働者たちの生活水準が喜ばしい改善に達するよう、最大限彼らに分配されることが望ましい。

結論としてウィナルタが述べたのは、次のようなことである。

華人の政治意識を、エリートだけでなく草の根の民衆レベルでも高めることは、インドネシア国民の一部としての権利、使命と責務に対する華人の自覚を早めるために重要な仕事である。まして現下の改革の時代にあって、差別というものは何に根ざすものであれ、あってはならない。それは人間の尊厳に背くことだからである。政府は華人を含むなんぴとに対してであれ、差別を一掃する政治的意思をもたねばならない。一九九八年以来これまでにみられた諸成果は、インドネシア国民一般の基本的権利に従来よりも留意する効果をもたらすだろう。

エステル・ユスフ（Ester Indahyani Jusuf、中国名 Sim Ai Ling　沈愛鈴）

エステルは一九七一年、東ジャワのマランに生まれ、ジャカルタで育った女性である。インドネシア大学法学部を一九九六年に卒業。在学中からジャカルタの法律援護協会（ＬＢＨ）で活動を開始している。一九九八年の五月大暴動に衝撃を受け、被害者や家族を援助するとともに事件の真相を究明するため、人権運動団体「祖国と民族の連帯（Solidaritas Nusa Bangsa、略称ＳＮＢ）」を設立し、今日まで代表として精力的な活動を続けている。[*26]

この日エステルは、「何をなすべきかを考える前に、華人と利害関係者の現在における状況を描写することから始めたい」として、まず「華人に対する国家の態度」を区分して、順に分析した。[*27]

（一）行政府

二〇〇二年現在、顕著な問題はインドネシア共和国国籍証明書（ＳＢＫＲＩ）である。国側は、インドネシア国籍者、とりわけ華人を保護するための善意から今後もＳＢＫＲＩ制度を維持したいといっている。どういう保護や善意か不明だが。反差別法の法案を作るのにも、政府はやる気をみせていない。華人に対しては法的強制が、依然として政府の選択のようである。

（二）議会

人種・エスニシティによる差別反対法案を審議中である。各党は差別的法律の撤廃を約束したり、華人議員を表に出したりしているが、今後の過程がどうなるのか、注意深く観察しなければならない。

（三）警察と軍

総じてこの二組織の、華人に対する態度は以前と変わりがない。一九九八年五月の暴動事件はまだ終わって

いない。トリ・サクティ大学生射殺事件と、五月一二日から一三日にかけてのジャカルタ人種暴動への関与が深く疑われる人間が軍内で昇進し、涼しい顔をしている。

軍に関してこのほかエステルは、多くの華人組織、とりわけ政党や社会組織に「庇護者（pelindung）」として軍人が入り込んでいる現象について懸念を示している。その際、軍人の中にもヒューマニズムの持ち主がいるかもしれぬことを、いちがいに否定しない。だが、特定の目的のために仮面をかぶっているかもしれない。それは華人に対する人種的な犯罪、ヒューマニズムに対する犯罪である暴動事件に対しどういう態度を取るか、明確にしてもらうことで判明するだろう、と述べている。彼女にとって、ヒューマニズム（humanisme, kemanusiaan）が正邪の基準となる重要な価値の一つであることがわかる。

（四）マスメディア

いくつかの新聞やメディアは、日常的に華人を記事に取り上げている。世論形成の手段としてのメディアに関心を払う努力を、華人は支援しなければならない。華人は単一ではない多様な社会集団とともに生きていること、その人びとは、かくも長い間、人種主義的で偏見に満ちた考え方をするように仕向けられてしまったことを、華人は常に意識しなければならない。

……

他方、華語を用いたメディアの出現は華人を教育するアセットともなる。華語メディアの市場は華人社会の内に限られるだろうけれど。好ましいメディアには、いっそう仕事ができるよう支援しなければならない。逆に、人種的偏見を増幅し、民主化のプロセスを阻害するメディアに対しては、闘わなければならない。

（五）司法

現在に至るまで、司法当局の華人に対する態度には変化がみられない。司法は依然として権力者に仕えている。政府、軍、警察に対する告訴は、いまも最高裁で保留となっており、何の判決も得られていない。［一九九八年暴動の］犠牲者たちはもう四年も待っているが、判決がいつ下されるのかも定かではない。国は、わが国内の司法機構では犠牲者たちに公正な判決を与えることができないことをよくわかっている。だから、いずれは国際的な司法機構が動き出すことになるだろう。

続いて、「他のエスニック・グループ」［の華人に対する態度］について、エステルは次のように評価する。

『コンパス』紙が行なった世論調査（九五三人対象）によれば、「華人が中国的慣習行事を行なう自由を与えられることに賛成か」という質問に、賛成と答えた人は七八・四パーセント、反対と答えた人は一九・六パーセントだった。また、『メディア・インドネシア』紙が一三二六人を対象に行なった世論調査では、「華人文化はインドネシア民族の文化を豊かにすると思うか」という問いに対し、「そう思う」と答えた人が八五パーセント、「そう思わない」と答えた人が二・一九パーセントだった。エスニック華人は、この調査結果に、多少胸をなでおろしてもいいだろう。

……

ただし、この種の調査の対象となる人は、自宅に電話を備えインターネットにアクセスできる程度に裕福な、中産階層以上の人たちだという面に注意を払っておきたい。草の根の庶民レベルでは状況は異なる。人種的偏見は依然とても強いし、加えて社会格差に対する嫉妬もある。皆さんも覚えているだろうが、ジャカルタが大

洪水に見舞われたとき、水に浸った地域の人々からは華人の贅沢な居住地に対する不満や、中国正月の祝賀が異常なまでに商品化されて宣伝されているのは腹立たしいとの声が聞かれた。大半の客が華人の高級ショッピング・センターと、洪水に襲われるような貧困地区が隣り合っているような場所では、華人憎しというムードはきわめて高い。

……

とはいえ、洪水の被害者に多くの華人が救援活動を行なった地域では、逆のイメージが生じるポジティブな事例もあった。誠意を尽くして互いに助け合うということが、人々の考え方に変化を生み出したのだ。身をもって行動すれば、ほとんどの場合、目にみえる成果を生み出せるものである。こうした、相手の身の上を案じるということが、一時的ではなくずっと継続されるなら、変化の起きるプロセスを早めるだろう。華人が自分たちの居住地を取り巻く都市貧困層と良き関係を結ぶことができれば、人種暴動の可能性を最小限にすることができる。私は都市の貧困層にやたらと金品の援助を行なうことに賛成しないが、こうした人々の生活を豊かにし、彼らの教育レベルを引き上げるために協力することを考えねばならない。

さらに「人種主義に抵抗する華人のダイナミズム」と小見出しをつけた部分でエステルは、華人自身のとるべき行動について、主張を続ける。

多くの議論がなされ一緒にやろうというアイディアだけは豊富に出されるが、残念ながら実行が伴っていない。たとえば、華人問題と人種主義を研究する資料センターを作ろうとか、インドネシア民族の歴史博物館を建てようとか、都市貧困層を支援するための大衆銀行を設立しようとか、基本的人権やＳＡＲＡ問題[*28]を侵害さ

れた被害者の救済センターを作ろうとか、草の根レベルで経済危機や教育問題と取り組む拠点を設けようとか、都市貧困層の子らのための無料の学校を建てようとか、アイディアはいろいろ出されるのだが、これらを実現するには資金がいるし、必死の努力が必要なのだ。

さらに「華人は現実的に考え、現況を踏まえて行動せねばならない。よく計算されたシステマティックな戦略なしには変化は起こるまい。最低限やらねばならない事がらは、次のとおりである」として、エステルが提示した事項は以下のとおりである。

- 法律行政のシステム変化。反差別法を作ること。憲法第二六条の改正[*29]。国籍、住民登録などに関する法律の改善。
- 国の政策変化。あらゆる人種暴動事件（特に一九九八年五月事件）の解決を国に迫ること。
- ＢＫＭＣ（チナ問題調整局）の解散。軍が現実政治と市民生活に介入しないよう要求すること。
- 基本的人権の侵犯、とくに人種的衝突の犠牲者に対するアフターケア。
- 新しい教育カリキュラムの策定。そこでの教材は、ヒューマニズムの問題、多元主義の問題、宗教の新しい教え方をカバーするべきである。
- 国民経済の改善。

最後に、「いま述べた作業工程は、犠牲になった人々の多さに鑑み、きわめて緊急性が高い。これらすべての仕事は、一つや二つの団体や個人に任せていては解決できない。よく計画された上で、多くの力によって共になされねばならない」と述べたエステルは、次の言葉でこの日の講演を締めくくる。

「華人は、実のところ、変化を作りだす力をもっていると私は信じている。問題はひとえに、変化のための代償を払うのを躊躇しているということだけである。必死に働くべし！」

スタンレイ（Stanley、中国名不明[*30]）

彼は一九五九年、東ジャワのマランで生まれた。中部ジャワ、サラティガのサチャ・ワチャナ大学に学び、スハルト体制下で早くから「民主化運動」を果敢に行なっていた同大学講師（社会学者、評論家）のアリフ・ブディマン（スー・ホック・ジン、七章の註＊1を参照）に師事する。一九九八年にスハルト退陣の大きな圧力となった学生運動では指導者の一人として大きな役割を果たす。情報流通学研究所（Institut Studi Arus Informasi）をはじめ、若年世代を中心とする、さまざまな民間組織を拠点に、フリー・ジャーナリスト、著述家、民主化運動の活動家などとして、国内外を精力的に飛び回っている。

この日、「人種の政治とそれに反対する努力」という題目でスタンレイは、おおむね次のことを述べた。まず、一般的な事がらである。

インドネシアにおける人種の政治とは、ヌサンタラ[*31]で経済的・政治的・社会的な資源を支配しようとする試みに関連した、権力の長い歴史そのものである。ドゥマク王国やマタラム王国の時代からオランダ植民地支配、日本の軍政、スカルノ「旧秩序」、スハルト「新秩序」、ハビビ、ワヒド、現在のメガワティ政権に至るまで、時の権力がその恒久化のため、人種を利用した政治に重要な役割を果たしてきた。

次に華人（etnis Tionghoa）については次のように論じる。

インドネシアにおける華人は一つの階級として、さまざまな政府が行なってきた人種の政治の主要な標的となってきた。インドネシアにおける華人問題は、本質的には人種問題や、ましてや宗教信仰の問題と何ら関係のないことを多くの人がわかっていない。華人の問題は、しばしば異なる文化の衝突の問題、および経済的格差の問題（これらは水平的な問題だ）としてみられてきた。そうではなく、権力者によって行なわれる政策の結果として生じる問題（垂直的な問題）だとみる人は少ない。

スタンレイの矛先はマスメディアにも向かう。

一般的に、公式なマスメディアに表れる華人についての言説は、いかにしてステレオタイプが造り出されるか、新聞によって製造されるかをよく示している。国の高官や社会の指導者たちはいつも、インドネシアの華人はこれまでの行ないを反省し、ナショナリズム感情を発揮して国民的危機を克服すべく政府を支援すべきだと呼びかける。新聞も、しばしば一人の国民、たまたま「華人の血が流れている」人物のよからぬ行動を、すべての華人ないし中華「民族」がそうであるかのようなネガディブな言説で一般化する。

「国家による人種主義」と題した部分で、彼は再びオランダ植民地期からの歴史認識を次のように示す。

インドネシアにおける隔離政策と人種的差別は二〇世紀初頭から道が開かれた。とりわけ、オランダ領東インドの住民を人種的血統に基づいて定義したことだ。社会の成員は、やがて台頭する政治的脅威の可能性に

基づいて集団分けされた。その手始めに、外来東洋人たる華人向けの住民登録を定めた一九一七年の官報三号。以下、ムスリムのプリブミ向けの官報一九二〇年七五号、クリスチャンのプリブミ向けの一九二六年官報七五号、ヨーロッパ人向けの一九三三年七五号と続く。この後、人種や宗教を横断する通婚に関する一連の法規が定められた。……この順番からしても、オランダ領東インドの権力者たちは、ヌサンタラの「原住民」の間にナショナリズム意識を生み出す努力の営みにとって、華人の潜在力が問題を引き起こしかねないという可能性に気付きはじめていた。日本軍政時代にはヨーロッパ人はとらえられ強制収容所に送られたが、華人は現在の住民登録証（KTP）に似た身分証明書を携帯しなければならなかった。

独立後、スカルノ体制期（オルデ・ラマ）とスハルト体制期（オルデ・バル）、それぞれの華人政策についてのスタンレイの見方は次のようなものである。

スカルノ体制期には、度重なる反華人暴動を演出する上で陸軍が重要な役割を果たした。これは経済資源を奪い取るためである。だが、その後スカルノが、新植民地主義に反対して「自分の足で立つ」政策を取りはじめた際、華人を抱き込もうと試みた。この時代には、多くの華人が実際的な意味で政治にかかわっていた。スカルノ自身は、陸軍に支援されたバコムより、バプルキが唱導した「統合」概念のほうを全面的に後押ししたように思われる。バコムが、華人が真のインドネシア人となるための文化変容への努力として「同化」の概念を導入したのである。[*32]

だが、スハルト体制期にいったい何が起きたのか。スカルノは華人が専門的職業の世界[*33]に足を踏み込むよう

教育し後押ししたが、逆にスハルトは、華人が商人にだけなるよう押し戻したのである。スカルノは華人をインドネシア人とすることに成功したが、スハルトはむしろ華人を再び「中国人」化(men"Cina"kan)したのである。

……

華人にネガティブなイメージを付す所業は集中的に行なわれたが、それに先立ってスハルト体制は、すべての華人を政治的地位から追い、華人が教育界、官界、軍など戦略的と考えられたポジションに就くことをシステマティックに制限した。……中国語と漢字を用いることも禁じた。こうしてスハルト体制は、すべての華人が商人とだけなるように導いた。だが、実際のところ、華人は堅固な企業家や商人の位置に置かれることは決してなかった。権力者たちは意識的に通常より多い便宜を華人企業家に与えた。その前に、カネを絞り取った。華人企業家は権力者のため乳を出す牛にされてしまった。

……

華人を企業家にする一方、その庇護者となるために活用された言葉が「アスリの人間」や「プリブミ」である。奇妙でもあり、吹き出してしまいそうな人種的用語だ。というのは、「土着の人間」を意味するこれらの言葉は、ヌサンタラの地が何千年来外部から閉ざされ、その中で、ある種の古代生物が、プリブミと呼ばれる人間のご先祖さまになったかのような捉え方に発するからである。

人類が古代から移動を繰り返した歴史に照らせば、純粋なプリブミ(「土着」の住民)やノンプリなどという概念自体がナンセンスだとスタンレイは指摘したのである。彼の議論は、中国系移民の「祖国観」について、次のようなユニークな見方を交えながら続く。

スハルト体制の権力者が築いた華人についての否定的な描き方は、北方からきた「移住民」のポジティブな役割を消し去ることによってなされた。かつてインドネシアへやってきた華人たちは、新世界を求めていた人々だったことが忘れられている。彼らの大半はヌサンタラこそ自分たちの新しい祖国だと考えたのだ。彼らは単に金を稼ぎ、金持ちになったら故国に帰ろうとした人々ではない。新しい祖国で現地の女性と結婚し、子孫をもうけた以外にも、彼らは大豆やお茶、落花生、西瓜など、新しい農産物の種をも持ち込んだ。クアラ・ルンプルやシンガポールの開拓者たち同様、ヌサンタラにおいても華人たちは、いくつもの大都市や港湾を建設するのに寄与したのだ。

……

暴動が起きるたび、華人が所有する家や店が襲われ、「チナの共産主義者」とか「チナの犬」「豚野郎」などと書きなぐられることを思い起こせば、われわれの社会は、この国［インドネシア］を建設する上で何かまちがいをしてしまったという事実に気づくだろう。われわれは、日々、あれこれの華人が持ち込んだ文化要素に出会う。そのとき、それらを全部一掃して現地の要素に純化しようなどとは考えない。現代の、きわめて多文化的な状況下で、人種を純化しようと考えることがないのと同様である。

「華人を描写する三つのモデル」と題した節で、スタンレイは再びマスメディアによる華人のステレオタイプ化を批判する。

本来、民主化を推進する道具の一つでなくてはならない新聞でさえ、この国の人種主義政策を培養し支援する上で重要な役割を果たしていることが、メダンほかの調査でわかった。通常、印刷メディアは華人を次のよ

うに描く。

（一）華人はインドネシア・ナショナリズムをもっていない。これに関する言説は、しばしば資本逃避、長引く経済危機、さらに独立戦争期の「保安隊」と関連して語られる。華人はしばしば、国内が混乱したときに、より安全な場所（外国）に逃避する連中として描かれる。一九六五年から一九八〇年代の終わりまで、華人とその子孫は、九月三〇日事件に手を染めた共産党一派と考えられるように仕向けられた。

（二）華人は排他的に生活している。自分たちだけで集まって、独自の言葉でしゃべっている。こうした描き方は、外来者を描くときの一般的なやり方である。カリマンタンのマドゥラ族とか、パプアのブギス族、ブンクールーのジャワ族などを問わず同じで、社会的には特に奇妙な現象ではない。まして華人は、多くの場所で敵意を抱かれている。

（三）華人はエコノミック・アニマルだ。彼らは金儲けのためなら何でもやっていいと思っている。権力者に賄賂をつかませてグルになろうがどうしようが。かくして、マイノリティである華人が概して「タフだ」「がんばり屋だ」「決して諦めない」といったポジティブな見方は、ネガティブな性格づけのうちに沈んでしまう。多くの高官が「インドネシア人口の三パーセントにすぎない華人が国民経済の九〇パーセントを支配している」といった発言を弄する。こうした告発は明らかにでっちあげで、反華人感情を高める目的のほうが勝っている。

以上のような厳しい現状認識を踏まえ、スタンレイは「華人の責務」を次のように説く。

時代を超えて、いつも嫌疑をかけられる立場におかれた華人に、何ができるのだろうか。イメージを変えることか。「行ないを正す」ことか。ビジネス界から離れることか。あるいは「完全同化」を実行することか。もし、

仮にこれらすべてがなされたとしても、国家による人種的施策、レッテル貼りの政治はずっと続くのではないか。

むろん、国家による人種主義的慣行に抵抗するには長い時間と少なからぬエネルギーを要する。まして、国家（政府）が法に謳われているとおりには、すべての国民を平等に扱うことがないとすれば。とはいえ、できることが何もないとか、われわれは運命に身を委ねるほかない、というわけでもない。できることは多くある。とりわけ以下の諸点である。

（一）自分たちの権利に覚醒すること

近隣レベルから国家レベルにいたるまで、差別的な扱いは抵抗によってやめさせることができる。抗議から階級的行動にいたる行為によって。差別に抵抗しようとする者に対し、そんなことをやってもむだだとシニカルに眺める華人が多いが、権利を要求し、あらゆる形態の差別に抵抗する努力を支援しなければならない。こうした努力が積もり積もれば、やがて、行政システムの中の人種主義的慣行を撤廃させるための、さまざまな政治的指示が現れるのを後押しすることになるだろうから。

（二）政治にかかわるのを恐れないこと

とりわけ、民主主義の確立と、あらゆる形態の軍国主義・ファシズムへの反対に参加すること。多くの国々の経験からして、反民主主義とファシズムの権力は、差別的慣行を培養するものである。政治に無関心な態度をとれば、華人はかえって社会の中に確固とした場所を失い、常に「庇護」の名のもとにカネを絞り取られることになる。……とはいえ、政治的に行動する際、排他的に華人だけで集団を作るのを「個々の華人に」強制しないほうがよい。

それは華人に対して新たな「負の」イメージを生み出すだろう。他方、民主主義の実現への支援は最善な方

法でなされねばならない。なぜなら、民主主義制度のみが公正で透明性のある政治慣行の実現を、インドネシアの華人にとっても保証するものだからである。

(三) あらゆる職業領域に進出すること

……スカルノ政権の時代のように、専門的職業の世界に自分たちの場所を再び見いだす必要がある。

(四) 「[賄賂で]近道をする」戦略をやめること

これまで、差別的慣行への、安全で手っ取り早い対応として、しばしば華人によって選び取られてきた戦略であるが、このやり方こそが、官僚組織という大蛸《おおだこ》が汚職のモンスターに成長し、華人自身に対する差別的な慣行を正当化するのに手を貸してきたのだ。

(五) 団結すること

これまでのインドネシアの華人の弱点は、華人自身の間に団結がなかったということである。祖先の時代から、さまざまな出身地や言語集団に分かれ、いまに至るまで一つになったことがない。これまで存在したのは、利害関係に立脚した党派だけである。この国民国家「インドネシア」を民主化する過程について大きなアジェンダをもった傘となり、同時に、そのアジェンダを普及して実際的な行動プログラムとするような組織はなかった。これまで、インドネシア華人の声と利害には受け皿がなかった。現れたのは、せいぜい特定の個人で、それも[国民的には]周辺的な位置にあったにすぎなかった。

このように自説を展開した上でスタンレイは、次の言葉でこの日の講演を締めくくる。

いま述べた五つのステップは、おそらく、華人を国民国家インドネシアの一部に位置づけるための闘争の一

環となるのであろう。長い時間がかかるかもしれない。また、国内政治の影響や、旧体制維持派と民主化推進派の綱引きが大きく影響を及ぼすかもしれない。しかし華人は、三二年以上のスハルト体制下の権威主義を追い落とした一九九七年のルピア危機から、一九九八年五月の悲劇の結果生み出された重要な政治的機会を、みすみすやり過ごしてはいけない。

まとめ②——「普遍性」重視とみなされるグループの注目点

以上、「普遍性」重視とみなされる活動家三名の発言をみてきた。このグループも各人の間で差異はいろいろあるが、なるべく共通する点を中心にポイントを整理してみよう。

(a)「問題」の本質や要因について。三者とも「華人」が区別され、ステレオタイプを付され差別されることを問題にしている。人種的偏見や差別の主体としてエステルは、「都市貧困層」を中心とする華人以外の人々にも言及するが、ウィナルタとスタンレイは国家の悪業を強調する。ウィナルタはオランダ植民地政府とスハルト体制を特に槍玉にあげるが、スタンレイは人種主義的施策（彼の言葉でいう人種の政治）はおよそ時代を超えた国家権力の本質とみなす点、よりラディカルである。なお、エステルとスタンレイは、人種的ステレオタイプの再生産に加担するマスメディアの危険性についても非常に警戒的である。

(b)「問題」の出口。取り組むべきは、インドネシア全体の政治・経済や社会の問題であり、華人問題はその一環だとの姿勢は、前節でみた「華人性」重視グループ以上に強い。その際に拠るべき、また実現すべき価値として、「法の下の平等」「人間の尊厳」（ウィナルタ）、「基本的人権」「ヒューマニズム」（エステル）、「民主主義」（スタンレイ）

などを強調する点をみれば、「普遍的」価値重視の論客という名に恥じない。問題の突破口として、特に華人に対し「政治的覚醒」「積極的な政治参加」を呼びかけている点は（三者とも）、身を挺して政治闘争をリードしてきた活動家ならではといえよう。社会全体にかかわる、いっそう長期的な課題として「国民経済の改善」「経済格差の解消」および「教育（の向上）」をウィナルタやエステルが挙げているのは、「華人性」重視グループのベニーらの主張とも共通している。

（c）「華人」の集団性や特性に対して。三者とも、「華人」というまとまりの推進や集団的な文化特性の振興に肯定的な面もある。ウィナルタは「政治参加の目的は華人の利害の擁護ではなく、国民的な課題改善のため」だとしながらも、「政治・経済・社会各面での華人の受け皿組織の設立」の必要性を認めている（政治的ビジョン）。いわばINTIやPSMTIなどを容認する立場である。これは、「華人という種族（スク）の特性を放棄することなしに、インドネシア社会に自分を統合すべき」（社会的ビジョン）という主張とも関連している。このような「華人スク論」や、その上に立った「統合論」は、前節でみた「華人性」重視の論客たちと同じ思潮といってよい。エステルはそうした思潮を明示しないが、華語メディアの発展を支持したり、華人が中国的慣習を行なうことを容認する人が多いとの世論調査を肯定的に紹介したりしている。スタンレイは、「プリブミ」というカテゴリーのくくり方（突き詰めれば反語的に「プリブミではない」とされる華人というくくり方）自体に懐疑的な姿勢を垣間見せるが、他方で、ウィナルタと同様、「これまで華人の声と利害に受け皿がなかった」との認識を示し、意外にも「華人自身が団結すること」を課題の一つとして挙げる。

（d）「インドネシア」という枠組み。三者とも、たしかに「普遍的」な諸価値の実現を唱えるのは、すでにみた

とおりだが、その場合にも、国民国家インドネシアという枠組みを超えるのではなく、むしろ「インドネシア国民としての華人」という位置づけを強調し、その地位改善を、インドネシア社会全体の課題克服とともに考えようとしている点が顕著である。

ウィナルタは一方で法律家らしく、「国民と国家の双務的な契約としての国籍」の重要性を説く。これは、（国籍を問わぬ基本的人権ではなく）「インドネシア国民としての基本的権利」という言葉で論を結ぶことにもつながる。また、「インドネシア民族（Bangsa Indonesia）という建物ないし身体」という表現を用いて、その「切り離すことのできない全体の一部」としての華人の役割を説くくだりなどは、彼が普遍主義者であると同時に、根っからのインドネシア・ナショナリストでもあることを示しているように思える。

エステルの「インドネシア」に対する立場や想いは、彼女が生みの親である組織の名称にも表れている。「祖国と民族の連帯（Solidaritas Nusa Bangsa）」にインドネシアという語は直接には使われていないが、使う必要がないほど、ヌサが「祖国インドネシア」、バンサが「インドネシア民族」を指すことは自明である。華人を含め、インドネシアという祖国と民族を共にする運命性こそを「連帯」の基盤にしようという、「祈り」にも近い感情の伝わってくる名称である。エステルがインドネシア国家に対しても華人に対しても、いらだちさえ感じさせる語調でさまざまな主張をぶつける際、自分を含め「華人も国民国家インドネシアの一員なのだ」という自負が大前提となっている。

比較的年配の論者（エディ、ベニー、テディ、ウィナルタとも二〇〇二年時点で六〇歳前後）と違って、三〇代と若いゆえに、独立闘争やスカルノの演説こそ直接知らないが、生まれたときから自分がその中にある「国民国家インドネシア」が自明の前提とされている点、スタンレイもエステルと共通している。昔インドネシアへ移住してきた華人の大半が「ヌサンタラこそ自分たちの新しい祖国と考えたのだ」というくだりは（歴史的事実はどうあれ）彼

自身のインドネシアへの感情移入が無意識のうちに投影されているように見受けられる。当面なすべき「五つのステップ」を述べた後に「これらは国民国家インドネシアの一部に華人を位置づけるための闘争の一環となるであろう」と展望を述べる点にも、（普遍的価値たる）「民主化」の闘士スタンレイの少し別の一面がうかがえる。

4　その他のグループ

「大討論」に招かれ登壇したその他のグループの論者のうち、ワヒド、シンドゥナタ、シャウ・ティオン・ジンおよびキョウ・クン四名の発言のポイントを順にみておこう。

アブドゥルラフマン・ワヒド（一九四〇―二〇〇九）

愛称のグス・ドゥル（Gus Dur）で親しまれた、当時の前大統領である。一〇章で詳しく述べるように、一九九八年以降の歴代政権の中でもワヒド大統領の時代に華人政策はプラスの方向へ大きく転換した、と多くの華人は感じている。国内最大のイスラーム組織、ナフダトゥル・ウラマーNUの指導者でありながら、大統領就任前から華人に共感的な発言を繰り返していたワヒドに華人社会は信頼感を抱いており、「大討論」を主宰したINTIも安心感と敬意をもってワヒドに基調講演を依頼したものであろう。

この日のワヒドの講演は、ときに聞き手が真意を測りかねるような、のらりくらりとした独特の「グス・ドゥル節」ではあったが、注目すべき言葉も見いだされた。インドネシアにおける華人の移民史や文化交渉史をえんえんとそらんじた後、「インドネシア民族の発展のために華人はどのような貢献ができるか」というINTIから設定された問いへの結論的な答えとして、「華人の人々はインドネシアにプロフェッショナリズム（profesionalisme）を

持ち込んだ」と指摘したのは、その最たるものだろう。宗教・信仰や出身地の言語・文化にかかわりなく、「職業的技能の高さこそ、インドネシアの将来にとって最も必要なものだ」とワヒドはいう。そして、「スポーツ分野でもそうだが、なんといっても、経済分野でプロフェッショナリズムが顕著な華人諸君を兄弟としてもっているわれわれは、なんと恵まれたことだろう」と続ける。「インドネシアは人資源と天然資源に恵まれている。あとは産業の効率性と国際競争力を高めることだ。経済活動で健全な競争力と効率性に根ざしたプロフェッショナリズムをいっそう発展させること、これこそ他の分野での役割と並び、華人の兄弟諸君が担える役割だ」。華人の経済面での役割をこれほどポジティブに捉えた発言を、大統領まで務めた人物が公けの場で正面から行なうのは画期的なことであったといえるだろう。

シンドゥナタ（一九三二―二〇〇五）

一九六〇年代にLPKB、スハルト体制期にはバコムの長を務めた、同化派華人の代表的人物である。一九九八年以降、スハルト体制の瓦解とともに「同化政策」が破綻し、「同化」の思想自体が同体制の抑圧性と同一視され、政府レベルでも破棄されつつあった当時、前時代の遺物とさえみなされかねないシンドゥナタがこの「大討論」に招かれ、次にみるシャウ・ティオン・ジン（同化派の仇敵だったシャウ・ギョク・チャンの息子）や新世代の論客たちと議論の場を共にしたということは、一九六〇年代の政争期やスハルト体制期には考えられないことであり、インドネシアがいまや民主化や言論の自由に価値を置く改革の時代に移行したことを示す、それ自体意味のある出来事だったといえるだろう。

シンドゥナタのこの日の話はまず、一九五〇年代から六〇年代にかけての論争や政争の過程を自身の履歴と重ね合わせながら回顧することから始まった。一九五五年の二重国籍防止条約の結果、国籍選択の義務に直面した当時

のことを彼は次のように語った。「それは多くの華人にとって当惑的な事態だった。自分は社会文化的にもうインドネシア人だと信じていたのに、『インドネシア人であること』が法的に十全ではない、と突然自覚させられたからだ」。

一九六〇年の同化論争を回顧して、「インドネシア人としての地位を完全に受け入れ、華人以外の人々にも認めてもらう方策、つまり華人マイノリティをめぐる問題解決の最善策は何かをめぐる論争だった」としたシンドゥナタは、「シャウ・ギョク・チャンらに率いられたバプルキは、華人を一つのスク（種族）集団として統合する過程のために闘おうとし、オヨンやユヌス・ヤヒヤ、私を含む仲間たちは、それぞれの華人が生活する場所の非華人社会への『個人単位（secara orang perorangan）』での同化を回答として掲げた」と振り返った。「だが当時の政治状況として、共産党と反共派、特に軍の間で闘争が起き」「バプルキの政治姿勢は共産党グループのそれと同じであることが明らかになった［ために同化派はそれにも反対した］」のだと説明した上で、「われわれが経験してきたのは、［華人をめぐる］社会文化的な問題が、経済的利害にもおおいに影響された政府や高官の政治的態度に左右されてしまうプロセスだったのだ」と残念がったシンドゥナタは、「どこをとっても困惑的な事態が、華人系国民の間で発展してきた考えや文化的な価値に大きな影響をもたらしてしまった」と付け加えた。

新時代の評価と華人がなすべきことに話を移したシンドゥナタは、次のように述べた。「インドネシア民族の複合性（pluralisme）を承認するということは、非常に深い意味合いにつながる。一方では、エスニシティや人種、文化、宗教などの多様な存在を認め、尊重し、寛容に扱うということである」「だが他方では、それらの多様性が今後とも、ダイナミックな過程の中で統一に向かう要因となるよう注意を払い努力するということである。社会文化的な相互作用の過程が、引き続き刺激され、躍動することである。こうした相互作用は、日常生活のあらゆる領域の、すべてのレベルで起きなくてはいけない」。前段の「複合性の承認」はスハルト体制期までの同化派の言辞に

はみられなかったもので、さすがのシンドゥナタも、ある種の「転向」を余儀なくされたものと取ることができる。だが後段の「あらゆる領域・レベルでの統一への努力」は、かつての同化派の主張の延長上にある。両者を合わせれば、たとえ新時代に入っても、インドネシアが引き続き「多様性」と「統一」の緊張のうちにあることに変わりがない、ということを思い起こさせる言葉だともいえる。

終盤、「われわれの使命と責務とは、エスニック華人が複合的なインドネシア社会に『個人単位』で真に統合されるよう、ナショナリズムや奉仕の精神、同胞愛などの価値観を若い世代に伝えてゆくことだ」と述べた彼の言葉、特に「個人単位」と重ねて強調された部分も重要であろう。改革の時代、「同化」に変わって「多元的統合」が華人についても優勢な思潮となるが、国民共同体における統合が「華人スク」と公認された集団単位でなされるのか、個人の単位でなされるべきなのかは、現在まで、とりわけ華人自身の間で曖昧なままだからである。

いずれにせよ、これが公けの場に残したシンドゥナタの「遺言」のようなものになった。「大討論」から三年後の二〇〇五年八月一六日、彼は七二歳の生涯を閉じ、「同化運動人士（tokoh pembauran）」としてジャカルタのカリバタ英雄墓地に埋葬された。*34

シャウ・ティオン・ジン（一九五六―）

故シャウ・ギョク・チャンの第六子である彼は、オーストラリア、モナシュ大学へ提出した博士論文をもとに、一九九九年、父の伝記『シャウ・ギョク・チャン』をインドネシア語で出版した。*35 その副題「インドネシア国民共同体と〝多様性の中の統一〟社会（Masyarakat “Bhinneka Tunggal Ika”）を建設するための、一愛国者の闘争の物語」にもうかがえるとおり、九・三〇事件後、「共産主義者」として逮捕・拘禁され、釈放後はオランダへ亡命して客死した父を、インドネシア・ナショナリズムに殉じた愛国者として再顕彰する思いが込められた本である。同書の

出版と前後して、彼はインドネシアの「華人問題」全般についても積極的に発言をし、注目を集めるようになっていた。

この日の壇上でティオン・ジンは、父が率いたバプルキについても再評価する。いわく、「バプルキは、華人がインドネシア政治の単なる見物人になることのないよう教育することに成功した唯一の大衆組織だった。華人たちはバプルキによって、インドネシアを祖国として受け入れるよう自覚させられた」「現在発展している諸組織はバプルキの経験に学ぶことができる。バプルキは、華人があらゆるレベルでインドネシア社会に自らを統合すれば、インドネシア大衆と華人の思いが一致するようになる、と唱えたのだ。この解決法は依然として有効だと思われる」。

ティオン・ジンはこのほか、「華人問題の解決のために必要なこと」を、いくつかの領域ごとに挙げた。経済の領域では、「繁栄の配分が、大多数の民衆を喜ばせるレベルに達するまで、インドネシアを豊かにする努力が必要だ」「そのために政府のなすべきことは、外国の援助に頼るより華人企業家の経験を活用すべき」だとした。同時に、華人企業家に対し「得られた利益を最大限、被雇用者たちと分かち合うこと。これこそ、自身の事業の存在と発展を守る最も効果的な『保険』だ。軍人の庇護に頼ったり、役人に賄賂をつかませたりすることより大切だ」と釘をさした。

法の領域で、「一国の政治・社会的な雰囲気というものは法律のあり方に大きく依存している」としたティオン・ジンは、国民統合の重要性とそのあり方について持論を展開する。「国民国家建設こそは、いまなおインドネシアの独立と内実を強固にする最も重要なプロセスである」「民族（バンサ）をもたない共和国は、国の体をなさない。バンサとは人種ではない。インドネシア人種というものはないからである。あるのは、いくつもの種族（スク）から成る、インドネシア国民共同体（Indonesian Nation）、つまりバンサ・インドネシアである。そこには華人というスクも含まれる」。このように、ティオン・ジンの構想する国民統合方式はかつて父が唱えたのと同様、一つのス

クである華人が他のスクと相並んで共通のバンサ・インドネシアを構成するという、「集団」単位であり、シンドゥナタの唱えた「個人」単位と依然隔たりがあることがわかる。

同じく法に関連して「国籍こそが、インドネシアという国民共同体の実在に法的意味合いを与えるものである。こうした理解が行き渡れば、人種差別が正当化されることはない。一人ひとりのインドネシア国籍者は、当然のこととして、同等の権利と義務をもつからである。国籍はプリブミとノンプリという範疇をも正当化しない」と述べた上で、「華人社会はあらゆる階層の代表を通じ、市民権に基礎を置いた国民共同体（Citizenship-based Nation）に基づく新しい憲法の採用のために闘争しなければならない。法的には、これこそが、インドネシアを滅ぼしかねないすべてのエスニック紛争を非合法化するものだ」というのが、ティオン・ジンの結論的提言であった。

龔勳（キョウ・クン　一九六二―）

中国湖北省武漢に生まれ、北京大学インドネシア言語文学科で修士号を取得した龔勳は、一九九八年から在インドネシア中国大使館に勤務していた。「大討論」に招かれた二〇〇二年当時、まだ大使や公使ではない一等書記官だったが、一個人としてではなく、あくまで中華人民共和国を代表して討論に参加したことに変わりはない。中国の代表が議論に加わることも、一九六〇年の同化論争では、とうてい考えられないことであり、一九九〇年、国交正常化以降の両国関係がおおむね友好的に推移してきたこと、改革期インドネシアにおける「開かれた議論」を重んじる雰囲気が如実に反映されたものといえる。

冒頭、「グローバル化の進展が地域経済の統合や多国籍企業のいっそうの活発化を進めた一方、国や階層間のすさまじい経済格差の拡大をもたらした」と指摘した龔は、「こうした時代にわれわれが目指さなければならないのは、文明の共存である。衝突ではない。エスニック・グループや種族の調和であり、隔離ではない」と強調した。

次いで、「世界の華人の大多数は、自ら起業しつつ、現地の社会に溶け込む必死の努力を通じ、すでに、それぞれが居住する国々に深く根を下ろしている。……華人は定住する国の正統なメンバーの一員として、他の国民と同等の権利を享受し、同等の責務を負い、独自の文化を居住国の主流文化の一部となし、当該の国民文化の統合の一翼を担うのが望ましい」と述べた。「アイデンティティの面からみると、インドネシア華人の大多数は、すでにインドネシア国籍となり、インドネシアの市民、そしてインドネシア民族の統合された一部分となっている。インドネシア政府も改革と民主化を遂行し、種族間の平等と協調を重視している。華人文化は復興し、インドネシア政府の支援と中国政府の協力の結果、華語教育も発展しつつある」と近年の両政府の努力を半ば自賛した龔は、「これらの進歩すべてがインドネシアにとって国家の一体性、国民の統合、政治的安定と経済の回復を図る上での希望をもたらしている」と続けた。

さらに、「インドネシアの華人はインドネシアに忠誠を誓うべきインドネシア国民である。インドネシア人だということは中国の国民ではないのであって、中国の法的支配の下にはない。中国政府は、華人の問題を、インドネシアの内政に干渉するために利用するつもりはない」と彼が重ねて強調したことは、一九六〇年代以降も華人とからめた「中国の干渉」への猜疑を国家レベルで強く持ち続けてきたインドネシアに対する中国外交官としての配慮であろう。ただし同時に龔は、「インドネシアの華人は中国から『こぼれた水』ではなく、共通の祖先から分かれ出た『親類』である。……したがって、われわれ中国人は、親類だという面からも人道主義の観点からも、インドネシアにおける華人の境遇に常に関心を払い続けるであろう」と付け加えた。一九九八年の大暴動の記憶も新しかった当時、インドネシアの政府や国民一般に対してだけでなく、それ以上に華人に対し、中国は関心を払っているという姿勢を、やはり同国の外交官としてみせる必要があったと考えてよいだろう。

最後に龔動は、次のように述べて講演を締めくくった。「インドネシアと中国の友好的関係と共同事業の発展は、

インドネシアの華僑・華人の努力と切り離すことができない。われわれの友人である華人の皆さんは、今後とも、中国の文化に通暁し、中国に親族や友人をもっているというユニークな優位性を活用して、インドネシアと中国の友好と協力を推進してゆく上で特別な役割を果たしていただきたい。われわれ両国民の友好的な協力関係をいっそう高めることが、インドネシア社会に自分を結び付け、インドネシア社会に貢献する努力の一環としての、皆さんの使命の一つなのである」。

本章の冒頭に示した問い――「インドネシアの国民国家統合における華人の位置づけと、そこにまつわる諸問題について、ポスト・スハルト期の華人指導者たちはどのように考えているのか」――に立ち返り、本章でみてきた二〇〇二年「大討論」の論者たちの発言に即してポイントをまとめ直せば、おおよそ次のようにいえるであろう。

インドネシア国籍をもつ華人が国民国家インドネシアの正統な構成員たる自覚をもち、同時に国家および一般社会からもそのように受け入れられるべきである、その際に華人側はスハルト体制が求めたような「同化」（華人性の放棄）をする必要はない、というのが、「華人性」重視とみなされるグループと「普遍性」重視とみなされるグループを問わず、また旧同化派のシンドゥナタさえ含め、すべての論者に共通する主張である。ただし、華人が一つの「種族（スク）」として集団的にインドネシア民族（バンサ・インドネシア）を構成すべきか、個々人の単位で直接インドネシアに結び付くのか、という点に関しては論者の間でニュアンスの違いがみられた。いずれにせよ、華人を国民国家インドネシアの正統なメンバーとして自他ともに認めることこそが、華人の直面する最大の問題と認識される「人種的差別」を糾弾する根拠ともなり、差別をなくしてゆくための条件とも考えられている。

ただし、植民地期以来歴史的に形成され、とりわけスハルト体制期に強化された、さまざまな障害が依然として存在しており、問題解決をはばんでいる、という認識も共有されている。多くの差別的な法律や制度・慣行が残っ

ているにもかかわらず、政府が必ずしもその除去に積極的でないこと、政治家から庶民までインドネシア社会に「人種主義の芽」が潜在していること、その重要な背景として華人優位の経済格差構造があることも、取り組むべき問題として多くの論者に認識されている様が見て取れた。

華人社会自身に対しても厳しい批判と注文がなされる。なかでも、「華人性」重視グループの一人とみなされるベニーが、「中国の発展する中、まるで自分を中国国民であるかのように感じている者」や「世界中の華人の連帯という大風呂敷を広げる者」たちの存在を指摘し苦言を呈していること、同じく「華人性」重視グループの筆頭とみなされるテディが、「政治的なインドネシア志向」の必要性を熱く説いた直後に、「自分の考えは受けが悪いだろうことを承知している」とつぶやいたことなどは、指導者として彼らが感じる華人社会の実態を相当反映していると考えられ、重く受け止めるべきであろう。また、「普遍性」重視とみなされるグループを含め、「国民生活のあらゆる領域、特に政治への主体的参加」の必要をほぼ全員が唱えているのも、裏を返せば、実態がまだそれに遠いことを示唆している。

「華人性」重視とみなされる論者たちが「普遍的」価値の実現をも口にしていること、逆に「普遍性」重視とみなされる論者たちが「華人性」の擁護をも唱えていることは、すでにそれぞれの「まとめ」の項でみたとおりである。いずれの場合にもいっそう重要なことは、「インドネシア国民であること」に発する権利こそが中核に位置づけられていることである。華人は「インドネシアを構成する不可欠の一部分（集団的にはエスニック・グループ、個人レベルでは国民）」である限りにおいて、その存在と権利、他のインドネシア国民との平等性を保証される。また「国民としての権利」が基本的人権や法の下の平等、民主主義など「普遍的」な価値と相互に補強し合いながら結び付いたときにこそ、インドネシアの政治と社会の全体状況が改善され、「華人問題」も解決に向かう、という見方が論者全員の主張をまとめたときに浮かび上がってくる構図である。

「華人性重視」グループも「普遍性重視」グループも、また第三グループも、おしなべて「インドネシア国民であること」の重視に議論の軸が収斂《しゅうれん》しているのは、部分的には、「国民統合と国家建設における華人の使命と責務」という「大討論」のテーマ設定に引き寄せられた面もあろう。とはいえ、このようなテーマを掲げる討論会への参加呼びかけに応え、これほど幅広い論者が集ったこと自体、インドネシアでは二一世紀の今日においてなお、望ましいネイション・ビルディングの在り方が未完にして喫緊の課題だと多くの人に意識されていることを示すものだといえるだろう。

一〇　華人政策の転換と二〇〇六年国籍法

八章で描いたとおり、全国的に拡がった「反華人」ひいては「反体制」暴動が、ついに首都でも猛威をふるった一九九八年五月二一日、スハルトは大統領辞任に追い込まれ、インドネシアは新しい時代に入った。「開発」が国を挙げての至上命題に掲げられ、その前提となる「安定」の名のもと、さまざまな政治的規制や暴力的抑圧がしいられたスハルト体制期の鬱積から反発するかのごとく、「改革（レフォルマシ reformasi）」が民衆運動のみならず、後継諸政権の標語に取って代わった。「改革」は単なるスローガンにとどまらず、多くの分野で相当実質的な制度変革が予想を上回る速度で進んだ。言論・結社の自由化、中央集権から地方分権化、大統領独裁を可能にした行政主導の政治制度から議会を中心とする政治制度への移行、大統領や地方首長の直接選挙制、国軍の政治的権限の縮減など、「民主化」の名にふさわしい諸制度改革が次々に実行された。一九九九年から二〇〇二年まで、四度にわたって行なわれた一九四五年憲法の改訂を含め、数えきれないほどの法改正や新たな立法措置がそれらを裏付けた。[*1]

華人についても、単に大統領をはじめとする政治家が華人の安全保障や権利擁護を口にするだけでなく、新しい議会における法・制度改革が段階的に進んだ。たしかに、二〇〇二年の「大討論」の中で弁護士ウィナルタらが指摘したように、「差別的な法令が、まだたくさん残っている。まして、運用面では多くの旧弊が頻発している」ことも重要である。二〇〇四年に至ってもウィナルタによれば、「差別的な法令がまだ約六〇も残ってい」た。[*2] なかでも華人差別の象徴として残存し続けた制度として、「大討論」の論者たちも繰り返し問題にした、インドネシア共和国国籍証明書（SBKRI）にまつわる法令や役所での悪慣行もなかなか解消されなかった。

だが他方、多くの法改正や新たな立法・条約批准などを伴う制度変革が、華人に関してもポスト・スハルト期の一〇年ほどの間に目を見張るほど進んだことも事実である。本章では、1節で一九九八年以降メガワティ政権（～二〇〇四年）までの華人にかかわる主要な法・制度改革を概観した上で、2節ではユドヨノ政権下の二〇〇六年、約半世紀ぶりに刷新された国籍法のポイントを分析し、その意義の考察を試みる。

1　さまざまな法・制度改革――ハビビ、ワヒド、メガワティ政権期

スハルト退陣から二〇〇四年までの比較的短い期間に、インドネシアでは三人の大統領が就任しては交替した。スハルトの退任に伴い副大統領から昇格したハビビ（Bacharuddin Jusuf Habibie、任期一九九八年五月二一日～一九九九年一〇月二〇日）、一九九九年、総選挙の結果を受けた諸政党の合従連衡の末に大統領に選ばれたワヒド（Abdurrahman Wahid、任期一九九九年一〇月二〇日～二〇〇一年七月二三日）、議会などとの確執の末に大統領職を罷免されたワヒドの後を受け副大統領から昇格したメガワティ（Diah Permata Megawati Setiawati Sukarnoputri、任期二〇〇一年七月二三日～二〇〇四年一〇月二〇日）である。

ハビビ大統領期

ハビビはスハルト大統領期にスハルトの寵愛を受けつつ体制内要人として副大統領まで上り詰めた経歴をもつため、短く終わった大統領期の施策も、常に「スハルトの子飼い」の色眼鏡でみられる傾向にあった。だが、国内諸勢力や国際世論の圧力に押されたとはいえ、言論・結社の自由化、新政党法・選挙法の制定を実現し、(結果的にせよ)東ティモールの独立に道を開くなど、重要な業績を少なからず残しており、インドネシアの「民主化」や「改革」に果たした役割には全体として再評価の余地があろう。華人政策についても同様である。就任直後、反華人暴動で壊滅的被害を受けたジャカルタ華人街(コタ)の視察を行なうなど多くの言動を行なったが、法令のレベルでいえば次の三つが特記される。

まず、一九九八年九月一六日付で出された、「プリブミとノンプリという用語の使用撤廃に関する大統領指令第二六号」[*3]である。プリブミ対ノンプリという二項対立的な社会区分の立て方が、植民地期の「原住民」と非原住民(特に「外来東洋人」)という住民カテゴリーの制度化に由来しつつも、スハルト体制期とりわけ一九七〇年代以降に改めて蔓延したこと、「ノンプリ」が実際には(アラブ系人やインド系人ではなく)ほぼ華人、それもプリブミを搾取する富者・異人の意味を込めて用いられる傾向が強かったことは、すでに指摘したとおりである。この一対の用語を廃止せよとの声は、実は、スハルト体制期にも政・軍高官(たとえば一九八〇年代前半の国軍司令官ベニー・ムルダニなど)の発言に何度かみられたが、[*4]大統領指令という形で改めて政府の姿勢を確固と示したことには一定の意義があったろう。

長期的にみて、また世界的視野でみて、より重要な意義をもつと思われるのは、ハビビ政権が一九九九年四月六日の法律第二九号をもって、「あらゆる形態の人種差別撤廃に関する国際条約(International Convention on the

Elimination of All Forms of Racial Discrimination)」を批准したことであろう。これは以後、華人に限らず、インドネシアの人種的ないしエスニック・マイノリティへの差別撤廃を目指す、すべての運動にとって橋頭堡となり、また「何が差別に当たり、何がそうでないか」を特定する法的根拠となった点で、政府にとっても画期的なでき事であった。[*5]批准直後の記者会見で、ムラディ法相は「法務省、外務省、検事総長、国家警察、国家人権委員会、および有識者から成るチームが、この協定に抵触しないか、すべての法律（刑法、民法、行政法）を洗い直す」と述べている。[*6]

さらに、ハビビ任期の一九九九年五月に出された大統領指令第四号は、主に華人にかかわるふたつの事がらを命じている。[*7]ひとつは、役所等での手続きにインドネシア共和国国籍証明書（SBKRI）の提示がもはや不要であるという政府方針の徹底を指示したa項で、本指令の大部分を占めている。[*8]もうひとつは、華語（いわゆる北京官話）教育を禁止もしくは制限したスハルト体制期の諸法規の即刻見直しを命じたb項である。原文わずか二一語のこの短い条文は、すでに活性化しはじめていた華語の学習や公の場での使用を追認した形ではあるが、政府が公認に向け正式に道を開いたものとして積極的に評価するメディアもある。[*9]ただし、この指令は（少なくとも公教育においては）あくまで華語「を」科目として教えることの容認であり、華語「で」教えてもいた一九六五年以前の中国式学校の復活許可ではない点に留意すべきである。

ワヒド大統領期

インドネシア史上初めて民主的な選挙を経て大統領に選ばれたワヒドは、元来の政治的基盤が同国最大のイスラーム組織ナフダトゥル・ウラマー（NU）の指導者という出自・経歴にありながら、大統領就任前から、また就任後も、イスラーム以外の宗教やエスニック・マイノリティの文化、また、共産主義を含む多様な思想の表明に寛容な姿勢を貫いた。これをもって彼は二〇〇九年末の逝去時、インドネシアにおける「多元主義の父（Bapak

Pluralisme)」とまで謳われるに至った。[10] 華人政策についても、ワヒド大統領期こそ、スハルト期の「抑圧」が解かれ「受容」に向かった画期であったと、華人の多くが認識している。[11]

法令のレベルで中国的文化の「解禁」ひいては華人「解放」の象徴となった施策は、まず、二〇〇〇年一月一七日付で出された「中国的な宗教•信仰•慣習に関する大統領指令第一四号の廃止に関する大統領決定第六号」[12]である。この決定で廃止された大統領指令第一四号とは、六章で記述したとおり、一九六七年一二月、スハルト体制成立期の華人政策策定の一環として、「故国・中国に中心を置くチナの宗教、信仰や慣習は、心理上、精神上、またモラル上適切でない影響をインドネシア国籍民に引き起こし、同化プロセスへの障害になる」として、その信仰は「家族の間もしくは個人的実践」に限り、宗教・慣習上の祭礼も「公衆に目だつやり方でなく、家庭の中で」のみ許可すると定め、華人社会の伝統的な宗教・文化の発露を長らく制限してきたものであった。ワヒドの大統領決定第六号は、「宗教・信仰や伝統的な慣習の実践は、基本的人権と切り離すことのできない重要な一部分である」として、このスハルト指令およびそれから派生した、すべての法令を無効としたのである。根拠としては、国民の宗教・信仰の自由を謳った一九四五年憲法第二九条と並び、基本的人権の遵守を定めた一九九九年の法律第三九号が列挙された。

ポスト・スハルト期に発刊された華人系インドネシア語雑誌の一つ『ヌラニ・バンサ』は、二〇〇一年三月号の特集「華人文化の宝庫」の中で、中国語学習や各種祭礼、公の場での獅子舞の乱舞など「中国文化の熱狂的復活ぶり」を伝えるに当たり、「グス・ドゥル［ワヒドの愛称］による大統領決定第六号は、まさに干天の慈雨であった」と評している。[13]

さらにワヒドは、二〇〇一年、大統領決定によって、中国農暦の旧正月（中国でいう春節。インドネシア語での通称は「陰暦」の福建音から来た「イムレク Imlek」）を任意の祝日（Hari libur fakultatif、関係する当事者たち、この場合

華人の希望者が随意に祝ってもよい日）と定めた。[*14] これは、次のメガワティ大統領期に、イムレクをインドネシア国民全体の祝日とする決定につながってゆく。

メガワティ大統領期

メガワティ大統領期の華人政策は、ワヒド大統領期までに敷かれた軌道の延長上にあり、特筆すべき変化はないといってもよい。そのうち中国正月イムレクについて、メガワティは、二〇〇二年四月九日付の大統領決定第一九号で、これを「国民の祝日（Hari Nasional）」に昇格し、翌二〇〇三年から、華人のみならず全国民が当該の一日を少なくとも休日として享受することになった。非華人の人々がそれを実際に「祝う」かどうかはともかく、華人にとって重要な暦日をインドネシアの国民的な祝日と定めたことは、政府が華人をインドネシア国民の一員として受容し、華人文化を国民文化の一つと位置づける姿勢を象徴的に示したものといえるだろう。

もうひとつ、メガワティ任期中に起きた、華人に関係する法令上の変化として（大統領府というより議会主導の仕事ではあったが）、憲法改訂も重要である。本章冒頭で触れたとおり、インドネシアの諸法令の根幹をなす一九四五年憲法は、ポスト・スハルト期、わずか四年余りの間に四次にわたる矢継ぎ早の改訂を経た。[*15] そのうちメガワティ期に行なわれた第三次改訂の一環として、大統領資格を定めた条文が大きく変化した。

旧来は第六条一項で「大統領はアスリのインドネシア人（orang Indonesia asli）とする」と明記されていた。「アスリ」の語は、これまでみてきたとおり「生粋の／本来の」インドネシア人、すなわちプリブミを意味し、大統領候補から華人など外国系の移民や子孫たちを排除する形となっていた。それが、改訂後の同条同項は、「大統領・副大統領候補は生まれたときからのインドネシア国籍民で、自らの意思によって他国の国籍を得たことが一度もない者、インドネシア国家を裏切ったことがない者、心身共に正副大統領の使命と義務を遂行する能力を備えている

者でなければならない」と書き換えられた。[16] つまり、「アスリ」の語が削られ国籍が主要な条件となることによって、華人など血統が外来系であっても生来のインドネシア国籍者であれば、大統領や副大統領になることができるようになったのである。これも、近い将来の実現性はともかく、長期的にみて象徴的な意義の大きい法改訂であったといえるだろう。

ただし、一九四五年憲法の中で外来系国民への差別に当たると指摘されていた、もうひとつの条文、国民規定条項には同様の修正が施されなかった。旧来の第二六条は第一項で「国民（warganegara）となる者はアスリのインドネシア民族の人々（orang-orang bangsa Indonesia asli）、および法律によって国民と承認されたその他の民族の人々（orang-orang bangsa lain）である」と規定されていた。第三次改訂では、第二項に「住民（penduduk）」の規定が付け加えられ、「住民とは、インドネシア国民およびインドネシアに居住している外国人である」とされたが、国民とは誰かを規定した第一項は旧来の文章とまったく変化がなく、「アスリ」と「非アスリ」の区別が、いわゆる「プリブミ」と「非プリブミ」の含意のまま残存することになった。メガワティ任期の後半に行なわれた第四次憲法改訂でも、この部分は手を加えられることがなかった。[17]

全般的にメガワティ大統領期はハビビ、ワヒド期に比べ政治的安定は改善に向かったが、政治家の汚職や役所での賄賂の横行などはスハルト体制期と変わらないどころか、むしろ地方分権に伴って全国に拡大し、ますますひどくなったと多くの人々が不満を抱くようになった。[18] 華人に関しては法令上、また、役所や社会の現場ではいっそう、「非アスリ」ゆえの差別がなお残存しているという失望感が高まった。その象徴として、同じ国民でありながら華人にのみ作成・提示が求められるインドネシア共和国国籍証明書（ＳＢＫＲＩ）制度に、とりわけ焦点が当てられるようになった。これに対し、メガワティ政権は無為無策であった。[19]

2　二〇〇六年国籍法——ユドヨノ政権下の転換

二〇〇四年一〇月二〇日、インドネシア史上初めて国民による直接投票制で、メガワティらを破り大統領に選出されたユドヨノ（Susilo Bambang Yudhoyono）は、就任から約二カ月後に起きたスマトラ沖地震・津波災害を皮切りに相次ぐ自然災害などの試練に見舞われたが、堅実な政治手法と力強いリーダーシップによって、徐々に政治的安定と経済回復の実をあげていった（その結果、五年間の任期第一期を務めた後、二〇〇九年七月に再び国民多数の支持を得て二期目に再選された）。

本節では、ユドヨノ大統領期に実現した、華人に（も）かかわる重要な制度改革として、二〇〇六年に成立した新国籍法[*20]を取り上げる。「誰がインドネシア国民か」を定める法的根拠として国籍法のありかたが重要であることは論を待たない。そして二〇〇六年の新国籍法は、一九五八年に施行された旧国籍法に比べ、いくつもの点で革新的である。だが、この新法の意義は学界でもいまだ十分的確に認識されてはいない。[*21]筆者は、序章で述べたインドネシア・ナショナリズム「本体」の基本的な性格、すなわち血統によるプリブミ中心主義が一世紀がかりで変化する法律上の一画期がこの国籍法であった、と後々位置づけられる可能性が高いと考えている。以下で、その要点についてみてゆこう。

審議・立法過程

国籍法改訂の必要については、「大討論」の行なわれた二〇〇二年ごろから、インドネシア反差別協会（ＧＡＮＤＩ）をはじめとする人権擁護団体から国民代表議会（ＤＰＲ）の一部議員に働きかけが行なわれ、二〇〇五年五月に超

党派議員で構成される立法団がＤＰＲに動議を行なった結果、総会で議論の対象とすることが議決された。[*22] 以後約一年間、スラメット・エフェンディ・ユスフ（Slamet Effendi Yusuf、ゴルカル党会派）を委員長に諸政党議員から成る特別委員会での議論を中心に、さまざまな社会団体との公聴会、法律家など有識者を交えた専門委員会、条文整合性審議会などを経て、二〇〇六年七月一一日にＤＰＲ本会議で法案可決、八月一日にユドヨノ大統領とハミッド・アワルディン法務人権相の署名を得て発効した。[*23]

この国籍法は、次にみるように内容面で画期的であるばかりでなく、法制化の過程も旧来のインドネシアに例をみないほど民主的であった（それが内容面にも反映したのであろう）。最初の段階で何度も公聴会が開かれたのに加え、専門委員会を中心とする議論の節目節目で記者会見が行なわれ審議内容が公開された。つまり、ガラス張りで議論が進められた。スラメット委員長の率いる特別委員会も、旧法による弊害を除去し社会実態を反映させるべく、努めて「社会の声」に耳を傾ける姿勢をみせた。多くの社会団体や有識者が、メディアを通じ、または直接、委員会やそのメンバーに意見を伝える場面がみられた。[*24]

国籍法改訂のために声をあげた社会勢力は第一に女性、とりわけ国際結婚をしたインドネシア女性の権利擁護団体である。女性団体が声をあげた理由は、一九五八年の国籍法が父系血統主義に拠っていたため、母親がインドネシア国籍であっても子が同国籍を得られない、さらに離婚をした場合、母親や子が無国籍に陥ってしまうなどの事例が多く発生していたからだった。[*25] 女性と子どもの権利擁護の立場から新国籍法の審議・成立過程をモニターしたＮＧＯに、「女性を支援する国民的法制化のためのネットワーク（Jaringan Kerja Program Legislasi Nasional Pro Perempuan）」「国際結婚をしたインドネシア女性の会スリカンディ（Perkumpulan Srikandi）」「国際結婚家族の会（Keluarga Perkawinan Campuran Melalui Tangan Ibu、略称 KPC Melati）」などがある。[*26]

新国籍法成立の過程を見守り、時に意見を表明した第二の社会勢力が、華人団体や華人問題にかかわる知識人で

あった。公聴会に参加した華人系インドネシア人協会ＩＮＴＩやインドネシア華人百家姓協会ＰＳＭＴＩ、華人差別に反対するインドネシア反差別協会ＧＡＮＤＩなどのＮＧＯ関係者である。華人系インドネシア語誌『シネルギ・インドネシア（*Sinergi Indonesia*）』の編集長で、一九五〇年代以来の政治・社会活動家でもあるタン・スウィ・リン（Tan Swie Ling）も国籍法改訂プロセスに華人社会有識者としての立場から関与したが、「女性たちの動きが先行した。華人は後からこの動きに加わった」と証言している。[*27]

女性問題、華人問題を含め、法律の専門家として、たとえば、スラバヤ大学教授のエコ・スギタルト（Eko Sugitarto）も、二〇〇二年以来ずっと、草案作りと法制化の議論に加わった。彼はスラバヤを中心とした「マルチ・エスニック問題の活動家」としても知られた人物である。[*28]法案成立直前、『コンパス』紙に寄せた論評でＧＡＮＤＩ代表のワフユ・エフェンディは「市民社会（masyarakat sipil）のイニシアティブによるこの法案」が成立することは喜ぶに値する、と述べている。[*29]

以上、新国籍法の制定の経緯における特徴を概観してきた。以下では、内容面における新法の特徴を分析してゆこう。

女性と子どもの権利保障

先に触れたとおり、旧国籍法が父系血統主義を原則としていたのに対し、新国籍法は女性とその子の権利に配慮し、血統にかかわる部分をすべて男女平等の両系主義に改めたのが第一の眼目である。すなわち、父親が外国籍者や無国籍者・国籍不明者であっても、母親がインドネシア国籍者であれば、その子はインドネシア国籍を自動的に得られるようになった（第四条ｄ・ｅ号）。[*30]また、両親のいずれかがインドネシア国籍者であれば、実子であろうと養子であろうと、さらに正式な婚姻外の子であろうと、インドネシア国内で生まれたか国外で生まれたかにかか

わらず、子はインドネシア国籍を得ることができる（第四条b・c・g・h・l号、第五条一・二項）。これらにより、片親が外国籍であればその国の法律しだいで、また国外で生まれた場合その国の法律いかんでは子が二重国籍となる可能性が生じるが、その場合も暫定的に二重国籍が許容され、一八歳に達するか結婚するかしたときから三年以内にどちらかの国籍を選択すればよい、と定められた（第六条一〜三項）。父系から両系制への変更も、婚外子を差別なく扱うのも、二重国籍を暫定的ながら認めたことも、旧法と比較すれば革新的な変化といってよい。[*31]

新国籍法の前文には「一九五八年の法律第六二号［旧国籍法］はもはやインドネシア共和国の国家秩序の進展にそぐわなくなった、ゆえに新法を定める必要があるのだ」と述べられている。血統主義を両系原則に改めた点について、より具体的にいえば、『コンパス』記者が分析するとおり、「グローバル化の中で人の移動が増大し、出稼ぎ労働者を含め、また男女を問わず、社会のあらゆる層に国際結婚が増えた[*32]」という一般現象が背景に挙げられるだろう。その上で、同じく新法前文が強調する「基本的人権［に即してすべての人々の尊厳を保障する一九四五年憲法］」という観点から、まず女性と子どもの人権保障に国籍規定の面で改善を施したものだといえよう。

「アスリ」規定の大転換

メガワティ大統領期までの四次にわたる憲法改訂でなお、「アスリ［本来］のインドネシア民族の人々」と「その他の民族の人々」という二分法が憲法第二六条（国民および住民規定）第一項に残されたことを前節で述べた。本節で検討している二〇〇六年国籍法は、憲法との関係でいえば、同じ第二六条第三項の条文「国民と住民に関する事がらは、法律で調整する」という規定を受けて、その具体的内容をより詳細に定めたものだと位置づけられる。

新国籍法は、この関係を明確化し憲法の規定を想起させるためでもあろう、冒頭に近い第二条で憲法第二六条第一項とほぼ同じ文言を繰り返している。すなわち「インドネシア国民（Warga Negara Indonesia）となるのは、アス

リのインドネシア民族の人々、および法律によって国民と承認された、その他の民族出身の人々である」という一文である。[*33] この条文自体を一見すれば、「アスリのインドネシア民族」と「他の民族出身者」を峻別している点において、一九四五年憲法第二六条の精神、つまり植民地期以来のインドネシア・ナショナリズムのプリブミ中心の血統主義を踏襲しているようにみえる。

だが、国籍法の条文本体と同時に定められ公布された注釈（penjelasan、インドネシアの法令にしばしば付される注釈は本文と同格の重みをもつ）[*34] によれば、上記第二条には次のような補説が付け加えられている。「アスリのインドネシア民族（orang-orang bangsa Indonesia asli）という言葉で意味するのは、出生時からのインドネシア国民（Warga Negara Indonesia）で、自分の意思で他の国籍を得たことが一度もないインドネシア人のことである」。

つまり、この「アスリ」規定において、プリブミかそうでないかという血統上の出自はもはや問題でなく、たとえ華人など外来系の出自であっても出生時からインドネシア国籍である者は、「他の民族」ではなく「本来のインドネシア民族」だ、ということが明言されたのである。祖先の血統でなく、その本人個人の国籍で規定されていることに鑑みれば、本書で一貫して「民族」と訳してきたバンサ（bangsa）というインドネシア語が、いまや限りなく「国民」の語感に近づいてきた傾向を読み取ることもできる。

この規定は国籍法の注釈であり、国籍法は（上述のとおり憲法第二六条第三項を通じて）一九四五年憲法にもリンクしているから、[*35]「誰がインドネシア人なのか」を定める法体系の基幹において、これまで「本来のインドネシア人」から排除されてきた外来系の人々も、生まれたときからインドネシア国籍であるかぎりそこに包摂されることになったわけである。血統がどうあれ、生来の国籍という法的地位のみによって「本来のインドネシア人（インドネシア国民・民族）」に属すことを謳ったこの注釈は、ほぼ一世紀にわたるインドネシア・ナショナリズムの概念と語法の歴史の中で画期的な規定であるといってよい。

新国籍法そのものは「純粋な生地主義」では決してなく、血統主義を第一義としていることに変わりはない。[*36] その血統主義にかかわる部分が父系主義から両系主義に変更されたことはすでに述べた。要約すれば「父母のいずれかがインドネシア国籍者であれば、出生地にかかわらず自動的にインドネシア国籍を付与する」という原則で、大多数の対象者をカバーしているのである。

ただし、およそ世界の国々の国籍法は複数の原則の相補的な組み合わせから成るものであり、たとえば比較的純粋な血統主義に近いといわれる日本の国籍法も、日本に生まれた子で両親が不明または無国籍の場合は日本国籍を付与するなど、生地主義原則を併用している。[*37] この点、インドネシアの一九五八年旧国籍法も同様で、同国領内で出生または発見された子で、両親が不明または両親が無国籍ないし国籍不明の場合などは生地主義を適用して、その子にインドネシア国籍を与えると定めていた。[*38] 二〇〇六年の新国籍法もこれらのケースに対する対応はほぼ旧法を踏襲し、生地主義を補完的に適用してインドネシア国籍を与える、としている。[*39]

つまり、新国籍法は、少なくとも上述のような例外的事例に対応するために生地主義を併用しているが、これだけならば旧国籍法から引き継がれた慣例的・技術的措置であり、あくまで血統主義が主原則、生地主義は従原則の位置を占めるにすぎない。しかし、国籍付与原則における新国籍法の真のポイント（主に華人など外国系の人々に関するそれ）は、血統主義と生地主義という、しばしば用いられる二つの対立的・相補的概念だけでは説明できない、もう少し別のところにあるように筆者には思える。

新国籍法は第三条で「インドネシア共和国の国籍は、この法律で定められた条件に基づいてのみ得ることができる」と定めている。また第四四条で「この法律の発効時から、一九五八年法律第六二号［旧国籍法］およびそれに

関連する諸法令は廃棄し、無効とする」と明言している。松村はこれをもって「国籍に関する錯綜した法律を一度、白紙に戻して再編成する試みであった」「それ以前の法律はすべて破棄し、国籍及び『国民として在ること』についてはこの法律がすべてを規定すると述べられている」[*40]と解釈している。が、それは少し違うだろう。新国籍法は第四条a号で、「この法律が発効する以前に、諸法令・規則や他国との条約に基づき、すでにインドネシア国民となっているすべての人はインドネシア国民である」とも明記しているからである。

つまり、新国籍法の定める条件のみによって国籍を付与されるのは主として「これから」の新世代の話であり、過去の諸法令・規則や条約に基づいてインドネシア国籍を得た人々（具体的には一九四六年の臨時国籍法、一九五五年の中国との二重国籍防止条約および一九五八年国籍法に基づき一九六〇年以降に国籍選択をした人、また、すべての期間を通じ、通常の帰化手続きをした人など）は、わざわざ国籍を取り直す必要はなく、自動的にインドネシア国籍保持者とみなされる、と謳っているわけである。その意味で「これまで」の経緯が白紙に戻されたわけではない。

これは単に過去の諸法規を尊重しただけでなく、それらの諸法規に基づいて国籍を取得した人々のインドネシアにおける「生活歴」を尊重したものといえるだろう。少なくとも、結果的に当事者にとってはそのような効果をもつ。八章でみたとおり、一九九〇年代半ばの時点で、すでに九割以上の華人がインドネシア国籍を得ている状況だから、「父母いずれかがインドネシア国籍の子に同国籍を付与する」とした新国籍法に従えば、たとえ華人の血統であっても、両親をはじめとする祖先のインドネシアでの生活歴の恩恵として、自動的にインドネシア国籍を得られる人が今後はほとんどを占めると思われる。一見、血統主義にみえるが、あくまでインドネシアという土地とそこに根ざした国家との結び付きの履歴が重視されている点、少し違う。かといって生地主義でもない。序章にも述べたとおり、国籍決定における生地主義とは、当該個人の誕生の「瞬間」の場所とその政治的帰属だけを問題にする。他方、新国籍法が重視しているのは一瞬の話ではない。プラナカン華人に典型的なように、両親をはじめとする祖

先が代々インドネシアに生まれ育ち、この地の言葉や生活文化や社会に根ざして暮らしてきた、また生まれた子も今後インドネシアの社会と文化の中で育まれ生きてゆくであろう、という少なくとも数十年単位の生活歴こそが重視されているのである。その生活歴はインドネシアという特定の場所との（生まれた子にとっては選択的というより運命的・原初的な）結び付きであり、その場所の上に成立した国家への帰属の証として国籍が付与されるということである。そのように考えると、この国籍法で採用された原則をひと言で表現すれば、序章で提示した「属地主義」という概念に近いといえるのではなかろうか。

「属地主義」に従って、華人など外来系の子も帰化手続きを経ることなく自動的にインドネシア国籍を得られるようになったこと、かつ生まれたときからインドネシア国籍を保持していれば、プリブミ同様「本来のインドネシア人（国民、民族）」として扱われることが法的に明文化された点こそ、新国籍法の（華人にかかわる面での）真の意義だと考える。

インドネシア共和国国籍証明書ＳＢＫＲＩ問題は決着したのか

二〇〇六年新国籍法は、これまで述べてきた改訂の帰結として、華人差別の焦点だったＳＢＫＲＩの問題、すなわち祖父や親の代ですでにインドネシア国籍となっていても華人だけは子や孫の代まで事あるごとに国籍証明書の提示を執拗に求められ、ない場合にはさまざまな生活上の支障が生じる、という問題にも決着をつけたとする論者が多い。[*41]

実は、新国籍法の条文には（本体、注釈を含め）、そのことを明示する文言は見当たらない。

しいていえば、「この法律の発効時から、一九五八年の法律第六二号［旧国籍法］とその後の国籍に関連する諸法令は廃棄し、無効とする」と謳った第四四条によって、ＳＢＫＲＩの作成・保持・提示を義務づける直接の法的根

拠とみなされる一九七七年の大統領決定第五二号と一九七八年の法務大臣規則三、四、一二号、さらにそれらの法源と解釈されることの多かった旧国籍法の結章第Ⅳ条も無効となった、ゆえにＳＢＫＲＩはもはや不必要になったのだという解釈が成り立つ。[*42]

また、「アスリ」規定の転換によって、「生来インドネシア国籍」の要件を満たす大多数の華人もいまや「本来のインドネシア人」になったのだから、華人以外の国民同様、わざわざＳＢＫＲＩを作成・保持・提示する必要はおのずから消えた、とする見方も有力である。[*43] 新国籍法の発効後、内務省住民行政総局・国籍登録課長のアミン・プルンガン（Amien Pulungan）は『コンパス』紙記者の取材に答え、「今後は［国籍を証明するには］出生証明書か住民登録証もしくは家族カードを提示すれば十分だ。なぜなら、そこにも当事者の国籍が記されているのだから」と述べている。[*44]

ＳＢＫＲＩに関しては新国籍法の規定が明示的でないこともあり、二〇〇七年以降も、依然、行政書類の作成に際し同証明書の提示を求める役所と華人住民の間のトラブルが数多く報告されている。[*45] 筆者自身、二〇〇七年三月、島嶼リアウ州の州都タンジュンピナンで華人出身の州議会議員を訪問したおり、移民局で国籍証明書を要求され困っている、という華人住民からの陳情の場面をたまたま実見した。

国会での立法や中央政府での決定事項が、末端の行政現場までなかなか貫徹されないという現象は、ＳＢＫＲＩ問題に限らずインドネシアでしばしば起こることである。その一因として、各級の地方議会や首長が独自に法令や決定を発し、しばしば中央の決定よりそれらが優先されるということも挙げられる。ポスト・スハルト期の「地方分権化」の奔流がこの傾向に拍車をかけた面もある。[*46]

本章１節で既述したとおり、ＳＢＫＲＩが不要であることを指示した法令はこれまでにも存在した。一九九六年（スハルト政権末期）大統領決定第五六号と、一九九九年（ハビビ政権期）の大統領指令第四号である。しかしいず

れも紙切れと化し、全国の末端行政の現場では徹底しなかった。中央の政治的意思と全国にわたる行政実施の間に齟齬があったという、いま述べた理由もあるが、何といってもSBKRIの発行自体に伴う、またはその所持義務を有するが持ち合わせぬ人々（ほぼ華人）からの規定外の金品徴収すなわち賄賂が、行政執行機関であると同時に（しばしば薄給の）役人たちの経済共同体でもある多くの役所にとって不可欠の収入源とみなされていた、という状況が主因であろう。スハルト体制期、さらにポスト・スハルト期においてもメガワティ政権までは、こうした裏金の存在は中央政府によっても半ば黙認されていた。

これに対し、「汚職撲滅」をインドネシアの政治・経済・社会にわたる喫緊の課題の一つとして公約に掲げ、かつ国民によって直接大統領に選ばれたユドヨノ政権下では、中央の政府や議会が先頭に立って悪しき慣行をなくそうとする姿勢がこれまでになくみられるようになった（特に一期目の五年間）。その姿勢は新国籍法にも表れた。すなわち、法に反した役人への処罰規定が盛り込まれたのである。同法は第三六条で、職務に当たり法の遵守を怠った結果、国籍にかかわる申請者の権利を侵した者は最長一年の禁固刑、意図的に行なった者は最長三年の禁固刑に処する、と定めた。[*47]

さらに、国籍の取得や再取得にかかわる行政プロセスの「期限」が、法務・人権大臣規則で初めて定められた。二〇〇六年九月二六日付の同規則は第五条で、国籍にかかわる申請書類の受領後チェックを行ない、大臣の元に届ける（遺漏があった場合、申請者に返却する）期限を一四日以内、第六条では大臣が届いた書類をチェックする（遺漏があった場合は差し戻す）期限を一四日以内、また、大臣が国籍取得にかかわる決定を下す期限を最初の提出日から三〇日以内、さらに第七条では大臣の決定を申請者に通達する期限を決定日から一四日以内と明記している。[*48] 国籍法本体の処罰規定と合わせ、トップから末端までの行政の公正化や効率化・透明化の徹底を目指したものと評価できる。

ＳＢＫＲＩについては、いまだ長年の慣行を一掃できてはいないものの、以上に述べてきた諸法令からみて、今後の改善が期待される。二〇〇七年三月、法務・人権大臣ハミッド・アワルディンは、「［新国籍法によって］ＳＢＫＲＩというものは、もはやなくなった。もし、まだそれを要求する役人がいたら、その名と所属をメモしてわれわれに届け出てほしい」という趣旨の発言をした。*49 スハルト時代の状況を知る者には驚くべき変容ぶりだが、政治家の口先だけの言葉ではなく、同時に国会で定められた法律に裏付けられている、という点が従来とおおいに異なる。

ユドヨノ大統領の姿勢

新国籍法の成立過程で、女性差別に反対する社会団体や華人の全国組織・ＮＧＯなどのロビー活動もあったこと、また国民代表議会に設置された特別委員会の側もそれら「社会の声」に耳を傾け、基本的人権擁護の原則を可能なかぎり盛り込もうとしたことは既述した。すべて行政府主導で物事が進められたスハルト体制期と打って変わって、立法府主導かつ一般社会の人々の参与が認められた点、この国籍法はポスト・スハルト期の「改革」全体が目指した政治の形を体現した成果の一つといってよい。ただし同時に、最終的に草案に署名した行政府の長・ユドヨノ大統領の確固とした姿勢も無視できない。

新国籍法案審議中の同二〇〇六年二月四日、インドネシア儒教最高協議会（Majelis Tinggi Agama Khonghucu Indonesia）が主催する中国正月祝賀会に出席したユドヨノは、祝辞の中で次のように述べた。

中国正月を国民の祝日と定め祝うということは、象徴的に、インドネシア民族の統合された一部分（bagian integral dari bangsa Indonesia）として華人社会の存在を認めるということである。これはすべて、わが民族の歴史の道程の中でわれわれが改革の時代に入ったときに起きたことである。これまで華人社会についてどれほど多

くの誤解があったことか、それがみな過去の政策の結果として起きたことを私は率直に認める。[*50]

次いでユドヨノは、一九四五年憲法が基本的人権に関する多くの条文を追加して改訂されたことに触れ、

そこに底流しているのは、すべての国民(warga negara)の平等性、つまり国民を血統的な出自(asal-usul keturunannya)によって区別しないということである。

と明言した。また、憲法第六条(大統領資格)の改訂について、「大統領候補はアスリのインドネシア人でなければならぬ」という条文が削除されたこと、いまでは「生来インドネシア国民で、自らの意思により他国籍を得たことがない者」なら誰でも大統領になれる、と変更されたことの意義を強調した。さらに、華人が商業や製造業・サービス業の分野で長らくインドネシアの社会経済に貢献してきたことを讃えたユドヨノは、

われわれは、再び華人に対して差別的な態度をとりたくない。われわれは変わったのだ。

と付言した。さらに、「なお残る差別的慣行への苦情があることを認識している」と述べた上でユドヨノは、「末端行政や一般社会はまだこの変化への適応過程にある、それは社会の心理的プロセスにかかわる事がらであり適応には時間を要する」と理解を求めた。他方、華人社会の側に対しても、次のように注文をつけた。

非常に重要なことは、華人社会が引き続きインドネシア社会と一つになること、インドネシア社会を構

成する他の要素たる人々（komponen-komponen masyarakat lainnya）と相互に尊重し合いながら、彼らと統合（berintegrasi）することだ。

この演説が儒教最高協議会の主催する中国正月祝賀会での祝辞であり、儒教に代表される「中国的」宗教に関係する華人の指導者層を直接の聴衆としていることは当然考慮されねばならない。[*51] また、より大きな時代背景として、政治的・経済的・軍事的にますます台頭する中国との関係緊密化、[*52] 国内華人資本・人材のいっそうの活用および国外華人系資本のさらなる吸引の必要、また治安維持対策の一環としての華人・プリブミ関係の改善、あるいは選挙による政党政治や、大統領はじめ首長の直接選挙制が相当定着したことによる、華人有権者の支持確保の必要など、さまざまな要因が考えられる。

いずれにせよ、現職大統領みずから公の場で華人社会の存在を肯定的に認め、華人をインドネシア民族・国民共同体（bangsa Indonesia）の不可欠の構成要素だと明言し、政治面を含むあらゆる分野を開放した上での「統合」を謳っている点、やはり画期的である。

国会での法制改革が同時進行していること、つまり少なくともトップレベルでは行政・立法、相携えての「言行一致」がまずまずみられる中での最高責任者の発言であるだけに、華人社会に一定の安心感を与えるには十分な説得力をもつ発言だったといえるだろう。[*53]

以上、ポスト・スハルト期の華人政策の変化を、二〇〇六年国籍法の改訂を中心にみてきた。この法改訂の（筆者のみるところの）画期的な意義が明らかになったであろう。

むろん法律が変わったからといって、数世紀単位でインドネシア社会に形成されてきた社会経済構造や住民感情、

特に華人とプリブミ住民間の相互不信や嫉妬・怨念が一朝一夕に霧散するとは思えない。二〇〇二年「大討論」で華人知識人たちの多くが懸念していたように、プリブミの側からみれば華人優位の経済格差やそれに根ざす反感はポスト・スハルト期にも残っているし、華人の側に立てば何といっても一九九八年を頂点とする激烈な「反華人暴動」が残したトラウマは深い。

だが相当の変化もみられる。たとえば、国籍法改訂の翌二〇〇七年三月、ジャカルタでの現地調査で「華人に対し、どう思うか」と問うた筆者に対し、ジャワ族出身の白タク運転手が「いまはもう時代が変わった。プリブミとか華人とかの区別はない。皆同じインドネシア国民だ。政府がそういっていると新聞で読んだぞ」と答えたことは印象的だった。仮に社会経済的な歪みや文化的差異に根ざす住民間の反目が潜在的にあるとしても、政府が確固たる姿勢を示せば、住民の考え方に大きな影響を及ぼす場合もありうるのだ、と考えさせられた。

二〇〇六年国籍法を受けて『コンパス』社が出した関連記事集成『インドネシア国民となるまでの遠い道のり』[*54]に寄せた序言で、フランス・ウィナルタ弁護士が書いている。「今回の国籍法成立は一陣の涼風である」「これでSBKRIの要求が本当になくなるかどうかが一つの試金石だ。広く啓蒙活動が必要だろう」。最後にチャーチルの言葉を引用して、ウィナルタは稿を締めくくった。「これが終わりではなく、始まりの始まりだ」。

おわりに

本書を貫く課題は、インドネシア現代史の最重要テーマだった国民国家建設、特に国民統合と華人の関係を歴史的に考察することであった。その植民地期から近年に至るまでの具体的な様相を、華人の動向と彼らを取り巻く国内外環境との応酬を軸に、各部各章で時代ごとの状況に即して分析しつつ描いてきた。ここでは、それらの論旨を繰り返すことはせず、やや書き残したと思われることや、誤解を生んだかもしれない点について、補足的な説明を加えておこう。

二〇〇六年国籍法が、華人のナショナル・アイデンティティの面でもインドネシア・ナショナリズムの性格においても「属地主義」に重心が移る画期だったのではないか、ということは一〇章で主張したとおりである。だが、念のため記しておくと、これによって華人が華人としての「血統」を捨てインドネシア国家や国民共同体に「同化」したわけでは決してない。国民としてのアイデンティティの次元では、「属地」の論理に基づき、大多数の人々がインドネシアへの帰属を選ぶに至ったが、エスニック・アイデンティティの次元では、「血統」観念にかかわる「華人であること（華人性）」をも堂々と堅持できるようになったのである。インドネシア政府の側も、インドネシア国籍を得た華人はもはや中華民族（バンサ・ティオンホア）ではなく、華人種族（スク・ティオンホア）というインドネシア民族（バンサ・インドネシア）を構成する下位集団に属するという論理で、「平等一体のインドネシア民族・

国民共同体の不可分の一部」であることを公認した、というわけである。

このような変化がなぜ二〇〇六年というタイミングで起きたかについては、さまざまな側面からの説明が可能だろう。これまでは学界でもマス・メディアでも「スハルト体制の抑圧性に対する反動」という点のみが強調されてきたきらいがある。いいかえると「スハルト体制は華人の統合を阻害した」との評価である。そうした面は確かにあるし、より一般的にスハルト体制期に蓄積された、もろもろの弊害に対する反発が改革期の急激な変化の動因になってきただろうことは否定しない。だが、スハルト体制が華人の統合を（結果的にせよ）正・負の両方向から準備・促進した面も大きいのではないか。負の方向というのは、右に述べた反発・反動の作用を指す。

正の方向というのは主として、体制成立期に社会の内なる経済土着主義の要求をしりぞけ華人の経済活動を容認したことと、一九八〇年ごろからインドネシア国籍の取得を勧奨し、中国との国交正常化後は国籍問題をほぼ解決したことである。いずれも短・中期的には同体制存立の柱とされた「経済開発」や「国防治安」の観点からのものとはいえ、長期的にみれば、オランダ植民地期以来どの政府にもみられた「華人包摂」の力が働いたものとみることができる。その際に用いられたのは国家の側からの「属地」の論理であった。

同じ「属地」の論理で「バンサ・インドネシア」の一員であることを志向した華人にとっては、国民共同体に包摂されながら、依然プリブミとの間で続く区別や、区別に基づいた差別のほうが大きな問題だった。華人が華人であろうとすることを認めない「同化政策」もそうである。植民地期以来の社会経済格差の構造や、しだいに深まる華人政商と権力の癒着が、華人に対する反感やステレオタイプの拡大再生産を許し、体制末期には華人にとっては むろん、国民一般の多くにとってもショッキングな暴力の嵐が吹き荒れた。これにより、単に「インドネシア国民であること」だけでなく、「血統的出自（または文化・宗教など他の基準）により華人（または他の、さまざまな社会集団の一員）であること」が肯定的に受容されない限り、「人間であること」に由来する最低限の保障も得られない

ことを、華人もインドネシア社会も学ぶ結果になった。

大きな代価を要したこれら負の遺産も、インドネシアの人々の努力によって、華人の国民統合、ひいては平等一体の国民統合全般へ向けた共通の基盤となりつつあるように感じられる。米国における移民の統合過程を研究したハイアムは述べる。「エスニック集団は、アメリカ社会への参入に際し、つねに公的な敬意が与えられるように確認を求めてきた。そして、この認知が進んで与えられたことによって、アメリカに対する彼らの帰属意識はいちじるしく高められてきた」[*1]。改革期のインドネシアで華人をめぐって起きた変化も、長期的に同様な効果を華人の帰属意識にもたらすだろうと筆者は考える。

インドネシアという国民共同体への華人の参入と受け入れの過程が、改革期の「民主化」の中で大きな前進をみた理由として、言論の自由や人権の尊重に向かおうとした時代の雰囲気や条件も重要であったろう。より深い次元では、『民主化とナショナリズムの現地点』の「あとがき」に寄せた玉田芳史の考察が参考になる。特に、グルジアの思想家ノディアの言葉を引いた部分である[*2]。ノディアいわく、「民主主義という観念なくしては、ナショナリズムという観念はありえない」し、逆に「民主主義はナショナリズムなしには存在したことがない」、なぜなら「誰が市民なのか、どこに境界線があるのかといったことが民主主義に内在する論理では決められないからである」「ナショナリズムこそが民主的な政府のための政治単位を提供してきた。……ネイションとは我々人民のまたの名なのである」。

インドネシアの人々が「指導される民主主義」を脱し、自らの手で民主化を進めようとしたとき、政治単位となるネイションを実態に即して作り直す必要が生じた。そのとき、新生のネイションに改めて参入し、かつ正式に迎えられる準備が華人にはできていた。それは一朝一夕で生じたものではなく、本書で描いてきた植民地期以来の華人の苦闘の歴史、また非華人や政府指導者も含めた「国民的」経験の積み重ねを基礎とすればこそ可能になった、

同時に中国の動向をはじめとする国際環境の変化も重要であった、というのが筆者の結論である。より一般的にいえば、インドネシアのように移民国家ではない国においても、移民出自の人々を含めたネイションの作り直しは可能である。ただし、インドネシアの華人の例のように、それには一〇〇年単位の時間と関係各者の絶えざる努力を必要とする、ということになろうか。

人間がリアルな地理空間の中に生きる肉体的存在である限り、「生きる地を共にする」ことを共同性の基礎におく属地主義は多様な人々の包摂に有効な原理の一つであり続けるだろう。それは単に国民国家だけでなく、その下位では一国内の地方レベルから近隣関係まで、上位ではアセアン（ASEAN）などの地域協力機構から最終的には「一つの地球」という「地」までが重層的に、それぞれ新たな意味づけを得ながら、多様な人々の共生の基盤となってゆくように思われる。ただし、属地主義が人々を結び付ける上で常に他の原理より優位な万能薬だとは考えない。特定の地に根ざすこと以外の、さまざまな結合原理、たとえば血縁や宗教や政治的・文化的な諸価値の共有による結び付きも、情報革命のいっそうの進展に支えられつつ、地理空間の制約を超えてますます複雑に展開してゆくことだろう。これらと交叉し補い合うことで属地主義も初めて力をもつものと思われる。それは、インドネシアにおける華人の国民統合が、属地主義だけでなく、血縁にかかわる華人性や基本的人権・民主化などの普遍価値の是認と同時に大きく前進した本書の事例が示唆するところでもある。

筆者は、二〇〇六年国籍法をもって華人のインドネシアへの統合が完了した、と主張しているわけではない。インドネシア社会や国際環境の変化とともに、まだまだ試練は続くだろう。華人の間では、一九九八年をピークとする暴動の悪夢は代々語り継がれてゆくに違いない。華人・プリブミを問わず庶民からすれば、インドネシアの社会経済的構造、とりわけ富の分配における不公平の問題は改革の時代に劇的に改善されたわけではなく、むしろ格差

の拡大感は増している。この問題が宗教や文化の差異と結び付けられれば、暴力的紛争が起きる潜在的可能性は常にある。[*3] 対中関係を中心とする国際関係の動向も華人の統合の行方に影響を及ぼし続けるだろう。情報革命ともあいまった人の移動のグローバルな新展開は、華人に限らずインドネシアの、いや世界中の国々の国民統合のあり方自体を、やがて二〇世紀までとは違う形のものにしてゆくかもしれない。

とはいえ、インドネシアの民主化も華人の統合も一つの不可逆の段階を越えた、とみてよいと思われる。前者においては、二期一〇年の任期を務めたユドヨノの後継大統領として庶民層出身のジョコ・ウィドド（Joko Widodo、一九六一年、中部ジャワ、スラカルタ生まれ）、通称ジョコウィが選出されたこと（二〇一四年七月）が最近の画期である。[*4] 華人については、そのジョコウィが地元スラカルタ（ソロ）市長からジャカルタ首都特別州の知事に転身（二〇一二年一〇月就任）したとき、彼とコンビを組む副知事に、華人のバスキ・チャハヤ・プルナマ（Basuki Tjahaja Purnama、漢字名は鍾萬学、一九六六年、ブリトゥン州生まれ）、通称ア・ホックが当選したこと、さらにジョコウィの大統領転身に伴い、ア・ホック自身がジャカルタ首都特別州知事に就任したことである。[*5] 改革期に入り、地方分権化の進む各級自治体の首長や議員に華人が立候補し選ばれることは珍しいことではなくなっていた（ア・ホックも、ジャカルタ副知事になる前は、地元・東ブリトゥン県長を務めていた）が、国家の顔である首都の知事職に華人（同時にムスリムでなく、プロテスタント信徒）が就くのは史上初のことであった。憲法改正により正副大統領資格から華人などを排除する「アスリ」条項が削られたのは、単にシンボリックな措置だけではなかったことを証明するでき事だったといえるだろう。

最後に「ナショナリズム」という言葉について付言しておきたい。さまざまな意味合いを込めて使われるこの語を、本書では「平等一体の国民共同体を作ろう」という国民統合の思想としての側面に重きを置いて使ってきた。日本

語の読者には違和感を覚えた向きも少なからずおられたのではないかと思われる。特に近年のわが国では、中国・韓国など近隣諸国との角突き合いと関連してこの言葉を使う風潮が強いからである。

インドネシアでは違う。初代大統領スカルノが「自国・自民族中心主義や排外主義は本当のナショナリズムではない。それらはショーヴィニズムというものだ」と国民に噛んで含めるように繰り返し説いたことも手伝ってであろう、これらの意味でナショナリズムという言葉が使われることはほとんどない。*6

日本では民族主義者という言葉がいわゆる右翼と同義に使われる傾向さえあり、「彼はナショナリストだ」という表現は、自国本位の「国家主義者」や「国粋主義者」とみなされる政治家に対し、いわゆる左翼の側からなされる批判の言葉である。インドネシアでは大統領であれ地方議員であれ、もし「私はナショナリストではない」と発言すれば、彼（彼女）は政治生命を失いかねないだろう。もちろん、これは彼国の政治家がみな「右翼」であることを意味しない。インドネシアではすべての政治家、否、国民たる者は皆、細かな政治信条にかかわらず「ナショナリスト」であることが当然の前提とみなされ、もしくは期待されているのだ。それは、インドネシアという国も民族も独立からようやく七〇年を経たばかりであり、常に国作りと国民統合を意識していなければならなかった、ということが一番の理由であろう。

加えて、現在の日本ではナショナリズムをどちらかというと「悪しきもの、困ったもの」と捉える風潮が学界を含めて根強いが、インドネシアでは圧倒的に「良きもの」として捉えられているという事情もある。その違いは、ナショナリズムの象徴である国旗や国歌の扱いにも表れている。一九九八年五月、スハルトの独裁に反対して国会を占拠した学生たちは議事堂の屋根に登り、国旗「メラ・プティ（紅白旗）」を打ち振った。それを包囲する国軍と一触即発の緊張の日々が続いた末、追い詰められたスハルトがついに辞任を表明すると、国会前で固唾《かたず》をのんでテレビに見入っていた学生たちの中には、その場でひざまずき、アッラーに感謝を捧げる者もいた。だが、誰から

ともなく「インドネシア、わが祖国……」と国歌「インドネシア・ラヤ」を口ずさみはじめると、唱和の輪が広がり、炊き出しなどで学生を支援してきた一般市民や、直前まで彼（彼女）らと対峙してきた国軍の兵士まで加わった大合唱となった。皆の顔に笑みがこぼれた。*7

つまり、インドネシアにおいてナショナリズムは、植民地期や独立革命期のみならず現在にいたるまで「自由」と「解放」、出自や階層を問わぬ「平等一体」の理想と同義であり、国旗や国歌はそのシンボルなのである。*8

日本では残念ながらそうではない。一九六〇年に国会を包囲した人々、二〇一五年に同じく国会を取り囲んだ若者たちの誰が「日の丸」を打ち振ったろうか。かつて岸信介首相を退陣に追い込んだ人々も、あるいは現首相の退陣を叫んでいる人々も仮にそれが実現した場合に、歓喜の歌として「君が代」を唱和することがありうるだろうか。

いうまでもないことだが、筆者は日本でもインドネシアにならってナショナリズムやその象徴たる国旗・国歌を当然のごとく遵奉すべきだ、と主張しているわけではない。世界が依然としてネイションとそれが主宰する国家に分断された国民国家体系のもとにあり、誰もがいずれかの国に属することを求められる限り、自分の国に誇りをもてるのは幸せなことであろう。だが日本は、自国のナショナリズムや国旗・国歌が多くの人々にとって「支配」や「抑圧」の象徴として刻み込まれるような歴史を近現代において自ら作ってしまった。その歴史を直視しようと努める人々に「反日」などという浅慮きわまりないレッテルを貼ったり、国旗・国歌に複雑な思いを抱かざるをえない人々をその理由も考えず「非国民」扱いするだけでは何ら解決になるまい。「自分の国や民族の誤りを指摘し、それを克服する道を指し示そうとする人々こそ真の愛国者だ」という、ヤップ・ティアム・ヒンの言葉（234ページ参照）を思い起こしたい。

そして「ネガティブな烙印を伴う姿をポジティブな姿へと作り直そう」という、華人についてのテディ・ユスフの言葉（289ページ参照）を、日本の国にも適用すべきではないか。ここでいう「作り直し」とは、専ら自己につご

うよく歴史を改ざんすることなどではない。政府や教師からあれこれ指図されずとも、自分の国と社会に自然な誇りをもてるよう、また他者からもおのずと尊敬を勝ちえるよう、皆の知恵を集め、協力し、対話を重ねながら、国と社会の内実こそを現在から未来に向けてより良きものに改善してゆく以外に方策はあるまい。

本書が知識人の言動にかなり偏ったことは自覚している。筆者が本書執筆の主たる方法として知識人の言動を追うことを選ぶ上では、土屋健治の影響が大きかった。

土屋は晩年の論考「知識人論」の中で次のように述べている。「東南アジアの知識人を考える場合には、知識人が知識と教養のゆえに何を享受しうるのか、という視点よりも、知識人であることによって、どういう表現行為をひきうけなければならないのかという視点が、ことさら重要なのである」。この点で、英語のインテレクチュアルより、ロシア語起源のインテリゲンツィアという語を用いるほうが適切だと示唆した上で土屋は続ける。「インテリゲンツィアとは、知識・教養をもつがゆえに制度内的に享受しうる特権をときに自ら拒否し閉ざしても、現にある時間と空間の意味と形、すなわち世界認識のパラダイムに異議を申し立てたり、これに代る新しいパラダイムを開示する知識人を意味している」[*9]と。

本書でも、このような意味で知識人と呼ぶに値する人々を、時代ごとに追ったつもりである。彼（彼女）たちは、一方で広範な大衆の世界から孤立している面もあったが、他方では大衆の実情や心情を代弁し、社会全体や国家との間の結び目たらんとする意志を備えている点では、立場の違いを超え共通していた。逆にいうと、彼らの言葉の中には、それぞれの時代における社会の実相の何らかの側面が反映されているに違いない、と信じたわけである。

とはいえ、民衆（土屋のいう「無告の民」）の世界をもっと前面に出せば、本書とはまた違う「華人のインドネシア現代史」になったことであろう。本書の読者には、華人とプリブミが暴力的な衝突を含む対立関係に終始したか

のような印象を与えてしまったかもしれない。そのような側面も確かに存在し重要でもあるが、民衆の日常生活の中では、「もちつもたれつ、お互いさま」だと心得た、平和な共存関係のほうが大部分を占めていることもまた事実なのだ。紙幅や時間の制約、何より筆者の力不足により、本書では、そのような別の面を十分に描くことができなかった。華人を含むインドネシア民衆の生活世界についての論述は別の機会を期したいと思う。

註

はじめに

＊1———インドネシアの華人人口に関して信頼できる決定的な典拠は存在せず、推計によるしかない。長らく植民地期の一九三〇年に行なわれた国勢調査における総人口比（二パーセント強）を基礎に算出することが多かった。独立後初めてエスニシティの帰属を問うた二〇〇〇年の国勢調査では、公表された華人人口はわずか一八三万人（総人口比〇・九パーセント）と驚くほど少なかったが、これをそのまま信じる研究者はいない。一九九八年を頂点とする反華人暴動の記憶が生々しく、自らを華人と申告しなかった人々が相当数いたと考えられている。二〇一〇年の国勢調査では二八三万人（総人口比一・二パーセント）と二〇〇〇年に比べ急増したが不自然な増え方であり、少なくとも華人人口に関しては同国の国勢調査がほとんど信頼できないことを裏付けるだけに終わった。他方、中国社会科学院が関与して出版している『华侨华人蓝皮书』二〇一三年版では、インドネシアの華僑華人人口を一〇五七万人としているが、根拠に乏しい。現在のところ、植民地期以来の自然増減、移民出入国の推移などを時代ごとに加味して算出したMackie［2005］の「おそらく五〇〇〜六〇〇万人規模（全人口比二〜二・五パーセント）、最大限にみても七〇〇万人」という推計値が最も妥当と思われる。

＊2———王增炳・余纲『陈嘉庚兴学记』（福建教育出版社、一九八一年）3ページ。

＊3———インドネシア語日刊紙 *Sin Tit Po*［26 Agustus 1932］。

序

＊1——中華民国が国籍法を発布したのは建国から一七年後の一九二九年、中華人民共和国の国籍法制定は建国から三〇年以上を経た一九八〇年までずれこむ。

＊2——オラン（orang）はインドネシア語で「人」を指し、ティオンホア（Tionghoa）は「中華」の福建音の転訛である。したがってこの呼称を素直に訳せば「中華の人」、略して「華人」となる。

＊3——peranakan という語が（この場合、生殖の産物としての）子どもを意味するアナッ（anak）という語根から派生していることからも、プラナカンは混血児に相当するマレー世界固有の言葉だったとみられる。

＊4——Skinner［1996］に詳しい。

＊5——以上、Skinner［1996 : 62–63］の記述や筆者の現地調査による。特に現代インドネシアで、ある人が「華人である（華人となる）」ことの根拠や仕組みを現場での実践的切り口から考究した貞好［2004a］を参照されたい。

＊6——インドネシア全体でみれば、スマトラ北部のバタック族は父系制、スマトラ中西部を本拠地とするミナンカバウ族は世界最大の母系制社会であるなど、きわめて多様である。

＊7——以上、Skinner［1996 : 62–64］、森川［1995 : 160］などを参照。

＊8——華人マレー語については、Nio［1962］、Salmon［1981］などを参照。

＊9——プラナカンの場合と同様、トトッは元来ヨーロッパ系を含む外来者について広く用いられ、たとえばオランダ生まれの「生粋の」オランダ人を「トトッのオランダ人（Belanda totok）」と呼ぶこともあったが、しだいに華人についてのみ使うようになった。本書もこれに従う。なお、マレーシア（旧英領マラヤ）ではプラナカンに相当する人々のことを峇峇（ババ）、トトッに相当する人々を新客（シンケ）と呼ぶのが通例であり、植民地期にはインドネシア（オランダ領東インド）でもマラヤに倣った語法を用いることが少なくなかった。

＊10——そのため、インドネシア華人研究がジャワ中心に偏ってきた傾向も否めない。ジャワ以外に舞台をとった Somers-Heidhues［1992］［2003］、Poerwanto［2005］、Hamdani［2012］、松村［2013］［2015］などが近年現れはじめた。

＊11―――［I-G-5］参照。厳密にいうと、この国勢調査でいうジャワとは、ジャワ島の北東岸に接するマドゥラ島を合わせたものである。同じ調査で、スマトラやカリマンタンなどジャワ・マドゥラ以外の諸地域（一括して俗に外島と呼ばれる）では、平均して外国（オランダ領東インドの域外）生まれの者が五一パーセントと過半を占めていた。

＊12―――筆者の現地調査の経験からも、プラナカンの中には一九世紀以前からインドネシアで代々暮らし、祖先がいつ中国から来たのか、また中国の出身地（本貫）はどこなのかを正確に知らない人々が少なくない。

＊13―――Coppel［1973：153］。対照的に、ジャワ以外では平均すると九割近くが中国系諸語を日常語としていた。

＊14―――以下、「青年の誓い」についてはYayasan Gedung-gedung Bersejarah Jakarta［1978］等の文献と、ジャカルタに現存する「青年の誓い」記念博物館を何度か訪問した際（最後は二〇一一年）の調査メモによる。

＊15―――「素朴な愛郷心」がいかに愛国心（パトリオティズム）やナショナリズムに昇華する（させられる）かは、むろん大問題である。中国やインドネシアといった国別の歴史のみならず、人々が各国で置かれた民族的位置や階層など詳細な検討を要するため、本書では深入りしない。さしあたり、パトリオティズムについては橋川［1968］、ナショナリズムと故地の関係についてはYiftachel［2001］などを参照。

＊16―――ここで筆者が念頭に置いているのは、ナショナリズムを担うネイション＝想像の国民共同体の起源を「出版言語共同体」という側面から捉えたアンダーソンの議論である［Anderson 1991］。オランダ領東インド期のマレー語文学の発展におけるプラナカンの役割についてはSalmon［1981］などが先駆的である。独立後も長らくインドネシア語より出身地方の種族語を日常用いることの多いプリブミ住民に比べ、むしろ華人のほうがインドネシア語に親しんでいる傾向を示した社会学的研究にWeldon［1978］がある。

＊17―――sukuの原義は「四肢の一つ」である。インドネシア語のsukuと英語のethnic groupの微妙な違いや東南アジアを中心とするおのおのの語法の歴史的展開については加藤［1990］を参照。

＊18―――インドネシア共和国国家官房公式サイト（http://www.indonesia.go.id/）および［IV-L-1］。

＊19―――ただし一九四九年以降、中国は大陸の中華人民共和国と台湾に逃れた中華民国という事実上「二つの中国」に分立するので、インドネシアを含めた新たな三つの選択肢ということもできる。なお、独立後インドネシアを嫌ってオランダに移住した華人も少なからず存在する。北村［2014a］など参照。

＊20——Wang Gungwu〔1988〕
＊21——Tan Chee-Beng〔1997：26〕
＊22——岡部〔1971〕
＊23——戴〔1980〕
＊24——山本博之〔2006：254-256〕
＊25——いずれ考察すべき問題を多く含んだ論文集や著作として、Kahn〔1998〕、Ang〔1993〕〔2001〕、Laurence and Cartier〔2003〕、Lindsey and Pausacker〔2005〕などを挙げておく。
＊26——ただし筆者は、歴史研究が現在の位置づけと将来予測のためにだけあるとは考えない。ある時代の歴史をその時期固有の条件や論理に即し、「それ自体」として理解しようとする態度がまずもって大切だろう。
＊27——マラヤの事例を正面に据え、かつ「華僑」意識の残存の検証に重心を置いた「華僑から華人へ」の実態研究としては原〔1993b〕〔2001a〕が最も詳細・堅実である。
＊28——「血統」や「混血」など血にまつわる言葉の多くが、血液という身体要素に託した比喩表現・文化的概念にすぎないことについては、清水〔1989〕、貞好〔2003a〕を参照。
＊29——中華民国と中華人民共和国の国籍法発布年は本章の註＊1に既述。清末以降の中国国籍法の変遷に関しては Liu〔2004〕を主に参照。
＊30——例に挙げた統一的把握への変化は、エスニシティ（ethnicity）という用語と概念が「華僑から華人へ」テーゼの登場・普及にやや遅れて学界に導入され、一般社会でもさらに遅れて使われはじめた過程とも関連している。インドネシア華人にエスニシティ概念（さらに英語由来の etnis という新しいインドネシア語）が適用されるようになったようすはⅢ～Ⅳ部で再述する。
＊31——Reid〔1997〕
＊32——Suryadinata〔1997c〕
＊33——永積〔1980：179, 187, 226〕
＊34——深見〔1997〕。本書でも採用した血統主義と属地主義という対立的用語は、この深見の論考に多くを負っている。ただし深見によると、印欧人の属地主義の典型である東インド党の思想では、この主義は東インドで生

まれたかどうかを問うのではなく、生地がいずこであれ、「ここを祖国と認めるかどうか」に依存していたという。本書の属地主義は「インドネシア生まれ」を前提としている点、やや異なる。

＊35——主要なものに限っても、Williams［1960］は一九〇〇～一九一六年における華僑ナショナリズムの勃興とその内容を、Lohanda［2002］は一八九〇～一九四二年のオランダ植民地当局とプラナカンの相互交渉を、Suryadinata［1981］は一九一七～一九四二年のジャワにおけるプラナカン華人の政治運動を、Somers［1964］［1965］は植民地期からスカルノ政権期までの華人をめぐる政治力学の展開を、Coppel［1983］と相沢［2010］はスカルノ政権末期からスハルト体制への移行期における政治闘争の経緯を、Tan, Mely G.［1995］［1997］はスハルト体制期の華人をめぐる政治社会的問題の諸相を、またPurdey［2006a］はスハルト体制崩壊期の反華人暴動の実相を、それぞれ周到な実証研究として残してくれている。

＊36——Suryadinata［2005］。このほか、古代における華人のインドネシア諸島への来航からポスト・スハルト期までの「通史」を目指したスティオノの大著Setiono［2003］には有用な情報も少なくないが、やはり統一的な視点に欠け、華人と関係ない無駄な記述が多すぎる。

＊37——Suryadinata［1978a］［1981］［1990］など。これらに先立ち、ＰＴＩの歴史的意義に言及したGo［1970］が先駆的だが、具体的な分析・叙述までは行なっていない。

一

＊1——馬歓［1969　小川博訳註］の爪哇（ジャワ）国や旧港（パレンバン）国の章などを参照。

＊2——インドネシアを含む東南アジアへの中国からの人の移動史の概略については、主としてReid［1996］などを参照。一九世紀初頭から一九三〇年までの中国系人口の推移はMackie［1996：xxiii］の表によった。

＊3——以上の記述は主に永積［1980］、Gautama［1987］、吉田［2002］に依拠する。

＊4——オランダ語のVreemde Oosterlingen（英語でいえばForeign Orientals）。これまで日本ではこの語を「東

例であろう。

洋外国人」と訳す例が少なくなかったが、文法的にもひっくり返ったこの訳語は「定着してしまった誤訳」の代表

＊5――Furnivall［1939］

＊6――三分法が正式に制度化されたのは意外に新しい事態である。部分的な法改正としては諸説あるが、法的な枠組みの完成という観点からは一九二五年説が最も有力である。この年、一八五四年統治法を約七〇年ぶりに改訂した東インド国家組織法が発布され、一六三条で「外来東洋人」の区分が「原住民」の範疇から明確に独立したからである。Coppel［2002b］、Fasseur［1994：49］、深見［1997：42］、吉田［2002：138］などを参照。

＊7――これらの点から、前註と逆に「三分法」カテゴリーの古さを強調するものとしてOnghokham［1989］、Suryadinata［1993］などがある。

＊8――以上、前註の諸文献およびWillmott［1960：2］などを参照。

＊9――このChineezenは中国に住む人々も指す言葉だったから「中国人」と訳すほうが使用者の語感の上ではより近いかもしれないが、さまざまな呼称の混在を避けるため、以後も原則として華人という語で通す。

＊10――植民地期（特に一九世紀ジャワ）の経済構造と華人の役割についてはCator［1936］、Furnivall［1939］およびOnghokham［1989］を、強制栽培制度についてはVan Niel［1992］を、アヘンを中心とする徴税請負制度についてはRush［1990］［1991］および白石［1992］などをあわせて参照。

＊11――強制栽培制度の導入に先立つジャワ戦争（一八二五〜三〇年）がジャワ社会における反華人感情の分水嶺であり、それ以前、少なくとも一八世紀後半から一九世紀初頭の宮廷を中心とする上層階級では、華人との社会経済的な相互依存や通婚もみられたとするCarey［1984］の研究などもある。

＊12――「チノ」と発音するジャワ語のCinaは正確には、人を表すwongとともにwong Cinaと使われる。Cinaは「中国」をも指す言葉だから、オランダ語のChineezen同様、「中国人」と訳すほうが原語のニュアンスに近いかもしれない。なお、スハルト体制初期にそれまで華人を指したインドネシア語のorang Tionghoaという語が軍の提案を契機に侮蔑的ニュアンスの強いorang Cina（チナ）に変えられた、ということがしばしばいわれる。これはインドネシア語に限っては一面の事実だが（五〜六章を参照）、ジャワ族の庶民はスハルト体制以前も以後も華人をチノと呼んだ。これが侮蔑的ニュアンスを伴うかどうかはその場の文脈次第である。

＊13――Kahin［1952, reprint 2003：36］が用いたこの表は、全体の総額だけでなく、二〇〇ギルダー未満、九〇〇ギルダー以上などの人数分布もかなり詳しく示しており参考になる。ただし、当時とりわけ「原住民」に多くいたと思われる、納税していない（それほどの経済力をもたない）層に関する言及はない。

＊14――従来の研究はほぼすべて、筆者が「人種原理」と呼ぶ支配様式を「華人問題」の根源としてあげつらうのみだった。数少ない例外として、Suryadinata［2005：4］は、次項に述べるオランダ臣民法を例に「東インド人（Indiër）」という［属地主義に基づく］概念の半ば意図せざる養い親はオランダ植民地支配者だった」、と鋭い指摘をしている。本章3節の「東インド党」に関する記述も参照。

＊15――Fasseur［1994：32–33］

＊16――倫理政策のこのような側面を強調したものとしてスバルジョ［1973：31］がある。Fasseur［1994］は、一元的統合の思潮とそれに反対する通称アダット（慣習法）派の応酬と帰結を、倫理政策期を中心にオランダ支配の終焉まで綿密に跡付けている。

＊17――提携理論は、オランダ人のイスラーム学者で一八九九年から東インドの「アラブ・原住民」顧問官となったスヌック・ヒュルフローニェ（C. Snouck Hurgronje）が唱えたものである［Furnivall 1939：246, 368］。一箇のインドネシア近代史としても読めるプラムディアの大河小説『人間の大地』の次の場面は、この理論がはらんでいた矛盾を印象的に描いている［Toer 1980：140–141］、トゥール（押川訳）［1986：255–257］。

＊18――蘭領期華人の法的地位の変遷とオランダ臣民法の意義の詳細については貞好［2006］を参照されたい。

＊19――Gautama［1987:10］および前註拙稿。オランダ植民地支配が全体としてはオランダ人優位の「人種原理」を貫徹したまま終焉に至ったことについては永積［1980］、Fasseur［1994］なども参照。

＊20――Williams［1960］

＊21――Suryadinata［2005：3–4］は中華会館の運動を「文化的中国ナショナリズム」と呼び、一九一〇年代以降顕在化する新報派（後述）の「政治的中国ナショナリズム」と区別している。インドネシア華人が自分たちを自覚的に「（再）中国人化」しようとする社会・文化的運動としては、中華会館に先立ち一九世紀後半から各地で萌芽的な動きがみられたことを指摘するSalmon［1996］などの研究も無視できない。

＊22――フォアのプロフィールについてはSuryadinata［1995：130–131］を参照。

＊23――この趣意書はバタビア中華会館の設立四〇周年記念冊子［I–N–6：201–203］に収録されている。
＊24――中華民族の呼称として「チナ（旧字体の Tjina）」が用いられていることも目を引く。中華会館という組織名のようにあらたまった表現としてはティオンホア Tionghoa を使うにしても、彼ら自身の間ではチナという表現のほうが（特に差別的な含意もなく）通りがよかったことをうかがわせる。
＊25――ただし、「目下一〇〇名ほどのわれわれの会員の中にはトトッも含む」ことが趣意書の中でわざわざ言明されている。
＊26――原語は"pengajarannya kita punya Nabi Khong Hoe Tjoe"である。ポイントの一つは儒教を、「孔夫子（Khong Hoe Tjoe）＝孔子の教え」と表現していることである。孔子に「預言者（Nabi）」という称号を付けていることは、イスラームの影響も皆無ではなかろうが、西欧式教育を受けたフォアらが「近代文明」の宗教面におけるモデルとしてキリスト教を念頭に置いていることが大きいだろう。それらにかんがみて「孔子教」のほうが実態に近い適訳とも考えられるが、本書では日本語の通例に従い「儒教」と訳すことにする。
＊27――一九〇五年に科挙が廃止される中国では近代的な学制改革が進められつつあった。日本では、一八九九年に華僑子弟用の初の学校（大同学校）が、孫文・康有為らの影響のもと横浜に開学している。バタビア中華会館の学校は少なくとも初期、日本の華僑学校の教科書を輸入して用いたという［Williams 1960：69］。
＊28――Williams［1960：83–84］
＊29――華人の居住・旅行制限には請負業者以外の者によるアヘンの闇取引を防止する目的もあった。アヘンを政府専売とした以上、一部の者にこれらの制限を免除する必要がなくなったのである。白石［1992：161–168］などを参照。
＊30――Williams［1960：27］
＊31――永積［1972b：43–44］、Lohanda［2002：22–30］
＊32――オランダ領東インドにおける教育制度の整備については Van der Veur［1969］、永積［1980］を参照。
＊33――ユーとタンの二人はスカブミでオランダ領東インド初の華人マレー語紙『リポー（*Li po*、理報）』を発刊もしている。その目的は「儒教を広めるため」であったとされる。Kwee Tek Hoay［1969：4–5］。
＊34――リン・ブン・ケンと彼の孔教会については Yamamoto［1989］などを参照。

＊35——以上、白石［1972：49–52］、Suryadinata［1981：8］およびCoppel［1989：125–126］など。

＊36——Coppel［前掲］。この復興運動の中では、四書五経などの経典が聖書、孔子がキリストと同様の宗教的な始祖として位置づけられた。本章の註＊26も参照。

＊37——このとき「日本人」としてヨーロッパ人並みの待遇を得た者には、大日本帝国臣民である台湾人も含まれていた［貞好 2006：16–18］。日本人をいわゆる「名誉白人」の地位に格上げしたこの「日本人法」の制定過程と植民地支配にとっての意味については、吉田信による周到な研究がある［吉田 2008］。

＊38——以上、白石［1972:52–54］。ウィルモットによる一九五〇年代スマランの調査でも、プラナカン自身が、「血」の劣等ゆえにトトッより商才で劣る、と考えていたようすが報告されている［Willmott 1960：104］。

＊39——「正統」を重んじる伝統的な中国読書人や地主階級が通婚・混血を忌み嫌う建て前については、戴［1983：399–400］に解説がある。

＊40——加藤［1990：228–229］を参照。また、永積［1981］は、明治初期の日本知識人に始まり、日本への中国留学生、中国の変法派、本文中に述べたシンガポールの林文慶、さらにバタビア中華会館の指導者や初期のインドネシア・ナショナリストたちを含め、一九世紀後半以降の東アジアおよび東南アジア知識人たちの間で、社会進化論が流行していった系譜を考察している。

＊41——以上、白石［1972：59–60］［1973：28–30］およびSuryadinata［1981：9–10］による。

＊42——以下、白石［1972：64–66］およびSuryadiata［1981：11］を参照。

＊43——厳密には、いずれも「国民」でなく「臣民」身分を定めたものだったから、のちに顕在化する二重国籍問題の下地を作ったというべきだろう。

＊44——オランダ臣民法の原文を収めた解説としてGautama［1987：47–72］。そのほか、白石［1972：65–66］［1973：39–41, 47］、Suryadinata［1981：10–11］およびWillmott［1956：11–15］なども参照。

＊45——「原住民」子弟向けには一九一〇年代以降、ＥＬＳ、ＨＣＳと鼎立するＨＩＳ（Hollandsch Inlander School、オランダ原住民学校）が設立されはじめた［Van der Veur 1969］。

＊46——白石［1972：39–40］およびSuryadinata［同前：10–11］。

＊47——白石［同前：41–42］

＊48――プラナカン華人による新聞発行は、一九〇一年西部ジャワのスカブミでの『リポー』に始まる（註＊33参照）。以下、*Pewarta Soerabaia*（スラバヤ、一九〇二年）、*Warna Warta*（スマラン、一九〇二年）、*Chabar Perniagaan*（バタビア、一九〇三年）、*Ik Po*（スラカルタ、一九〇四年）、*Djawa Tengah*（スマラン、一九〇九年）などと続き、『シンポー』の登場に至った。Suryadinata［1971:10］による。なお、一九二〇年ごろ創刊された『新報』をはじめ華字紙発刊の試みもいくらかあったらしいが、プラナカンの多いジャワではあまり読者を獲得できず、長続きしなかったようである。少なくとも、筆者が直接訪ね歩いたインドネシア、シンガポール、オランダの図書館には当時の華字紙はまったく残っていない。Suryadinata［1981：xvi］も参照。

＊49――先にみたバタビア中華会館の設立趣意書は、植民地総督に「大閣下（Sri Paduka Tuan Besar）」と最上級の敬称をつけて恭順の意を示すとともに、会館設立が総督の許可を得ていることを強調している。

＊50――以上、永積［1971：12–15］による。

＊51――以下、この会議についてはSuryadinata［1981：12–20］。

＊52――［同前：19］。賛成票の数は不明である。

＊53――［I-P-1：189］およびSuryadinata［1981：124–126］［1995：41–43］。

＊54――クドゥス暴動に関してはTan Boen Kim［1920?］、The［1966］とSuryadinata［1981：24］による。

＊55――前註The論文を参照。

＊56――Suryadinata［2005：31］

＊57――一九三〇年の国勢調査では、「原住民」人口約五七〇〇万人のうち、ジャワ族が約二八〇〇万人で約四九パーセントを占めた。以下、スンダ族約八六〇万人（約一五パーセント）、マドゥラ族約四三〇万人（約七・五パーセント）、ミナンカバウ族約二〇〇万人（約三・五パーセント）、ブギス族約一四〇万人（約二・四パーセント）、バタック族約一二〇万人（約二・一パーセント）などとなっている［I-G-6］。

＊58――永積［1980:113–134］。ジャワでは一四世紀にマジャパヒト王国が最盛を誇ったほか、一六世紀末に興ったマタラム王家が植民地時代（現在までも）ジョグジャカルタ、スラカルタの両「王侯領」になお存続していた。政治的実権が剥奪される一方、その宮廷文化はいわゆる内展的発展によって優美・繊細の度をきわめたが、同時に敬語体系の著しく発達したジャワ語を中心とする煩瑣な儀礼が、植民地支配の様式に取り入れられた。64ページに

登場するチプト・マングンクスモのように近代的な社会変革を志向する人物にとっては、ナショナリズム運動とは一面、植民地体制と結びついた伝統文化の「過重」からの解放運動でもあった。以上、主に土屋［1982］による。

＊59――ダウエス・デッケルと東インド党および関係組織については、永積［1980：112,139–143］、Elson［2008］のほか、深見［1997］［2001］に最も多くを負う。Van der Veur［2006］も参照。

＊60――以下、Dekker の原文［I–O–1a, 1b］のほか、訳文を含め深見［1997：36］［2001：8–9］を参考にした。

＊61――インドネシアという呼称は当時まだ普及しておらず、その版図に相当する政治的単位の呼称が東インド（Oost Indié）であった。植民地であることを強調する場合には「オランダ領 Nederlandsch」が前につくが、独立を目指す東インド党の場合は、当然のことながらこの植民地的形容句を削除している。

＊62――深見［2001:9］は、「東インド党は血縁原理でなく、……属地主義を掲げている」「ただし、この属地主義は、ここで生まれたかどうかを問うのでなく、生地がいずこであれ、ここを祖国と認めるかどうかに依存するという意味で、生地主義とは一味異なる属地主義」だと微妙なニュアンスの違いを指摘している。

＊63――深見［1997：35］

＊64――永積［1980：139–143］および深見［1997］［2001］を参照。

＊65――［I–O–2：124–131］。東インド党の幹部であったと思われる Ham のこの報告書や Douwes Dekker の稿を含め、同党に関する貴重な資料の数々を快く貸与してくださった深見純生先生に深謝申し上げる。

＊66――以下チプトの履歴や人物像については、主に永積［1980］および土屋［1982］による。

＊67――たとえば『中部ジャワ』紙一九三二年一〇月二八日号に転載されたスマトラの新聞『プルチャ・スラタン』の記事に「東インド党の魂が、いまＰＴＩに乗り移った」などの表現がある［*Djawa Tengah* 28 October 1932］。

＊68――インタビュー⑥

＊69――Suryadinata［1978a：87］［1990：83］

＊70――永積［1980］および土屋［1982］。

＊71――永積［同前］、土屋［同前］。

＊72――この点、詳しくは土屋［同前：102–117］を参照。

＊73――［I–O–2：124–131］

*74——永積［1980：143–147］および深見［1997］［2001］。

*75——深見［1997］および［2001］による。

*76——永積［1972b：56–58］

*77——永積［同前］および Shiraishi［1990］［1997］。

*78——ただし、一九世紀以前に関しては、この点は留保されねばならない。一五世紀以降のジャワのイスラーム化における華人の役割をめぐる論争（その経過をレビューしたものとして Kumar［1987］を参照）を別においても、たとえば、一九世紀初めまでプラナカンという言葉はイスラームに入信し辮髪を落とした華人を指していた、という説もある［Onghokham 1989：158］。また、一九世紀末から二〇世紀初頭においてさえ、貧困な華人が生活上の利便などからイスラームに改宗する例が、イスラーム学の泰斗ヒュルフローニェによって報告されている［永積 1972b：47–50］。ムスリムすなわち「原住民」、華人はムスリムにあらず（あるべからず）という図式は、おそらく一九世紀半ば以降の「人種原理」の強化、およびその中で同時並行的に生まれた中華会館以前の先駆的な華人運動［Salmon 1996］の発展に伴って、しだいにできあがったものであろう。

*79——永積［1980］などを参照。

*80——永積［同前：199–200］

*81——Suryadinata［1992：16–18］。ただし、二章に登場するタン・リン・ジャチョア・シク・インのように、国際共産主義運動のルートから共産主義者となる（同時にＰＴＩにも加入する）華人も現れる。

*82——Suryadinata［同前：16］

二

*1——コー・クワット・ティオンの履歴について、文献資料としては一九三五年に出版された名士録［I-P-1：135］と学位取得時の『シンポー（*Sin Po*）』紙報道［KKT-5］、それ以外はインタビュー［特に⑤、⑧、⑨］によ

る。彼は末子で、長兄クワット・イとの間に三人の姉があった。なお、彼の生年は従来、上記の名士録に従って一八九六年とされてきたが、筆者がマグランで探し当てた墓碑銘には本文どおり月日まで明らかだったし、遺族にも確認できたので、一八九七年のほうを採用した。

*2——インタビュー⑧

*3——クワット・ティオンや兄クワット・イはルーテナントの子息として幼時、地元の華人から名前の後にシャー（Syah）という尊称をつけて呼ばれたという［インタビュー⑧］。

*4——インタビュー⑧、⑨および［I–P–1：100］。クワット・イが数人で始めた葉巻の生産・輸出会社は一九二〇年ごろには数千人の従業員を擁すまでに発展、オーストラリアなどへ輸出を行ない、"Ko Kwat Ie & Sons"の名で一九七〇年ごろまで存続した。華人による先駆的な近代葉巻工場として、歴代東インド総督やソロのジャワ王族の視察を受けたという。その跡地は、いまでも倉庫としてマグランの町に残っている。

*5——中華会館の指導者の多くがELSの教育を最上と考えていたことは、一九〇六年、政庁が華人子弟のオランダ語教育に対する政府援助の形態について打診したときの逸話にもみてとれる。（a）ELSへの入学をヨーロッパ人と同じ条件で認める、（b）華人専用のオランダ語学校を作る、（c）中華学校にオランダ語教師を派遣する、の三案のうち、中華会館側は圧倒的にa案を支持した［I–N–6：112–115］。ただし、政庁側はこの案をはねつけb案を実施する。前章で述べたHCSの設立である。

*6——Onghokham［1989：166］

*7——Liem Thian Joe［1933：150］によれば、少なくとも一八七九年までスマランでは、たとえ官職者の子弟であってもELSの門戸は華人にはまったく閉ざされており、その後もオランダ人子弟より高い授業料を払うなど、不利な条件下においてのみ許された。

*8——［I–O–1a］

*9——永積［1972b：56］

*10——［KKT–5］

*11——［I–P–1：140］およびインタビュー④。

*12——メドハーストの福建語-英語辞書の「義」の項に「仁義礼智信　Jîn, Gī, Lèy, Tè, Sìn」が掲げられてい

る［Medhurst 1832］。
＊13――以上、［I-P-1：135］および［KKT-5］。
＊14――［KKT-5］およびインタビュー⑤、⑧。
＊15――インタビュー⑥。なお、コー・クワット・ティオン自身は生涯クリスチャンとなった形跡はない。
＊16――［I-P-1：135］
＊17――Van der Veur［1969：14-14a］。ちなみに同じ一九二〇年、「インドネシア人（原住民）」の高等学校卒業者は一一名であり、三年制HBSなどの中等学校を終えた「インドネシア人」「外来東洋人」はそれぞれ八三名、三九名、またELS・HIS・HCSなどオランダ式小学校の卒業生は同じく一九四八名、三九二名であった。
＊18――これまで何度か引用してきた［KKT-5］は、華人社会のリーディング・ペーパーとなっていた『シンポー』紙が、オランダにおけるコーの学位取得を「華人社会の新しい指導者誕生」というニュアンスで、わざわざ大々的に報道したものである。
＊19――ここに挙げたライデン法科出身のナショナリストたちは、本文次段に述べる法律事務所の共有など、コー・クワット・ティオンとの関係が東インド帰国後も確認できた人々のみである。サルトノ（一九〇〇―一九六八）は一九二二〜二六年にかけて留学。二三年から本文次段に述べるインドネシア協会の書記、帰国後はインドネシア国民党の副党首を務めるなど、ナショナリズム運動において彼らの中でも最も活躍した。サストロムリョノ（一八九八年生まれ、留学は一九二二年まで）とスユディ（一八九〇年生まれ、留学は一九二四年まで）は、一九三〇年に前年逮捕されたスカルノらの政治裁判で弁護士を務め、名を馳せた。いずれもスマランに永く住み、コー・クワット・ティオンとは最も近い関係にあったらしい。ブサールは生年など不明だが、インドネシア国民党幹部を経て、独立後は法務長官となった。コーとはスマランのほかトゥガル（Tegal）でも事務所を共にした。スナルヨ（一九〇二年生まれ、留学は一九二五年まで）はやはり国民党の幹部を経て、独立後は外相として活躍したほか、コー・クワット・ティオンも教鞭をとったスマランのディポヌゴロ大学学長を務めた。以上、彼らのプロフィールは主として［I-P-2］、増田［1971］、スバルジョ［1973］および石井［1991］、またコーとの関係は主としてインタビュー①、③、⑥、⑦および［I-P-1］によった。
＊20――Anderson［1991：Chapter VII］

＊21――土屋［1982：61-65］を参照。

＊22――第一次大戦後、一九二〇年代までがオランダ留学のピークであったことについては、永積［1980：234, 248, 267］、ライデンの自由主義的気風が優秀な青年たちを集め感化を与えたようすは永積［同：173, 247］やスバルジョ［1973：47-48］に描かれている。

＊23――コー・チャイ・シンとオン・リアン・コクに関しては主に［I-P-1］およびSuryadinata［1981, 1995］。スルャディナタはコー・チャイ・シンがクワット・ティオンの「甥」だとしているが、二〇〇〇年代になって編まれたコー家の族譜［I-Q-1］から、チャイ・シンはクワット・ティオンの従兄の子の一人であることが判明した。

＊24――Liem Thian Joe［1933：274］

＊25――Liem Thian Joe［同前］および［I-P-1：134］。この法律事務所は所員の代替わりを経てスマランに現存している。

＊26――プリブミ弁護士たちの各地での相互扶助のようす、およびこうした弁護士サークルの形成がインドネシア国民党の結成と深くかかわっていた事情について、スナルヨの回想［Sunaryo: 1982］がある。またSoebagijo［1983: 82-84］には、コー・クワット・ティオンが、ライデン法科卒の後輩スジョノ（Sudjono）の私生活上のトラブルをサストロムリョノと一緒に助けたエピソードが語られている。

＊27――Suryadinata［1981：40］

＊28――コーは、オランダ中華会の幹部だった医師ヤップ・ホン・チュン（Yap Hong Tjoen）や弁護士フォア・リオン・ギ（Phoa Liong Gie）らと親しかった［KKT-3：1483］［*Sin Tit Po*, 19 Januari 1939］。本文次節に述べるように、東インドでCHH結成の音頭をとるのは元オランダ中華会メンバーの留学生たちであり、ヤップやフォアはその中でも中心的な存在だった。コーもこうした留学時代以来の華人の友人とのつながりも手伝って、東インドのCHH結成に名を連ねたと思われる。そのような流れからも、コーがオランダ中華会とつながりをもっていたであろうことは予想できたが、最終的に［I-N-2：12］で加入が確認できた。ちなみに、この名簿における会員数は一二二名。付記された住所をみると、オランダ在住の者がほとんどだが、パリなどヨーロッパの他都市に住んでいる者や、すでに東インドへ帰った者を若干含む。

＊29――永積［1980:169］。一九一六年には、ラトゥランギとオランダ中華会の幹部だった医師ヤップ・ホン・チュ

ン、元東インド党のスワルディおよびオランダ人のラボールが、「フレイユ・ヘダハテ（自由な思考）」と呼ぶ団体を作り「人種」を超える意見交換の場としたが、これもまもなく立ち消えになったという［永積 同：183］。

＊30――永積［同前：190–191］

＊31――たとえば、彼が一九二七年末にインドネシア国民党、イスラーム同盟党など七団体を連合して成立させたインドネシア民族政治団体協議会（ＰＰＰＫＩ）の大会に先立ち執筆した一九二八年の論文［I-O-5：83–86］に、こうした姿勢がよく表れている。また、土屋［1971a：574］［1971b：64］を参照。

＊32――Suryadinata［1992：18］

＊33――Chung Hwa Hui を漢字にすれば「中華会」だが、オランダ語教育を受けたプラナカン中心のこの組織が中国語を用いることは対外的にも対内的にもほとんど皆無だったので、以下ＣＨＨと略称する。

＊34――以下、ＣＨＨの基本資料として［I-N-1］［I-N-4］［I-N-9］などを主に参照。

＊35――Suryadinata［1981：37–38］

＊36――［同前：38］。すなわち、「東インド生まれの者はオランダ領内にいる限りオランダ臣民である」と認めた清朝の領事条約を中華民国が再確認したわけである。この条約は一九二七年にも再更新される。

＊37――公立・私立を含めたＨＣＳの数は、全東インドで一九一五年二九校、一九二〇年四八校、一九二四年六一校、一九二八年一〇四校と増加した［Somers 1965：51］。また、中国語を教授語とする学校の生徒数が、一九一五年に一万六四九九人、一九二〇年に一万四四二二人、一九二六年に三万二六六八人と一一年間で約二倍の増加にとどまったのに対し、オランダ語を教授語とする学校では、一九一五年の八〇六〇人から、一九二〇年に一万三六一七人、一九二六年二万七八〇二人と三倍以上に伸びている［Suryadinata 1978b：8–9］。

＊38――以上、Suryadinata［1981：49–54］。

＊39――Suryadinata［同前：109–111］に掲げられた四四名のＣＨＨ指導者のうち、銀行家・企業経営者・商人・地主のいずれかのカテゴリーに属した者が二七名、次いで医師・弁護士・会計士・工学士・秘書・ジャーナリストなどの専門職が一三名を占めている。

＊40――ウィ・ティオン・ハム財閥については、Suryadinata［同前：42–43］、Onghokham［1989：156–157］、Yoshihara［1989］および白石［1992：169–176］を参照。

＊41――折しも一九二七年、スマランのベー・ビャウ・チョアン（Be Biauw Thoan）銀行が倒産に追い込まれ、同じく華人系の保険会社ロイド（Lloyd）が経営危機に陥るなど、華人企業家の不安感が募っていた。［*Djawa Tengah Review*, Januari 1928：11-12］、Suryadinata［同前：43］。

＊42――Suryadinata［同前：41-42］および石井［1991：371］。

＊43――*Pelita Tionghoa*［1 Agustus 1935］およびSuryadinata［同前：60-61］。

＊44――前註に同じ。

＊45――Suryadinata［同前：43-44］

＊46――同前［52-53］

＊47――同前［61］

＊48――同前［60］

＊49――同前［60］

＊50――同前［59］。フォルクスラートの議席数は当初の配分（前章58ページ）から、「ヨーロッパ人」二五（被選一二）、「原住民」二〇（被選一二）、「外来東洋人」三（被選ゼロ）となっていた。一九二七年の発議はフォルクスラートで多数決を得たものの、オランダ本国議会の反対のため、上記の配分が三〇（被選一五）、二五（被選一九）、五（被選三）とそれぞれ増やされたにとどまったが、「原住民」代表の不満が大きかったため、一九三一年以降、二五（被選二五）、三〇（被選二〇）、五（被選三）に落ち着いた。

＊51――［同前：76］

＊52――*Djawa Tengah Review*［April 1929：10］［April 1930：9］

＊53――以上、リム・クン・ヒェンの経歴については主にSuryadinata［1978a］を、またジャーナリストの世界で「人種」を超えた人的ネットワークが形成されていた状況については山本信人［2008］を参照。

＊54――Suryadinata［同前：86］

＊55――*Djawa Tengah Review*［Maart 1928：13-14a］

＊56――同前［April 1929：9］［April 1930：10］

＊57――同前［April 1930：6, 9］およびSuryadinata［1978a：93-94］。

＊58——*Djawa Tengah Review*［Maart 1930：8］に『シンポー』の記事が転載されている。
＊59——同前［Maart 1930：9］
＊60——同前［April 1930：5–6］
＊61——同前［Januari 1928：13–14］
＊62——同前［Maart 1928：10］
＊63——Suryadinata［1981：69］
＊64——スカルノの一九二八年の論文「インドネシア主義（Indonesianisme）と汎アジア主義（Pan-Asiatisme）」［I–O–5：73–77］を参照。
＊65——一九三〇年ごろ、リムは、「かのコー・クワット・ティオン弁護士もインドネシア路線を支持している」などの言い方でコーを引き合いに出した［Djawa Tengah Review, Maart 1930：8–9, April 1930：12］。
＊66——以上、増田［1971：84–87］および土屋［1971b］。両者の対立の内容については本章3節で後述する。
＊67——*Djawa Tengah*［25 October 1932］
＊68——以上、*Djawa Tengan*［3–9 Maret 1931］。
＊69——［I–O–4］。このころオランダ中華会とインドネシア協会が接近したことについては、Suryadinata［1981:68–69］やSomers［1965:79］にも触れられている。後者によれば、一九三一～三二年ごろ二つの組織は「定例会」を開いていたという。
＊70——チョア・シク・インは一九三九年からコー・クワット・ティオンの後を受けてPTIの第三代党首となる。第二次世界大戦後、「社会のしもべ」（Servant of Society）という組織に拠ってインドネシア独立闘争に参加、インドネシア共和国の成立後は国連代表官などに任命される。タン・リン・ジは、第二次大戦後インドネシア社会党やインドネシア共産党の領袖として頭角を現すが、共産党内部のアイディット（D.N. Aidit）らとの権力闘争に敗れた末、一九六五年の九・三〇事件で逮捕される。Suryadinata［1981：166］［1995：149,178］。
＊71——*Djawa Tengah Review*［April 1932：25］
＊72——以上、Suryadinata［1981：70–71］。
＊73——*Djawa Tengah*［27 Desember 1932］

＊74――*Sin Tit Po*［26 September 1932］

＊75――同前

＊76――同前

＊77――*Djawa Tengah*［11 October 1932］

＊78――同前［14 October 1932］

＊79――チャンは英領海峡植民地のペナンまたはマラッカに生まれ、一九〇八年ごろスマランへ渡ってきたが、法律上は英国臣民だったらしい。第一次大戦前にロンドンへ留学した後スマランへ戻り、一九二九～三六年『中部ジャワ』『中部ジャワレビュー』に拠って、当時、最も精力的なジャーナリストの一人として活躍した。名士録［I-P-1：130］、Suryadinata［1995：11］およびインタビュー⑥に基づく。

＊80――Suryadinata［1981：89］

＊81――*Sin Tit Po*［6 Juni 1933］

＊82――同前。ただし、アンバラワ支部についてはSuryadinata［1981：87］によった。

＊83――それぞれ、*Djawa Tengah*［1, 28 Novermber; 22 Desember 1932］。

＊84――*Sin Tit Po*［16 Januari 1939］およびSuryadinata［1981：145］。

＊85――Suryadinata［同前：113］に掲げられたＰＴＩ指導者二三人についてみると、ジャーナリスト一〇名（教師、商人との兼業を一名ずつ含む）、弁護士・企業職員がそれぞれ三名、教師・商人がそれぞれ二ないし三名、医師が一名などとなっている。

＊86――以下、*Djawa Tengah*［11 October 1932］による。

＊87――同前。クロモ（Kromo）とはジャワ族男子の名を示すが、チプト・マングンクスモが人民大衆の代称として使った「クロモの民」という用語を念頭に置いた発言かもしれない。また「割礼を受ける」とは、ここではイスラームに入信するという意味である。

＊88――ここでコーが「祖国」に相当する言葉として使っている negri tumpah darah(nja) とは文字どおりには「血がこぼれる国」の意で、本書冒頭で紹介した tanah air および ibu pertiwi と並び、今日まで（華人に限らず）インドネシア人一般が祖国としてのインドネシアを指して用いる慣用句である。

*89——聴衆の発言は *Djawa Tengah* [11 October 1932]。

*90——Somers [1965 : 98] の指摘。『シンポー』紙の原文は英語でなくマレー語だと思われるが、未見である。

*91——*Djawa Tengah* [11 October 1932]

*92——同前 [25 October 1932]

*93——同前 [11 October 1932]

*94——同前同号およびリムの述懐 [同：27 Desember 1932]。クワ・チョアン・シウとコー・クワット・ティオンは、スマランHBSの先輩・後輩の間柄であった。

*95——*Djawa Tengah* [11 October 1932]

*96——同前

*97——スマランが多くの華人企業の本拠地であり、CHHの地盤となっていたことについてはSuryadinata [1981:92, 112]、また、そもそもスマランに華人企業が発展した歴史的・地勢学的理由（たとえば、バタビアと比べ、砂糖プランテーションや水田の後背地を控えていたこと、官僚政治の中心地ではなかったことなど）に考察を加えたものとしてOnghokham [1989] を参照。

*98——たとえば、早い段階のものでは *Djawa Tengah Review* [Januari 1930] がプラナカン華人一般の「ジリ貧」ぶりについて各紙の論調を伝えている。

*99——華人失業者同盟の集会については *Djawa Tengah* [7, 8 Desember 1932]。約五〇〇人を集めたこの集会で、各地に同様の失業者救済組織が生まれた旨が報告されている。華人労働者協会については *Djawa Tengah Review* [Juni 1933] に設立二周年の記事がある。

*100——華人労働者連盟は、上述スマランの華人労働者協会が、一九三四年にバタビア、バンドゥンのそれと連合したものらしい [*Djawa Tengah Review*, Januari 1934 : 7]。タン・ピン・リムについては [I-P-1 : 143] による。彼は『中部ジャワ』紙の編集部員でもあった。

*101——コーは、一九三二〜四一年の間スマラン出納係組合で顧問を務めている [I-N-11] ほか、華人小売業者同盟（Chineesche Verkoopersbonden）の中央機関紙に少なくとも一九三七年以降、法律顧問として名がみえる [I-N-10]。また、一九三九年一月、コーがフォルクスラート議員選挙に落選（本章5節に後述）した際、バタビア、

スマラン、スラバヤ、パダンの華人小売業者同盟のほか、バタビア、バンドゥン、スラバヤの華人労働者同盟（Sarikat Boeroeh Tionghoa）およびジョグジャカルタの華人勤労者協会（Kong Kie Hwee）の計八団体が彼を「任命議員」とするよう総督に嘆願している［I-N-5：64］から、これらとも同様の関係を結んでいた可能性が考えられる。

*102——前註に挙げた三点の団体機関紙・記念冊子およびインタビュー⑥による。

*103——*Djawa Tengah*［11 October 1932］

*104——Suryadinata［1981：75］

*105——*Djawa Tengah*［27 Desember 1932］

*106——*Sin Tit Po*［24 Agustus 1932］

*107——Suryadinata［1990：125–129］

*108——以下、マグラン集会の記録は *Djawa Tengah*［25 Oktober 1932］。

*109——すでに一九二八年、第二次山東出兵と済南事件に際して日貨排斥や義援金募集が組織され［*Djawa Tengah Review*, September 1928：24-26; Januari 1929：11］、義援金の募集はその後も新聞紙上などで恒常的に行なわれていた。ただし、東インド（特にジャワ）におけるこれらの活動は、シンガポール、英領マラヤなどに比べると、全体として低調であった［明石 1971］。

*110——当時「敵方（moesoe-moesoe）」からこのようなＰＴＩ攻撃がなされた様子は、たとえば *Djawa Tengah Review*［Maart 1933：232］。

*111——以下、この講演の記録は［KKT-3］による。

*112——Richard Wilhelm は一九二〇年代を中心に活躍したドイツの中国学者。またキーセリングは同じく一九二〇年代に著作の多いオランダの作家 Herman Keyserling のことと思われる。

*113——あるいは、「華人もインドネシア人になる（べき）」としてきた「インドネシア路線」当時のリムやコーの主張が、華人が原住民に「同化」することだと誤解されてきた経緯を含めているのかもしれない。なお、「インドネシア路線」当時、leboer（溶け込む）というマレー語で表現されることの多かった「同化」を指すのに、ここではオランダ語の assimilatie を用いており、筆者のみた限りの資料では初出である。このオランダ語はインドネシア独立後、asimilasi としてインドネシア語化し、華人のインドネシア志向ナショナリズム内部から派生した「同

化」思潮の最重要キーワードの一つになる（四章以降を参照）。

＊114――『中国語を知らないプラナカンを華人と呼べるのか』と題した講演会が一九三一年スマランで開かれ（講師 Pwa Khay Hian）、コー・クワット・ティオンも登壇したという［*Djawa Tengah Review*, Januari 1932］。内容は不明だが、コーはおそらくこの一九三四年の講演と同様の主張をしたのではないかと推察される。

＊115――インタビュー⑥

＊116――「人は皆兄弟（saudara）」が父の口癖だった、とコーの子息ウントゥン氏も回顧する［インタビュー⑤］。

＊117――たとえば、コーのマグラン集会の前日一九三二年一〇月二二日にモジョクルトで行なわれた集会の演説に顕著である［*Djawa Tengah*, 25 October 1932］。

＊118――PTIにトトッが加入した例は、サチャワルダヤ氏の記憶する限り皆無だったという［インタビュー⑥］。

＊119――インタビュー⑥

＊120――［I-N-4］

＊121――土屋［1982］に負う。

＊122――土屋［1982:260-264］。また、オランダ・ジャワノロジーの成立・展開過程については土屋［1984］を参照。

＊123――神智学（Theosophy）は「神知学」「見神論」などとも訳される。一八七五年ニューヨークでエレナ・P・ブラヴァツキーとヘンリー・S・オルコットによって創始され、ヨーロッパへも急速に広まった［永積 1980：84-85］。

＊124――以上、ジャワ人ナショナリストの思想形成における神智学の役割については、土屋［1982］によった。

＊125――［KKT-2］

＊126――たとえば、彼が一九三三年に執筆した「独立インドネシアの達成のために（Mentjapai Indonesia Merdeka）」の前衛党の組織論をめぐる部分には、後年の「指導された民主主義」論の萌芽を思わせる「民主的集中主義と集中的民主主義」という考えが示されている［I-O-5：305-307］。また、土屋［1971a：576-77］［1971b：74-75］も参照。

＊127――一九三二年のスカルノの論文「ブン・カルノよりインドネシアのマルハエンの民に告ぐ（Maklumat dari Bung Karno kepada kaum Marhaen Indonesia）」［I-O-5：167-170］を参照。

＊128——土屋〔1971a：574–75〕〔1971b：75–88〕を参照。

＊129——〔I-O-4：36〕。この言葉は暗にスカルノを批判したものととれる。

＊130——土屋〔1971b：72–74, 79–84〕

＊131——*Djawa Tengah Review*〔April 1932：25〕。ハッタのこの発言は、同誌が「東インドにプラナカンの新党結成の機は熟した」（本文87～88ページ）と報じる際の、根拠の一つとされた。同誌は続けて、「われわれはハッタ氏の帰国を待つ。共に力を合わせたい」とまで書いている。

＊132——〔I-O-5：84〕

＊133——一九三〇年、スマトラのパレンバンで発行されたインドネシア国民党系の新聞『プルチャ・スラタン（*Pertja Selatan*）』も、リムやコーらの「インドネシア路線」表明に答える形で、こうした立場を率直に吐露している。「インドネシア民族自身、目下のところ誰が、またどの民族が（siapa dan bangsa apa）われわれの同国人（landgenoot）となりうるのか、当人たちにその気があるのか、考える余裕がない。なぜなら、……現在最も重要なのはひとえに、インドネシアをいかに独立させるかの問題に尽きるからである」〔*Djawa Tengah Review*, April 1930：6–7〕。

＊134——その違いが最も顕著に表れたのは、一九三二年にハッタがオランダ国会第二院の議員候補者としてオランダ独立社会党の推薦を受けたことをめぐる、スカルノとの間の論争であった。土屋〔1971b：75–81〕。

＊135——増田〔1971：87〕

＊136——以下、この闘争については土屋〔1982：第九章〕による。

＊137——*Djawa Tengah*〔12 Desember 1932〕

＊138——同前〔27 Desember 1932〕。なお、「野放し」学校（Wilde scholen）とは、政府の補助金を受けない私学校に対するオランダ政庁側の通称。非暴力的抵抗（lijdelijk verzet）は、デワントロを中心とする運動側の合言葉であった。

＊139——以上の経過については主に増田〔前掲書：87–88〕。

＊140——たとえば*Djawa Tengah*〔25 Oktober 1932〕。ただし、コーは個人的には、次のような認識を同時に抱いていた。「民衆とパッカード連〔富裕層〕を問わず、華人の運命がどうなるかは、諸参議会の政治には負っていない。インドネシア民衆はすでに数十・数百名の代表をフォルクスラートを含む諸参議会に有しているが、議席を

得た人自身を除き、彼らの運命は少しも改善されていない」［同 28 Oktober 1932］。

＊141——リムの言葉は、たとえば同前［11 Oktober, 1932］。ＰＢＩのほか、一九三二年一二月二五日スラバヤでの公開集会へティモール同盟（Timorsch Verbond）とアンボン同盟（Sarekat Ambon）が代表を送り、ＰＴＩに賛意を表明している［同前 27 Desember, 1932］。次に述べる一九三三年六月の党大会へは、インドネシア・イスラーム同盟党（一章３節のイスラーム同盟党がさらに改名したもの）からも代表が出席し、「華人運動につれてインドネシア・ナショナリズムも発展」というストモの見方を批判するなどしている［*Sin Tit Po* : 6 Juni 1933］。また、チプト・マングンクスモは、ＰＴＩの結成時およびこの党大会に際し支持表明の書簡を寄せたが、それは一九二八年以来の流刑地バンダネイラ（Banda Neira）からであった（彼は一九四一年にようやく釈放され四三年に逝去）。

＊142——*Sin Tit Po*［6 Juni 1933］

＊143——*Djawa Tengah*［27 Desember 1932］

＊144——以下、タムリンについては主に増田［1971 : 97–103］を参照。

＊145——［I-O-6］

＊146——*Sin Tit Po*［26 September 1932］

＊147——*Djawa Tengah*［25 Oktober 1932］

＊148——Suryadinata［1978a : 84, 124］はリムの在任期間を一九三二〜三三年、コーの党首就任を一九三四年としている。が、リム自身は、一九三九年初め、党首交替の時期を一九三三年と回顧している［*Sin Tit Po* : 19 Januari 1939］。

＊149——インタビュー⑥

＊150——リムは、この年一二月一七日にスラバヤ地方裁判所から破産宣告を受けたため、二六日のＰＴＩ集会で辞意を申し出たが、オン・リアン・コクら他のメンバーがこれを却下、引き続き信任を与える旨の決定を下している［*Djawa Tengah* : 27 Desember 1932］。

＊151——Suryadinata［1978a :98］。リム・クン・ヒェンはカッとなりやすい激情型で、頑固だがおっとりしたコー・クワット・ティオンと性格の面でも対照的であったという［インタビュー⑥］。

＊152——*Djawa Tengah Review*［Juli 1934 : 542–44, 582–85］

＊153――同前および［I-N-9：August 1934］。

＊154――Suryadinata［1981：95］、*Sin Tit Po*［19 Januari 1939］。具体的には、ヨー・ヘン・カム陣営の候補者名簿の二位にコー・クワット・ティオンを登載してもらったらしい［インタビュー⑥］。

＊155――政庁は、コーに敗れたCHHの第二候補ロア・セク・ヒ（Loa Sek Hie）を任命議員として復活させた［Van der Wal 1965：185, 201］。

＊156――［I-G-2, 1 Oktober 1932：212］

＊157――たとえば、一九三二年一〇月二二日モジョクルトにおける集会では、警官・内務官吏の数が約六〇名の参加者を上回り、人々は恐れて会場に入れなかったと伝えられる［*Djawa Tengah*, 23 Oktober 1932］。同様の事態はグンポル・ポロンの集会でもみられたという［インタビュー⑥］。

＊158――Van der Wal［1965：185, 190］

＊159――同前［197］

＊160――*Djawa Tengah*［27 Desember 1932］

＊161――［I-G-1：212-213; 1002-1003］。一九世紀後半から二〇世紀初めにかけて、ヨーロッパでは産業の高度化や労働運動の発展に伴い労働法規の整備が進められた。コーが留学中の一九二五年にはジュネーヴで国際労災保障条約が結ばれ、オランダも加わっている。彼の労働法論議は、こうした背景を踏まえたものであった。

＊162――［KKT-7］

＊163――［KKT-4：39］

＊164――以下スタルジョ請願に関しては、発議者たちがフォルクスラートの議事録に解説を加えて発行したパンフレット［I-O-3］およびアベヤスケレの研究［Abeyasekere 1973］によった。スタルジョとアラタス、コー以外の発議者は、ミナハサ同盟（Persatoean Minahasa）代表でクリスチャンのラトゥランギ（本章1節にも登場）、インドネシア・カトリック政治協会（Koempoelan Politiek Katoliek di Indonesia）代表のジャワ族カシモ（Kasimo）およびミナンカバウ族の伝統貴族層出身でスタルジョと同じ原住民政府官吏協会の書記ダトゥ・トゥムングン（Datoek Toemenggoeng）であった。

＊165――Abeyasekere［前掲論文：81-84］

＊１６６――［I-O-3：114-115］

＊１６７――同前［113-116］

＊１６８――Abeyasekere［前掲論文：82-83, 85］。オランダ王国の憲法第一条は、単に王国がヨーロッパの本国と南米のスリナム、キュラソー、および東インドの四つの部分から成る旨を述べているにすぎなかったが、これが相互の対等な関係を謳っていることになるとの法議論が、請願以前に一部のオランダ人法学者の間でなされていた。

＊１６９――同前。同時にまた、次のことがいえるだろう。発議者たちが一貫して用いた「東インド」はフォルクスラートの議場内では禁句の「インドネシア」の代称にすぎなかったが、彼らの唱えた「自治」は単なる「独立」の言い換えではなかった。

＊１７０――［I-O-3：180］。コー・クワット・ティオン以外の華人代表三名は白票を投じた。

＊１７１――Abeyasekere［前掲論文：93-94］、*Sin Tit Po*［26 Oktober 1937］。スタルジョ請願中央委員会には、「非協調」人士からサルトノや著名なイスラーム指導者アグス・サリム（Agus Salim 一八八四―一九五四）も加わった。サルトノの参加の理由は不明だが、結果としてコー・クワット・ティオンは初めて彼と「共闘」できたことになる。アベヤスケレは、サルトノが請願運動の「羽飾り」になった、としている。

＊１７２――*Sin Tit Po*［24 Februari 1938］

＊１７３――Abeyasekere［前掲論文：95］

＊１７４――同前［84, 89］。スタルジョ自身、原住民政府官吏協会の総意を代表してではなく、個人の責任において請願を発議した。コーの場合も（次節に後述するＰＴＩ組織のルースさにかんがみても）おそらく同様で、あくまで彼個人の行為を後から党が支持したものと思われる。

＊１７５――同前［90-92］

＊１７６――それが、本文110ページに述べたペークマの「急進左派」と「穏健左派」の区別にほぼ対応するとみてよかろう。

＊１７７――以上、Abeyasekere［前掲論文：95-97］。

＊１７８――同前［97-104］

＊１７９――同前［89］

＊１８０――［I-G-1：213］、*Sin Tit Po*［18 Juli 1935］。

＊１８１――Van der Veur［1976：37］

＊１８２――以下、近代フリーメイソンの思想と運動全般に関しては吉村［1989］、特に東インドにおけるそれについてはVan der Veur［1976］によった。

＊１８３――Van der Veur［同前：37］。なお、この論文にコー・クワット・ティオンの名が記載されていることについては、北野正徳氏がご教示くださった。

＊１８４――同前［31-32］

＊１８５――土屋［1982：147, 158-59］

＊１８６――吉村は、フリーメイソンという組織が独自の思想・主張をもっていたわけでなく、上層市民層の社交クラブ・情報交換の場として機能することによって、それが誕生した一八世紀ヨーロッパの啓蒙主義・科学主義や神秘主義を反映するようになったこと、同時にロッジの開かれる時代と地域・参加者の性格に応じ、フリーメイソンはさまざまな様相をみせたことを指摘している［吉村 前掲書：46, 53-56］。

＊１８７――ディポヌゴロ大学講師のダミアン夫人によれば、コー・クワット・ティオンの親友だった亡父タン・ビン・ウは、スマランのフリーメイソン組織と神智学協会の両方に参加したという［インタビュー②］。一般に、フリーメイソンと神智学のいずれも、西洋神秘思想に由来する参入儀礼や降神術を伴ったため実態が外部の眼に触れにくかった面もあるが、神智学に関する限り、『中部ジャワレビュー』などの雑誌にもしばしば紹介されるなど、当時西洋教育を受けた知識人の「教養」の一つだった観がある。

＊１８８――インタビュー⑩

＊１８９――スマランの上層プリヤイだったハディニングラット（R.M. Poerbo Hadiningrat）が、フリーメイソンの参入儀礼の体験を次のように書き残している。「私は目隠しをされて彼らの所へ連れてゆかれた。……投げかけられた問いに信念に満ちて答えた『ただ私自身と人々を高みに導くことを望んでやって参りました』。目隠しが取り外されたとき、取り巻く人々が私に「兄弟よ」と呼びかけ、手を差し伸べてきた。それから私は彼らの輪の中へ引き入れられた」［Van der Veur 前掲論文：18-19］。

＊１９０――インドネシアの独立後、同国内のフリーメイソンはなお余命を保ったが、西イリアン解放闘争など

反オランダ感情が高揚し、スカルノのナショナリズムが内向性を強めた一九六一年、「インドネシアの国民性（kepribadian nasional）にそぐわぬ」との理由で禁止された［同前：30］のは象徴的である。

＊191——Suryadinata［1981：147–148］、*Soeara Semarang*［4–26 Januari 1939］、および続く二つの註に示す各紙の報道による。

＊192——このような見方は『シンポー』と並ぶバタビアの有力紙『クンポー（*Keng Po* 競報）』に掲載されたのち、CHHの機関誌『華人の灯』［*Pelita Tionghoa*, Januari 1939］に転載された。

＊193——*Sin Tit Po*［19 Januari 1939］。コーが一九三三年ごろ会合した、とリムの主張するCHHメンバーとは、弁護士フォア・リオン・ギと経済学修士のコウ・ビェン・ティ（Khouw Bian Tie）およびジャーナリストのクェー・ジ・ホウ（Kwee Djie Hoo）である。フォアとコウは元オランダ中華会の幹部で、コー・クワット・ティオンとは留学以来の知己だったと思われる。また、フォアとクェーは、一九三四年ごろCHH組織の民主的改革を主張してカン・ホク・フイと対立、CHHを脱会している。コーが彼らと何らかの「合作」を話し合った、というのは大いにありえたことと思われる。他方、コーがヨー・ヘン・カムとカン・ホク・フイの仲介をした云々は、ややリムの疑心暗鬼の感を否めない。ただし、官職層出身かつ法学修士という、いわばCHHのトップと遜色ないほどのコーのエリート性が、ある場合には、PTIの中でも「たたきあげ」のリムらの猜疑心を呼ぶ条件になりえたと考えられる。先に述べたフリーメイソンへの加入もコーのエリート性の表れだが、この組織には（リムらがその事実を知っていたかどうかは別として）コーが一九三五年にフォルクスラート議席を争った当の相手、CHHのロア・セク・ヒ（Loa Sek Hie）も加入していたのである［Van der Veur 1976：37］。

＊194——Suryadinata［1981：145］

＊195——Suryadinata［1978a：99–100］

＊196——一九三九年五月二八日、バタビアの中華経紀会（Tiong Hoa Keng Kie Hwee）を中心に、スマラン出納係組合、華人小売業者同盟および各地の華人労働者協会が集まって、中華労働連合会（Chung Hua Loa Tung Lian How Hui）を結成したとき、コーも招かれ議事進行を引き受けた。さらにコーは連合の議長就任を要請されたが、「いずれの役職にもつかず外から支援したい」と固辞している。［KKT–4］［I–N–11：36–38］および［I–N–5：54–55］。

＊197——Suryadinata［1981：148–149］

＊198——中華会館五十周年記念冊［I-N-7：16］の回顧に、「一九三七年中日戦争が勃発、義援金募集のための委員会をインドネシアの華人が多く組織した」とある。筆者が閲覧した定期刊行物でも、一九三八〜三九年のものに、それ以前より義援金募集の広告が目だつのは、一九三八年一〇月シンガポールの華人指導者・陳嘉庚を中心に「南洋華僑総会」が成立、各地華人の経済支援強化を訴えた情勢を反映したものとみられる［陳 1950］［貞好 1986］。

＊199——Suryadinata［1981：136-141］

＊200——*Pelita Tionghoa*［1 Desember 1935］

＊201——Suryadinata［1981：145］

＊202——同前［165-66］

＊203——同前［163-64］

＊204——*Sin Tit Po*［29 Maret 1941］、Suryadinata［1984：16］。

＊205——インタビュー⑤、⑥。独立後のＰＮＩは、コーのオランダ留学以来の友人サルトノらが中心に一九四六年に再建されたが、植民地期のＰＮＩとは別組織である。新ＰＮＩを含め、独立後のインドネシアの諸政党はおのおの綱領に賛同するインドネシア国籍の成人男女に入党資格を認めた［Suryadinata 1992：23］。ＰＮＩでも再建早々から華人のヤップ・チュアン・ビン（Yap Tjwan Bing）が党執行部で活躍していることなどから［Yap 1988：32-37］、当初よりインドネシア国籍の華人に正党員の資格を認めたものと推測される。

＊206——コーの改名を最初に世に伝えたのは、今回インタビューしたサチャワルダヤ氏の一九五一年の記事である（Suryadinata［1997a：189］に収録）。本文中で述べるように、彼は「モハマド・サレー」として葬られているので、いまやこの名で呼ぶべきかもしれないが、本書では紛らわしさを避けるため、最後までコー（・クワット・ティオン）で通した。

＊207——当時の改名論議を集めた［II-A-4］を参照。

＊208——以上、Coppel［1976：38-43］、Skinner［1967：109-110］、Suryadinata［1992：49］、Willmott［1960：32-35］などを参照。

＊209——Willmott［同前：15］、Skinner［同前：97］。

＊210——インタビュー④、⑤、⑥、⑦、⑧。

＊211――インタビュー⑤を中心とする聞き取り。なお、コーは先妻との間に一女をもうけた。この一人娘コー・シオク・リウ（Ko Siok Liu）はインドネシア独立後もしばらくスマランに住んだが、晩婚の後オランダへ渡り、一九八五年彼国で没した。子はもうけなかったという。

＊212――［KKT-1］

＊213――一九一二年ジョグジャカルタで設立され、教育・社会活動を中心に全国的に発展した近代的イスラーム運動の組織。

＊214――インタビュー⑤

＊215――今世紀初頭においても、オランダ・イスラーム学の第一人者フュルフローニェが「印欧人や中国人は、もし彼らが改宗するならば、たとえ同化は不十分でも［プリブミ社会から］すすんで完全に受け容れられる。ここではイスラームへの転向は、実質的融合のための第一の、また唯一の条件である」と分析している［永積 1972b：48］。スハルト体制期、華人「同化論者」の立場から同様の主張をしたものとして、Jahja［1981］を参照。逆に、イスラームに改宗までした彼を「気のふれた華人（Cina gila）」と半ば驚きとともに揶揄する向きもプリブミ社会の一部にあったという［インタビュー④］。

＊216――通婚や改宗を含めた華人の「同化」をめぐるスハルト体制期の新聞記事の集成［Ⅲ-C-2］などを参照。

＊217――インタビュー③、④、⑧。

＊218――Ⅱ部でみるとおり、同化憲章は、「一つの民族（Satu Bangsa）」実現のため華人の全面的「同化」の促進を謳い、スハルト体制期の同化運動にも引き継がれるものである。元PTIのメンバーからは、サチャワルダヤ（当時 Tjoa Tjie Liang）とティオ・ヒエン・シウ（Tio Hian Sioe）の少なくとも二名が参加している［Ⅱ-A-6：143-45］。

＊219――インタビュー③、⑤、⑥、⑦。

＊220――［KKT-8］（訃報）および在マグランの墓碑より。

＊221――以上、Suryadinata［1978a：102-112］。晩年のリムは、一九四九年にスティン（Gunther Stein）の『赤い中国の挑戦』を訳出するなど、共産中国の動向に関心と共感を寄せてもいたらしい。

＊222――インタビュー⑤。なお、ウントゥン氏自身は毎日五回の礼拝を欠かさない敬虔なムスリムである。

＊223――デ・ホロート［1987：441-46］。ド・フロート（本文101ページ参照）は、ライデン大学で中国語を学んだ後、一八七七年から厦門《アモイ》・ジャワ・ボルネオなどで官吏生活の傍ら東洋学を研究し、一八九一年母校ライデン、一九一二年ベルリン大学の教授に迎えられた。「皇天上帝は、ある一つの国、ある王朝だけのものではなく、全世界をあまねく照らす神格であるべき」［同：443］だとするフロート自身、当時の神智学的な思潮の影響下にあったとみられる。

＊224――吉村［前掲書：31-32］、van der Veur［1976：2, 27］。

＊225――土屋［1982：76］

＊226――*Djawa Tengah Review*［Juni 1929：8］およびインタビュー③、⑤。

＊227――インタビュー③、④、⑤、⑥、⑦。

三

＊1――以下、日本軍政期の状況については、一次資料［II-N-1～5］のほか、早稲田大学大隈記念社会科学研究所［1959］、カナヘレ［1981］、後藤［1986］［1989］および倉沢［1992］［2001］［2005］などを主に参照。

＊2――［II-N-1：108-109］

＊3――シンガポール占領直後に行なわれた「華僑粛清」については多くの研究がある。日本人研究者による最近のものとしては林博史［2007］を参照。また、マラヤの状況については原［2001b］などが手がかりになる。

＊4――日本の「南洋」侵攻前からの中国侵略に対する各地華人社会の抗日運動の高揚度が、日本軍政期の当該地域における対華人政策のあり方と相関関係にあり、「インドネシア華僑に対する［日本軍当局の］態度は、シンガポールに対するそれに比し、はるかに穏健なものとなった」という見方を後藤［1986：470-473］も示している。

＊5――ポンティアナッ事件については、後藤［1989:第三章］、早瀬［2006］、Somers-Heidhues［2005］を主に参照。

＊6――日本語で読める著作・訳書として、内海・マヒュー＆ヌフェレン［1997］、ラフ＝オハーン［1999］、林

えいだい［2000］、コレイン［2001］などがある。収容所で病気や過労、栄養失調などのため死亡した人は約二万四〇〇〇人に及び、ジャワの七カ所に葬られている。そのうち最大の墓地、スマランのカリバンテン墓地を筆者は五回訪問した。初回の一九九一年一一月には、収容所の生き残りでもあるオランダ戦没者慰霊協会の会長スマッへ（R.Smagge）氏に、当時のお話をうかがう機会を得た。

＊7――著名なジャーナリスト・文筆家であったニオ・ユ・ラン（Nio Joe Lan）は、自ら体験した三年余にわたる強制収容所生活を克明な記録として出版している。Nio［1946］。二章の主人公コー・クワット・ティオンも、オランダの作ったフォルクスラート議員だったことなどを理由としてであろう、軍政当局の嫌疑を受け、一時拘束されている［インタビュー⑤］。

＊8――日本の侵攻からほぼ半世紀を経た一九九一年に一年余り住んだスマランで、本人または近親者が軍政期に憲兵隊に拘留されただけでなく、拷問を受けたり、それが元で死亡したと思われることを問わず語りに筆者へ打ち明けてくれた華人は七人いる。

＊9――以上、Kwartanada［1996］。93頁に証明書の写真が掲載されている。Setiono［2003：523, 533］も参照。

＊10――華僑総会についてはCoppel［1976：39–40］、Setiono［2003：523, 529］などを参照。

＊11――リム・クン・ヒエンはオランダ植民地期の末期、日本をファシズムとして批判していたためであろう、日本軍の占領当初軍政当局に拘禁されていたが、ほどなく釈放された。これには、邦人ジャーナリストを通じ、日本の軍政監部華僑管理事務所長（元ジャカルタ副領事）の豊島中と日本侵攻前から面識があったことなどが関係していたとみられる。増田（編訳）［1981:10, 15］、後藤［1986:449–450］、インタビュー⑥。なお、彼とウィ・チョン・ハウ以外の華人議員はウィ・ティアン・チュイ（Oei Tiang Tjoei、親日派ジャーナリスト、ジャカルタ華僑総会会長）、タン・エン・ホア（Tan Eng Hoa、華人小売商協会会長）およびヤップ・チュアン・ビン（Yap Tjwan Bing、バンドゥン華僑総会会長）であった［Setiono 2003：530］。

＊12――倉沢愛子「独立準備委員会」石井（監修）［1991：291］所収。

＊13――ヤップについては前々註を参照。彼には自伝Yap［1988］もある。

＊14――以下、［II-N-1：423–424］。

＊15――［II-N-5：140–144］

＊16——［II-N-5：160–162］

＊17——［II-N-5：372–373］

＊18——Coppel［1976：38］、Setiono［2003：529］。

＊19——［II-B-1］、Kwartanada［1996］、Tjamboek Berdoeri［1947］、Setiono［2003］、カナヘレ［1981］など。

＊20——言及したものは順にKahin［1952］、Anderson［1972］、Toer［1999–2001］。

＊21——言及したものは順に、Somers-Heidhues［1988］、Tjamboek Berdoeri［1947］、Setiono［2003］。このうちチャムブック・ブルドゥリは一九三〇年代のスラバヤでPTIの幹部としても活躍したKwee Thiam Tjingの筆名である。

＊22——以上、Somers-Heidhues［1988：121］などによる。

＊23——ジョン・リーの経歴については主にSetyautama［2008：186–187］を参照。

＊24——Purrcell［1951：561–562］

＊25——Kahin［1952 reprint 2003：195,211］およびDjamily［1986：18–32］。

＊26——Somers［1964：8］

＊27——以上、一九四六年国籍法の原文はGautama［1987：172–179］。また、この国籍法の意味や帰結を分析・評価したものとして、Willmott［1956：21–22］、Somers-Heidhues［1988：121］などを参照。

＊28——Somers-Heidhues［1988：130］

＊29——Anderson［1972：1］

＊30——Kahin［1952 reprinted 2003：475］

＊31——Somers-Heidhues［1988：119–122］

＊32——Setiono［2003］の奥付および二〇〇八年三月一四日の本人への聞き取り。当時は村落部にも少なからず華人が住んでいた。彼らが都市部へ移住を迫られるのは、次節で述べる一九五九年大統領令一〇号の際である。

＊33——以上、Setiono［2003：593–620］。彼は諸事件の掘り起こしに当たって、当時の華人団体や華人系新聞の報道、プラムディアの記録［Toer 1999–2002］などに依拠している。

＊34——Setiono［2003：584］

＊35——保安隊についてはSomers-Heidhues［1988：125–128］、Setiono［2003：621–628］などを参照。

＊36――ベンテン政策の顚末についてはロビソン［1987：56-58］などを参照。

＊37――原文の全文は［II-S-2］参照。Feith & Castles［1970：343-346］に英文の抄訳もある。

＊38――Somers［1964：24-29］、Suryadinata［1992：134-137］、Setiono［2003：Chap. XLII］を参照。ロビソン［1987：93-94］によれば、一九五九年当時、村落部の八万六六九〇の小売商のうち八万三七八三が華人の所有であったという。

＊39――以下、Soepomo［1950］による。これは、一九四五年憲法の中心的起草者であり、一九五〇年暫定憲法にも当時の法務大臣として深く関与したスポモが、原文に詳しい注釈を施して出版したものである。

＊40――後に「同化論争」の起きた一九六〇年、同化派の急先鋒だったオンホッカムは、この点をもって「一九五〇年暫定憲法は植民地期の住民区分を引き継いでいる。そうした規定をもたぬ一九四五年憲法のほうが革命の目的に適している」と主張することになる［II-A-4：20-21］。

＊41――Coppel［1970：119］。同論文の同じ箇所によると、一九四九年のハーグ協定発効の際にも華人に国籍選択の機会が与えられた。このときも一九四六年国籍法と同じ「受動的」制度、つまりインドネシア生まれの居住者は能動的に拒否の手続きを取らない限り、インドネシア国籍が与えられるというものであった。

＊42――田中［1995：246, 263-264］

＊43――同条約のインドネシア語原文はGautama［1987:231-235］で、日本語訳は田中［1995:269-271］で読める。

＊44――Coppel［1970：120-122］、Somers［1964：14-16, 24-35］などを参照。

＊45――彼は当時インドネシア大学の法学教授で、同国の国籍法に関する学術論文のみならず実務家や一般向けの解説書を多く刊行した。一九五八年国籍法の原文について筆者が参照したGautama［1987、初版1958］も、研究書であると同時に、同法の施行に対応して出版された実務的手引書でもある。

＊46――Gautama［1987：120-121］

＊47――中華総会は独立戦争初期の一九四五年一〇月に設立されている［Somers-Heidhues 1988：123］。一九五〇年代にはしだいに中華人民共和国寄りとなり、最終的に一九六五年インドネシア政府によって禁止された。Suryadinata［1995：247］。

＊48――以上、Coppel［1976：42-43］、Wang（王蒼柏）［2006：Chap.2］などを参照。

＊49――Suryadinata［1995：191–192］。チオと彼の言動についてはSomers-Heidhues［1988：119–129］も参照。

＊50――Suryadinata［2005：147–151］

＊51――Suryadinata［2005：8］

＊52――改組前のＰＴの時点で、全国に二七支部、約一万人の会員を擁していたという［Suryadinata 1992：63］。

＊53――一九四六年に結成された新明会の概要については［II–B–8］（一〇周年記念冊子）などを参照。

＊54――以下、バプルキについては、シャウ・ギョク・チャンや同組織自身の刊行物［II–B–1～7］に加え、Somers［1964］［1965］、Somers-Heidhues［1988：129–130］、Suryadinata［1992：70］などを主に参照。

＊55――［II–B–5］

＊56――Suryadinata［1992：65–66］

＊57――Somers-Heidhues［1988：121］

＊58――Tan, Mely G.［1997：34］

＊59――以下、シャウの履歴や人物については、晩年の自伝的回顧録［II–B–1］、息子による伝記的研究Siauw［1999］、本人の遺稿を同じ息子が編集刊行したSiauw［2010］のほか、Suryadinata［1995:145–146］、Setyautama［2008:322–323］、およびインタビュー⑥などによる。

＊60――『シンポー』紙の原文は入手できなかったので、この部分を引用したSuryadinata［1992：66–67］およびそのインドネシア語版［1984：63–64］を参照。

＊61――Somers［1965：145–153；157–160］

＊62――バプルキの学校運営については［II–B–2：87–94］［II–B–7］のほか、Somers［1965：19–23］に詳しい。

＊63――バプルキの大学については［II–B–7］、Coppel［1983］、Somers［1964］［1965］など。ＰＰＩについてはインドネシア大学教授A. Dahanaの*Sinar*誌一九九三年九月一三日号掲載論文による。

＊64――ヤップ・ティアム・ヒンの履歴と人物についてはレヴによる伝記的研究の傑作、Lev［2011］が最も詳しい。その雛型でシャウとの論争を軸に描いた小論Lev［1991］のほか、Lubis & Katopoによる伝記［1990］、人名録であるSuryadinata［1995：235–236］およびSetyautama［2008：487–488］なども併せて参照。

＊65――一九四五年憲法の条項については［Simorangkir 1987：36, 81］、この条項の問題を含めたヤップとシャ

ウの対立については、Coppel［1976：47］、Lev［1991：103–108］を参照。

四

＊1――Somers［1965］、Skinner［1967］およびCoppel［1983］などを参照。
＊2――自身が華人であり、一九六〇年代初め西ジャワ州スカブミで華人社会の調査をしたメリー・タンは当時のことをこう振り返っている。「［国籍選択によって］何らかの能動的行動を取らねばならない当事者のほとんどが、自分たちは何者で、どこに属すのか、……つまり自分たちのアイデンティティを決定しなければならないという現実に、このとき初めて向き合わされる事態となった」Tan, Mely G.［1997：33］。
＊3――［II–A–4：5］および［II–A–6：19］。
＊4――Coppel［1976：46］
＊5――植民地期以来のプラナカン華人によるマレー語（インドネシア語）ジャーナリズムの歴史についてはSuryadinata［1971］、特にクー・ウン・シウに関してはSuryadinata［1995：122–123］、『スター・ウィークリー』誌についてはParera［1985］を、あわせて参照。
＊6――オヨンの履歴や人物についてはSuryadinata［1995：122–123］、Parera［1985］のほか、没後編まれた記事集成［*P. K. Ojong Kompasiana*］を主に参照。
＊7――*Star Weekly*［12 Mei, 11 Juni, 1960］
＊8――以下、個々の議論の出典は、特に断りのない限り、*Star Weekly* の当該日付号なので省略する。なお、論戦の全容は［II–A–6：31–140］に転載されており一括してみるのに便利である。筆者は原版のマイクロフィルムと逐一照合した上で利用した。
＊9――原題は“Warganegara Tunggal”で、文字どおりに訳せば「一元的国（籍）民」である。しかし、内容からみると「インドネシア国民の間に区別があってはならない」という主旨に加え、「なんぴとも二重の国籍や忠誠

心をもってはならない」という主旨が含まれており、むしろ後者の主張のほうが強いので、このように意訳した。

＊10——オン・ホク・ハムについては、Suryadinata［1995：124–125］のほか、Reeve［2007］、また一九八九年から二〇〇〇年代にかけての本人との度重なる面談による。オン自身は数年後「インドネシア風改名」の彼独自の表現としてオンホッカム（Onghokham）とひと綴りで名乗ることになるが、本稿では当時の名に従った。彼の改名についての論考は *Star Weekly*［6, 13 Feb. 1960］、［II–A–4：9–14, 17–23］。

＊11——前章148ページで触れたファン・モーク（H. J. van Mook 一八九四—一九六五）は一九四一年東インド副総督、四二年植民地相、四四年亡命東インド政府副総督。独立戦争期、オランダ側の実質的な最高指導者として傀儡小国家の樹立による連邦制に固執。「分断政策」の象徴となった。首藤［1993：55–56］、石井［1991：428–429］参照。

＊12——たとえば［II–B–6：25］など。

＊13——「広義のナショナリティ」を訴えつつも、インドネシア語の bangsa をその訳語として用いた場合、ヤップ自身「一つのバンサ＝民族＝国民」という規範に従わざるをえない。そのような苦慮の中で、bangsa の下位区分として、エスニック・グループという語を用いている点が注目される。本文中でみたとおり、シャウ・ギョク・チャンもスク（種族）を ethnis と言い換えている。人種差別に反対する第一回ユネスコ「人種宣言」がエスニック・グループの語を提唱したのは、同化論争の前年一九五九年のことであったから、彼らはさっそくこの語に注目・利用したものと推察できる。エスニック・グループという表現をプリブミ諸種族と華人に等しく適用した場合、当時スクというインドネシア語に特有だった、プリブミ以外を排除するニュアンスを回避できることになる。

＊14——ヤップがバンサという語を用いていることに留意した上で、前註も参照されたい。

＊15——彼は L. Wirth については *The Science of Man in a World Crises* 所収の "The Problem of Minority Groups" を、Levi-Strauss については UNESCO［1956］から引いた。世界人権宣言は、実はヤップだけでなくシャウ・ギョク・チャンや同化派のオヨンも引用した。一九五〇年代以来の世界的な思潮を反映してであろう、彼らの論争における最悪の罵倒語は「人種主義」で共通していた。

＊16——ラウについては、［II–A–5：「編者履歴」］、Suryadinata［1995：46］、Wahono［1997］および一九九三年以降の、本人との数次の面談による。

＊17――第三派のリーやヤップをはじめ、華人論者の多くは問題を「人種差別」の一種と措定し、その典型例として、しばしば米国の黒人差別を挙げた。

＊18――たとえば「二〇人声明」の署名者の一人ロー・シャン・ヒン(Lo Siang hien)は、五月二八日号で第三派のリーを批判し、「祖国インドネシアへの愛と忠誠は無条件であるべきだ」と主張している。

＊19――五月七日号および六月一一日号。

＊20――彼は晩年の回想録［II–B–1］冒頭にも、ジャカルタの貧窮なプラナカン一家と家屋の写真を掲げ、「華人イコール富裕層」という画一的な図式に反発を示している。

＊21――［II–B–6：25–31］、Coppel［1976：49］。

五

＊1――以下、「国民的自覚」セミナーと同化憲章の経緯・内容については［II–A–6：20–26, 143–145］。

＊2――一九九一年一月二六日チョア氏（当時アナン・サチャワルダヤと改名）に行なったインタビューによる。

＊3――Coppel［1976：47］による。ヤップはバプルキのメンバーシップは保持したものの副議長職を辞し、実質的に同組織と距離を置いた。

＊4――一九五五年、六五年の数字はCoppel［1983：44, 186n36］、一九六三年分は［II–B–2：83］による。

＊5――以上、Somers［1964：40］。なお、ＬＥＫＲＡの指導者の一人だった作家プラムディア（Pramudya Ananta Toer）は、一九六〇年インドネシアの歴史発展における華人の役割を肯定的に評価し、その地位を擁護する『インドネシアの華僑』［Toer 1960］を出版し発禁処分を受けている。

＊6――Somers［1965：44, 52］、Coppel［1983：39–40］。

＊7――本文で言及したSiauw［1999：382–387］のほか、首藤［1993：326］なども参照。

＊8――［II–B–3：83］

＊9——Somers［1965：54］、Coppel［1976：47–48］も同様の見方を述べている。

＊10——バプルキの教育事業一般については［II–B–2：73–74, 87–94］、Somers［1965：23］、Coppel［1976：49］、特に大学については［II–B–7］を参照。

＊11——［II–B–3：17–23］。インドネシアの建国五原則パンチャシラ（Panca Sila）は、①唯一神への信仰、②公平で文化的な人道主義、③インドネシアの統一、④協議と代議制において英知によって導かれる民主主義、⑤インドネシア全人民に対する社会的公正、から成る。もともとは一九四五年六月のスカルノの演説で説かれたものだが、スカルノ政権期に聖化され、さらにスハルト体制期には、共産主義やイスラーム至上主義を否定する唯一無謬の国家イデオロギーとして、いっそう強調されてゆく。

＊12——マニポル（Manipol）は前章で触れたスカルノの「政治宣言」、ウスデック（Usdek）は「一九四五年憲法、インドネシア式社会主義、指導された民主主義、指導された経済、インドネシアの個性」という五つの政治原則の頭文字を採った略語、レソピム（Resopim）は「革命、社会主義、民族の指導性」の頭文字を採った略語。いずれもスカルノの創出した政治スローガンである。

＊13——［II–A–6：26］

＊14——シンドゥナタの経歴はMajalah Tempo［1981：851–852］、Suryadinata［1995：151–152］などによる。

＊15——シンドゥナタによる回顧は［II–A–5：40］［*Tempo* 18 Februari, 1978：9］。

＊16——Somers［1965：40］

＊17——［II–A–5：14–16］

＊18——ＵＰＫＢのメンバー構成は［II–A–1：85–87］、リム・ビェン・キーの履歴はMajalah Tempo［1981：851–852］、Suryadinata［1995：1217–218］による。

＊19——以上の事情については［II–A–6：149］、Coppel［1976：223 n118］を参照。

＊20——バプルキ大会を意識した「同化会議」の経緯についてはSomers［1965：43］、Coppel［1983：46］。会議の内容とＬＰＫＢ結成の決議は［II–A–1：43–87］参照。ＬＰＫＢ本部の場所についてはCoppel［1976：56］による。

＊21——ＬＰＫＢの綱領は［II–A–1：85–87］、メンバー構成は［II–A–5：43］。

＊22――以上の経緯についてはCoppel〔1976：57–58〕参照。スカルノの教書、大統領決定一四〇号は〔II–A–1：37, 149–150〕に、それぞれ収録されている。

＊23――新LPKBの綱領、大統領決定一四一号はそれぞれ〔II–A–1：149–150, 151〕。

＊24――〔II–C–1〕。シンガポールの東南アジア研究所（ISEAS）に所蔵されている写本を利用した。

＊25――同前資料。ナスティオンの発言は、たとえば、前述「同化会議」での演説が〔II–A–1：47–48〕に収録されている。「治安と国家の強靱性および国防のために、民族の一体性と華人の一元的忠誠が必要」との論理が特徴的である。新体制成立期のスハルトの発言については本文に後述。

＊26――以上の諸点は、たとえば〔II–C–1：46–52, 142〕に典型的である。

＊27――〔II–C–1：52, 143〕

＊28――〔II–C–1：144–145〕

＊29――以上、メンバーの推移は主に〔II–A–5：43〕の一覧を利用した。

＊30――〔*P.K. Ojong Kompasiana*：217–236〕

＊31――〔II–A–5：43〕。ハリー・チャンの履歴についてはMajalah Tempo〔1981：617–618〕、Suryadinata〔1995：149–151〕を参照。

＊32――「六六年世代」にはインドネシア文学史上の用法もあるが、ここでは政治的な意味である。民間・公定LPKBの名簿には、六六年世代の学生運動指導者として最も有名になる人物の一人スー・ホク・ギー（Soe Hok Gie）の名もみえる〔II–A–5：43〕。スーは一九六九年に事故で急逝した。本文中で言及するコスマス・バトゥバラ、アニス・イブラヒムについては〔II–A–5：61〕による。

＊33――彼らはスハルト大統領の側近として新体制の設計や政治工作にあたった軍人アリ・ムルトポ（Ali Murtopo 一九二四―八四）やスジョノ・フマルダニ（Sudjono Humardani 一九一九―八六）に重用され、アリ、スジョノらがシンクタンクとして設立した戦略国際問題研究所でも中心的な役割を果たした。

＊34――「民族の芽」協会の役員構成は〔II–A–4〕〔II–A–6〕の裏表紙を参照。

＊35――植民地期のプラナカンとキリスト教の関係については、さしあたりOnghokham〔1989：166〕を参照。プリブミの信仰を最も広く集めるイスラームには、理由①に相当する華人側からの契機がほとんどなく、したがっ

て、②・③の機会もきわめて限られていた。プロテスタントではカトリックと比べ華人独自の教会組織が発展したといわれる［Coppel 1976：52］。ただし、同化論争における第三派のヤップにもみられたとおり、「普遍世界」の共有体験がただちに同化主義へ結び付くわけでなかろうことはもちろんである。

＊36——Somers［1965：39］、Coppel［1976：52］および同［1983：45］などを参照。

＊37——以上、［II–A–1］［II–A–2］［II–A–3］［II–A–4：14–16, 21–22］および［II–A–7］など。

＊38——以下、LPKB対バプルキの闘争の全般的な趨勢については、Somers［1965：40–41］、Coppel［1976：58–60］および同［1983：49–50］を参照。

＊39——［II–A–1：114–115, 152–155］

＊40——［II–A–1：115］

＊41——Coppel［1983：46］

＊42——同前および［II–B–2：63, 71］。

＊43——［II–B–2：64–67］

＊44——［II–A–5：21］［II–A–3：9］など。

＊45——Coppel［1976：56–57］。以下のスカルノの演説は［II–G–1］。

＊46——［II–G–1：4］

＊47——日本インドネシア協会［1965：426］、Coppel［1976：59］。ナサコム（Nasakom）は、「ナショナリズム、宗教、共産主義」の略語で、これらを三位一体に尊重すべしというスカルノの政治スローガン。

＊48——［II–B–2：64–67］

＊49——以上レッグ［1984］、Robison［1986］、木村［1989］、首藤［1993］などを参照。

＊50——ただし、殺された犠牲者の大半が華人であったかのような、今日まで少なからずみられる説には根拠がない。三章で独立革命期の華人被害の実態について引用したスティオノの書は、九・三〇事件に関連する華人犠牲者の推定として、数十万人説から数百人説までの諸説を注記した上で、「数千人が殺された」と述べるにとどめている［Setiono 2003：954, n904］。

＊51——以下、九・三〇事件後の華人をめぐる政治・社会情勢については、主にCoppel［1983：Chap. 3–5］、

Mackie［1976b：111–128］および戴・井草［1974：181–210］による。

＊52——Coppel［同前：56–58］、Mackie［同前：112］、戴・井草［同前：183］。シャウ・ギョク・チャンは一一月に逮捕され、無裁判のまま一三年間獄につながれた。釈放後、オランダに渡り回想録［II-B-1］を世に出した。

＊53——Coppel［同前：58–61］、Mackie［同前：112–115］、戴・井草［同前：183–184］。

＊54——Coppel［同前：61–72］、Mackie［同前：115–120］、戴・井草［同前：185–192］。

＊55——Coppel［同前：65–66］、戴・井草［同前：188］。なお、一九六五年から六六年度の教育文化省統計で、全国の外国式学校（約三分の二が小学校・幼稚園）は六六七校、生徒数二七万六三八二名。そのうち六二九校が中国式、二七万二七八二名が外国籍華人であった［Coppel　同前：66］。

＊56——［II-A-5：86–87］

＊57——［III-D-1：343–345］、Coppel［前掲書：78–79］。

＊58——インドネシアで「中国」「中国人」を指すチナ（Cina、旧綴りでTjina）の語は一九世紀以前から用いられていた。二〇世紀初頭からの中国ナショナリズムの影響で、少なくとも華人の間では、自尊心を込めたTiongkok（中国）、中華（Tionghoa）が一般的となり、チナには他者による侮蔑的な（日本語の支那に近い）ニュアンスが加わったのである。これらの用語の歴史的変遷についてはCoppel & Suryadinata［1976］、陸軍のセミナーについてはCoppel［1983：85–90］を参照。

＊59——発令の経緯はCoppel［同前：97–98］、両法令の文面はLie［1970：44–47］の付録資料を参照。

＊60——以上、Coppel［同前：99–120］、Mackie［前掲論文：120–125］、戴・井草［1974：192–196］。

＊61——以上の経緯はLie［1970：83–84］、Coppel［同前：123–1332］、戴・井草［同前：196–199］などであらかたわかるが、最近のより詳細な研究として相沢［2010］も参照。

＊62——Coppel［同前：114–115, 137–142］、Mackie［同前：123–125］、戴・井草［1974：195–201］などによる。なお、この一九六七年一〇月から一一月にかけて、西カリマンタンでダヤク族による華人の大量虐殺事件（華人の死者は少なくとも三〇〇人、内陸部から都市部への避難民は約四万五〇〇〇人といわれる）が起きるが、ジャワやスマトラとは社会的背景も歴史的文脈もかなり異なっており、ひとくくりにできない。さしあたりMackie［1976b: 126–128］、松村［2013］［2015］を参照。

＊63——発令の経緯はCoppel［前掲書：144］参照。この大統領指令一四号や内閣幹部会指令三七号を中心とする諸法令の内容と意義については次章で詳しく検討する。

＊64——キャンペーン記事を集成したパンフレット［II–A–3］およびCoppel［同前：53–57］を参照。

＊65——シンドゥナタによる回顧［II–A–5：42］およびCoppel［同前：57］。

＊66——Coppel［同前：66–69］。

＊67——華人の大量改名はCoppel［同前：82–85］に西部ジャワ・スカブミの事例が詳しい。店頭表示についてはCoppel［1976：69］。また、同様の事例は戴・井草［1974：191–194, 199, 201］にも報告されている。

＊68——暫定国民協議会に先立つ政策提言はCoppel［1983：75–78］、チナ問題解決国家委員会における政策立案過程については［同：127–139］。ただし、相沢［2010］は、同委員会では委員長スナルソと中国専門家の軍人スキスマンのラインが決定的な役割を果たしたことを強調している。

＊69——［II–A–5：42］のシンドゥナタ回顧およびCoppel［1983：144］。

＊70——たとえば、LPKBが中国語新聞・出版物の全廃を主張したのに対し、政府はトトッの多いスマトラなどの実情に配慮し、中国語とインドネシア語を併用した官製『印度尼西亜日報（*Harian Indonesia*）』の発行を決めた。華人の社会団体が政治目的の除外など厳しい制限つきながら特定の分野で認められたこと、「中国風」宗教・信仰や祭礼が「プリブミの目」に抵触しないかぎり許されたことは先述した。中国語学校の廃止は、文教政策の中で最も徹底した。それでも一九六五年から六八年にかけて外国籍子弟の多くが教育機会を失った事態にかんがみ、政府は六九年から台湾系トトッなどの財政支援による「特別プロジェクト国民学校（Sekolah Nasional Proyek Chusus SNPC）」の設立を許した。華人子弟を集めたSNPCでは、カリキュラムはインドネシア式、教授語もインドネシア語ながら、課外の一定時間内で中国語も教えられた。この種の学校は一九七五年に廃止された［Suryadinata 1976, 1988］。

＊71——この主張は、一九六六年六月から七月の暫定国民協議会に先立つLPKB内部の回覧、および陸軍中央との共同政策提言の基調である。Coppel［1983：76–77］参照。

＊72——［II–A–5：33–34］、Coppel［1983：142–144］。

＊73——Coppel［同前：145］。SCUTは内閣幹部会（のち大統領）直属で、基本的には中国籍および無国籍（台

湾籍）の華人に対する政策を立案した。このほか、ＳＣＵＴの補佐機関として中国人問題連絡協議体ＢＫＵＴが設けられ、外国籍華人の有力者数名が政府とコミュニティの仲介役としてメンバーに加えられた。一九六九年にＳＣＵＴは解散し、その業務は国家情報調整庁（ＢＡＫＩＮ）内の中国人問題調整局に引き継がれた。また、ＢＫＵＴは内務省へ移管された。Coppel［1976：66–67］、*Tempo*［24 Agustus 1991：34］。

六

＊1――このポイントにかかわる、おのおの代表作として、Suryadinata［2003a］、Heryanto［1998］、Setiono［2003］および Suryomenggolo［2003］。彼ら自身がインドネシア華人の出身で、当事者意識や被害者意識を同国の華人社会と共有するという点も、おそらくこのような傾向の下地にあるだろう。このほか、Coppel［1983］と山本信人［2004］は「同化」に拘泥しておらず優れた必読文献だが、前者はスカルノ時代からスハルト体制への転換、後者はスハルト体制から改革期への転換に議論の重点がある。

＊2――木村［1989：334］など。ただし、木村の研究は一九八〇年代後半になされており、そのころには「同化」が政治スローガンとして空虚化する傾向を強めていた面もあることは、次章で後述するとおりである。

＊3――これらの事象が顕在化したのは一九七〇年代以降であり、その詳細は次章以降に述べる。

＊4――これらの詳細は本章と次章で論述する。他方、同化を唱えた華人知識人の側でも（同化論争以降、しばしば誤解されるように）、プリブミとの通婚やイスラームへの改宗などを本気で説き続けた者はまれである。大半の者はインドネシア・ナショナリズムの論理に託して、華人とプリブミの区別なき国民としての「平等一体化」の意味を込めた。スハルト体制期半ばからは、華人とプリブミの区別を前提とした上で両者の「社会的融和」を目指す言葉として同化（asimilasi より pembauran）の語を使う傾向が強まった。

＊5――これらについては主に戴・井草［1974：181–210］、Mackie［1976b：111–128］および Coppel［1983：Chap. Ⅲ–Ⅴ］による。

＊6——内閣幹部会令三七号の原文は［III-BK-1：63-67］参照。東ジャワの混乱とジャカルタ暴動についてはCoppel［1983］、チナ問題解決のための国家委員会については相沢［2010］が最も詳しい。

＊7——WNI（Warga Negara Indonesia）、WNA（Warga Negara Asing）は、字義どおりには、それぞれインドネシア国籍民、外国籍民を一般的に指す。しかし華人問題を語る文脈では、WNIはインドネシア国籍の華人、WNAは中華人民共和国籍や台湾籍、無国籍の中国系住民を意味する。

＊8——中共系の学校禁止は、内閣幹部会令三七号に一年先立つ一九六六年五月の内閣幹部会で早くも決定されている（台湾系学校はスカルノ体制期の一九五八年すでに閉鎖）。インドネシア国籍民の外国式学校での学習を禁じる法令四八号もスカルノ体制期の一九六〇年に公布されていた［III-BK-1：347-353］。

＊9——［III-BK-1：68-69］

＊10——これらの条文中、第三条のように外国系WNIを「本来の」インドネシア国籍民（Warga Negara Indonesia ASLI、大文字での強調は筆者）から区別するのは、一九四五年憲法がポスト・スハルト期に改正されるまでインドネシアの政治文書の常套表現だった。他方、第一条や第二条のように外国系とりわけ中国系WNIが法的地位において同等というにとどまらず、同じインドネシア「民族」（BANGSA Indonesia、強調筆者）だとまでいうのは、当時としては相当踏み込んだ表現であり注目される。

＊11——改名を勧告した一九六六年内閣幹部会令一二七号の原文は［III-BK-2：393-395］、これらを含めた全体の経過は貞好［1996：11-12］により詳しい。

＊12——Lie［1970:40］。スハルト演説に八カ月先立つ一九六六年一二月の内閣幹部会令でも、「外来東洋人」や「原住民」というオランダ植民地期の表現が残っていた住民登録法を、国籍のみを基準に一元化すべしとの方針が示されていた［同：42-43］。

＊13——もし相沢［2010］のいうごとく、一九六七年前後の華人政策の眼目がひとえに中国との関係における華人の監視にあるなら、わざわざ華人の帰属性を見分けにくくする改名の奨励などは行なわなかったはずである（監視のためには中国名のままのほうが明示的でつごうがよい）。同じスハルト体制の政策といえども、その多岐にわたる中身は、さまざまな立場から関与した者の思惑の混合物であり、当初から、必ずしも整合的ではなかったのである。

＊14――［III-BK-1：360-361］

＊15――以上の過程については主に［安中・三平 1995］の特に五章（三平）および巻末年表、宮本［2003：231-238］、Robison［1986］などによる。冷戦のただなか、このような西側資本主義陣営との関係改善が、前段でみた中国との決裂と表裏一体の対外政策であったことはいうまでもない。

＊16――国内投資法の原文は［III-BK1：220-236］。

＊17――ジャカルタ・ジャパン・クラブ［1991：33］

＊18――宮本［2003：237］

＊19――ロビソンの結論は Robison［1986：275-277］、スハルト発言は一九六八年九月、国際貿易円卓会議での各国代表との会見時のものである。戴・井草［1974：206］。

＊20――中国籍者を念頭に「国内外国資本」として活用する動きは一九六六年からすでにあった。国内投資法の原案は一九六六年国会における委員会の草案であった。Coppel［1983：132, 152-153］。

＊21――当時、インドネシア政府としてもＷＮＩとＷＮＡを峻別しきれない事情として、国籍問題の解決が頓挫しつつあった背景を考慮する必要がある。内閣幹部会令三七号では一応インドネシア国籍取得を奨励する文言が盛り込まれたものの、九・三〇事件以後の混乱の中で新規の国籍授与はほぼ停止していた。中国との国交凍結に伴って二重国籍防止条約も宙に浮き、一九六九年四月の法律第四号によりインドネシア側から破棄された。この結果、当時三〇〇万人余といわれた華人の中に少なくとも一〇〇万～一五〇万人と見積もられるＷＮＡないし二重国籍者が残されることになった。Coppel［1983：93-95, 155-157］などを参照。

＊22――佐藤［2002a：254］、Robison［1986：85-98］などを参照。

＊23――華人資本を経済ナショナリズムが標的とする外国資本とみなさないということは、内閣幹部会令三七号第五条や国内投資法第一条にわざわざ断ってある。おのおの［III-BK-1：64］、［同：221］を参照。

七

＊1——以上、主にRobison［1986:159–164］。なお、一九七二年に逮捕された学生の中には、九・三〇事件後「民主化」を求めてスカルノの独裁性に抗議し、その時点ではスハルトを支持した「六六年世代」の者たちもいた。当時学生だった華人知識人のスー・ホック・ジン（Soe Hok Djin、後にアリフ・ブディマンArief Budimanと改名）も、このとき逮捕されている。増田・後藤・村井［1974：109］および一九九九年二月一五日アリフ本人へのインタビュー。

＊2——*Kompas*［21 Agustus 1972］。「プリブミとノンプリの経済的同化へ向けて」と題したこの記事の寄稿者Drs. S. Mangkudilagaは、同じ記事の他の部分の内容などからプリブミの知識人と推測される。

＊3——*Topik*［17 Mei 1972］。特集の標題中の「インドネシア化（Indonesianisasi）」という言葉は、オランダ資産の接収など本来は経済ナショナリズムの用語でもあるが、華人にかかわる「同化」の類義語として一九五〇年代から七〇年代初頭にかけて比較的よく用いられた。

＊4——華人政商の軍への接近は、早くは独立戦争期、さらに一九五〇年代から観察されたが、軍人が全面的に政権中枢へ進出するようになったスハルト体制下、その政治資金の提供者や私的ビジネスの補助者として、いっそう大きな役割を果たすようになったとみられた。Coppel［1983：152–4］、Robison［1986：Chap. 5］などを参照。

＊5——*Topik*［17 Mei 1972］

＊6——石井（監修）［1991：68］の「一月一五日事件」（後藤乾一筆）や増田・後藤・村井［1974］、宮本［2003：242–255］および『じゃかるた新聞』二〇一四年一月一三日記事「再現、マラリ事件」などによる。なお、マラリ（Malari）とは「一月一五日の惨禍（Malapetaka Lima Belas Januari）」の略語である。

＊7——主にRobison［1986：164–168］、宮本［2003：242–243］を参照。

＊8——以上、主に佐藤［2002c：256–261］に依拠した。

＊9——同前

＊10——内務機構の整備とバコムの関係については相沢［2007］が最も参考になる。

＊11——一九七〇年代における新同化運動、特にバコム設立のタイミングを説明する第三の要因として、中国との復交の模索や、それに伴う国籍問題解決への組織整備の必要性が挙げられる。本文中に挙げた第一、第二の要因

と合わせ、より詳しくはバコムを主題に論じた貞好［2007：19–22］を参照。

＊12——建国五原則パンチャシラについては五章の註＊11を参照されたい。

＊13——設立後バコムの実質的活動は、中央での出版やロビー活動を除けば、著名な企業家を集めたり、全国の隣保組織（ＲＴ／ＲＷ）を活用したパンチャシラ研修会が中心であった。［II–A–5］を含むバコムの出版物や［III–C–2］などの新聞記事、また中部ジャワを主とする筆者の聞き取り調査による。

＊14——［Kwik 1998：13–20］

＊15——［III–G–1：11–14］

＊16——華人を識別する行政的制度化の代表例が、住民登録証（ＫＴＰ）に付された華人だけの特別コードとインドネシア共和国国籍証明書（ＳＢＫＲＩ）の提出要求の強化である。より詳しくは、貞好［2000a：23］、相沢［2007：52–53］を参照。

＊17——政治五法とは、同年定められた政党・ゴルカル法、総選挙法、議会構成法の三法（総じてゴルカルを筆頭とする与党の議会における優越、ひいてはスハルトの大統領としての地位を保障するもの）と、大衆団体法（あらゆる政治・社会組織にパンチャシラを唯一原則として受容させるもの）および国民投票法（大統領権限の強い一九四五年憲法の改正を阻止するためのもの）を指す。佐藤［2002d：4］を参照。

＊18——ただし、一九七〇年代後半からのプリブミ優先策がまったく無に帰したわけではない。一九八〇年代以降、ゴルカル総裁や副大統領を務めたスダルモノ（Sudarmono）、経済閣僚を歴任したギナンジャール（Ginandjar Kartasasmita）らの地道な育成策が、一九九〇年代から二〇〇〇年代にかけてアブリザル・バクリ（Aburizal Bakrie）やファデル・ムハンマド（Fadel Muhammad）らプリブミ企業家の台頭をうながしてゆく。Ginandjar［2013］、Deeje［2008］などを参照。これらとやや異質な現象として、八〇年代後半から「プリブミ」でもあるスハルト一族のビジネス界への参入と事業独占などが顕著になってゆくが、これについては次章で述べる。

＊19——［II–A–5：92］

＊20——*Kompas*［17 Februari 1981］

＊21——*Journal Ekuin*［6 Agustus 1981］

＊22——*Antara*［4 November 1981］

＊23——*Muhibah* No.14［1981：127–130］

＊24——［III–C–1］。ＣＳＩＳがスハルト体制設計の中心人物アリ・ムルトポの影響下で設立されたシンクタンクであり、彼を補佐する六六年世代の元華人活動家たち（ユスフ・ワナンディ、ハリー・チャン・シライ、パンライキムら）が中心的な役割を果たしていたことを考え合わせると、同研究所がこの時期かかる見解の報告書を公表していたことは筆者には驚きである。

＊25——*Kompas*［21 Agustus 1972］

＊26——*Merdeka*［19 Oktober 1981］

＊27——*Kompas*［25 Januari 1982］。プラウィロは、一九六〇年代の華人同化運動に、プリブミの立場から積極的に関与した人物でもある。

＊28——*Kompas*［6 Desember 1983］、*Antara*［7 Desember 1983］。

＊29——ハリー・チャンの略歴についてはMajalah Tempo［1981：617–618］を主に参照。

＊30——*Kompas*［19 Agustus 1982］

＊31——ユヌス・ヤヒヤ（旧名ラウ・チュアン・ト）の略歴等の典拠は四章の註＊16と同じ。

＊32——以上、主に［II–A–5：1–5］。

＊33——*Merdeka*［16 Juni 1981］

＊34——Jahja, J.［1981：23–24］。この章はもともと、日刊紙『トゥルビット（*Terbit*）』［20 April 1981］への寄稿記事である。

＊35——同化運動がカトリック華人に主導されている、という多分に批判を含んだ見方は、*Kompas*［9 September 1983］へのSunaryoという読者の寄稿をはじめ、プリブミかつムスリムと思われる読者たちの投稿として一九八〇年代の公論に少なからず見受けられる。

＊36——ユヌスは一九七四年に「経済生活面における同化」と題する報告をバコムの前身ＢＰＫＢに提出しており［II–A–5:109–110］、後の論につながったと思われる。イスラーム改宗運動を経て一九九一年に彼が編集した『プリブミの眼からみたノンプリ』と題する資料集［II–A–8］の結論の章題は「［経済的に］強いプリブミこそ同化の鍵」とされた。このフレーズはユヌスの古稀記念論集［Wahono 1997］のタイトルともなった。ユヌスは一九九〇年ごろ、

NUとスンマ銀行（華人系）、ムハマディアとマタハリ・グループ（同）の提携を仲介する動きもみせた。*Tempo*［9 Juni 1990］の特集記事などを参照。

＊37――*Topik*［17 Mei 1972］のインタビューでの自身による回顧。

＊38――スハルト体制期のヤップの活動については三章の註＊64で示した諸文献と筆者のノートによる。

＊39――*Sinar Harapan*［25–27 Januari 1967］への連載寄稿。

＊40――前註に同じ。

＊41――彼の没後、人権擁護に顕著な功績のあった人物に贈る「ヤップ・ティアム・ヒン賞」が創設された。

＊42――彼の履歴はSuryadinata［1995］、クイック自身の著作［1990, 1998］の奥付および筆者のノートによる。

＊43――一九八〇年のソロ、スマラン暴動については尾村［1986］に詳しい。

＊44――*Kompas*［6 Agustus 1982］。クイックが国策大綱を上回る「確たる基盤」として一九四五年憲法とパンチャシラを挙げたのは本心であったかもしれないが、当時、これらを政権の正統性の根拠としてほとんど呪文のごとく唱えつつあったスハルト体制の言説を逆手に取った面もあったと思われる。

＊45――*Kompas*［5 Desember 1983］

＊46――一九七七年設立時については［II-G-1 : 30-31］、一九八〇年については［II-A-5 : 230-231］による。

＊47――*Antara*［23 Desember 1988］

＊48――彼の履歴についてはMajalah Tempo［1981］、Suryadinata［1995 : 221］および筆者のノートによる。

＊49――以下、Wibisono［1981a］を参照。

＊50――同報告書はマリクからスハルト大統領にも渡された。スハルトはその内容に驚いたという。この報告書は同年Wibisono［1981b］として出版された。

＊51――以上、Wibisono［1981a］の後半部分を要約した。

＊52――*Kompas*［5 Maret 1982］

＊53――*Tempo*［18 Februari 1978］

＊54――*Kompas*［1 Juli 1983］

＊55――*Kompas*［24 Juli 1983］。なお、最後の文章は「外国の」を意味するasingと、それから派生した「疎外

する（mengasingkan）」という語を掛け合わせた言葉遊びをなし、風刺のニュアンスを増している。

＊56――*Hidup*, No.10/XXXV［8 Maret 1981：109］

八

＊1――この覚書の抄訳および要領を得た解説として田中［1995：307-309］を、また全訳は石橋［1991：283-284］を参照。引用は田中訳によった。

＊2――以上、Coppel［1980：729-732］および Tan, M.［1997：36-38］を参照。

＊3――中華人民共和国国籍法の原文は Liu（刘）［2004：263-264］、邦訳と解説は田中［1995：293-296］を参照。

＊4――田中［1995：250-252］

＊5――Coppel［1980：733］

＊6――Tan, M.［1997：38］

＊7――一九九一年度の数字は *Sinar*［27 September 1993：19］に転載された州別一覧表、また一九九二年の数字は Tan, M.［1997：41］による。

＊8――*Editor*［11 Agustus 1990］

＊9――以上、主として佐藤［2002c：261-264］、宮本［2003：242-283］などを参照。

＊10――*Warta Ekonomi*［11 Februari 1991］特集記事と、これを基に分析を加えた佐藤［1992：57］および宮本［2003：252］を参照。華人企業か否かは、グループ総帥が華人かどうかで判別した佐藤の方法に従った。

＊11――佐藤［1992：58-59］を参照。ちょうど筆者も一九八九年八月から二年半、最初のインドネシア長期滞在をしているさなかであり、コングロムラット現象や、それをめぐる論争を目の当たりにした。

＊12――タポス提案とその結末については、Jahja, J.［1991：303-306］、Tan, M.［1997：52］、佐藤［1992：59-60］などを参照。

＊13――Jajha, J.［1991：47, 344］

＊14――華人問題とは何より経済の問題であり、現下においては、とりわけコングロムラット問題だとする公論が高まった一九九〇年代初頭の雰囲気を伝える例として、*Tempo*［21 Juli 1990］の特集「わが国のＷＮＩ問題」などがある。

＊15――田中［1995：301–302］

＊16――田中［1995：313–314］

＊17――*Tempo*［24 Agustus 1991：78］

＊18――*Wedge*［Juli 1994：9］

＊19――たとえば*Tempo*［24 November 1990：32–35］など。

＊20――*Tempo*前註号の二七ページ。

＊21――華人大企業とスハルトを筆頭とする軍人・政治家のつながりについては、白石［1987］［1992］、ロビソン［1987］、佐藤［2002a］、宮本［2003］などのほか、インドネシアのメディア報道や庶民の「噂話」による。

＊22――スハルト一族の事業の概要は、日本インドネシアＮＧＯネットワーク［1997：46–49］、佐藤［2002c：263–264］、宮本［2003：286–287］などを参照。日本との関係にも踏み込んだものとしては村井・佐伯ほか［1999］が詳しい。

＊23――一九八九年から一九九八年の間、合計約五年間の長期滞在を含む筆者のインドネシア各地での臨地調査での観察による。そのうち、「華人」というカテゴリーをめぐる政治力学や日常生活における諸相を、ジャワの地方都市スマランでの調査をもとにまとめたものとして、貞好［2000a］を挙げておく。

＊24――以下の情勢推移の記述は、主に筆者が記録していたノートや現地の新聞・雑誌記事による。確認のため、安中・三平［1995］、日本インドネシアＮＧＯネットワーク［1997］、加納［2001］、宮本［2003］なども参照。

＊25――以下、一九九六年七月から一年半インドネシアに調査滞在していた筆者のメモを加納［2001］と照合。

＊26――以下の暴動に関する記述は、当時、ジャワを中心に滞在していた筆者のメモや地元紙*Suara Merdeka*の報道記事を基礎に、山本信人［2004］、Purdey［2006a］などと照合、確認した。

＊27――タシクマラヤ暴動については*Sinar*［11 Januari 1997］特集号を参照。「プリブミ所有」などの貼り紙に

ついてはタブロイド週刊誌 *Adil*［1-7 Januari 1997］の記事と写真による。

＊28――前々註と同じ。

＊29――華人の宗教実態については公式な統計があるわけではなく、別途、大がかりな研究が必要である。一九九〇年代後半に中部ジャワ州都スマランで筆者が行なった二〇〇名の華人の社会学的調査では、若年層を中心に過半数が、少なくとも住民登録上、キリスト教徒となっていた［貞好 2002］。

＊30――ジャカルタ以外の各地の状況は［III-R-1：79-110］および Purdey［2006a］［2006b］に詳しい。

＊31――合同委員会の報告書は［III-R-2］。また、本名［2013：34-45］は前後の事情を説得的に分析している。

＊32――以下の記述は主として［III-R-1：111-176］による。

＊33――［III-R-1：171］

＊34――ＴＲｕＫはもともと、国軍などにより拉致されたとみられる人権活動家の探索・救済を目的に結成された。華人のメンバーもいるが非華人のほうが多い。指導者は非華人の神父サンディャワン（Sandyawan Sumardi）である。

＊35――［III-R-1：175］。死者数に比べて報告された負傷者数が不自然なほど少ないが、その理由は不明である。

＊36――スハルト辞任に至る複雑な政治的駆け引きの経緯について、日本語では増原［2010］が最も詳しい。

＊37――ＴＲｕＫの告発文書は［III-R-3］。

＊38――*Kompas*［4 Juli 1998］

＊39――*Kompas*［18 Agustus 1998］

＊40――*News Net Asia*［ August 28, 1998］

＊41――*Kompas*［27 Agustus 1998］

＊42――［III-R-3］

＊43――［III-R-2］。少し数字の改訂された詳細が［III-R-1：177］に転載されている。

＊44――［III-R-4：39］

＊45――［III-R-3］。インドネシア・フォーラム［1999：18-19］を参考に抄訳。

＊46――このような論調はヘルヤントの論説［Heryanto 1998 他］に典型的である。

＊47――「複合差別」という用語については上野［1996］による。

＊48――中国政府の声明は*News Net Asia*［July 16, 1998］を参照。なお、台湾政府も胡志強外交部長が駐華インドネシア代表と面会して華人への暴行を非難、ハビビ政府が「暴徒の悪行を阻止」するよう申し入れている。同右［July 29, 1998］。

＊49――各国のデモのようすは一九九八年七月ごろの*News Net Asia*や*Straits Times*などのオンライン報道による。

＊50――そのような文学作品の代表例として、Ajidarma［1998］、Ismail［2005］、Usman［2008］、アジダルマ［2014］などがある。

＊51――一九九八年大暴動以降、改革の時代にかけて非華人の間から華人に同情的な声ばかりが上がったわけではない。むしろ華人への反感や憎悪を正当化する言説も数多く現れた。代表的なものに元宗教大臣タヘルが「華人の罪」を数え上げた著作Taher［1997］、「ノンプリでいるのはうんざりだ」と題するヘルヤントの論説を収めたHamzah［1998］巻末に収録された、プリブミ男性スルャ（Surya）からの反論詩「うんざりしているのはプリブミのほうだ」などがある。

＊52――この詩は、もともと、民主化運動の指導者の一人で、改革派イスラーム団体ムハマディア会長のアミン・ライス（Amien Rais）へ宛てたムナスの書簡に付されたものである。ライスが*Adil*［10–16 Juni 1998］で紹介した。

＊53――「血のこぼれる地」の原語はtumpah darah、「祖国インドネシア」を指す慣用句の一つである。二章の註＊88も参照。

＊54――元資料は*Far Eastern Economic Review*［July 30, 1998］の英文記事“The Road Ahead”。のちインドネシア語に全訳され、Suryadinata［2005：366–368］にも収められている。

＊55――一九九八年五月を頂点とする暴動や社会不安のため、少なくとも一時的に一〇万人規模の華人が資金とともに国外へ避難した、と報じられた。*Kompas*［7 Juni 1998］など。インドネシア・フォーラム［1999：7］によれば、九八年六月、「改革を求める企業家フォーラム」は「およそ一一万世帯の中国系市民が国外へ出た」と発表した。そのうち約八万世帯は状況が好転すれば帰国したいと考えているが、約二万世帯はすでにシンガポール、台湾、香港への移住を決意していた、という。しかし、この前後の華人の出国や帰国の実態を正確に裏付けるデータを筆者は有していない。

九

＊1――一九九八年をはさむインドネシアと華人社会の全体的な動向については、筆者の現地での見聞に加え、一次資料末尾に挙げた紙媒体の新聞・雑誌と各種オンライン記事、およびある程度まとまった研究としてクワルタナダ［2000］、Suryadinata［2001］、Setiono［2003］、*Antropologi Indonesia No.71*［2003］、Kusma & Dharma［2006］などを主に参照。華人政策にかかわる法改訂の主要なポイントについては次章で詳述する。

＊2――管見の限り、わずかにSuryadinata［2005：379–397］が、Eddie Lembong、Frans H. Winarta、Tedy Yusuf三者の講演の一部を「資料」として転載しているのみである。

＊3――［IV–P–1］

＊4――なお、筆者自身は残念ながら「大討論」の本番に立ち会っていないが、二〇〇五年、二〇〇七年および二〇〇八年の短期の現地調査時に、幾人かのパネリストを含む当日の参加者に聞き取りをしたほか、主催者であるＩＮＴＩの事務局で、インタビューを行なった。

＊5――スラウェシ中部で生まれたエディは、マナドの高校を卒業後、ジャワに渡り、バンドゥン工科大学で薬学を修めた。同大学の講師を経て、一九七一年にジャカルタで製薬会社PT. Pharos Indonesiaを設立、成功した。製薬業界の団体役員なども長く務めた。Setyautama［2008：474–475］（華人名士録）を主に参照。

＊6――華人を主な読者とする雑誌*Media Sinergi Bangsa* No. 6［15 April–15 Mei 1999］に綴じ込まれたＩＮＴＩ設立の号外ニュースによる。なお、華人を「インドネシア民族の統合された一部分」としたり、華人と華人以外の諸エスニック・グループを等しく「インドネシア民族の構成要素」だとする表現は、ＩＮＴＩや*Media Sinergi Bangsa*をはじめ、ポスト・スハルト期の華人運動の中で知識人を中心にしばしば用いられるようになった。「大討論」に参加したＩＮＴＩ以外の論者の発言にも、これらの表現は頻出する。

＊7――ＩＮＴＩとＰＳＭＴＩについては、筆者の取材ノートのほか、Suryadinata［2001］なども参照。

＊8――［IV–P–1：i–ii］。なお、この序言は無署名であり、「大討論」の主催者ならびに記録編纂者であるＩＮＴＩの組織としての公式見解とみなされる。

＊9――彼の名の簡体字表記は「龚勋」であるが、本文では孫文や蒋介石同様、日本で使われている漢字で通す。

インドネシア語の資料にはアルファベット表記でGong Xunとのみ現れるこの人物を龔勳だと同定する上で、神戸大学大学院の留学生・汪慧氏に助けていただいた。記して謝意を表する。

＊10――「大討論」においても、各パネリストの発表後、他の論者や聴衆との間で若干の質疑応答のやりとりはあったようだが（二〇〇七年三月、ＩＮＴＩ事務局への聞き取りに基づく）、記録集には掲載されていない。

＊11――［Herlijanto 2003］

＊12――Herlijanto［2003：1-2, 10］

＊13――*Media Sinergi Bangsa* No.1［November 1998：41］などによる。実は、ＩＮＴＩはＰＳＭＴＩから分離独立してできた組織である。華人の政治参加をめぐる意見の齟齬などが原因だったらしいが、つまびらかではない。

＊14――Herlijanto［2003：10-20］

＊15――以下、エディの講演内容は［IV-P-1：13-20］による。

＊16――二〇〇八年三月一四日、ジャカルタで面談した際の本人の言。

＊17――［Setiono 2003］。ベニーの略歴については、この著作巻末の著者紹介のほか、Setyautama［2008：130］を参照。同じ二つの資料によると、彼の父スナルコ（Sunarko、中国名Khouw Sin Eng）は一九四〇年から五〇年代に中国の歴史や思想、時事情勢などについてインドネシア語で何冊もの著作を書いた人である。ベニーは、元来、知識人の家系に生まれ育ったといってよいだろう。

＊18――以下、ベニーの講演の内容は［IV-P-1：100-134］に基づく。なお、題目の原語は"Etnis Tionghoa adalah bagian integral Bangsa Indonesia"である。彼は、ほぼ一貫して、インドネシアの華人のことを「エスニック華人」と呼ぶが、本書では省略して華人と訳す。

＊19――ベニーは「華人が国民経済の七〇パーセントを支配しているか」と題した一九九九年の論説で、「七〇パーセント支配説の真偽はともあれ、そのようにいわれるほどの華人の経済力を、われわれインドネシア民族を発展させるための資産として（ポジティブに）活用しよう」と主張している［*Sinergi Bangsa* No. 5, 1999：54-55］。彼は他方で、「根深い経済格差があるかぎり、いくら差別的法律をなくしても華人に対する差別が自動的に解消することはない」と、経済格差を埋めるべきとの考えも示している［Herlijanto 2003：16-17］。

＊20――Setyautama［2008：83］（華人名士録）による。

＊21――論題の原語は“Reposisi, Reorientasi dan Reformasi Etnis Tionghoa dalam Era Baru Indonesia”である。以下、テディの講演の内容は［IV-P-1：21-24］による。

＊22――かつて一九六〇年代の同化主義者さえ慎重に避けた、通婚による「同化」論が、いまや文脈によってはテディのような「統合」論者の口から公の場で飛び出すようになったことに注目したい。

＊23――reformasiというインドネシア語は、ポスト・スハルト期の同国では、それまでの「開発」に代わる新たなスローガンとして「（政治・社会の）改革」という意味で用いられるのが一般的だが、ここでは華人の「再形成」ないし「自己変革」のニュアンスを意図していると考えられる。

＊24――以下、ウィナルタの主張内容は［IV-P-1：25-34］による。

＊25――cultural genocideという英語を使うにあたって、ウィナルタはG. Robertsonの定義を引いている。

＊26――エステルの履歴や人物については、Setyautama［2008：331］（華人名士録）および二〇一二年三月六日ジャカルタでの面談と、それ以降のEメールやフェイスブックを通じたやりとりによる。

＊27――彼女の認識では行政・立法・司法府という三権の機関に加え、警察・軍さらにマスメディアも「国家権力」のうちに含まれているようである。以下、エステルの発言は［IV-P-1：92-99］による。

＊28――SARAとは種族（Suku）、宗教（Agama）、人種（Ras）、社会集団間（Antara Golongan）の頭文字をつなげた略語で、スハルト体制期には、これらにかかわる問題を公けに議論することがタブー視された。

＊29――一九四五年憲法は一九九九年から「大討論」の時点まで三次の改訂が行なわれたが、国民とは誰かを定めた第二六条に「本来のインドネシア民族（bangsa Indonesia asli）の人々」と「法律によって国民と認められたその他の民族の人々」という表現が残っており、これが差別的だと批判の声があがっていた。

＊30――彼の名は、いくつかの出版物ではStanley Adi Prasetyoと記載されている場合もあるが、二〇〇七年三月二三日、筆者がジャカルタで面談した際にもらった名刺を含め、自身ではStanleyとのみ名のっている。

＊31――ヌサンタラ（Nusantara）はインドネシア諸島の雅称。スタンレイはほぼ一貫して、インドネシアの代わりにヌサンタラという呼称を用いる。

＊32――ここでスタンレイがバコムといっているのは、その前身組織LPKBの誤認だと思われる。

＊33――「専門的職業」の具体例として、スタンレイは前段で「公務員、医師、ジャーナリスト、教師、建築家、

技術者、軍人、大臣など」を挙げている。

＊34――シンドゥナタの逝去については *Kompas* 等オンライン新聞による。なお、同化運動における彼の盟友だったユヌス・ヤヒヤも、一九九八年以降、「インドネシア同化党（Partai Pembauran Indonesia）」を立ち上げるなど活動を続けていたが、その運動は低調だった。二〇一一年一二月七日のユヌスの死（享年八四歳）とともに、インドネシアの華人同化運動と呼べるものは、筆者の知る限り完全に姿を消した。

＊35――Siauw［1999］

一〇

＊1――ポスト・スハルト期の民主化や制度改革の詳細は、四次の改訂過程を含む憲法全文［IV–L–1］のほか、研究書・資料集として佐藤［2001］［2002a］、Ananta, Arifin, Suryadinata［2005］、Wessel［2005］、Crouch［2010］などを参照。

＊2――*Tempo*［16–22 Agustus 2004：58–59］

＊3――Inpres No. 26/1998 tentang Penghapusan Penggunaan Istilah Pri dan Non-pri, in［IV–RI］

＊4――［III–C–2］、白石［1992：158］。

＊5――差別的法令の廃止・改善を求める華人系ＮＧＯ（九章で登場したエステル・ユスフのＳＮＢやワフユ・エフェンディの率いるＧＡＮＤＩなど）の求めに対し、法務省事務局長ルムリ・アトマサスミタが「現在のインドネシアには、何が差別か否かを定めた法的基準がない。まもなく成立する国際条約の批准立法によって、それができる」と答えている［*D & R* 25–30 Januari 1999：70］。一九六五年に締結されたこの国際条約の原文はウェブサイト（http：//www2.ohchr.org/english/law/cerd.htm）を参照。

＊6――*Tempo Interactif*［7 April 1999］

＊7――Instruksi Presiden Nomor 4 Tahun 1999 tentang Pelaksanaan Bukti Kewarganegaraan Republik Indonesia（原文写しを津田浩司氏にいただいた。記して謝意を表する）。

＊8――スハルト体制末期の一九九六年、大統領決定第五六号によってＳＢＫＲＩはもう不要であると言明されたが徹底しなかった。ハビビの大統領指令第四号ａ項は、この点の周知徹底を図ったものである。

＊9――*Tempo*［16–22 Agustus 2004：37］

＊10――*Koran Jakarta*［31 Desember 2009］、小林［2010：63］。「多元主義の父」という尊称は、ワヒドの国葬で、ユドヨノ大統領が用いたことによって定着した。

＊11――このような認識は、たとえば、若い華人知識人による論説の邦訳、ブディマン［2010］に典型的であるが、筆者の参照した種々のマスメディア（特に*Sinergi Indonesia* の各号）の論調や、インドネシア現地調査における各層の華人・非華人とのインタビューでも同様の傾向がみられる。

＊12――Keppres No. 6/2000 tentang Pencabutan Inpres No. 14 tentang Agama, Kepercayaan, dan Adat Istiadat Cina。［IV–RI：法令の部］を参照。

＊13――*Nurani Bangsa*［Maret 2001］

＊14――井上［2010：9］および、その典拠になったと思われる http://id.wikipedia.org/wi ki/Tahun_Baru_Imlek を参照。ただし、インドネシア共和国官房の公式ウェブサイト［IV–RI：法令の部］にはなぜか、この決定が掲載されておらず、筆者はその原文を読めていない。

＊15――第一次は一九九九年一〇月一九日、第二次は二〇〇〇年八月一八日、第三次は二〇〇一年一一月一〇日、第四次は二〇〇二年八月一〇日に改訂憲法が国会で承認された。

＊16――［IV–L–1：9］

＊17――以上、［IV–L–1：35］および［IV–RI］の当該条項部分。

＊18――*Suara Merdeka*、*Tempo Interaktif* などのオンライン報道、『インドネシア ニュースレター』、*Indonesia Alternative Information* の当該時期の記事、および現地での聞き取り調査による。

＊19――*Sinergi Indonesia* をはじめ華人系定期刊行物やオンライン情報、また現地調査での筆者の観察による。Lindsey［2005a：52］も「メガワティ政権はＳＢＫＲＩ制度の改革に乗り気でなかった」と指摘している。

＊20——正式名称は「インドネシア共和国の国籍に関する二〇〇六年法律第一二号」。

＊21——この法を特に取り上げて論じたものに松村の二論考がある。しかし、松村［2008］はインドネシア共和国国籍証明書（SBKRI）との関連にとどまる上、新国籍法を「完全な出生地主義」とするなど勇み足が目だつ。国籍法の制定過程について詳しい分析を加えた松村［2010］も、結果としてできた新法の中身については生地主義の側面を過大評価している上、少なからぬ事実誤認を含む。他方、Kompas［2007］は同法成立に至る *Kompas* 紙関連記事の集成で、関係者やインドネシア人の見方については非常に参考になるが、学術的・体系的な分析ではなく、担当記者による勘違いも散見される。

＊22——松村［2010：61–62］、Kompas［2007：94–97］。

＊23——松村［2010：62–69］、Kompas［2007：161–163, 213］。

＊24——Kompas［2007］に集成された報道記事全編に明らかである。

＊25——インドネシアは一九九〇年「子どもの権利条約」を批准したが、国内法の整備が遅れていた。ようやく二〇〇二年に子どもの保護に関する法律二三号が成立、翌年、大統領決定七七号で児童保護委員会（国家機関）が発足した。これらの動きも子どもの権利保障で不備のあった国籍法の改正を後押しした。「グローバル市民権の会」サイトのオンライン記事「インドネシアの国籍法改正」および［IV–RI］を参照。

＊26——Kompas［2007：102,116, 140–142］。「国際結婚家族の会」は新国籍法成立後、「きわめて進取的な法律を生みだした貢献に感謝」するとして、特別委員会長スラメット・ユスフと法務人権相アワルディンに表彰状を贈っている。

＊27——二〇〇七年三月二一日、ジャカルタでの本人とのインタビュー。

＊28——Kompas［2007：132］

＊29——Kompas［2007：94］。元は *Kompas*［25 Juli 2006］記事。

＊30——以下、新国籍法（Undang-undang Republik Indonesia Nomor 12 Tahun 2006 tentang Kewarga- negaraan Republik Indonesia）の原文は、国家官房サイト［IV–RI］の当該ページと相互参照した上で、*Sinergi Indonesia* XLVII［Februari 2007］付録の同法全文冊子［IV–L–2］を利用した。

＊31——一九五八年制定の旧国籍法については、Gautama［1987：326–348］に付録された原文を参照した。

＊32——Kompas［2007：103, 114–119］

＊33——［IV–RI］［IV–L–2］。厳密にいうと、「インドネシア国民となる人々は〜」の「は」（英語のbe動詞）に相当する語が憲法ではialahなのに対し、国籍法ではadalahとなっているが、意味に大差はない。なお、一九五八年の旧国籍法には、それが一九四五年憲法ではなく一九五〇年暫定憲法が施行されていた時期の産物だということもあり、この「アスリ」の語を含む国民規定の条文が存在しない。

＊34——このことについては法学者Lindseyの論文［2005a：73 n. 22］も明言している。

＊35——「出生時からインドネシア国民であり、自分の意思で他の国籍を得たことが一度もない」という条件は、1節でみた改訂憲法第六条の大統領資格規定とも呼応している。

＊36——本章註＊21で触れた、新国籍法に関する数少ない既存研究である松村の二論文は、法案の審議過程で関係者が表明した生地主義寄りの発言や、成立した国籍法の中の生地主義の要素のみに注目するあまり、この新法が「完全な出生地主義」に基づくと誤認している。松村［2008：61,66］［2010：62,68,72］。

＊37——日本の国籍法は第二条第三項で「日本で生まれた場合において、父母が共に知れないとき、または国籍を有しないときにはその子に日本国籍を与える」と定めている。法務省ウェブサイトの国籍法に関するページhttp：//www.moj.go.jp/MINJI/kokusekiho.htmlを参照。

＊38——Gautama［1987：326–327］の付録資料「インドネシア共和国の国籍に関する一九五八年法律第六二号」の原文、第一条f・g・h・i号。

＊39——「インドネシア共和国の国籍に関する二〇〇六年法律一二号」第四条のi・j・k号。［IV–RI］［IV–L–2］。

＊40——松村［2010：57, 72］

＊41——松村［2008］の結論、Kompas［2007］の諸記事、*Sinergi Indonesia*はじめ当国籍法について報じた多くのメディア（紙媒体、オンライン）記事のほぼすべて。例外的にEffendi & Prasetyadji［2008］だけは、新国籍法をもってしても、法制上ましてや慣行上、SBKRI問題はまだ終わっていないと強調している。

＊42——Kompas［2007:153］は、これに近い解釈を取っている。また、Effendi & Prasetyadji［2008:92］を参照。

＊43——新国籍法の草案審議過程で意見した国家人権委員会（Komnas HAM）の差別的法律検討委員Paschasiusは「国籍証明書制度の対象は帰化手続きを通じて国民となった者［つまり、生来のインドネシア国民でなく外国籍

者であった者」に限るべきだ」と主張している。Kompas［2007：92–93］。

＊44——Kompas［2007：153–154］。なお、「国籍証明には住民登録証、家族カードもしくは出生証明書の提示で十分」という規定は、スハルト体制末期に出された大統領決定第五六号（一九九六年）の第四条二項にも明記されている。Effendi & Prasetyadji［2008：134］の同決定原文（付録資料）を参照。

＊45——二〇〇六年国籍法の施行後、国籍証明書の提示をめぐってなお頻発するトラブルについては、Effendi & Prasetyadji［2008：95–105］に詳しい。

＊46——Kompas［2007：126］も同様の考察を行なっている。

＊47——［IV–RI］［IV–L–2：15］

＊48——Peraturan Menteri Hukum dan Hak Asasi Manusia Republik Indonesia No. M.01–HL.03.01 Tahun 2006 tentang Tata Cara pendaftaran untuk Memperoleh Kewarganegaraan Republik Indonesia、［IV–L–2：補 6–8］。

＊49——Effendi & Prasetyadji［2008：81］。*Antara News*［27 Maret 2007］記事からの引用。

＊50——以下、ユドヨノの演説内容は *Sinergi Indonesia*［ed.36：9–10］による。

＊51——祝辞の後半では、儒教の地位についても、それを全面的に公認する重要な発言がなされた。六、七章で触れたとおり、実態としては華人の間でおそらく全体の半数に達するほどキリスト教化が進行している。にもかかわらず、（中国正月が、そうみなされるのと同様）まぎれもなく「中国的」な儒教が華人社会全体のシンボルと位置づけられているのである。ポスト・スハルト期の儒教をめぐる動向は、それだけで別の一章を要するほど複雑な問題なので本書では割愛する。Coppel［2002a］、北村［2014b］などが手がかりになる。

＊52——中国とインドネシアの関係緊密化の近況についてはSaw, Cheng, Chin［2005］、加納［2010］などを参照。

＊53——少なくともユドヨノ演説を掲載した華人系雑誌［*Sinergi Indonesia*, ed.36］は、大統領の姿勢を好意的に受け止め、高く評価している。

＊54——これまでたびたび引用したKompas［2007］である。

おわりに

＊1———ハイアム（この部分は古矢旬訳）［1994：16］

＊2———玉田・木村編［2006：354-357］

＊3———二〇〇六年五月一〇日、スラウェシ島のマカッサルで反華人暴動が起きかけた。華人男性が家政婦を虐待し、死に至らしめたとして、約千人の学生たちが警察署に押しかけた。当局は男性が精神を病んでいたと説明し、騒動はほどなく収まった。『インドネシア・ニュースレター』五六号（二〇〇六年五月三一日号）。

＊4———改革期以降のインドネシアの政治的動向やジョコウィ躍進の意味については、主に本名［2013］、川村［2015］などを参照。

＊5———ア・ホックについては各種新聞報道のほか、Adiguna［2013］を主に参照。

＊6———スカルノの言葉は、スハルト体制期にも闇市などで数多く売られていた彼の演説テープによる。典型的にはII-S-PのB面など。

＊7———筆者はこの場面を日本のテレビ中継で目にした。

＊8———筆者はインドネシア・ナショナリズムを手放しで礼賛しているわけではない。東ティモールやアチェ、パプアなどの多くの人々にとって紅白旗は抑圧の象徴そのものだったろうし、スハルト体制期にはマジョリティの人々にさえ「上から」の強制の側面が多かったことも事実である。改革期以降、インドネシアの人々は、しだいにナショナリズムのもつ負の側面にも自覚的になってきているように見受けられる。

＊9———土屋［1990：310］

初出一覧

本書は、二〇一一年に神戸大学大学院国際文化学研究科へ提出し、学位認定された博士論文「近現代インドネシア華人研究——現地志向ナショナリズムと華人性」を基礎とし、大幅に加筆・改稿したものである。中には、もともと独立した論文として、さまざまな学術雑誌に発表した章もある。各章の来歴をまとめて示しておこう。

序　インドネシアの国民統合と華人
　書き下ろし

一　近代植民地支配への対抗運動と華人
　博士論文の第一章「PTI前史——植民地支配と様々な運動」を改稿

二　インドネシア華人党PTIとコー・クワット・ティオン
　「華人がインドネシア・ナショナリズムを志向した時——コー・クワット・チョンの軌跡より」『南方文化』第二〇輯（一九九三年）に大幅に加筆

三　戦争・革命・独立と華人——一九四〇〜五〇年代
　書き下ろし

四　華人の同化論争——同化派、シャウ派、第三派
　「プラナカン華人の同化論争——インドネシア志向のゆくえ」『南方文化』第二二輯（一九九五年）を改稿

五　権力闘争との結合――バプルキ対同化派
「インドネシアにおける華人同化主義の国策化――プラナカンの志向と政治力学」『東南アジア 歴史と文化』第二五号（一九九六年）の一部を改稿

六　「同化」のねらい――新秩序体制成立期の華人政策
「スハルト体制の華人政策と反応――『同化』の含意と矛盾の循環」『華僑華人研究』第五号（二〇〇八年）の前半を改稿

七　華人をめぐる動向と言説――一九七〇～八〇年代
1　右記論文と同じ『華僑華人研究』第五号（二〇〇八年）の後半を改稿
2・3　書き下ろし

八　カタストロフィへ――スハルト体制末期の変動
書き下ろし

九　「インドネシア志向」のゆくえ――二〇〇二年の「大討論」
「ポスト・スハルト期インドネシア華人の政治思潮――二〇〇二年の『大討論』における主要論者の言説を中心に」前篇・後篇『国際文化学研究』第三三号（二〇〇九年）・第三四号（二〇一〇年）に加筆

一〇　華人政策の転換と二〇〇六年国籍法
博士論文の第一〇章「華人政策における変化の底流――二〇〇六年国籍法を中心に」を改稿

謝辞

本書が成るまでに、多くのかたがたのご薫陶やお力添えを賜り、さまざまな形でお世話になった。

まずは、インドネシアで出会った人々、特にスマランやジョグジャカルタ、マグラン、ジャカルタなど各地で、華人・非華人を問わぬ文字どおり無数のかたがたからいただいた厚意と知見こそ、本書の基礎である。日本語ではあるが深く感謝の意を表したい。

松尾尊兊先生（京都大学名誉教授、二〇一四年逝去）は、東京での会社員生活から大学へ舞い戻った私を「学問に年齢はないのだから」と励ましてくださった。インドネシア留学を控えていた私を故・石井米雄先生に紹介してくださったのも松尾先生であった。その石井先生が当時、所長を務めておられた京都大学東南アジア研究センター（現・東南アジア研究所）の諸先生方には以降、地域研究の「いろは」を教わることになった。

その中でも、石井先生のお引き合わせで土屋健治先生と初めて対面したときの衝撃は忘れられない。「この人こそ生涯の師だ」と確信した。インドネシアとインドネシアの人々に誠実に向かい合うべきことを、土屋先生はご著作のみならず生きる姿勢そのもので示してくださった。

インドネシア留学から帰国後、三〇歳目前で入った修士課程（京都大学大学院人間・環境学研究科）を土屋先生の指導下で終えようとするそのとき、先生は五二歳の若さで不帰の人となってしまった。

学問制度上、「みなし子」となりかけた私をすぐさま「養子」として引き取り、博士課程以降、厳しくも愛情をもって指導してくださったのは加藤剛先生である。博士課程を終え（単位取得退学）、京都を離れてからも、先生は廣子夫人ともども、公私にわたって私や家族を温かく見守ってくださった。加藤先生こそ私の学問上の「育ての親」である。

土屋・加藤両先生が東南アジア研究における父であり養父であるとすれば、叔父・叔母、あるいは兄・姉のような形で私を時に励まし、助言を授け、時に叱咤してくださった先生方も数多い。押川典昭先生を筆頭に、倉沢愛子先生、深見純生先生、白石隆先生、末廣昭先生、弘末雅士先生、青山亨先生、金子芳樹先生、小林寧子先生、土佐桂子先生、富永泰代先生、森山幹弘先生らはその代表である。

神戸大学に奉職するようになってからは、とりわけ国際文化学部・研究科の諸先輩・同僚にお世話になった。須藤健一先生と安井三吉先生は、いまだ学生然としていた私が大学教員として教育・研究や、もろもろの職責をどうにか果たしていけるよう、寛容にお導きくださった。石原享一先生、王柯先生、岡田浩樹先生は、私が本書の基礎となる博士学位論文を提出した際（二〇一一年）、外部専門委員の加藤剛先生と共に審査の労をとってくださった。

本書を書く上では、歴史書の体裁を貫くため、博士論文の半分近くを削り、半分以上を改稿もしくは、まったく新たに書き下ろしたが（418ページの初出一覧参照）、左右田直規氏と津田浩司氏は最初の草稿に目を通し、丁寧に批評してくださった。両氏以外にも、池上重弘、北野正徳、永井史男、山本信人、長津一史、

島上宗子、岡本正明、横山豪志、ディディ・クワルタナダ、本名純、見市建、相沢伸広、北村由美、松村智雄の各氏ら、同世代の仲間や、より若い世代のかたがたも、それぞれに優れた研究活動によって、刺激と励ましを与えてくださった。また、特に一九九八年大暴動前後の状況について、江口佐和子、及川洋征、濱元聡子、李豊の諸氏が、書店では手に入らない貴重な資料を快く提供してくださった。

一九九六年から九八年の現地調査では、故・クンチョロニングラット先生の推薦により、インドネシア科学院（ＬＩＰＩ）の皆さんにバックアップしていただいた。文献資料収集においては、京都大学東南アジア研究所図書室、インドネシア共和国国立図書館（Perpustakaan Nasional RI）、シンガポールの東南アジア研究所（ＩＳＥＡＳ）、オランダの王立言語地理民族学研究所（ＫＩＴＬＶ）のスタッフのかたがたに特にお世話になった。

木犀社の代表・遠藤真広氏と編集者・関宏子氏の伴走がなければ、本書が形になることはとうていなかったろう。土屋健治先生の高校時代の同級生でもある関さん、おつれあいの遠藤さんとの協同作業によって、本書を東京や京都でなく、土屋先生の故郷でもある松本の地から出版できることは感慨深い。また、木犀社のお二人とのご縁を通じて、かねて畏敬する菊地信義氏に装幀を手がけていただけたことは光栄である。

本書の刊行には、公益財団法人りそなアジア・オセアニア財団の出版助成を賜った。私が研究者として駆け出しだった一九九〇年代初めにも、前身の財団法人大和銀行アジア・オセアニア財団から研究助成をちょうだいしたことがある。四半世紀前に着手した研究テーマの成果を、いま後身の同財団から再びお力添えをいただくことによって世に問う巡り合わせになったのは、奇縁でもあり僥倖でもある。

最後に私事ながら、私の学究生活を支え続けてくれた妻ウミ・ファトナーへ感謝の気持ちを表したい。私どもの子らが、乳児のころから毎年里帰りしてきたインドネシアを、中・高校生になったいまでも「どの国より好きだ」といってくれるのは、とても嬉しいことである。

二〇一六年初夏　神戸にて　　貞好康志

◉関連年表◉

華人社会の動向

一八七〇年代　華人エリート層にオランダ文化の影響が顕著になる（オランダ人家庭教師の雇用など）
一八八三　ジャワで華人マレー語の活字本現れはじめる
一九〇〇　アヘン請負制度廃止、華人の居住・通行制限厳格化／バタビアで最初の中華会館設立
一九〇一　『リポー』（理報、最初の華人マレー語紙）創刊
一九〇六　ジャワの主要都市に商会設立されはじめる
一九〇七　書報社の設立、孫文の革命思想を広める
一九〇八　華人向けオランダ式小学校（ＨＣＳ）の設立始まる
一九一〇　『シンポー』（新報）紙、バタビアで創刊
一九一二　ジャワ各地でアラブ人や原住民のイスラーム教徒と華人の衝突拡がる
一九一七　第一回スマラン会議
一九一八　中部ジャワのクドゥスで反華人暴動
一九二七　第二回スマラン会議
一九二八　オランダ領東インド中華会（ＣＨＨ）結成
一九三一　中部ジャワ・プカロンガンで反華人暴動
一九三二　インドネシア華人党（ＰＴＩ）結成

インドネシア社会一般の動向

一八三〇　強制栽培制度始まる
一八五四　オランダ領東インド統治法改正（人種原理の確立）
一八七〇　農地二法成立（強制栽培制度廃止へ）
一八九九　オランダ領東インド在住の日本人、欧人並の法待遇へ
一九〇一　「倫理政策」始まる
一九〇八　ブディ・ウトモ結成される
一九一〇　オランダ臣民法（生地主義）発布
一九一一　イスラーム商業同盟結成
一九一二　イスラーム同盟結成
東インド党結成
一九一四　東インド社会民主主義協会設立
一九一八　フォルクスラート（植民地参議会）開設
一九二六～二七　インドネシア共産党蜂起、壊滅
一九二七　インドネシア国民党（ＰＮＩ）結成
一九二八　「青年の誓い」
一九三二　「私学校条例」反対闘争

世界情勢

一八六三　リンカーン、黒人奴隷解放宣言
一八六八　明治維新
一八六九　スエズ運河開通
一八九四～九五　日清戦争
清朝、海禁令を撤廃（移民流出急増へ）
一八九八　変法運動失敗で康有為亡命
一九〇〇～〇一　義和団事件
一九〇九　清朝、血統主義の国籍法
一九一一　辛亥革命
一九一二　中華民国成立
一九一四～一八　第一次世界大戦
一九一五　日本、対華二一カ条要求
一九一七　ロシア革命
一九一九　ベルサイユ条約
一九二六　中国国民革命軍、北伐開始
一九二九　世界恐慌始まる
一九三一　満州事変

一九三六	PTI代表のコー・クワット・ティオン、「スタルジョ請願」の発起人に加わる
一九三九	PTI、インドネシア政治連合（GAPI）への正式加盟を拒否される
一九四二	日本軍政下で全華人団体、解散させられる 七月から日本軍の指導下、「華僑総会」設立
一九四六〜	タンゲラン、バンドゥンなど各地で、独立革命勢力に多数の華人が襲われる事件発生／華人は独自の自衛組織「保安隊」を結成
一九四八	華人同盟（PT）結成
一九五〇	PT、インドネシア華人民主党（PDTI）に改組
一九五四	インドネシア国籍協議体（バプルキ）結成
一九五八	台湾系の学校・団体が禁止される
一九五九	外国籍民の村落部小売業を禁止する大統領令一〇号発布、一〇万人規模の華人が難民化
一九六〇	二重国籍者の単一国籍選択開始／「同化論争」
一九六一	同化派華人「同化憲章」を宣言

一九三六	「スタルジョ請願」運動
一九三八	オランダ政府、スタルジョ請願を拒否
一九三九	インドネシア政治連合（GAPI）結成
一九四二	日本軍侵攻、東インド全域を軍政下へ
一九四三	中央参議院設立
一九四五	二月ブリタル反乱／三月独立準備調査会／八月一七日インドネシア独立宣言／オランダからの独立闘争に入る
一九四七	オランダ、第一次警察行動
一九四八	オランダ、第二次警察行動
一九四九	ハーグ円卓会議、オランダから正式に主権移譲（インドネシア連邦共和国）
一九五〇	単一のインドネシア共和国に移行 ベンテン政策導入（経済土着主義政策）
一九五五	アジア・アフリカ会議／中国との間で華人の二重国籍防止条約／総選挙
一九五六〜五七	アサート運動（経済土着主義運動）
一九五八	スマトラなど各地で「地方反乱」／初の本格的国籍法制定（父系血統主義）
一九五九	制憲議会解散、一九四五年憲法に復帰（スカルノの独裁傾向強まる）
一九六一	中国と友好条約調印／西イリアン解放闘争本格化

一九三七	日中戦争開始
一九三九〜四五	第二次世界大戦
一九四一	日本、太平洋戦争を開始
一九四五	二月ヤルタ会談／八月広島、長崎に原爆投下／日本敗戦／国際連合成立
一九四七	印パ分離独立
一九四九	NATO発足 中華人民共和国成立
一九五〇	朝鮮戦争始まる
一九五一	サンフランシスコ講和条約
一九五三	エジプト、共和国宣言
一九五四	インドシナ停戦協定
一九五五	ワルシャワ条約機構成立
一九五六	スターリン批判／ハンガリー動乱
一九五八	第一回アフリカ独立諸国会議
一九五九	チベット独立宣言、鎮圧される キューバ革命
一九六〇	中ソ論争／日本で安保闘争
一九六一	第一回非同盟諸国首脳会議
一九六二	キューバ危機／中ソ対立表面化

華人社会の動向

一九六三	西ジャワ一帯で反華人暴動／民族一体性育成機関（LPKB）発足／スカルノ、バプルキの大会へ出席、独立記念日演説でLPKB批判
一九六五	九・三〇事件後、バプルキの幹部ら逮捕される／各地で反中国・反華人のデモや襲撃が拡がる
一九六六	外国式学校、全面禁止／中国語紙、発禁
一九六七	中国・華人問題解決の基本政策／インドネシア国籍民（WNI）に関する基本政策／中国的宗教等を制限する大統領令
一九七三	バンドゥンで反華人暴動
一九七四	マラリ事件の余波で華人街襲われる 民族一体性促進機構（BPKB）設立される
一九七五	内務省社会政治総局に民族一体性促進部設置
一九七七	民族一体性連絡協議会（バコム）設立される
一九七八	国策大綱に「華人同化」の方針明記される
一九七九	儒教の公認、撤廃される／全華人を住民再登録／特定経済分野を「経済的に弱いグループ」に限定する大統領規則一四号
一九八〇	大統領指令で外国籍民の帰化促進／ウジュン・パンダン、ソロ、スマランなどで反華人暴動／八〇年代初頭、「経済格差こそ華人問題の本質」だとする論議が官民で盛り上がる
一九八一	同化派華人の一部がイスラーム改宗運動開始

インドネシア社会一般の動向

一九六三	スカルノ、終身大統領へ／マレーシアとの対決闘争
一九六五	国連脱退／九・三〇事件／インドネシア共産党（PKI）関係者らの大量殺戮
一九六六	スカルノ、大統領権限をスハルトに委譲／PKI非合法化／国連復帰
一九六七	外資導入法／インドネシア援助国会議発足／ASEAN結成／中国と国交凍結
一九六八	スハルト、正式に第二代大統領に就任／国内投資法（華人資本の活用を明言）
一九六九	第一次五カ年計画開始
一九七一	第二回総選挙、ゴルカル圧勝／タマン・ミニ建設反対運動
一九七四	マラリ事件（反日暴動） プリブミ優先の投資ガイドライン
一九七五	東ティモールに侵攻（翌年併合）
一九七七	第三回総選挙、ゴルカル勝利
一九七八	「パンチャシラ」の理解と実践の指針策定
一九七九	村落行政法
一九八〇	反スハルト独裁の長老軍人・政治家ら、「憂国の五〇人声明」発表

世界情勢

一九六三	マレーシア連邦成立
一九六五	日韓基本条約締結 ベトナム戦争激化 シンガポール分離独立
一九六六	中国、文化大革命開始
一九六七	第三次中東戦争
一九六九	マレーシアでブミプトラ政策始まる
一九七一	米中接近／中国、国連加盟
一九七二	日中国交正常化
一九七三	米軍、ベトナムより撤退／第一次石油危機
一九七四	マレーシア、中国と国交樹立
一九七五	ベトナム戦争終結
一九七六	ASEAN第一回首脳会議
一九七八	第二次石油危機 中国、改革開放政策に着手
一九七九	イラン革命／カンボジア動乱／中越戦争／ソ連、アフガン侵攻
一九八〇	中国、人民共和国として初めての国籍法発布／光州事件／ポーランドで自主労組「連帯」結成
一九八一	中国共産党、文革を批判的総括

一九八三	国策大綱、再び「華人同化」の方針を盛り込む
一九八四	華人系のＢＣＡ銀行で爆弾事件
一九八九	株式上場ブームを機に華人コングロムラット（財閥）の突出が顕著となり批判が起きる
一九九〇	売上上位二〇社のうち一八社（上位一〇社すべて）が華人企業と報じられる
一九九四	メダンで労働者デモが暴動に発展、華人経営者一名が殺される
一九九五	バンジャルマシンなど各地で反華人暴動
一九九六	シトゥボンド、タシクマラヤなど各地で暴力的衝突が反華人暴動に発展
一九九七	レンガスデンクロック、プカロンガン、ウジュン・パンダンなど全国で反華人暴動が頻発
一九九八	五月、ジャカルタやスラカルタ（ソロ）など各地の暴動で華人が標的とされる／多数の華人が国外脱出／スハルト退陣後、インドネシア華人百家姓協会（ＰＳＭＴＩ）など華人を中心とする社会・政治団体が多数発足
一九九九	華人系インドネシア人協会（ＩＮＴＩ）設立される／ハビビ、華語教育禁止の見直し令

一九八二	第四回総選挙／スハルト、すべての政治・社会団体が「パンチャシラ」を唯一原則とするよう求める（八四年までに実現）
一九八四	自由パプア運動蜂起、鎮圧される
一九八五	政治五法成立（スハルト体制の完成）
一九八七	第五回総選挙、ゴルカル圧勝
一九八八	金融改革・経済規制緩和策へ
一九九〇	中国と国交正常化
一九九一	東ティモールで国軍発砲、住民虐殺
一九九二	第六回総選挙
一九九四	『テンポ』など三誌発禁、反発高まる
一九九六	ジャカルタで民主党本部をめぐる軍とメガワティ派の攻防、暴動に発展
一九九七	第七回総選挙前後、各地で暴力的衝突／アジア経済危機の波及でルピア暴落
一九九八	五月、ジャカルタなどで大暴動／スハルト退陣／ハビビ、大統領に昇格／プリブミ、ノンプリ呼称の使用撤廃令
一九九九	人種差別撤廃国際条約を批准／総選挙／東ティモールで住民投票、独立派圧勝／ワヒド、大統領に選出される／一九四五年憲法改訂（〜二〇〇二年まで四次）

一九八二	欧州などで反核運動盛ん
一九八三	フィリピンでアキノ暗殺を機に反マルコス運動が高揚
一九八五	ソ連でゴルバチョフ書記長が就任
一九八六	フィリピン二月革命 ベトナム、ドイモイ政策へ
一九八七	チベットで独立要求デモ
一九八九	昭和天皇崩御／天安門事件
一九九〇	東西ドイツ統一
一九九一	湾岸戦争／第一回世界華商大会（シンガポール） ソ連解体
一九九二	ユーゴスラビア解体
一九九三	新生カンボジア王国成立
一九九四	ボスニア紛争
一九九五	ベトナム、対米国交正常化、ＡＳＥＡＮに加盟
一九九六	第一回アジア欧州会合（ＡＳＥＭ）
一九九七	アジア経済危機発生、拡大／ラオス、ビルマがＡＳＥＡＮ加盟
一九九八	インドとパキスタン、対抗的に核実験
一九九九	ＥＵ、単一通貨ユーロを導入／カンボジア、ＡＳＥＡＮに加盟（ＡＳＥＡＮ10の実現）

華人社会の動向

二〇〇〇	ワヒド、中国的な宗教・信仰・慣習の解禁令
二〇〇一	第三次憲法改訂で大統領資格条項から「アスリ」の条件が削除される
二〇〇二	中国正月（イムレク）、国民の祝日の一つとなる INTI主催の「大討論」、ジャカルタで開催
二〇〇六	新国籍法成立
二〇一二	華人のバスキ・プルナマ、ジャカルタ副知事に就任
二〇一四	バスキ・プルナマ、ジャカルタ州知事に就任

インドネシア社会一般の動向

二〇〇一	ワヒド罷免／メガワティ、大統領昇格
二〇〇二	バリ島で爆弾テロ事件
二〇〇四	国民の直接投票でユドヨノ大統領誕生 スマトラ沖地震・大津波
二〇〇五	政府と自由アチェ運動が和平合意
二〇〇六	ジャワ島中部地震
二〇〇九	ユドヨノ、大統領に再選される
二〇一二	ウィドド、ジャカルタ州知事就任
二〇一四	ウィドド、大統領に選出される

世界情勢

二〇〇一	米国で同時多発テロ／米軍、アフガン侵攻 中国、WTO加盟
二〇〇二	東ティモール独立 SARS流行
二〇〇三	米、イラク侵攻
二〇〇五	ロンドンで同時爆破事件 第一回東アジア首脳会議
二〇〇六	タイでタクシン政権崩壊
二〇〇七	国連、地球温暖化への人類の責任を明言する報告書
二〇〇九	オバマ、黒人初の米大統領に就任
二〇一〇	ギリシャを発端に欧州財政危機
二〇一一	東日本大震災、福島原発事故
二〇一二	チュニジアで革命、アラブ諸国に反政府運動が拡大
二〇一四	「イスラーム国（ISIL）」台頭
二〇一五	中東・アフリカなどから欧州へ難民が殺到 ASEAN経済共同体発足

ンティティ』東京大学出版会
游仲勲　1990　『華僑——ネットワークする経済民族』講談社
吉澤誠一郎　2003　『愛国主義の創成——ナショナリズムから近代中国をみる』岩波書店
———2006　「中国ナショナリズム構想期における国民統合論」『インターカルチュラル』4号
吉田信　2000　「オランダ国民の形成——1850年国籍法の検討を通して」神戸法学雑誌50巻3号
———2002　「オランダ植民地統治と法の支配——統治法109条による「ヨーロッパ人」と「原住民」の創出」『東南アジア研究』40巻2号
———2008　「文明・法・人種——「日本人法」制定過程をめぐる議論から」『東南アジア歴史と文化』37号
吉村文成　1999　『スハルト「帝国」の崩壊』めこん
吉村正和　1989　『フリーメイソン——西洋神秘主義の変容』講談社
ラフ＝オハーン, ジャン（渡辺洋美訳・倉沢愛子解説）　1999　『オランダ人「慰安婦」ジャンの物語』木犀社
劉宏・廖赤陽　2006　「ネットワーク、アイデンティティと華人研究——20世紀の東アジア地域秩序を再検討する」『東南アジア研究』43巻4号
リン・パン（片柳和子訳）　1995（原著1990）『華人の歴史』みすず書房
レッグ, ジョン・D（中村光男訳）　1984（原書1977）『インドネシア 歴史と現在——学際的地域研究入門』サイマル出版会
ロビソン・リチャード（木村宏恒訳）　1987（原書1986）『インドネシア——政治・経済体制の分析』三一書房
若林正丈・谷垣真理子・田中恭子編　1995　『原典中国現代史（第7巻）台湾・香港・華僑華人』岩波書店
早稲田大学大隈記念社会科学研究所編　1959　『インドネシアにおける日本軍政の研究』紀伊国屋書店
和田春樹・後藤乾一ほか編　2011　『岩波講座東アジア近現代通史6　アジア太平洋戦争と「大東亜共栄圏」1935–1945年』岩波書店

リピン人の位置づけをめぐって」第1回フィリピン研究会全国フォーラム抄録集
——1997 「「チノイ」をめぐる想像と挑戦——中国系フィリピン人とフィリピン国民国家の関係をめぐって」『社会人類学年報』23号
——2001a 「チャイニーズ——揺らぐアイデンティティ」大野祐司・寺田勇文編『エリアスタディーズ 現代フィリピンを知るための60章』明石書房
——2001b 「交錯する呼称とモノのやりとり——フィリピン華僑・華人研究再考に向けて」吉原和男・クネヒト・ペトロ編『アジア移民のエスニシティと宗教』風響社
——2003a 「戦前日本の華僑観と「他者」認識——「血」と「地」をめぐって」『中京女子大学アジア文化研究所論集』第4号
——2003b 「「華人のナショナリズム」を越えて」游仲勲先生古希記念論文集編集委員会編『游仲勲先生古希記念一言集』 同編集委員会
宮本謙介 2003 『概説インドネシア経済史』有斐閣
村井吉敬・佐伯奈津子・久保康之・間瀬朋子 1999 『スハルト・ファミリーの蓄財』コモンズ
村嶋英治 1989 「タイ国における中国人のタイ人化」岡部達味編『ASEANにおける国民統合と地域統合』日本国際問題研究所
——1993 「タイ華僑の政治活動——5・30運動から日中戦争まで」原不二夫編『東南アジア華僑と中国——中華帰属意識から華人意識へ』アジア経済研究所
——2002 「タイにおける華僑・華人問題」『アジア太平洋討究』 4号
村田雄二郎 2000 「近代中国における「国民」の誕生」国分良成・藤原帰一・林振江編『グローバル化した中国はどうなるか』新書館
森川眞規雄 1995 「華僑の異文化適応と受容力」可児・游編［1995］所収
安井三吉 1995 「中国にとっての華僑・華人」可児・游編［1995］所収
安中章夫・三平則夫編 1995 『現代インドネシアの政治と経済——スハルト政権の30年』アジア経済研究所
山影進 1988 「アジアにおける国民統合問題——「国民統合の政治学」序説」平野健一郎・山影進・岡部達味・土屋健治編『アジアにおける国民統合——歴史・文化・国際関係』東京大学出版会
山本信人 2002a 「複合社会の現地化と政治性——東南アジア地域における近代的統治の浸透」東アジア地域研究会編『東アジア政治のダイナミズム』青木書店
——2002b 「インドネシアのナショナリズム——ムラユ語、出版市場、政治」池端雪浦ほか編『岩波講座東南アジア史第7巻 植民地抵抗運動とナショナリズムの展開』岩波書店
——2002c 「民族主義——「国民」の揺らぎとゆくえ」唐木圀和ほか編『現代アジアの統治と共生』慶応義塾大学出版会
——2004 「排除された市民の再構成——インドネシア国家と華人系住民」関根政美・山本信人編『海域アジア』慶應義塾大学出版会
——2008 「東インドにおけるジャーナリスト空間と華人」『慶應の政治学 地域研究』（慶應義塾大学創立150年記念法学部論文集）
山本博之 2006 『脱植民地化とナショナリズム——英領北ボルネオにおける民族形成』東京大学出版会
油井大三郎・遠藤泰生編 1999 『多文化主義のアメリカ——揺らぐナショナル・アイデ

波講座　アジア・太平洋戦争　第4巻　帝国の戦争経験』岩波書店
原不二男（編）　1993a　『東南アジア華僑と中国――中華帰属意識から華人意識へ』アジア経済研究所
―――1993b　「戦後のマラヤ華僑と中国」原編1993a所収
―――2001a　『マラヤ華僑と中国――帰属意識転換過程の研究』龍溪書舎
―――2001b　「日本のマラヤ占領と華人社会」倉沢編［2001］所収
平野健一郎　2006　「国際移動時代のナショナリズムと文化」『インターカルチュラル』（日本国際文化学会年報）第4号　アカデミア出版会
深見純生（編）　1993　『日本占領期インドネシア年表』インドネシア史研究会
―――1997　「「印欧人」の社会政治史――血統主義と属地主義の相剋」『東南アジア研究』35巻1号
―――2001　「ダウウェス・デッケルの国民国家――我々とは誰か」京都大学東南アジア研究センター〈オランダ領東インドにおける「民族」カテゴリーの形成と変容〉研究会（2001年12月18日開催）における未出版配布稿
ブディマン，イフォニリア（Ivonilia Budiman）　2010　「今日の華人若者たちの活躍について」『インドネシア・ニュースレター』72号
船津鶴代　2002　「タイにおけるナショナリズム言説と華人――華人排外主義の維持と変容をめぐる考察」加納弘勝・小倉充夫編『変貌する「第三世界」と国際社会』東京大学出版会
ヘルマワン，エディ　1979　「軍政期バンドゥンの華僑学校」早稲田大学社会科学研究所・インドネシア研究部会編『インドネシア――その文化社会と日本』早稲田大学出版部
―――1990　「インドネシアにおける華僑教育の史的考察（1900–1965年）」早稲田大学社会科学研究所編・刊『インドネシア文化の構造とその展開』
本名純　2013　『民主化のパラドクス――インドネシアにみるアジア政治の深層』岩波書店
前田成文　1993　「国家・言語・宗教・慣習――東南アジアからの視点」中野秀一郎・今津孝次郎編　『エスニシティの社会学――日本社会の民族的構成』世界思想社
増田与　1971　『インドネシア現代史』中央公論社
増田与・後藤乾一・村井吉敬　1974　「インドネシアの1974年1月15日事件」『社会科学討究』19巻3号（通巻55号）
増田与（編訳）　1981　『スカルノ大統領の特使――鄒梓模回想録』中央公論社
増原綾子　2010　『スハルト体制のインドネシア――個人支配の変容と一九九八年政変』東京大学出版会
松村智雄　2008　「インドネシアの中国系住民と国籍証明書――ポストスハルト期の華人の権利回復の過程、成果、課題」東京大学大学院総合文化研究科修士論文
―――2010　「真正のインドネシア人 Indonesia Asli とは誰か？――2006年国籍法の制定過程と同法の革新性」『アジア地域文化研究』6号
―――2013　「西カリマンタン華人とインドネシア国家、1945–2012年――「国家の外部者」から政治参加への軌跡」東京大学大学院総合文化研究科博士学位論文
―――2015　「1967年「ダヤク示威行動」におけるインドネシア西カリマンタン州ダヤク社会のポリティクス」『東南アジア 歴史と文化』第44号
満鉄東亜経済調査局　1940（1986年復刻版）『インドネシアにおける華僑』青史社
宮原暁　1996　「“lan lang” と “lumad” の間――フィリピンの国民統合における中国系フィ

———1984 「19 世紀ジャワ文化論序説——ジャワ学とロンゴワルシトの時代」土屋健治・白石隆編『東南アジアの政治と文化』東京大学出版会
———1989 「開発の時代の「国学」——インドネシアのパンチャシラ論」岡部達味編『ASEAN における国民統合と地域統合』日本国際問題研究所
———1990 「知識人論」土屋健治編著『東南アジアの思想』弘文堂
———1995 「ユディスティラ「負けないぞ」——トラウマの文学を論ずる」『人文学報』75
デ・ホロート（牧尾良海訳） 1987 『タオ・宇宙の秩序』平河出版社 ［原著J. J. M. De Groot, 1918, *Universismus: Die Grundlage der Religion und Ethik, des Staatswesens und der Wissenschaften Chinas*, Berlin, Verlag von Goerg Reimer］
トゥール，プラムディア・アナンタ（押川典昭訳） 1986–1988 『人間の大地（上)』-『同（下)』めこん
———1988 『すべての民族の子（上)』-『同（下)』めこん
都丸潤子 2002 「「先住民」と移民政策——マレーシアのエスニック関係を例に」加納弘勝・小倉充夫編『変貌する「第三世界」と国際社会』東京大学出版会
永積昭 1971–72a 「フォルクスラート成立初期におけるインドネシア諸政党の活動（１)」-「同（２)」『東南アジア 歴史と文化』1–2
———1972b 「中華民国成立期における在インドネシア華僑の動向」河部利夫編『東南アジア華僑社会変動論』アジア経済研究所
———1980 『インドネシア民族意識の形成』東京大学出版会
———1981 「東アジアおよび東南アジアに於ける社会進化論の系譜」永積昭編著『東南アジアの留学生と民族主義運動』巌南堂書店
奈倉京子 2012 『帰国華僑——華南移民の帰還体験と文化的適応』風響社
西川長夫 2000 「多言語・多文化主義をアジアから問う」西川長夫・姜尚中・西成彦編著『20 世紀をいかに越えるか——多言語・多文化主義を手がかりにして』平凡社
西村重夫 1990 「国民教育——パンチャシラ道徳教育への展開をめぐって」土屋健治編『東南アジアの思想』弘文堂
日本インドネシア協会（訳・編） 1965 『スカルノ大統領演説集 インドネシア革命の歩み』日本インドネシア協会
日本インドネシア NGO ネットワーク（JANNI）編 1997 『30 年目のスハルト インドネシア民主化のうねり』JANNI
ハイアム，ジョン（斎藤眞・阿部斎・古矢旬訳）1994 『自由の女神のもとへ—— 移民とエスニシティ』平凡社
馬歓（小川博訳注） 1969 『瀛涯勝覧——鄭和西征見聞録』吉川弘文館
橋川文三 1968（復刻版 1994）『ナショナリズム』紀伊國屋書店
馬場公彦 2012 「中国の文革期外政におけるインドネシア要因——9・30 事件の影響」『現代中国』86 号
濱下武志 1991 「「華僑」史に見る社会倫理——華僑-華人-華裔のアイデンティティ」『思想』801 号
林えいだい 2000 『インドネシアの記憶——オランダ人強制収容所』燦葉出版社
林博史 2007 『シンガポール華僑粛清——日本軍はシンガポールで何をしたのか』高文研
早瀬晋三 2006 「植民者の戦争経験——海軍「民政」下の西ボルネオ」倉沢愛子ほか編『岩

———1995 『華僑』岩波書店
———1997 「同郷・同属そして華僑——華南はなぜ華僑を生みだしたのか」木村靖二・上田信編『人と人の地域史』山川出版社
清水昭俊　1989 「「血」の神秘——親子のきずなを考える」田辺繁治編著『人類学的認識の冒険——イデオロギーとプラクティス』同文館
ジャカルタ・ジャパン・クラブ（JJC）　1991 『ジャカルタ』（会報）創立20周年記念号
白石隆　1972 「ジャワの華僑運動：1900～1918年——「複合社会」の形成（1）」『東南アジア 歴史と文化』2
———1973 「ジャワの華僑運動：1900～1918年——「複合社会」の形成（2）」『東南アジア 歴史と文化』3
———1987 「アヘン王、砂糖王、チュコン——インドネシアにおける華僑財閥の系譜」東南アジア研究会編『社会科学と東南アジア』勁草書房
———1992 『インドネシア　国家と政治』リブロポート
———1996 『新版インドネシア』NTT出版
———1999 『崩壊　インドネシアはどこへ行く』NTT出版
菅谷成子　2006 「スペイン領フィリピンにおける「中国人」——"Sangley", "Mestizo" および "Indio" のあいだ」『東南アジア研究』43巻4号
首藤もと子　1993 『インドネシア——ナショナリズム変容の政治過程』勁草書房
スバルジョ，アフマッド（奥源造訳）　1973 『インドネシアの独立と革命』龍溪書舎
関根政美　1994 『エスニシティの政治社会学——民族紛争の制度化のために』名古屋大学出版会
センプリーニ，アンドレア（Andrea Semprini）（三浦信孝・長谷川秀樹訳）　2003 『多文化主義とは何か』白水社（原著1997年）
戴國煇・井草邦雄　1974 「9・30事件前後のインドネシア華人・華僑事情」戴國煇編『東南アジア華人社会の研究・下』アジア経済研究所
戴國煇　1980 『華僑——「落葉帰根」から「落地生根」への苦悶と矛盾』研文出版
———1983 「中国人にとっての中原と辺境——自分史〈台湾・客家・華僑〉と関連づけて」橋本萬太郎編『漢民族と中国社会』山川出版社
———1991 「華僑とは誰か、華僑問題とは何か？」戴國煇編著『もっと知りたい華僑』弘文堂
高木暢之　1991 「インドネシアにおける中国観と影響力」松本三郎・川本邦衛編著 『東南アジアにおける中国のイメージと影響力』大修館書店
田中恭子　1995 「第三部　華僑華人」若林・谷垣・田中編（1995）所収
———2002 『国家と移民——東南アジア華人世界の変容』名古屋大学出版会
玉田芳史・木村幹（編）　2006 『民主化とナショナリズムの現地点』ミネルヴァ書房
津田浩司　2009 「中国語教室に通う華人——ポスト・スハルト期インドネシア華人にとっての「アスリ」なもの」森山幹弘・塩原朝子編『多言語社会インドネシア』めこん
———2011 『「華人性」の民族誌——体制転換期インドネシアの地方都市のフィールドから』世界思想社
土屋健治　1971a 「スカルノの研究——パンチャシラ成立の過程」『東南アジア研究』8（4）
———1971b 「スカルノとハッタの論争」『東南アジア研究』9（1）
———1982 『インドネシア民族主義研究——タマン・シスワの成立と展開』創文社

風景——つながりを再考する』福井勝義編、昭和堂
———2002 「ジャワ華人の統計的プロフィール——200人の社会・文化的傾向」『国際文化学』第7号
———2003a 「生き延びる混血性——ジャワのプラナカン華人」『歴史評論』12月号（通巻644号）
———2003b 「インドネシア〈華人〉女性の個人史——マ・ニオからの考察（前篇）」『近代』第91号
———2004a 「ジャワで〈華人〉をどう識るか——同化政策30年の後で」加藤剛編『変容する東南アジア社会——民族・宗教・文化の動態』めこん
———2004b 「インドネシア〈華人〉女性の個人史——マ・ニオからの考察（後篇）」『近代』第93号
———2005 「インドネシア華人の生地主義ナショナリズム——序説」『二十世紀研究』第6号
———2006 「蘭領期インドネシア華人の多重「国籍」と法的地位の実相」『近代』96号
———2007 「スハルト体制期インドネシアの華人同化運動——バコム（Bakom–PKB）の予備的考察」『国際文化学研究』第29号
———2008 「スハルト体制の華人政策と反応——「同化」の諸含意と矛盾の循環（1970年代までを中心に）」『華僑華人研究』第5号
———2009 「ポスト・スハルト期インドネシア華人の政治思潮——2002年の『大討論』における主要論者の言説を中心に（前篇）」『国際文化学研究』第33号
———2010 「ポスト・スハルト期インドネシア華人の政治思潮——2002年の『大討論』における主要論者の言説を中心に（後篇）」『国際文化学研究』第34号
———2011 「近現代インドネシア華人研究——現地志向ナショナリズムと華人性」神戸大学大学院国際文化学研究科博士学位論文
佐藤成基 1995 「ネーション・ナショナリズム・エスニシティ——歴史社会学的考察」『思想』1995年8月（通巻854）号
佐藤百合 1991 「華僑・華人企業グループの躍進と変容——インドネシア」游仲勲編著『世界のチャイニーズ——膨張する華僑・華人の経済力』サイマル出版会
———1992 「インドネシア華人企業の光と陰——華人とプリブミの融合はなるか」『国際経済』29巻2号：56–61
———（編） 2001 『インドネシア資料データ集——スハルト政権崩壊からメガワティ政権誕生まで』アジア経済研究所
———（編） 2002a 『民主化時代のインドネシア——政治経済変動と制度改革』アジア経済研究所
———2002b 「インドネシア——「開発の時代」から「改革の時代」へ」末廣昭ほか編『「開発」の時代と「模索」の時代』岩波講座東南アジア史第9巻、岩波書店
———2002c 「経済再建と所有再編」佐藤百合編［2002a］所収
———2002d 「インドネシア史における「改革の時代」」佐藤百合編［2002a］所収
———2006 「インドネシアの国家統治制度——スハルト後に何が変わったか」杉島敬志・中村潔編『現代インドネシアの地方社会』NTT出版
———2011 『経済大国インドネシア——21世紀の成長条件』中央公論新社
斯波義信 1990 「華僑」『移動と交流』岩波書店

ウィ大統領の誕生』アジア経済研究所
北野正徳　2002 「現代インドネシアの国民文化における緊張――文化民族主義・文学評論・スハルト体制」『南方文化』29輯
北原淳　1999 「複合社会における新しいナショナリズムの模索――タイのガシアン・テーチャピーラ氏の所論を中心に」『Ex Oriente 大阪外国語大学言語社会学会誌』Vol. 1
北村由美　2014a 「「西」への道――オランダにおけるインドネシア出身華人の軌跡」『地域研究』6巻1号
―――2014b 『インドネシア　創られゆく華人文化――民主化以降の表象をめぐって』明石書店
木村宏恒　1989 『インドネシア現代政治の構造』三一書房
倉沢愛子　1992 『日本占領下のジャワ農村の変容』草思社
―――1996 「開発体制下のインドネシアにおける新中間層の台頭と国民統合」『東南アジア研究』第34巻1号
―――（編） 2001 『東南アジア史のなかの日本占領［新装版］』早稲田大学出版部
―――ほか（編） 2005 『岩波講座　アジア・太平洋戦争1　なぜ、いまアジア・太平洋戦争か』岩波書店
―――2014 『9・30 世界を震撼させた日――インドネシア政変の真相と波紋』岩波書店
クワルタナダ，ディディ（工藤尚子訳） 2000 「体制移行期における華人社会――その進展と潮流」後藤乾一編『インドネシア――揺らぐ群島国家』早稲田大学出版部
小泉順子　2006 「タイ中国人社会研究の歴史性と地域性――冷戦期アメリカにおける華僑・華人研究と地域研究に関する一考察」『東南アジア研究』43巻4号
後藤乾一　1986 『昭和期日本とインドネシア――1930年代「南進」の論理・「日本観」の系譜』勁草書房
―――1989 『日本占領期インドネシア研究』龍溪書舎
―――1992 「インドネシアにおける国民統合とエスニシティ」『アジア研究』38（4）
―――1993 「バペルキの形成・発展・崩壊」『東南アジア華僑と中国――中華帰属意識から華人意識へ』原不二夫編、アジア経済研究所
小林寧子　2008 『インドネシア　展開するイスラーム』名古屋大学出版会
―――2010 「追悼：グス・ドゥルを読み解く」『インドネシア・ニュースレター』No.70
コレイン，ヘレン（西村由美訳） 2001 『歌の力――日本軍女性収容所を生きる』木犀社
蔡仁龍（唐松章訳） 1993 『インドネシアの華僑・華人――その軌跡と現代華人企業の行方』鳳書房
貞好康志　1986 「陳嘉庚と抗日運動」未発表卒業論文（京都大学文学部史学科）
―――1993 「華人がインドネシア・ナショナリズムを志向した時――コー・クワット・チョンの軌跡より」『南方文化』20輯
―――1995 「プラナカン華人の同化論争――インドネシア志向のゆくえ」『南方文化』22輯
―――1996 「インドネシアにおける華人同化主義の国策化――プラナカンの志向と政治力学」『東南アジア 歴史と文化』25号
―――2000a 「スハルト体制末期インドネシアの『華人』カテゴリーをめぐる諸相――中部ジャワ・スマランでの調査より」『国際文化学』2号
―――2000b 「「民族性」と「在地性」――ジャワの鄭和祭にみる交錯」『近所づきあいの

【日本語文献（著者は外国人でも、中身が日本語のものや、邦訳書を含む）】
相沢伸宏　2006 「第五列から資本家へ——華人・華僑問題とインドネシア・中国関係 1966–1990」『国際政治』146 号：156–171
———2007 「乗っ取られた同化政策——スハルト体制の内務省と対華人政策」『東南アジア研究』45 巻 1 号：37–56
———2010 『華人と国家——インドネシアの「チナ問題」』書籍工房早山
明石陽至　1971 「南洋華僑と満州事変」『東南アジア 歴史と文化』第 1 号
アジダルマ（柏村彰夫・森山幹弘訳） 2014 『セノ・グミラ・アジダルマ短篇集』めこん
石井米雄（監修） 1991 『インドネシアの事典』同朋舎
石橋重雄　1991 『変容するインドネシアの社会経済——その分析と実証的研究』鳳書房
井上治　2010 「インドネシアの華人と政治」『インドネシア・ニュースレター』72 号
インドネシア・フォーラム　1999 『インドネシア 1998 年 5 月「暴動」の闇——大規模レイプ事件調査報告』大阪、インドネシア・フォーラム
上野千鶴子　1996 「複合差別論」井上俊ほか編『差別と共生の社会学』岩波書店
内海愛子、マヒュー, H. L. B. & M. ファン・ヌフェレン（川戸れい子訳） 1997 『ジャワ・オランダ人少年抑留所』梨の木舎
梅澤達雄　1992 『スハルト体制の構造と変容』アジア経済研究所
岡部達味　1971 『現代中国の対外政策』東京大学出版会
———1989 「ASEAN における統合と華人・中国」岡部達味編『ASEAN における国民統合と地域統合』日本国際問題研究所
岡本正明　2015 『暴力と適応の政治学——インドネシア民主化と地方政治の安定』京都大学学術出版会
小熊英二　1998 『〈日本人〉の境界——沖縄・アイヌ・台湾・朝鮮　植民地支配から復帰運動まで』新曜社
尾村敬二　1986 『インドネシア政治動揺の構図——ポスト・スハルトへの展望』有斐閣
柏村彰夫　2009 「法令」森山幹弘・塩原朝子編著『多言語社会インドネシア』めこん
加藤剛　1990 「「エスニシティ」概念の展開」坪内良博編『東南アジアの社会』弘文堂
———1993 「飼育されるエスニシティ」矢野暢編『地域研究のフロンティア』弘文堂
カナヘレ，ジョージ S.　1981 (原著 1967) 『日本軍政とインドネシア独立』維新報知社
可児弘明　1991 「東南アジアにおける華僑のイメージとその影響力」松本三郎・川本邦衛編著『東南アジアにおける中国のイメージと影響力』大修館書店
———・游仲勲編　1995 『華僑華人——ボーダレスの世紀へ』東方書店
金子芳樹　2001 『マレーシアの政治とエスニシティ——華人政治と国民統合』晃洋書房
加納啓良　2001 『インドネシア繚乱』文藝春秋
———2010 「拡大する中国とインドネシアの経済関係——貿易統計からの観察」『インドネシア・ニュースレター』72 号、日本インドネシア NGO ネットワーク（JANNI）
川崎有三　1996 『東南アジアの中国人社会』山川出版社
河部利夫　1972 「東南アジア華僑研究の視点——華僑の同化と非同化と」河部利夫編『東南アジア華僑社会変動論』アジア経済研究所
川村晃一　2002 「1945 年憲法の政治学——民主化の政治制度に対するインパクト」佐藤百合編『民主化時代のインドネシア——政治経済変動と制度改革』アジア経済研究所
———（編） 2015 『新興民主主義大国インドネシア——ユドヨノ政権の 10 年とジョコ

Wang Zengbing（王增炳）・余网　1981　『陈嘉庚兴学记』福建教育出版社.
Weldon, Peter D.　1978　“Indonesian and Chinese Status and Language Differences in Urban Java”, in Peter Chen & Hans–Dieter Evers ed., *Studies in ASEAN Sociology: Urban Society and Social Change*, Singapore: Chopmen Enterprises.
Wertheim, W. F.　1964　“The Trading Minorities in Southeast Asia”, in his *East–West Parallels: Sociological Approaches to Modern Asia*, The Hague: W. van Hoeve.
Wessel, Ingrid (ed.)　2005　*Democratisation in Indonesia after the fall of Suharto*, Berlin: Logos Verlag.
Wibisono, Christianto　1981a　“Antara Mitos dan Fakta”, *Prisma*, 4 April 1981.
———1981b, *Laporan Penelitian Perusahaan PMA/PMDN, 1967–1980*, Jakarta: Yayasan Management Informasi.
Wibowo, I. (ed.)　1999　*Retrospeksi dan Rekontekstualisasi “Masalah Cina”*, Jakarta: Gramedia Pustaka Utama, atas kerja sama dengan Pusat Studi Cina.
——— (ed.)　2000　*Harga yang Harus Dibayar: Sketsa Pergulatan Etnis Cina di Indonesia*, Jakarta: Gramedia Pustaka Utama, atas kerja sama dengan Pusat Studi Cina.
Williams, Lea E.　1960　*The Overseas Chinese Nationalism: the Genesis of the Pan–Chinese Movement in Indonesia 1900–1916*, Glencoe: The Free Press.
———1966　*The Future of the overseas Chinese in Southeast Asia*, New York: McGraw–Hill Book.
Willmott, Donald E.　1956　*The National Status of the Chinese in Indonesia*, Ithaca: Cornell University.
———1960　*The Chinese of Semarang: A Changing Minority Community in Indonesia*, Ithaca: Cornell University Press.
“WNI keturunan Tionghoa tetap ganggu ketenteraman Nasional, selama mereka belum bersedia mengasimilisasikan dirinja”, *Pikiran Rakyat*, 31 Juli 1956.
Yamamoto, Nobuto　1989　“The Origin of ‘The Chinese Problem’ in Indonesia: The Colonial State, ‘Racial’ Identities, and Conflicts”, *The Journal of International Studies* (Sophia University), No. 23.
Yayasan Gedung–gedung Bersejarah Jakarta (ed.)　1978　*Bunga Rampai Soempah Pemoeda*, Jakarta: PN Balai Pustaka.
Yiftachel, Oren　2001　“The Homeland and Nationalism”, in *Encyclopedia of Nationalism, Vol. 1*, Academic Press.
Yap Tjwan Bing　1988　*Meretas Jalan Kemerdekaan: Otobiografi Seorang Pejuang Kemerdekaan*. Jakarta: Gramedia.
Yoshihara Kunio (ed.)　1989　*Oei Tiong Ham Concern: The First Business Empire of Southeast Asia*, Kyoto, The Center for Southeast Asian Studies, Kyoto University.
Zein, Abdul Baqir　2000　*Etnis Cina dalam Potret Pembauran di Indonesia*, Jakarta: Prestasi Insan Indonesia.
Zhou Nanjing　1987　“Masalah Asimilasi Keturunan Tionghoa di Indonesia”, in *Review of Indonesian and Malaysian Affairs*, 21(2).

———1997 "The Ethnic Chinese in Indonesia: Issues of Identity" in Suryadinata［1997d］.

The, Siauw Gap 1966 "Group Conflict in a Plural Society", *Revue du sud–est aiatique,* Vol. 1: 1–32.

Thung, Ju Lan 1999 "Tinjauan Kepustakaan tentang Etnis Cina di Indonesia", in *Retrospeksi dan Rekontekstualisasi "Masalah Cina"* , ed. by I. Wibowo, Jakarta: Gramedia Pustaka Utama, atas kerja sama dengan Pusat Studi Cina.

———2000 "Susahnya Jadi Orang Cina: Ke–Cina–an sebagai Konstruksi Sosial", in *Harga yang Harus Dibayar: Sketsa Pergulatan Etnis Cina di Indonesia*, ed. by I. Wibowo, Jakarta: Gramedia Pustaka Utama, atas kerja sama dengan Pusat Studi Cina.

Tjamboek Berdoeri(Kwee Thiam Tjing), 1947(republished in 2004 by the edition of Stanley & Arief W. Djati), *Indonesia dalem Api dan Bara*, Jakarta: ELKASA.

Toer, Pramoedya Ananta, 1960, *Hoakiau di Indonesia*, Jakarta, Bintang Press.

———1980 *Bumi Manusia*. Edisi Malaysia, 1981, Selangor: Wira Karya dengan kerja sama Hasta Mitra, Jakarta.

———1982 *Anak Semua Bangsa*, Edisi Malaysia, 1982, Wira Karya dengan kerja sama Hasta Mitra, Jakarta.

———*et al.* 1999–2001, *Kronik Revolusi Indonesia Jilid I – III*, Kepustakaan Populer Gramedia in association with Yayasan Adikarya IKAPI & Ford Foundation.

TRuK 1998 *Sujud di Hadapan Korban: Tragedi Jakarta Mei 1998,* Tim Relawan untuk Kemanusiaan.

UNESCO 1956 *The Race Question in Modern Science*, Paris: UNESCO.

Usman, K. 2008 *Mei Hwa: Wanita di Seberang Sana*, Penerbit Zikrul Hakim.

Van der Veur, Paul W. 1969 *Education and Social Change in Colonial Indonesia(I)*, Center for International Studies, Athens: Ohio University.

———1976 *Freemasonry in Indonesia from Radermacher to Soekanto, 1762–1961*, Center for International Studies, Athens: Ohio University.

———2006 *The Lion and the Gadfly: Dutch colonialism and the spirit of E. F. E. Douwes Dekker*, Leiden: KITLV Press.

Van der Wal, S. L.(ed.) 1965 *De Volksraad en de Staatkundige Ontwikkeling van Nederlands–Indié : Tweede Stuk 1927–1942*, Groningen: Wolters.

Van Niel, Robert 1992 *Java under the Cultivation System*, KITLV Press.

Wahono, Riyanto D. (ed.) 1997 *70 Tahun Junus Jahja: Pribumi Kuat Kunci Pembauran*, Jakarta: Bina Rena Pariwara.

Wanandi, Jusuf 2012 *Shades of Grey: A Political Memoir of Modern Indonesia 1965–1998*, Equinox Publishing.

Wang Cangbai（王蒼柏）2006 『活在別處——香港印尼華人口述歷史』香港大学.

Wang Gungwu 1976 "Are Indonesian Chinese Unique?: Some Observations", in *The Chinese in Indonesia: Five Essays*, ed. by J.A C. Mackie, Honolulu: The University Press of Hawaii in association with The Australian Institute of International Affairs.

———1988 "The Study of Chinese Identities in Southeast Asia", in *Changing Identities of the Southeast Asian Chinese since World War II*, ed. by Jennifer Cushman and Wang Gungwu, Hong Kong University Press.

Institute of Southeast Asian Studies.
———1993 "The State and Chinese Minority in Indonesia", in *Chinese Adaptation and Diversity: Essays on Society and Literature in Indonesia, Malaysia & Singapore*, ed. by Leo Suryadinata, Singapore University Press.
———1995 *Prominent Indonesian Chinese: Biographical Sketches*, ISEAS.
———1997a *Political Thinking of the Indonesian Chinese 1900–1995: A Source Book* (Second ed.) Singapore University Press issued under the auspices of the Institute of Southeast Asian Studies (First ed. in 1979).
———1997b "Recent Publications on Partially Assimilated Chinese in Indonesia, Malaysia, and Singapore: 1980–1996", *Asian Research Trends: A Humanities and Social Science Review, No. 7*.
———1997c（reprint with Appendix in 1999）, *Chinese and Nation–Building in Southeast Asia*, Singapore Society of Asian Studies.
——— (ed.) 1997d *Ethnic Chinese as Southeast Asians*, ISEAS.
———2001 "Chinese Politics in Post–Suharto's Indonesia: Beyond the Ethnic Approach?", *Asian Survey* Vol.41(3).
——— *et al.* 2003 *Indonesia's Population: Ethnicity and Religion in a Changing Political Landscape*, Singapore: Institute of Southeast Asian Studies.
———2003a "Kebijakan Negara Indonesia terhadap Etnik Tionghoa: Dari Asimilasi ke Multikulturalisme?", *Antropologi Indonesia*, Th. XXVII, No. 71.
———2003b "The Ethnic Chinese: A Declining Percentage", in Suryadinata et al., 2003.
———2005 *Pemikiran Politik Etnis Tionghoa Indonesia: 1900–2002*, Jakarta: LP3ES.
———2010 *Etnis Tionghoa dan Nasionalisme Indonesia: sebuah bunga ranpai 1965–2008*, Kompas.
Suryomenggolo, Jafar 2003 *Hukum sebagai Alat Kekuasaan: Politik Asimilasi Orde Baru*, Jakarta: Galang Press & ELKASA.
Taher, Tarmizi 1997 *Masyarakat Cina: Ketahanan Nasional dan Integrasi Bangsa di Indonesia*, Pusat Pengkajian Islam dan Masyarakat.
Tan, Boen Kim 1920(？) *Peroesoehan di Koedoes: Soeatoe Tjerita jang Betoel Telah Terdjadi di Djawa Tenga pada Waktoe jang belon Sabrapa Lama*, Batavia.
Tan, Chee–Beng 1988 "Nation–Building and Being Chinese in a Southeast Asian State: Malaysia" in *Changing Identities of the Southeast Asian Chinese since World War II*, ed. by Jennifer Cushman and Wang Gungwu, Hong Kong University Press.
———1997 "Comments by Tan Chee Beng on 'ethnic Chinese in Southeast Asia: Overseas Chinese, Chinese Overseas or Southeast Asians?' presented by Leo Suryadinata" in Leo Suryadinata［1997d］.
Tan, Giok–Lan 1963 *The Chinese of Sukabumi: A Study in Social and Cultural Accommodation*, Ithaca: Cornell University.
Tan, Kah–Kee（陳嘉庚） 1950 『南僑回憶録』（再版），福州: 福州集美校友会.
Tan, Mely G. 1995 "The Ethnic Chinese in Indonesia: Issues and Implications" in *Southeast Asian Chinese: The Socio–Cultural Dimension*, ed. by Leo Suryadinata, Singapore: Times Academic Press.

Soepomo, R. 1950 *Undang–undang Dasar Sementara Republik Indonesia*, Djakarta: Noordhoff–Kolff.

Somers, Mary F. A. 1964 *Peranakan Chinese Politics in Indonesia*, Ithaca: Cornell University.

———1965, "Peranakan Chinese Politics in Indonesia", Ph.D. Thesis, Cornell University.

Somers–Heidhues, Mary F. 1988 "Citizenship and Identity: Ethnic Chinese and the Indonesian Revolution", in *Changing Identities of the Southeast Asian Chinese since World War II*, ed. by Jennifer Cushman and Wang Gungwu, Hong Kong University Press.

———1992 *Bangka Tin and Mentok Pepper: Chinese Settlement on an Indonesian Island*, Singapore: ISEAS.

———2003 *Golddiggers, Farmers, and Traders in the "Chinese Districts" of West Kalimantan, Indonesia*, Ithaca: Cornell University.

———2005 "The Makam Juang Mandor Monument: Remembering and Distorting the History of the Chinese of West Kalimantan" in Lindsey & Pausacker [2005].

Souw, Hong Tjoen 1950 "Kenang–kenangan pada Djubilium Lima–puluh Tahun Dari Tiong Hoa Hwee Koan Djakarta", in *Hari–ulang Ke–50 Tiong Hoa Hwee Koan Djakarta*（『椰城中華會舘五十週年紀念刊』）, Djakarta.

Suhartono, 1994, "Cina Klonthong, Rural Peddlers in the Residency of Surakarta 1850–1920", in G. J. Schutte ed., *State and Trade in the Indonesian Archipelago*, Leiden: KITLV Press.

Sukisman, W. D. 1975 *Masalah Cina di Indonesia*, Jakarta: Yayasan Penelitian Masalah Asia.

Sukma, Rizal 1999 *Indonesia and China: The Politics of a Troubled Relationship*, Routledge.

Sunaryo 1982 "Seuntai Kata bagi Teman Seperjuangan", *Iskaq Tjokrohadisurjo: Alumni Desa Bersemangat Banteng*. Ruben Nalenan ed., Jakarta: Gunung Agung.

Suryadinata, Leo 1971 *The Pre–World War II Peranakan Chinese Press of Java: A Preliminary Survey*, Athens: Ohio University.

———1976 "Indonesian Policies towards the Chinese Minority under The New Order", *Asian Survey* 16(8).

———1978a "The search for Identity of a peranakan Chinese: A Political Biography of Liem Koen Hian." in his *The Chinese Minority in Indonesia: Seven Papers*, Singapore: Chopmen Enterprises.

———1978b "Indonesian Chinese Education: Past and Present." in his *The Chinese Minority in Indonesia: Seven Papers*, Singapore: Chopmen Enterprises.

———1981 *Peranakan Chinese Politics in Java 1917–1942* (revised ed.), Singapore University Press (First ed. published in 1976 by Institute of Southeast Asian Studies).

———1984 *Dilema Minoritas Tionghoa*, Jakarta: PT Grafiti Pers.

———1988 "Government Policy and National Integration in Indoneisa", *Southeast Asian Journal of Social Science*, 16(2).

——— (ed.) 1989 *The Ethnic Chinese in the ASEAN States: Bibliographical Essays*, Singapore: Institute of Southeast Asian Studies.

———1990 *Mencari Identitas Nasional: Dari Djoe Bou San sampai Yap Thiam Hien*, Jakarta: LP3ES.

———1992 *Pribumi Indonesians, the Chinese Minority and China* (3rd edition), Singapore: Heinemann Asia (First ed. in 1978 by Heinemann Educational Books) under the auspices of the

Chinese, ed. by Anthony Reid, St. Leonards: Asian Studies Association of Australia in association with Allen & Unwin.

Saw, Swee–Hock, Cheng Lijun & Chin Kin Wah 2005 *ASEAN–China Relations: Realities and Prospects*, Singapore: ISEAS.

Schwarz, Adam 1994 *A Nation in Waiting: Indonesia in the 1990s*, St Leonards: Allen & Unwin.

See, Teresita Ang, ed. 2000 *Intercultural Relations, Cultural Transformation, and Identity – The Ethnic Chinese – Selected papers presented at the 1998 ISSCO conference*, Manila: Kaisa Para Sa Kaunlaran.

Setijadi, Charlotte 2015 "Being 'Chinese' again: Studying Chinese Indonesians in context of the Rise of China", *CSEAS Newsletter, Kyoto University*, No. 71.

Setyautama, Sam, ed. 2008 *Tokoh–tokoh Etnis Tionghoa di Indonesia* (『印尼华族名人集』), Jakarta: Kepustakaan Populer Gramedia.

Setiono, Benny G. 2003 *Tionghoa dalam Pusaran Politik*, Jakarta: ELKASA.

Shiraishi, Takashi 1990 *An Age in Motion: Popular Radicalism in Java 1912–1926*, Ithaca and London: Cornell University Press.

———1997, "Anti–Sinicism in Java's New Order", in Chirot and Reid［1997］.

Siauw, Tiong Djin 1999 *Siauw Giok Tjhan: Perjuangan Seorang Patriot membangun Nasion Indonesia dan Masyarakat Bhineka Tunggal Ika*, Jakarta: Hasta Mitra.

——— (ed.) 2010 *Renungan Seorang Patriot Indonesia: Siauw Giok Tjhan*, Jakarta: Lembaga Kajian Sinergi Inodnesia.

Sidharta, Myra 2000 "Korban dan Pengorbanan Perempuan Etnis Cina" in *Harga yang Harus Dibayar: Sketsa Pergulatan Etnis Cina di Indonesia*, ed. by I. Wibowo, Jakarta: Gramedia Pustaka Utama, atas kerja sama dengan Pusat Studi Cina.

Siegel, James 1986 *Solo in the New Order: Language and Hierarchy in an Indonesian City*, Princeton: Princeton University Press.

———2001 "Thoughts on the Violence of May 13 and 14, 1998, in Jakarta" in Benedict Anderson ed., *Violence and the State in Suharto's Indonesia*, Cornell University.

Simorangkir, J. C. T. and B. Mang Reng Say 1987 *Tentang dan Sekitar Undang–undang Dasar 1945*, Jakarta: Djambatan(First published in 1959).

Siswono, Yodo Husodo 1985 *Warga Baru (Kasus Cina di Indonesia)*, Jakarta: Yayasan Padamu Negeri.

Skinner, G. William 1960 "Change and Persistence in Chinese Culture Overseas: A Comparison of Thailand and Java", *Journal of the Southseas Society*, XVI.

———1961 "Java's Chinese Minority: Continuity and Change", *Journal of Asian Studies*, 20(3).

———1967 "The Chinese Minority", *Indonesia* (revised edition), by Ruth Macvey ed., New Haven: Yale University by arrangement with Human Relation Area Files.

———1996 "Creolized Chinese Societies in Southeast Asia", in *Sojourners and Settlers: Histories of Southeast Asia and the Chinese*, ed. by Anthony Reid, St. Leonards: Asian Studies Association of Australia in association with Allen & Unwin.

Soebagijo, I. N. 1983 *MR. Sudjono: Mendarat dengan Pasukan Jepang di Banten 1942*, Jakarta: Gunung Agung.

———2008 *Anti Cina, Kapitalisme Cina dan Gerakan Cina: Sejarah Etnis Cina di Indonesia*, Depok: Komunitas Bambu.

Parera, Frans M. 1985 "P. K. Ojong: Intelektual yang Menganut Sosialisme Fabian", in *Prisma*, 7, Jakarta: LP3ES.

Pattiradjawane, Rene L. 2000 "Peristiwa Mei 1998 di Jakarta: Titik Terendah Sejarah Orang Etnis Cina di Indonesia", in *Harga yang Harus Dibayar: Sketsa Pergulatan Etnis Cina di Indonesia*, ed. by I. Wibowo, Jakarta: Gramedia Pustaka Utama, atas kerja sama dengan Pusat Studi Cina.

P.K. Ojong Kompasiana: Esei journalistic tentang berbagai Masalah 1981 Jakarta: Gramdedia.

Poerwanto, Hari 2005 *Orang Cina Khek dari Singkawang*, Depok: Komunitas Bambu.

Pringgodigdo, A. K. 1949 Sejarah Pergerakan Rakyat Indonesia, Jakarta: Dian Rakyat.

Purcell, Victor 1951 (the Second Edition 1965) *The Chinese in Southeast Asia*, London; Kuala Lumpur; Hong Kong: Oxford University Press.

Purdey, Jemma 2006a *Anti–Chinese Violence in Indonesia, 1996–1999*, Asian Studies Association of Australia in association with Singapore University Press.

——— 2006b "The 'other' May riots: anti–Chinese violence in Solo, May 1998", in Coppel [2006].

Raffles, Thomas Stamford 1978(reprint) *The History of Java*, Kuala Lumpur; Oxford: Oxford University Press.

Reeve, David *et al.* ed. 2007 *Onze Ong: Onghokham dalam Kenangan*, Jakarta: Komunitas Bambu.

Reid, Anthony 1996 "Flows and Seepages in the Long–term Chinese Interaction with Southeast Asia", in *Sojourners and Settlers: Histories of Southeast Asia and the Chinese*, Anthony Reid ed., St. Leonards: Asian Studies Association of Australia in association with Allen & Unwin.

———1997 "Entrepreneurial Minorities, Nationalism, and the State" in *Essential Outsiders: Chinese and Jews in the Modern Transformation of Southeast Asia and Central Europe*, Daniel Chirot and Anthony Reid, ed., Seattle and London: University of Washington Press.

Robison, Richard 1986 *Indonesia: The Rise of Capital*, North–Sydney: Allen & Unwin under the auspices of Asian Studies Association of Australia.

Rush, James R. 1990 *Opium to Java: Revenue Farming and Chinese Enterprise in Colonial Indonesia, 1860–1910*, Ithaca: Cornell University Press.

———1991 "Placing the Chinese in Java on the Eve of the Twentieth Century", in *Indonesia*, special issue on "The Role of the Indonesian Chinese in Shaping Modern Indonesian Life", Cornell University.

Sa'dun, Moch M. ed. 1999 *Pri dan Nonpri: Mencari Format Baru Pembauran*, Jakarta: Pustaka Sidesindo, bekerja sama dengan Yayasan Adikarya IKAPI dengan The Ford Foundation.

Sai, Siew Min 2006 " 'Eventing' the May 1998 affair: problematic representations of violence in contemporary Indonesia" in Coppel [2006].

Salmon, Claudine 1981 *Literature in Malay by the Chinese in Indonesia: A Provisional Annotated Bibliography*, Paris: Editions de la Maison des Sciences de l'Homme.

———1996 "Ancestral Halls, Funeral Associations, and Attempts at Resinicization in Nineteenth–Century Netherlands India", in *Sojourners and Settlers: Histories of Southeast Asia and the*

———1988 "Changing Economic Roles and Ethnic Identities of the Southeaset Asian Chinese: A Comparison of Indonesia and Thailand", in *Changing Identities of the Southeast Asian Chinese since World War II*, ed. by Jennifer Cushman and Wang Gungwu, Hong Kong University Press.

———1996 "Introduction" of *Sojourners and Settlers: Histories of Southeast Asia and the Chinese*, Anthony Reid ed., St. Leonards: Asian Studies Association of Austra lia in association with Allen & Unwin.

———2005 "How Many Chinese Indonesians?" in *Bulletin of Indonesian Economic Studies*, Vol. 41, No. 1.

Mahasin, Aswab *et al.* ed. 1982 *Perjalanan Anak Bangsa: Asuhan dan Sosialisasi dalam Pengungkapan diri*, Jakarta: LP3ES.

Majalah Tempo ed. 1981 *Apa & Siapa sejumlah orang Indonesia 1981–1982*, Jakarta: Grafiti Pers.

Medhurst, W. H. 1832 *A Dictionary of the Hok–keen dialect of the Chinese language, according to the reading and colloquial idioms*. Macao: G.J. Steyn & Brother.

Minority Rights Group 1992 *The Chinese of Southeast Asia*, London: MRG.

Moerman, J. 1929 *In en om de Chineesche Kamp*, Weltevreden: Landsdrukkerij.

———1933 *De Chineezen in Nederlandsch Oost–Indié*, Batavia: P. Noordhoff.

Nagelkerke, Gerard A. 1982 *The Chinese in Indonesia: A Bibliography, 18th Century – 1981*, Leiden: Library of Royal Institute of Liguistics and Anthropology.

Nio, Joe Lan 1940 *Riwajat 40–Taon dari Tiong Hoa Hwee Koan Batavia 1900–1939*, Batavia: THHK.

———1946 *Dalem Tawanan Djepang (Boekit Doeri–Serang–Tjimahi: Penoetoeran Penghidupan interneeran pada Djeman pendoedoekan Djepang)*, Penerbit Lotus Co.

———1961 *Peradaban Tionghoa selajang pandang*, Djakarta: Keng Po.

———1962 *Sastera Indonesia–Tionghoa*, Djakarta: Gunung Agung.

Nugroho, Y. P. 1996 "Seorang Jawa Mengenang Cina", *Busos*, 234/XXV.

Oetomo, Dede 1987 *The Chinese of Pasuruan: Their Language and Identity*, Canberra: The Australian National University.

———1988 "Multilingualism and Chinese Identities in Indonesia", in *Changing Identities of the Southeast Asian Chinese since World War II*, ed. by Jennifer Cushman and Wang Gungwu, Hong Kong University Press.

———1989 "The Ethnic Chinese in Indonesia", in *The Ethnic Chinese in the ASEAN States: Bibliographical Essays*, ed. by Leo Suryadinata, Singapore: Institute of Southeast Asian Studies.

———1991 "The Chinese of Indonesia and the Development of the Indonesian Language", in *Indonesia*, special issue on "The Role of the Indonesian Chinese in Shaping Modern Indonesian Life", Cornell University.

Ong, Aihwa 1999 *Flexible Citizenship: The Cultural Logics of Transnationality*. Durham & London: Duke University Press.

Onghokham 1989 "Chinese Capitalism in Dutch Java", *Tonan Ajia Kenkyu* 27(2).

———2005 *Riwayat Tionghoa Peranakan di Jawa*, Depok: Komunitas Bambu.

Hasil Kajian dan Seminar, Jakarta: KODI DKI, Balai Penelitian Agama dan Kemasyarakatan, dan PITI DKI Jakarta.

Kumar, Ann L. 1987 "Islam, the Chinese, and Indonesian Historiography: A Review Article", *The Journal of Asian Studies*, 46(3).

Kusuma, Eddie & S. Satya Dharma 2006 *Etnis Tionghoa dalam Politik Indonesia: Sebelum dan Sesudah Reformasi 1998*, Jakarta: SAKTI & AWAM.

Kwartanada, Didi 1996 "Minoritas Tionghoa dan Fasisme Jepang: Jawa, 1942–1945", *Penguasa Ekonomi dan Siasat Pengusaha Tionghoa*, Yogyakarta: Kanisius.

———2011 "Dari Ibu Liem sampai John Lie: Sumbangsih Tionghoa di Masa Revolusi Kemerdekaan" *Nabil Forum*, III 48–57.

Kwee Thiam Tjing 2010 (ed. by Djati, Arief W. & Ben Anderson) *Menjadi Tjamboek Berdoeri: Memoar Kwee Thiam Tjing*, Jakarta: Komunitas Bambu.

Kwee Tek Hoay 1969 (trans. and ed. by Lea Williams) *The Origin of the Modern Chinese Movement in Indonesia* (original text in Malay during 1936–1939), Ithaca: Cornell University.

Kwik, Kian Gie & B.N. Marbun (ed.) 1990 *Konglomerat Indonesia: Permasalahan dan Sepak Terjangnya*, Jakarta: Pustaka Sinar Harapan.

Kwik, Kian Gie 1998 "Masalah Pri da Nonpri Dewasa Ini," in Kwik Kian Gie and Nurcholish Madjid, *Masalah Pri dan Nonpri Dewasa ini*, Jakarta: Pustaka Sinar Harapan bekerja sama dengan Yayasan Dharma Wulan.

Laurence, J. C Ma and Carolyn Cartier (ed.) 2003 *The Chinese Diaspora: Space, Place, Mobility and Identity*, Lanham: Woman & Littlefield Publishers.

Lev, Daniel S. 1991 "Becoming an Orang Indonesia Sejati: The Political Journey of Yap Thiam Hien", in *Indonesia*, special issue on "The Role of the Indonesian Chinese in Shaping Modern Indonesian Life", Cornell University.

———2011 *No Concessions: The Life of Yap Thiam Hien, Indonesian Human Rights Lawyer*, University of Washington Press.

Lie, Tek Tjeng 1970 *Masalah WNI dan Masalah Huakiau di Indonesia*, Jakarta: Lembaga Research Kebudajaan Nasional.

Liem, Thian Joe 1933 *Riwajat Semarang: Dari Djamannja Sam Poo Sampe Terhapoesnya Kong koan*, Semarang & Batavia: Ho Kim Yoe.

Liem, Tjwan Ling 1979 *Raja Gula Oei Tiong Ham*, Surabaya: Liem Tjwan Ling.

Liu, Hua (刘华) 2004 『华侨国籍问题与中国国籍立法』，广东人民出版社.

Lindsey, Tim & Helen Pausacker ed. 2005 *Chinese Indonesians: Remembering, Distorting, Forgetting*. Singapore: ISEAS.

Lindsey, Tim 2005a "Reconstituting the Ethnic Chinese in Post–Soehato Indonesia" in Lindsey & Pausacker［2005］.

Lohanda, Mona 2002 *Growing Pains: The Chinese and the Dutch in Colonial Java, 1890–1942*, Jakarta: Yayasan Cipta Loka Caraka.

Lubis, T. Mulya and Aristides Katoppo, 1990, *Yap Thiam Hien: Pejuang Hak Asasi Manusia*, Jakarta: Pustaka Sinar Harapan.

Mackie, J. A. C. ed. 1976a *The Chinese in Indonesia: Five Essays*, Melbourne: Nelson.

———1976b "Anti–Chinese Outbreaks in Indonesia 1959–1968", in Mackie［1976a］.

Gouw Giok Siong 1960 *Warga Negara dan Orang Asing*, Jakarta: Keng Po.

Graaf, H. J. de, and Th. G. Th. Pigeaud (translation and comments), M. C. Ricklefs ed. 1984 *Chinese Muslims in Java in the 15th and 16th centuries: The Malay Annals of Semarang and Cirebon*, Monash University.

Greenfeld, Liah 1992 *Nationalism: Five Roads to Modernity*, Havard UP.

Greif, Stuart W. 1988 *"WNI": Problematik Orang Indonesia Asal Cina*, Pustaka Utama Grafiti (trans. by A. Dahana from *Indonesians of Chinese Origin: Assimilation and the Goal of One Nation – One People"*, New York: Professors World Peace Academy.

Hamdani, Nasrul 2012 *Komunitas Cina di Medan: dalam lintasan tiga kekuasaan 1930–1960,* Jakarta: LIPI Press.

Hamzah, Alfian ed. 1998 *Kapok Jadi Nonpri: Warga Tionghoa Mencari Keadilan*, Bandung: Zaman Wacana Mulia.

Hasyim, Umar 1987 *Islam Bukan Penghalang Pengasiatenggaraan Orang–orang Tionghoa*, Surabaya: Bina Ilmu.

Herlijanto, Johanes 2003 "Tionghoa di Persimpangan: Studi Mengenai Gerakan Social Orang Indonesia Keturunan Tionghoa Sejak Tahun 1998", *Studia Sinica*, No.2.

Heryanto, Ariel 1998 "Ethnic Identities and Erasure: Chinese Indonesians in Public Culture" in Joels. Kahn ed., *Southeast Asian Identities: Culture and Politics of Representation in Indonesia, Malaysia, Singapore and Thailand*. Singapore: ISEAS.

Hidajat, Z.M. 1977 *Masyarakat dan Kebudayaan Cina Indonesia*, Bandung: Tarsito.

Hoadley, Mason C. 1988 "Javanese, Peranakan, and Chinese Elites in Cirebon: Changing Ethnic Boundaries", *The Journal of Asian Studies*, 47(3).

Hoon, Chang–Yau 2002 "The Ambivalent Identity of the Ethnic Chinese in Indonesia", M. A. thesis submitted to University of Western Australia.

———2008 Chinese Identity in Post-Suharto Indonesia: Culture, Politics and Media. Sussex Academic Press

Hua Yi……『華裔的悲情——印尼暴徒践踏人権実録・第二版』1998 香港：中國和世界雑誌社

Ismail, Taufiq 2005 *Malu (Aku) jadi orang Indonesia*, Yayasan Ananda.

Jahja, Junus 1981 "Dengan Masuk Islam Asimilasi Selesai", *Asimilasi dan Islam*, Jakarta: Bakom–PKB Pusat.

——— (ed.)1991 *Nonpri dimata Pribumi*, Jakarta: Yayasan Tunas Bangsa.

———1993 *Islam dimata WNI*, Penerbit Yayasan Haji Karim Oei.

Jahja, Muhaimin 1990 "Muslim Traders: The Stillborn Bourgeoisie", *Prisma*, No. 49: 83–90.

Kahin, G.M. 1952 *Nationalism and Revolution in Indonesia*, Cornell University Press.

Kahn, Joel S. (ed.) 1998 *Southeast Asian Identities: Culture and the Politics of Representation in Indonesia, Malaysia, Singapore & Thailand*, Singapore: ISEAS.

Koerniatmanto Soetoprawiro 1994 *Hukum Kewarganegaraan dan Keimigrasian Indonesia*, Jakarta: Gramedia Pustaka Utama.

Kompas（同社による同名紙の関連記事集成） 2007 *Jalan Panjang Menjadi WNI: Catatan Pengalaman dan Tinjauan Kritis*, Jakarta: Kompas.

Koordinasi Dakwah Islam DKI Jakarta 1991 *Pandangan Keagamaan WNI Keturunan Cina:*

Five Essays, J. A. C. Mackie and Charles A. Coppel ed., Honolulu: The University Press of Hawaii in association with The Australian Institute of International Affairs.

——— and Leo Suryadinata 1976 "The Use of the Terms 'Tjina' and 'Tionghoa' in Indonesia: An Historical Survey", in Leo Suryadinata ed., *The Chinese Minority in Indonesia: Seven Papers*, Singapore: Chopmen Enterprises.

———1980 "China and the Ethnic Chinese in Indonesia", in *Indonesia: The Making of A Nation*, ed. by J. A. C. Mackie, Canberra: The Australian National University.

———1983 *Indonesian Chinese in Crisis*, Kuala Lumpur: Oxford University Press.

———1989 "《Is Confucianism a Religion?》:A 1932 Debate in Java", *Archipel*, No. 38.

———2000 "Chinese Indonesians in 1998 Crisis", in *Intercultural Relations, Cultural* Trans*formation, and Identity: The Ethnic Chinese (Selected papers presented at the 1998 ISSCO conference)*, Manila: Kaisa Para Sa Kaunlaran.

———2002a *Studying Ethnic Chinese in Indonesia*, Singapore Society of Asian Studies.

———2002b "The Indonesian Chinese: 'Foreign Orientals', Netherlands Subjects, and Indonesian Citizens", in *Law and the Chinese in Southeast Asia*, ed. by M. Barry Hooker, Singapore, Institute of Southeast Asian Studies.

———2003 "Kendala–kendala Sejarah dalam Penerimaan Etnis Cina di Indonesia yang Multi–kultural", *Antropologi Indonesia*, Th. XXVII, No. 71.

——— 2006(ed.) *Violent Conflicts in Indonesia: Analysis, representation, resolution*, Routledge.

Cribb, Robert ed. 1994 *The Late Colonial State in Indonesia: Political and Economic Foundations of the Netherlands Indies 1880–1942*, Leiden: KITLV Press.

Crouch, Harold 2010 *Political Reform in Indonesia after Soeharto*, Singapore: ISEAS.

Deeje, dkk 2008 *10 orang Terkaya Indonesia 2008*, Pustaka Timur.

Djamily, Mizwar, ed. 1986 *Mengenal Kabinet RI Selama 40 tahun Indonesia Merdeka*, Jakarta: Kreasi Jaya Utama.

Effendi, Wahyu & Prasetyadji 2008 *Tionghoa dalam Cengkeraman SBKRI*, Jakarta: Visimedia.

Elson, R. E. 2008 *The Idea of Indonesia: A History*, Cambridge University Press.

Fasseur, C. 1994 "Cornerstone and stumbling block; Racial classification and the late colonial state in Indonesia", in *The Late Colonial State in Indonesia: Political and Economic Foundations of the Netherlands Indies 1880–1942*, ed. by Robert Cribb, Leiden: KITLV Press.

Feith, Herbert & Lance Castles ed. 1970 *Indonesian Political Thinking 1945–1965*, Ithaca & London: Cornell University Press.

Furnivall, J. S. 1939 (reprinted in 1967) *Netherlands India: A Study of Plural Economy*, Cambridge University Press.

Gautama, Sudargo 1987 *Warga Negara dan Orang Asing*, Bandung: Alumni.

Gellner, Ernest 1983 *Nations and Nationalism*, Oxford: Blackwell Publishers.

Ginandjar, Kartasasmita 2013 *Managing Indonesia's Transformation: An Oral History*, World Scientific.

Go, Gien–tjwan 1970 "The Role of the Overseas Chinese in the Southeast–Asian Revolutions and their Adjustment to New States", *Nationalism, Revolution and Evolution in South–east Asia*, Michael Leifer, ed., Center for South East Asian Studies, University of Hull.

———1982 "In Memoriam: Siauw Giok Tjhan(1914–1981)", *Indonesia*, No. 33.

Singapore: ISEAS.
Anderson, Benedict　1972　*Java in a Time of Revolution*. Cornell University Press.
———1991　*Imagined Communities: Reflections on the Origins and Spread of Nationalism* (Revised Edition), London; New York: Verso.（白石さや・白石隆訳　1997　『想像の共同体――ナショナリズムの起源と流行』増補版　NTT出版）
———1995　"Cina di Indonesia: potongan dari 'cerita' Prof. Ben Anderson, yang dikisahkan tanggal 27 Des. 1995 di Ithaca".
———1998　*The Spectre of Comparisons: Nationalism, Southeast Asia and the World*, London & New York: Verso.（糟谷啓介・高地薫ほか訳　2005　『比較の亡霊――ナショナリズム・東南アジア・世界』作品社）
———1999　"Indonesian Nationalism Today and in the Future", *Indonesia* No. 67.
Ang, Ien　1993　"To Be or Not to Be Chinese: Diaspora, Culture and Postmodern Ethnicity", *Southeast Asian Journal of Social Science*, Vol. 21, No. 1.
———2001, *On Not Speaking Chinese: Living between Asia and the West*, Routeledge.
Anggraeni, Dewi, "Review Essays: Indonesian Chinese in National History: Three Recent Studies", in *Bjidragen tot de taal–, land– en volkenkunde*, Vol. 169, No.4.
Anonym　1934　"Pengleboeran bangsa Tionghoa", Panorama, 25 Aug., 1934.
Blusse, Leonard　1991　"The Role of Indonesian Chinese in Shaping Modern Indonesian Life: A Conference in Retrospect", in *Indonesia*, special issue on "The Role of the Indonesian Chinese in Shaping Modern Indonesian Life", Cornell University.
"Brothers in Anger", *Time*, August 31, 1998.
Budiman, Amen　1979　*Masyarakat Islam Tionghoa di Indonesia*, Semarang: Tanjung Sari.
Carey, Peter　1984　"Changing Javanese Perceptions of the Chinese Communities in Central Java, 1755–1825", *Indonesia*, No. 37.
Cator, W. J.　1936　*The Economic Position of the Chinese in the Netherlands Indies*, Oxford: Basil Blackwell.
Centre for the Study of the Chinese Southern Diaspora, Australian National University, February1999, *Proceedings, Conference on "The Chinese Indonesians: The Way Ahead"*.
Chan, Kwok–bun　2005　*Chinese Identities, Ethnicity and Cosmopolitanism*. London & New York: Routledge.
Chantavanich, Supang　1997　"From Siamese–Chinese to Chinese–Thai: Political Conditions and Identity Shifts among the Chinese in Thailand", in *Ethnic Chinese as Southeast Asians*, ed. by Leo Suryadinata, Singapore: Institute of Southeast Asian Studies.
Chirot, Daniel and Anthony Reid, ed.　1997　*Essential Outsiders: Chinese and Jews in the Modern Transformation of Southeast Asia and Central Europe*, Seattle and London: University of Washington Press.
Coppel, Charles A.　1970　"The National Status of the Chinese in Indonesia", *Far Eastern History*, No. 1.
———1973　"Mapping the Peranakan Chinese in Indonesia", *Far Eastern History*, 8.
———1974　"Values and the Study of The Indonesian Chinese", *Review of Indonesian and Malayan Affairs*, Vol. 10, No.2. Republished as Chap. 3 of Coppel［2002a］.
———1976　"Patterns of Chinese Political activity in Indonesia", in *The Chinese in Indonesia:*

Sin Po［日刊　Batavia］　1926、1931–1932
Sin Tit Po［日刊　Surabaya］　1932–1933, 1935, 1937–1939
Sinar［週刊　Jakarta］1993 ～全巻
Sinergi Bangsa［隔週刊　Jakarta］　1998 – 2001
Sinergi Indonesia［月刊　Jakarta］　2003 – 2010
Soeara Semarang［日刊　Semarang］　1939
Star Weekly［週刊　Jakarta］　1959–1960
Suara Merdeka［日刊　Semarang］　1995 ～適宜
Tempo［週刊　Jakarta］　1983 ～適宜
Tempo: Edisi Kusus 17 Agustus［16–22 Agustus 2004］独立記念日特集“Etnis Cina di Zaman yang Berubah”
Topik［週刊　Jakarta］　1972 年 5 月号
『印尼與東協』［季刊　台北・香港］　1995 ～
『インドネシア ニュースレター』［日本インドネシア NGO ネットワーク（JANNI）機関誌　不定期］1991 ～ 2015 全巻
『Indonesia Alternative Information』［インドネシア民主化支援ネットワーク（NINDJA）機関誌　ほぼ季刊］　1998 ～ 2015 全巻
【主要なオンライン新聞・雑誌・NGO サイト】（いずれも 1998 ～ 2015 年随時閲覧）
Human Rights Watch（http://www.hrw.org/）
IHCC（*Indonesia Huaren Crisis Centre*）（http://www.geocities.com/CapitolHill/4120/index.html）
Kompas（http://www.kompas.com/）
News Net Asia（http://newsnet.asia.ne.jp/）
Pos Kota（http://www.poskota.net/）
Straits Times（http://straitstimes.asia1.com.sg/）
Suara Merdeka（http://www.suaramerdeka.com/）
Suara Pembaruan（http://www.suarapembaruan.com/index.htm）
Tempo Interaktif（http://www.tempo.co.id/）
じゃかるた新聞（http://www.jakartashimbun.com/）

二次資料

【外国語文献（インドネシア語・英語・オランダ語・中国語の著書・論文・事典・雑誌記事・パンフレット類）】
Abeyaskere, Susan　1973　“The Soetardjo Petition”, *Indonesia*, No. 15.
Adiguna, Rangga Warih　2013　*Jokowi-Ahok: Duet Maut Pendobrak Wajah Kaku Birokrat*, Jogjakarta: Palapa.
Aditjondro, George Yunus　1973　“Perkembangan Pola–pola Perdagangan Masyarakat Tenglang di Semarang”, *Prisma*, 2(3).
Ajidarma, Seno Gumira　1998　“Clara: atau Wanita Diperkosa”, 国際交流基金アジアセンター，開高健記念アジア作家講演会シリーズ⑧インドネシア『戦略としての文学～ジャーナリズムの限界を超えて～セノ・グミラ・アジダルマ』資料集に所収.
Ananta, Aris, Evi N. Arifin & Leo Suryadinata　2005　*Emerging Democracy in Indonesia*,

Ⅲ–R–2　Tim　Gabungan Pencari Fakta（TGPF），1998, *Laporan Akhir Tim Gabungan Pencari Fakta Peristiwa 13–15 Mei: Ringkasan Eksektif*, TGPF.（政府・国軍系責任者と民間代表の合同委員会による同年中の報告書）

Ⅲ–R–3　TRuK（人道のための有志委員会）編　1998　暫定報告書第3号邦訳『連続暴動における大規模レイプ』　インドネシア・フォーラム［1999:10–31］に収録。インドネシア語の原版タイトルは　*Dokumentasi Awal No. 3, Perkosaan Massal dalam Rentetan Kerusuhan: Puncak Kebiadaban dalam Kehidupan Bangsa*　(13 Juli 1998)

Ⅲ–R–4　Tim Pemburu Fakta, 1998, *Puncak Kebiadaban Bangsa: Pemerkosaan Etnik Tionghoa 13–14 Mei '98.*（民間NGOによる集団レイプ事件の緊急調査報告書）

Ⅳ

【法令集】

Ⅳ–L–1　*Amandemen Undang–undang Dasar 1945: Perubahan Pertama s/d Keempat*, 2007, Yogyakarta: Pustaka Yustisia.

Ⅳ–L–2　*Undang RI No. 12 Tahun 2006 tentang Kewarganegaraan Republik Indonesia*, 2007, Jakarta: Persembahan Majalah Sinergi Indonesia.

Ⅳ–L–3　"Undang–undang tentang Kewarganegaraan Republik Indonesia 2006", 2006, *Indonesia Media Online Liputan Khusus* (http://www.indonesiamedia.com/).

【民間団体の刊行物】

Ⅳ–P–1　INTI, 2002, *Tugas dan Kewajiban Etnis Tionghoa dalam Membangun Bangsa dan Negara*, Jakarta: INTI.

Ⅳ–P–2　Junedi, Leo（頼啓仁）編訳 , 2003,『一九九八年印尼社会档案』, Jakarta: 印尼華人社会研究與服務機構（Lembaga Penelitian & Pengabdian Masyarakat Tionghoa Indonesia）

Ⅳ–P–3　*Aspirasi Warga Masyarakat Korban Istilah "Asli" dan "Tidak Asli": disampaikan Kepada Panitia Ad Hoc I Bp–MPR dan Panitia Ad Hoc II Bp–MPR, 2006*, Jakarta: Tim Penyampaian Aspirasi

【インドネシア政府のウェブサイト】

Ⅳ–RI（インドネシア共和国国家官房公式サイト）http://www.indonesia.go.id/

【統計】

Ⅳ–S–1　Badan Pusat Statistik, 2001a, *Penduduk Indonesia: Hasil Sensus Penduduk Tahun 2000*, Jakarta: BPS.

Ⅳ–S–2　——2001b, *Penduduk Jawa Tengah: Hasil Sensus Penduduk Tahun 2000*, Jakarta: BPS.

Ⅳ–S–3　Badan Pusat Statistik, 2011, *Kewarganegaraan, Suku Bangsa, Agama, dan Bahasa sehari–hari Penduduk Indonesia: Hasil Sensus Penduduk 2010*, Jakarta: BPS.

【一般定期刊行物（新聞・雑誌）】

Djawa Tengah［日刊　Semarang］　1931–1932

Djawa Tengah Review［月刊　Semarang］　1928–1935

Forum［週刊　Jakarta］　1998 ～適宜

Kompas［日刊　Jakarta］　1972 ～適宜

Nurani Bangsa［週刊　Semarang］　2000–2001

Pelita Tionghoa［～ 1936 月刊　1937 ～週刊　Batavia］　1935–1939

1964, Jakarta.
【日本軍政～独立宣言期の一次資料】
II–N–1 防衛庁防衛研究所戦史部編著 1985 復刻版 『史料集 南方の軍政』朝雲新聞社
II–N–2 満鉄東亜経済調査局 1940『蘭領印度に於ける華僑』／復刻版 1986 『インドネシアにおける華僑』 青史社
II–N–3 ジャワ新聞社 1944（復刻版 1973）『昭和 19 年ジャワ年鑑』 ビブリオ
II–N–4 東亜研究所 1945（復刻版 1978）『第三調査委員会報告書――南洋華僑抗日救国運動の研究』 龍溪書舎
II–N–5 Sekretariat Negara RI, 1992, *Risalah Sidang Badan Pnyelidik Usaha–usaha Persiapan Kemerdekaan Indonesia (BPUPKI) & Panitia Persiapan Kemerdekaan Indonesia(PPKI) 29 Mei 1945 – 19 Agustus 1945*.（独立準備調査会および独立準備委員会会議録のインドネシア共和国国家書記局による復刻出版）
【政治家個人の演説記録】
II–S–1 Sukarno, 1965, *Di Bawah Bendera Revolusi Vol–I* (4th ed.), Djakarta: Panitia Penerbit Dibawah Bendera Revolusi (First ed. in 1963).
II–S–2 Assaat, 1956, *Perlindungan Chusus bagi Usaha Nasional: Prae–Advies pada Kongres Importir Nasional Seluruh Indonesia*. Surabaya
II–S–P Yayasan Pendidikan Sukarno, n.d., *Pidato Bung Karno: Nasionalisme*, Bandung: Sumatra Recording.（スカルノ演説のカセット・テープ）

Ⅲ

【インドネシア共和国国家情報調整庁（BAKIN）資料】
Ⅲ–BK–1 *Pedoman Penyelesaian Masalah Cina di Indonesia: Buku 1*, 1979, Jakarta: BAKIN (Badan Koordinasi Intelijen Negara).
Ⅲ–BK–2 *Pedoman Penyelesaian Masalah Cina di Indonesia: Buku 2*, 1980, Jakarta: BAKIN.
【戦略国際問題研究所（CSIS）の刊行物】
Ⅲ–C–1 CSIS, 1972, *Masalah Pribumi dan Non–pribumi*.
Ⅲ–C–2 *Dokumentasi Kliping tentang Pembauran Menuju Integrasi Bangsa*, 1983, 1984, 1985–87, 1988–89.（華人問題に関する当該年度の新聞・雑誌記事集成）
【インドネシア共和国国防治安省資料】
Ⅲ–D–1 *Himpunan Peraturan Kebijaksanaan Masalah Cina*, 1980(?), Departemen Pertahanan Keamanan Republik Indonesia.
【インドネシア共和国内務省の刊行物】
Ⅲ–G–1 *Peresmian Badan Komunikasi Penghayatan Kesatuan Bangsa*（*Bakom–PKB*）*Tingkat Nasional oleh Menteri Dalam Negeri TGL. 31 Desember 1977*, 1978, Departemen Dalam Negeri Repubulik Indonesia.

【1998 年 5 月暴動の調査報告書】
Ⅲ–R–1 Raymond R. Simanjorang(ed.), 2007 (revised edition), *Kerusuhan Mei 1998, Fakta, Data dan Analisa*, Solidaritas Nusa Bangsa （SNB） dan Asosiasi Penasehat Hukum dan Hak asasi Manusia Indonesia. （暴動被害者の救済と事実究明のために立ち上げられた民間諸団体の協働による10年がかりの調査報告書）

II–A–6 *Lahirnya Konsepsi Asimilasi*, 6th edition, 1989, Jakarta: Satu Nusa, Satu Bangsa, Satu Bahasa Indonesia, Yayasan Tunas Bangsa. First unpublished brochure by Panitia Penjuluhan Asimilasi in 1961.

II–A–7 *"Nation & Character–building" Republik Indonesia*, 1965, Lembaga Pembinaan Kesatuan Bangsa in association with Komando Operasi Tertinggi.

II–A–8 *Nonpri dimata Pribumi*, Junus Jahja (ed.), 1991, Jakarta: Yayasan Tunas Bangsa.

II–A–9 *Pembauran Bangsa: Suatu Konsep–konsep Pemikiran*, Walkodri & Djdjuk Juyoto (ed.), 1985, Jakarta: Nur Cahaya.

II–A–10 *Pembinaan Kesatuan Bangsa, dalam Rangka Nation–Building & Character–Building* (28 October 1928 – 28 October 1964), 1964, Jakarta: Lembaga Pembinaan Kesatuan Bangsa, Kompartemen Perhubungan Dengan Rakyat.

【バプルキ（インドネシア国籍協議体）関係者・関係団体の刊行物】

II–B–1 *Lima Jaman: Perwujudan Integrasi Wajar*, Siauw Giok Tjhan, 1981, Jakarta & Amsterdam: Yayasan Teratai.（シャウ・ギョク・チャンの自伝）

II–B–2 *Madju Terus Pantang Mundur: Materi–materi Konperensi Pleno 1 Baperki di Semarang September 1963*, 1964, Jakarta: Bagian Penerbitan Baperki Pusat.

II–B–3 *Pantja Sila Anti Rasialisme*, Siauw Giok Tjhan（主筆）, 1962, Jakarta: Bagian Penerbitan Pusat Baperki.

II–B–4 *Segala Sesuatu tentang Kewarganegaraan Republik Indonesia*, 1960, Jakarta: Pengurus Pusat Harian Baperki.

II–B–5 *Siapa termasuk Warganegara Indonesia?: Tjeramah Menteri Kehakiman Mr. Djody Gondokusumo dimuka rapat–rapat Baperki*, 1954(?), Jakarta: Bagian Penerangan Baperki Pusat.

II–B–6 *Simposion Baperki tentang Sumbangsih Apakah Jang Dapat Diberikan oleh Warganegara2 Indonesia Keturunan Asing kepada Pembinaan dan Perkembangan Kebudajaan Nasional Indonesia*. 1957, Jakarta: Baperki.

II–B–7 *Universitas "Baperki": Buku Pedoman 1961–1962/ 1962–1963*. Jakarta: Jajasan Pendidikan & Kebudajaan "Baperki".

II–B–8 *Buku Peringatan Sin Ming Hui 1946–1956*, Djakarta: Sin Min Hui(新明會).

【インドネシア国軍資料】

II–C–1 *"Masalah Tionghoa" di Indonesia*, 1961. Staf Umum Angkatan Darat–I.

II–C–2 *"Nation & Character–Building" Republik Indonesia*, 1965, Djakarta, Seksi Penerangan, KOTI (Komando Operasi Tertinggi).

【インドネシア共和国情報省の刊行物】

Ⅱ–F–1 *Baperki Supaja Mendjadi Sumbangan Besar Terhadap Revolusi Indonesia : Amanat Presiden Sukarno pada pembukaan Kongres Nasional Ke–Ⅷ Baperki di Istana Olahraga Gelora "Bung Karno", Djakarta, tanggal 14 Maret 1963*, 1963, Departemen Penerangan Republik Indonesia (Terbitan Chusus 255).

Ⅱ–F–2 Kementerian Penerangan, 1947?, *Negara Republik Mendjamin Golongan Tionghoa*, Jogjakarta.（"Menteri Negara Urusan Peranakan" としての Siauw Giok Tjhan の演説を含む）

【インドネシア共和国内務省の刊行物】

Ⅱ–G–1 *Assimilasi dalam Rangka Pembinaan Kesatuan Bangsa* (Tjetakan kedua, disempurnakan),

I–N–9 *Orgaan Chung Hwa Hui*（月刊、刊行地 Semarang), 1934–35.

I–N–10 *Orgaan Chineesche Verkoopers Bonden*（月刊、Batavia), 1937–1942.

I–N–11 *Orgaan Semarangsche Kassiers Vereeniging*（季刊、Semarang）1931–1941.

I–N–12 Tiong Hwa Siang Hwee, 1937, *Boekoe Peringetan 1907–1937 Tiong Hwa Siang Hwee Semarang*, Semarang.

【華人以外のインドネシア・ナショナリストの言説】

I–O–1a Dekker, Douwes E. F .E. , 1912, *De Indische Partji: Verslag van de Openbare Vergadering gehouden te Semarang op 19 October 1912*, Semarang: C.A. Misset.

I–O–1b Dekker, Douwes E. F. E., 1913, *De Indische Partij, haar wezen en haar doel*, Publicaties van de Indische Partij IV, Bandung.

I–O–2 HAM, J. G. van., 1913, *Eerste jaarboek der Indische Partji 1912*. Publicaties van de Indische Partji VII. Bandung.

I–O–3 *Hindia Berdiri Sendiri: Oesoel Petisi Soetardjo*, 1937, Batavia, translated by H. Agus Salim from *Indonesie Zelfstandig: Petitie Soetardjo*.

I–O–4 Perhimpunan Indonesia, 1931, "De Perhimpunan Indonesia over het Chineesche deel der bevolking van Indonesia." *Chung Hwa Hui Tsa Chih: Orgaan van de Chineesche vereeniging Chung Hwa Hui*, Januari 1932.

I–O–5 Sukarno, 1965, *Di Bawah Bendera Revolusi Vol–I* (4th ed.), Djakarta, Panitia Penerbit Dibawah Bendera Revolusi (First ed. in 1963).

I–O–6 Thamrin, M. H., 1938, "De Nationale Fractie in de Volksraad" in *'Indonesia' Jubileum–nummer: uitgegeven tergelegenheid van het 30–jarig bestaan van de Perhimpunan Indonesia, 1908–1938*, Leiden: Perhimpunan Indonesia.

【名士録】

I–P–1 *Orang–orang Tionghoa jang terkemoeka di Java*, 1935, ed. by Tan Hong Boen. Solo: Biographical Publishing Centre.

I–P–2 Gunseikanbu, 1986 *Orang Indonesia yang terkemuka di Jawa*. Yogyakarta: Gajah Mada University Press.（日本の軍政監部編纂による名士録の復刻版）

【族譜】

I–Q–1 Bagan Silsilah Sebagian Keluarga Besar 'Ko'.（2000年代にインドネシア全土のコー一族の協力によって編まれたインドネシア語表記の族譜）

II

【同化運動（スハルト体制期の新同化運動を含む）諸団体の刊行物】

II–A–1 *Asimilasi dalam Rangka Pembinaan Kesatuan Bangsa*, 3rd ed. 1965, Jakarta: Jajasan Pembinaan Kesatuan Bangsa. First published by Departemen Penerangan in 1964.

II–A–2 *Asimilasi Menudju Integrasi Bangsa*, [1963?], Jakarta: Lembaga Pembinaan Kesatuan Bangsa.

II–A–3 *Baperki membahajakan WNI. "Keturunan Tiong Hoa"*, 1965, Jakarta : Yayasan Pembinaan Kesatuan Bangsa.

II–A–4 *Ganti Nama*, Junus Jahaja (ed.), 1987, Jakarta: Yayasan Tunas Bangsa.

II–A–5 *Garis Rasial Garis Usang: Liku–liku Pembauran*, Junus Jahja ed., 1983, Jakarta: BAKOM–PKB Pusat.

【コー・クワット・ティオン自身の論説】

KKT–1　Ko, Kwat Tiong　1930　"Pernikahan Bangsa Tionghoa : Tjara bagimana itoe system haroes diperbaekin" *Djawa Tengah Review*, Desember.

KKT–2　———1934a, "Kombali ka Doeloe Kala"*Djawa Tengah Review*, Januari.

KKT–3　———1934b, "Apa jang saja anggep sebagi Ka–Tionghoa'an jang sedjati" *Panorama*, No. 1 Sep 1934.

KKT–4　———1939 "Pengoetaraan saja dalem conferentie di Djocja tentang pendirian Federatie Perkoempoelan Boeroeh Tionghoa" *Orgaan Semarangsche Kassiers Vereeniging*, Juli, 1939.

【コー・クワット・ティオンについての特報記事】

KKT–5　"MR. Ko Kwat Tiong." *Sin Po*, 30 April 1926.

KKT–6　"MR. Ko Kwat Tiong." *Orgaan Semarangsche Kassiers Vereeniging*, April 1935.

KKT–7　"MR. Ko mengamoek! Pembela'an sengit boeat kaoem boeroeh!" *Keng Po*, 28 Juli 1937.

KKT–8　"Mr. Ko Kwat Tiong［訃報と続報］." *Suara Merdeka*, 19, 20, 25 Juni 1970.

【オランダ植民地政府文書】

I–G–1　*Handelingen van den Volksraad*, 1935–1936.

I–G–2　*Overzicht van de Inlandsche en Maleisch–Chineesche Pers* , 1932–1933.

I–G–3　*Regerings–Almanak voor Nederlandsch–Indié* 1878, 1877, Landsdrukkerij.

I–G–4　Statistisch Kantoor van het Departement van Landbouw nijverheid en Handel, 1923, *Statistisch Jaaroverzicht voor Nederlandsch–Indié: Jaargang 1922–1923, 1e stuk.*

I–G–5　*Volkstelling 1930 Deel VII: Chineezen en andere Vreemde Oosterlingen in Nederlansch-Indië*, 1935, Batavia: Department van Economische Zaken.（1930年の国勢調査、華人および他の外来東洋人の巻）

I–G–6　*Volkstelling 1930. Deel VIII: Overzicht voor Nederlandsch–Indië*, 1936,Batavia: Department van Economische Zaken.（1930年の国勢調査、オランダ領東インド全土のまとめの巻）

【非政府団体(華人系)の定期・臨時刊行物】

I–N–1　Chung Hwa Hui, *Bondsvergadering pada Tanggal 25 dan 26 December 1935 di Semarang*, Batavia, Secretariaat H. B. Chung Hwa Hui.

I–N–2　Chung Hwa Hui, 1921 *Chung Hwa Hui (Chineezen–Vereeniging in Nederland) Ledenlijst 1920–1921*, Delft, D. Drooper.

I–N–3　Chung Hwa Hui (Chineesche Vereeniging in Nederland) ed., 1926, *Mr. P. H. Fromberg's Verspreide Geschriften*, Leiden, Leidsche Uitgeversmaatschappij.

I–N–4　*Gedenkboek Chung Hua Hui 15 April 1911–1926*, 1926, Leiden? : Chung Hua Hui Nederland.

I–N–5　*Gedenkboek Tiong Hoa Keng Kie Hwee 30 Taon 1909–1939*, 1940. Batavia: Tiong Hoa Keng Kie Hwee.

I–N–6　Nio, Joe Lan, 1940, *Riwajat 40–Taon dari Tiong Hoa Hwee Koan Batavia 1900–1939*, Batavia, THHK.

I–N–7　*Hari Ulang Ke–50 Tiong Hoa Hwee Koan Djakarta 1900–1950*（*椰城中華會舘五十週年紀念刊*）, 1950. Jakarta.

I–N–8　*Sin Po Jubileum Nummer 1910–1935*（巴城新報二十五周年記念特刊）, 1936, Batavia: Sin Po.

資料・参考文献

●政府機関や政治・社会組織の発行物およびインタビューリストなど、本書で使用する文脈において「一次資料」に属すると判断されるものは、Ⅰ、Ⅱ、Ⅲ、Ⅳ部の順に分野別記号と通し番号で整理・提示する。新聞・雑誌など一般の定期刊行物は「一次資料」の末尾にまとめて示す。
●上記以外の著作・論文など「二次資料」に属すると判断されるものは、「はじめに」・序章からⅠ～Ⅳ部および「おわりに」までを一括し、外国語と日本語に分け、前者は原則として著作者名（著作者が不明のものは著作名）のアルファベット順、後者はあいうえお順、同一著作者のものは刊行年の順に並べて提示する。

一次資料

Ⅰ

【コー・クワット・ティオンに関するインタビュー対象者一覧】

インタビュー① Budihardjo, Kuat /Tjan Ting Hwat（1924年生まれ。1960年代にスマランの旧コー・クワット・ティオン〈当時コー・チャイ・シン〉法律事務所に勤務。その後スマランで商店経営。1991年3月3日面談）

インタビュー② Damian, M. F. L.（1921 年生まれ。コー・クワット・ティオンの友人だった故 Tan Bing Oe の娘。スマランの国立ディポヌゴロ大学オランダ語学科講師。1991 年 2 月 27 日面談）

インタビュー③ Hatmodjo, R. Soeprapto（1925 年生まれ。1950 年代に法務省遺産管理所中部ジャワ支署でコー・クワット・ティオンを補佐。1973 ～ 79 年同署長。1991 年 6 月 18 日面談）

インタビュー④ Oei Bie Ing（1933 年生まれ。オランダ植民地時代にスマラン華人居住区の「地区長 wijkmeester」だった父 Oei Tiong Djioe の命で、最晩年のコー・クワット・ティオンを看護。書店経営。1991 年 5 月 26 日面談）

インタビュー⑤ Sapari, Untung /Ko Hian Oen（ 1947 年生まれ。コー・クワット・ティオンと後妻ルミニの一子。スマランの第三国立高等学校の元英語教諭。1991 年 11 月 11 日の面談を皮切りに今日まで情報交換を継続）

インタビュー⑥ Satyawardaya, Anang /Tjoa Tjie Liang（1913 年生まれ。1933 年ＰＴＩ中央執行部書記。ジャーナリスト。1961 年「同化憲章」の署名に参加。面談当時スマランで会社経営。1991 年 1 月 26 日、3 月 28 日、10 月 23 日および 11 月 9 日面談）

インタビュー⑦ Tedjorahardjo, B.（1932 年生まれ。1960 年代以降、旧コー・クワット・ティオン法律事務所に勤務。面談当時同所長。1991 年 2 月 8 日面談）

インタビュー⑧ Utama, Karta /Ko Hian Ing（1908 年生まれ。コー・クワット・ティオンの兄クワット・イの第五子。1970 年代まで葉巻製造会社 Ko Kwat Ie & Sons をマグランで経営。1991 年 7 月 17・18 日面談）

インタビュー⑨ Rudiyanto /Ko King Gie（1929 年生まれ。コー・クワット・ティオンの兄クワット・イの孫。元マグラン士官学校の教師。牧師。 2000 年 8 月 3 日面談）

インタビュー⑩ Sumana（生年不詳〈1920 年代と思われる〉。スマランの神智学協会会員。2000 年 8 月 13 日面談）

ヤ

ラ

ワ

マ

ナ

タ

サ

【事項・地名索引】

ラ

ワ

タ

索引

【人名索引】

ア

カ

サ

著者について

貞好 康志（さだよし　やすし）

一九六四年福岡県生まれ。住友林業株式会社勤務を経て、インドネシア国立ディポヌゴロ大学へ留学。京都大学大学院人間・環境学研究科博士課程（単位取得退学）、学術博士（東南アジア地域研究）。現在、神戸大学大学院国際文化学研究科・教授。

主要な著作に「ジャワで〈華人〉をどう識るか――同化政策三〇年の後で」加藤剛編『変容する東南アジア社会――民族・宗教・文化の動態』（めこん二〇〇四年）、「インドネシア華人のコミュニティ団体の変容――スマラン和合会序説」『国際文化学研究』三七号（二〇一一年）、「移民とローカリティ」国立民族学博物館編『世界民族百科事典』（丸善出版　二〇一四年）などがある。

華人《かじん》のインドネシア現代史《げんだいし》
はるかな国民統合への道
二〇一六年七月三〇日　初版第一刷発行
貞好康志《さだよしやすし》――著者
菊地信義――装幀者
関　宏子――編集者
遠藤真広――発行者
木犀社――発行所
長野県松本市浅間温泉二―一―二〇　〒三九〇―〇三〇三
電話〇二六三―八八―六八五二
信毎書籍印刷――印刷所
川島製本所――製本所

ISBN978-4-89618-064-0 C3031

鏡味治也 編著／森山幹弘・中谷文美・津田浩司・森田良成・金子正徳・岡本正明・長津一史・阿良田麻里子

民族大国インドネシア　文化継承とアイデンティティ

千にものぼる民族の多様な文化をもつインドネシア。スハルト政権崩壊後、解き放たれ、新たに生成し変化する民族意識を探る。待望の2000年センサスをもとに、広い国土の各地域に密着し、各民族の多彩な営みをとらえた、気鋭の著者たちによる論考集。 3800円

アリソン・マレー著／熊谷圭知・内藤耕・葉倩瑋訳

ノーマネー、ノーハネー　ジャカルタの女露天商と売春婦たち

開発のショー・ウィンドー、ジャカルタ。自給・自律する自分たちの空間を奪われつつある女たちの、生き残り戦略と意識の変容を克明に描く。若き地理学者による80年代フィールドワークの傑作。 2500円

インドネシア国立文書館編著／倉沢愛子・北野正徳訳

ふたつの紅白旗　インドネシア人が語る日本占領時代

支配する民族と支配される民族の旗は同じ紅白旗だった。ふたつの紅白旗に象徴される日本占領時代の封印された記憶をよみがえらせ、人びとは歴史の空白を埋める。必読の証言集。 2700円

ジャン・ラフ＝オハーン著／渡辺洋美訳　倉沢愛子解説

オランダ人「慰安婦」ジャンの物語

第二次大戦下のインドネシアで日本軍によって「慰安婦」にされた体験が、長い沈黙ののち、自分の生全体でとらえられ語られることによって、豊かなふくらみをもつ物語を生んだ。 2200円

ヘレン・コレイン著／西村由美訳

歌の力　日本軍女性収容所を生きる

ヴォーカル・オーケストラ。器楽曲を声で奏でるその独創的な音楽は、女性たちの、不安と苦しみに耐え美しさを求める心から生まれ、スマトラの収容所生活を生き抜く糧となった。 2400円

プトゥ・スティア著／鏡味治也・中村潔訳

プトゥ・スティアのバリ案内　〈増補新版〉

バリ人ジャーナリストが語るバリの魂。自らの記憶に照らしてバリ文化の変遷を辿り、開発と観光化にさらされても、爆弾テロに見舞われてもなお魅力を失わぬバリの姿を活写する。 2980円

梅田英春著

バリ島ワヤン夢うつつ　影絵人形芝居修業記

秘めやかなガムランの音に乗せ、木槌をたたき人形を操り太古の物語を語る人形遣い、ダランに魅せられ、村のワヤン一座に入門。連綿と受け継がれてきた芸の道をたどり、独り立ちしたダランが、愛惜の念をこめて語る、バリのワヤン物語。 2500円

Y・B・マングンウィジャヤ著／舟知恵訳

イリアン 森と湖の祭り

インドネシアを代表する作家の邦訳3作目。森と湖に覆われ、裸のままに暮らす人たちの住む、辺境の島イリアンを舞台にした、悩める神父ラハディの、愛と再生の物語。 2500円

アユ・ウタミ著／竹下愛訳

サマン

インドネシア現代女性文学の金字塔。開発が進みグローバル化するジャカルタを起点に、スマトラからニューヨークを行き来し出会い、性、宗教、政治のタブーに挑みつつ新たな生を探る、神父サマンと4人の女たち。 2200円